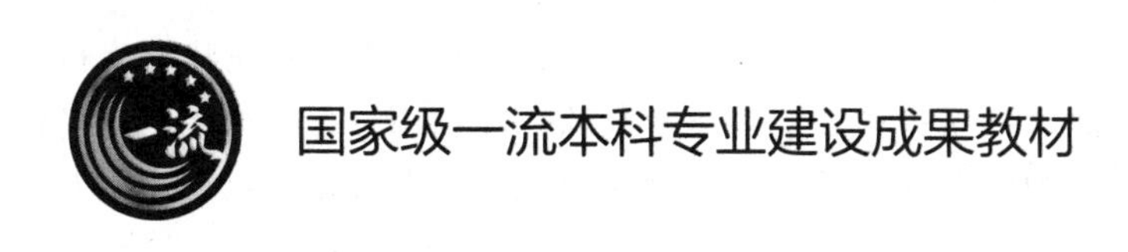

资源综合利用与环境保护

杨 朕 杨维本 主编

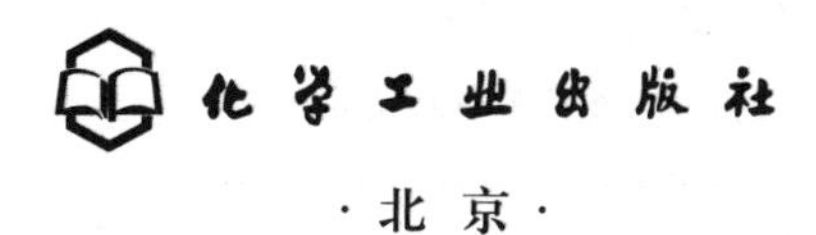

·北京·

内容简介

《资源综合利用与环境保护》全书共分7章，第1章系统介绍了全球资源现状，分析了资源综合利用与可持续发展目标间的关系；第2章介绍了资源一次利用过程中产生的环境污染问题，分析了资源利用与环境保护的辩证关系；第3章介绍了有毒有害化学物质的主要生态环境和健康危害；第4～6章分别重点介绍了主要主族元素资源、副族元素资源、有机物资源的综合利用；第7章为资源综合利用与环境保护技术，介绍了循环利用技术原理和工程应用，并展望了相关技术的发展前景。

《资源综合利用与环境保护》可作为高等学校化学、化工、环境相关专业公共课教材，以及其他理工类专业通识课教材，也可供相关领域科研、技术人员参考。

图书在版编目（CIP）数据

资源综合利用与环境保护/杨朕，杨维本主编.—北京：化学工业出版社，2024.3

ISBN 978-7-122-44742-5

Ⅰ.①资… Ⅱ.①杨…②杨… Ⅲ.①自然资源-资源利用②环境保护 Ⅳ.①F062.1②X

中国国家版本馆CIP数据核字（2024）第052486号

责任编辑：丁建华　　文字编辑：刘　莎　师明远

责任校对：李露洁　　装帧设计：韩　飞

出版发行：化学工业出版社

（北京市东城区青年湖南街13号　邮政编码100011）

印　　刷：北京云浩印刷有限责任公司

装　　订：三河市振勇印装有限公司

787mm×1092mm　1/16　印张14　字数342千字

2024年7月北京第1版第1次印刷

购书咨询：010-64518888　　售后服务：010-64518899

网　　址：http：//www.cip.com.cn

定　　价：49.00元

前言

时代的变迁常伴随着新的机遇和挑战。气候变化、节能减排、循环经济、“双碳”等议题影响着全球，更直接关系到中国特色社会主义新时代的发展需求。党的二十大报告指出，中国式现代化是人与自然和谐共生的现代化，必须牢固树立和践行绿水青山就是金山银山的理念，站在人与自然和谐共生的高度谋划发展。

在此背景下，化学工程、环境工程等相关学科也面临着前所未有的机遇和挑战。近年来，以资源综合循环利用为核心理念的化学工程与环境工程技术正经历着爆发式发展，已逐渐成为国民经济社会高质量发展中的关键推动力量。伴随着这一趋势，全社会对化学工程和环境工程专业人才的需求日益增大。然而，目前国内高校在上述相关学科的专业人才培养实践中，对资源综合利用最新理论和技术进行独立梳理和总结的教材相对不足；特别是在面向上述专业本科生时，如何在学生已掌握理工科知识体系框架的基础上，以更易被接受、逻辑更加清晰的方式介绍资源综合利用的最新理论和技术，是笔者多年来在教学工作中不断思考的问题。

本书为南京师范大学化学国家级一流本科专业建设成果教材。本书在借鉴国内外相关文献资料的基础上，结合笔者多年来在资源综合利用领域的研究成果及在化学工程/环境工程专业的教学改革实践成果，以资源综合利用与环境保护的辩证关系为主线，对现有资源综合利用最新理论和技术进行了系统描述，强调知识性、系统性、先进性和实用性。本书的另一个特点是面向工程学科专业人才的发展需求，结合笔者的工程研究实践，分享了具体的资源综合利用工程案例，方便读者有针对性地阅读参考。

本书共分为 7 章。第 1 章系统介绍了全球资源现状，分析了资源综合利用与可持续发展目标间的关系；第 2 章介绍了资源一次利用过程中产生的环境污染问题，分析了资源循环利用与环境保护的辩证统一关系；第 3 章介绍了有毒有害化学物质的主要生态环境和健康危害；第 4～6 章分别重点介绍了主要主族元素无机物、副族元素无机物、有机化合物作为资源的基本物性、用途，以及其转化为污染物后的环境风险与毒性损害表现；第 7 章系统性梳理了将上述污染物重新资源化的综合利用与环境保护技术，并分别介绍了典型的工程应用案例。本书在各章结尾提出了一些开放性的问题，方便读者有的放矢地理解、掌握和应用相应章节的知识内容；此外，还结合我国社会发展的时事要点，引导读者开展延伸阅读，提升对所在学科和技术领域的专业认同感和使命感。

本书由南京师范大学杨朕教授和杨维本教授主编。杨朕教授主持编写第 1～3 章和第 7 章；杨朕教授和杨维本教授共同编写第 4～6 章。在本书的编写过程中，南京师范大学侯宇佳、张晴、胡佳燕、李云云、徐杰、雷涛、杨欢、孟玉、杨伟金，以及南京大学胡敏、张泽朋等参与了资料收集和整理工作。在编写过程中参考了诸多专家学者的著作和研究成果，在此深表谢意。

由于编著水平和时间所限，书中缺点和疏漏恐难完全避免，恳请广大读者批评指正。

编者

2024 年 4 月

目录

第1章 可持续发展与资源综合利用

1.1 全球资源现状

1.1.1 水

1.1.1.1 全球水资源现状及问题

地球上水的总量并不小，包括高含盐量的咸水和淡水。但与人类生产生活关系密切又容易开发利用的淡水资源仅占全球总水量的0.3%，主要为河流、湖泊和地下水。表1-1列出了世界水资源的分布状况，可以看出陆地上的淡水资源分布很不均匀。空间上，世界各大洲的自然条件不同，降水、径流和水资源概况差异较大。世界河流平均年径流量为479300亿立方米，其中亚洲的径流量最大，占30.64%；其次是南美洲，占25.01%；南极洲最小，只占4.91%。各大陆水资源分布都是不均匀的，一方面欧洲和亚洲集中了世界上69.69%的人口，而仅拥有河流径流量的37.47%；另一方面，南美洲人口占全球的5.72%，却拥有世界河流径流量的25.01%。水资源在时间尺度上也具有挑战性，干旱季节水资源缺乏，问题突出。淡水资源的分布极不均衡，导致一些国家和地区严重缺水。北非和中东许多国家降水量少，蒸发量大，因此径流量很少，人均及单位土地的淡水占有量都极少；相反，冰岛、厄瓜多尔、印度尼西亚等国家，以每公顷土地计的径流量比缺水国高出1000倍以上。

表1-1 世界水资源的分布状况

地区	水资源量/km^3	人口/万人	耕地面积/万公顷	人均水量/(m^3/人)	地均水量/(m^3/hm^2)
亚洲	14410	454109.5	49950	3173	28849
非洲	4750	128569.3	17420	3695	27268
北美洲	8200	53793.8	25870	15243	31697
南美洲	11760	43418.9	9774	27085	120319
欧洲	3210	74502.8	29976	4309	10709
大洋洲	2390	4126.1	5202	57924	45944
南极洲	2310	0	0	—	—
全世界	47030	758520.4	138192	6200	34032

(1) 目前世界水资源正面临日益短缺和匮乏的现实

① 全球水质受到污染。联合国发布的《2023年联合国世界水发展报告》显示，在过去的40年中，全球用水量以每年约1%的速度增长，在人口增长、社会经济发展和消费模式变化的共同推动下，预计直到2050年，全球用水量仍将以类似的速度继续增长。这部分增长主要集中在中低收入国家，尤其是新兴经济体。由于当地的物理性缺水，再加上淡水污染的加速和蔓延，水资源短缺正逐渐成为区域性问题。受气候变化影响，目前水资源总量丰沛地区（如中非、东亚和南美洲等部分地区）的季节性缺水情况进一步加剧，而在水资源已经短缺的地区（如中东和非洲的荒漠草原地区）将更加严重。平均而言，全球有10%的人口生活在高度或严重缺水的国家，低、中、高收入国家都出现了与水质有关的水风险迹象。低收入国家水质环境差通常与废水处理程度较低有关。而在高收入国家，农业面源污染是一个更为严重的问题。然而水质数据仍然较为稀缺，这很大程度上是由于薄弱的监测和报告能力。在亚洲和非洲的许多最不发达国家，情况尤其如此。

② 许多河流受到不同程度的污染，全球经济的快速发展使许多水域和河流受到严重污染。污染的河流致使农业灌溉用水、饮用水源及工业用水的安全保障受到威胁，受损的河流区域生态系统使1/5的淡水水生生物濒临灭绝。

③ 全球气候变化导致了一些地区的水文异常，气候变化对全球水资源产生了一定的影响。据研究，北纬30°到南纬30°地区的降水量将可能增加，但许多热带和亚热带地区的降水量则可能减少并变得不稳定。干旱、泥石流、台风等自然灾害的风险将可能增加，而河流在枯水期的流量将可能进一步减小。最近的估算表明，今后一段时间的气候变化将使全球水紧张程度提高20%。

(2) 水资源短缺的现实与目前不合理的开发利用方式密切相关

① 水资源的供需矛盾持续增加。全球用水量在20世纪增加了6倍，其增长速度是人口增速的2倍，持续增长的全球用水需求是水资源短缺的核心问题。农业用水供需矛盾更加紧张，到2030年，全球粮食需求将提高55%，这意味着需要更多的灌溉用水，而这部分用水已经占到全球人类淡水消耗的近70%。同时城市用水更加紧张，根据联合国预测，到2030年中国城市化率将达到70.6%，对应城镇人口为10.3亿，将造成城市用水需求激增。

② 用水浪费严重加剧了水资源短缺。在不发达地区和国家，由于技术设备和生产工艺落后，工业生产用水的浪费十分惊人，造成了工业水耗过高；农业灌溉设备工程落后，造成了灌溉漏失率过高，导致了水资源的浪费；在城市用水中，由于输水管道和卫生设备渗漏，同样也造成了大量水资源的浪费。

世界范围内水资源短缺不仅制约着经济发展，影响着粮食的产量，直接损害着人们的身体健康，还需要指出的是，为争夺水资源，在一些地区经常会引发流血冲突。如水资源匮乏就是中东、非洲等国家和地区关系紧张的重要根源，同一条河流的上游、下游国家常可能因为水量或水质问题而发生争执。

1.1.1.2 中国水资源现状及问题

中国的水资源总量为2.8万亿立方米，居世界第6位，但中国的人均水资源占有量为2200立方米，仅为世界人均水资源占有量的1/4，居世界第110位，属水资源短缺的国家。除水资源不足外，中国的水资源还存在十分严重的地区分布不均匀性，水资源的分布趋势是东南多西北少，相差悬殊。长江流域、珠江流域和西南诸河四个流域的耕地面积只占全国耕地面积的36.59%，但水量却占全国总量的81%，人均水资源占有量约为全国平均值的1.6倍，平均每公顷耕地占有的水资源量则为全国平均值的2.2倍；而北方的辽河、海河、黄河和淮河四个流域耕地较多，人口密度大，但水资源占有量仅为全国总量的19%，人均水资源占有量约为全国平均值的15%。图1-1列出了中国大陆水资源分布及其状况，可以看出，中国北方很多地区和城市缺水现象十分严重。

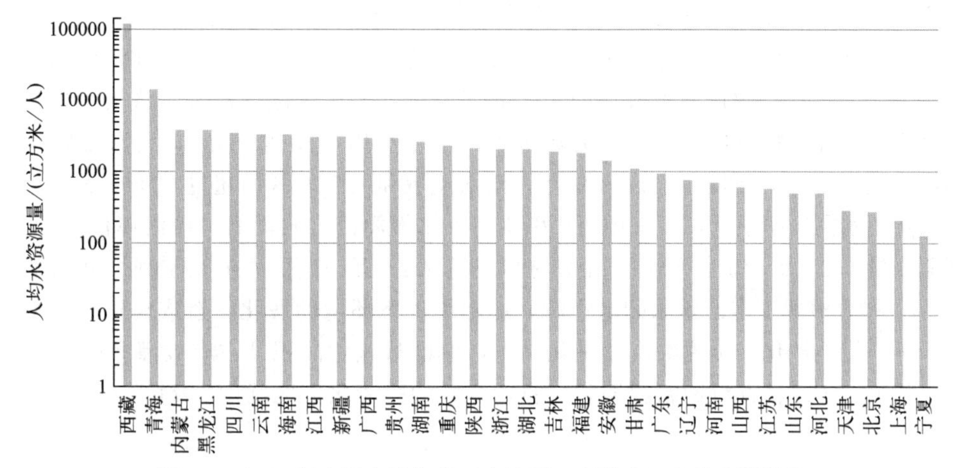

图1-1 2021年中国大陆各省（自治区、直辖市）人均水资源量

另外，江河泥沙含量高是我国水资源的一个突出问题。中国西部地区是长江、黄河、珠江和众多国际河流的发源地，地形高差大，又有大面积的黄土高原和岩溶山地，自然因素加上长时间的人为破坏，使很多地区水土流失严重，对当地的土地资源和生态环境造成了严重危害，也使许多江河挟带大量泥沙，其中黄河的高含沙量更是世界之最。这些问题增加了中国江河治理、水资源开发利用的复杂性。

（1）中国农业缺水状况

中国是农业大国，农业用水占全国用水总量的2/3左右。目前全国有效灌溉面积约为0.481亿公顷，约占全国耕地面积的51.2%，近半的耕地得不到灌溉，其中位于北方的无灌溉耕地约占72%。河北、山东和河南缺水最为严重；西北地区缺水也较严重，而且区域内大部分为黄土高原，人烟稀少，改善灌溉系统的难度较大；宁夏、内蒙古的沿黄灌区以及汉中盆地、河西走廊一带，则急需扩大灌溉面积。中国农业用水的利用效率不高，仅为40%，远低于发达国家的80%，粗放式的用水方式导致水资源更为紧张。

（2）中国城市缺水状况

城市是人口密集和工业、商业活动频繁的地区，城市缺水在中国表现十分突出。近20多年来，随着城市化率的不断提高、城镇人口和建成区面积的显著增加，城市工业和服务业的快速发展，许多地区和城市的原有水资源已经不能满足城市生产、生活的用水需求，部分城市的饮水安全已经受到威胁，接连出现了资源型和水质型缺水危机，城市缺水已经成为社会可持续发展的重要制约因素。目前，中国城市的年缺水量已远远超过60亿立方米。整个华北地区的城市供水主要依靠超采地下水，而地下水水位的逐年下降已经达到极其严重的程度。为促进城市化的健康发展，解决城市“水困境”已成为一个不容忽视的重大命题。

在中国全面建成小康社会的进程中，社会经济要有更好更快的发展，城镇化水平要继续提高，城市水资源将面临更加严峻的形势，预计2030年，人均水资源将下降到1700m^3，接近国际警戒线。水资源的安全保障是关系到城市生存和可持续发展的重大问题之一。

(3) 中国西北地区的严重缺水问题

中国西北地区的资源型严重缺水问题已成为制约该地区发展的主要因素。中国西北地区地域辽阔，农业资源丰富、耕地面积占全国耕地总面积的38.1%，林地面积占全国林地面积的52.1%，是中国主要的农产品生产地。然而，西北地区由于地处干旱半干旱气候带，降水量稀少，十分干旱，生态环境极其脆弱。对水资源不合理的开发利用更使本已脆弱的生态系统雪上加霜。一方面，该地区降水少蒸发多，水资源极度短缺，为满足生活生产需要，人们对水资源过度开发且保护不力，使该地区的生态进一步恶化。2022年西北地区水资源开发利用率为53.3%，已超过国际上公认的40%的警戒线。不少内陆河流和经济较为发达的地区水资源处于过度开发状态，如石羊河流域水资源开发利用率高达154%，黑河流域为112%，塔里木河流域为79%，准噶尔盆地为80%，湟水流域和关中地区均超过60%。另一方面，西北地区农业用水利用率很低，多采用明渠引水、大水漫灌的方式灌溉，灌溉单位用水量极高，农田灌溉水量1.35万立方米/公顷，个别地区高达2.25万～3万立方米/公顷，水资源使用率不足50%，严重浪费了本已紧张的水资源，加剧了生态环境的恶化，造成河流水量减少，土地日渐干旱，耕地沙化、土壤次生盐碱化加重，灌区盐碱化面积已占有效灌溉面积的15%～30%，仅甘肃、宁夏、青海和新疆四省（自治区）的盐渍化土地就达1574万平方公里。

1.1.2 土地

1.1.2.1 全球土地资源现状及问题

土地是人类赖以生存的空间，人类社会的发展离不开对土地资源的利用和改造。土地作为一种资源，具有两个主要属性：面积和质量。

在全球51000万平方公里总面积中，无冰雪覆盖的陆地面积为13300万平方公里，然而，考虑到土地的质量属性，上述的数字必然大打折扣。

陆地面积中大约有20%处于极地和高寒地区，20%处于干旱地区，20%为坡地，还有10%的土地岩石裸露，缺少土壤和植被。以上几项，共占陆地面积70%，这部分土地在利用上存在着不同程度的限制因素，可称为“限制性环境”。其余30%土地限制性较小，适宜人类居住和利用，可用作耕地和住宅、工矿、交通、文教及军事用地。

分布在地球不同地理位置的土地资源，由于组成的复杂性和地区的特殊性，状况十分复杂。地带性是世界上土地资源分布的主要特征，从整体看，土地资源沿纬度延伸，大致可划分为若干个自然地带，表1-2中汇总了世界土地资源状况。世界土地资源的地理条件差异很大，再加之人口、民族以及各国的社会经济条件的不同，土地资源的利用特征也不尽相同。但综合分析，世界范围内各区域都面临土地资源匮乏的局面。

表1-2 世界土地资源状况

国家和地区	土地面积/万公顷	耕地/万公顷	人均耕地/(公顷/人)	草地/万公顷	森林/万公顷	人均森林/(公顷/人)	森林覆盖率/%	其他土地/万公顷
全世界	13414225	1365548	0.23	3463163	345438	0.61	2.58	400000
亚洲	3087109	483484	0.13	1095003	47417	0.14	1.54	6600（不含中国）
大洋洲	849137	55550	1.89	423899	9069	0.72	1.07	
非洲	2963313	177686	0.23	891788	52023	0.84	1.76	7000

续表

国家和地区	土地面积/万公顷	耕地/万公顷	人均耕地/(公顷/人)	草地/万公顷	森林/万公顷	人均森林/(公顷/人)	森林覆盖率/%	其他土地/万公顷
中北美洲	2137037	259740	0.60	367279	140712	1.82	6.58	3000
南美洲	1752946	96123	0.29	502981	91500	0.29	2.22	4200
欧洲	2260984	292985	0.40	182213	14598		0.65	600
中国	963100	124144	0.10	400001	22000		2.28	
美国	93700	176950	0.65	239250	31000		33.08	
印度	29800	150100	0.15	11050	7216		24.21	
俄罗斯	170982	71000	0.85	3500	81500		47.67	

(1) 世界人口增加对土地资源构成了巨大的压力

土地资源具有固定的人口承载力（population supporting capacity of land，PSCL）。土地的人口承载力是指在一定范围内，一定的生产力水平与人口数量、人均需求水平的基础上，以土地持续利用为前提，通过对土地生产潜力分析所得到的一个国家或地区利用其自身土地资源所能持续供养的人口数量。联合国粮食及农业组织（Food and Agriculture Organization of the United Nations，FAO）对全球117个发展中国家的土地人口承载力进行了分析，评估结果显示这117个发展中国家中大部分国家人口的增长超出了土地承载能力，55%的国家土地与人口之间呈现危机状况。

据联合国人口机构预测，到2050年，世界人口可能达到94亿，全世界人口迅猛发展，使土地的人口“负荷系数”（为某国家或地区人口平均密度与世界人口平均密度之比）每年增加2%，若按农用面积计算，其负荷系数则增加6%～7%，这意味着人口的增长将给本来就十分紧张的土地资源，特别是耕地资源造成更大的压力。

(2) 世界土地资源的数量不断减少

据有关资料表明，全世界每年有近500万公顷的土地被工业或其他项目所占有，世界大城市的面积正以比人口增长速度高出两倍的速度发展，同时全球的农业用地却在逐年减少，美国农业经济学界普遍认为，人均耕地占有量不足0.4hm^2，难以保障粮食安全供给，而如今世界人均耕地仅为0.23hm^2且还在不断下降，耕地锐减的形势给人类的生存和发展敲响了警钟。

(3) 世界土地资源的质量逐步恶化

当前，由于人类的不合理开发使用造成了全球土地资源质量的下降。土地资源的衰退主要表现在养分的缺失。据统计，世界养分不足的土地范围约占陆地总面积的23%。

全球范围内水土流失情况严重。水土流失是土地资源遭受破坏带来的结果，而水土流失又反过来影响土地资源的质量。全世界每年有700万～900万公顷农田因水土流失丧失生产能力，全球河流每年将大约240亿吨的泥沙带入大海，还有几十亿吨流失的土壤在河流河床和水坝中淤积。同时世界范围内土壤盐渍化严重、土地资源沙漠化趋势在扩展，全球沙化、半沙化面积逐年增加，土壤污染加剧，这些都使全球的土地资源质量严重下降。

如上所述，人类已经并将继续面临土地资源日益匮乏的问题，人类必须在控制人口增长、制止耕地损失方面采取有力的措施，保护日益稀少的土地资源。

1.1.2.2 中国土地资源现状及问题

中国土地资源的特点如下：

① 土地总量较大，人均占有量少。中国陆地总面积约占全世界陆地面积的1/15，位居世界第3位。

② 山地多，平原少。

③ 土地类型较多，土地适宜性差别大。由于土地所处的区位、地质、地形、气候、土壤和生物等因素的制约，致使中国土地区域差异性较大，类型较多。

④ 农业用地比重偏低，人均占有耕地少。中国农业用地只占土地总面积的56%左右，低于世界平均水平（66%）。人均耕地面积约有0.10hm^2，有些地区如上海、北京、天津、广东和福建等地甚至低于联合国粮食及农业组织提出的人均0.05hm^2的最低界限。

⑤ 利用难度大的土地面积比例大。在土地总面积中，戈壁、沙漠、冰川、永久冻土、石山和裸地等约占28%。另外，还有沼泽、滩涂、荒漠和荒山等，开发利用需要进行大量投入，后备土地资源不足。

图1-2列出了中国土地资源状况。

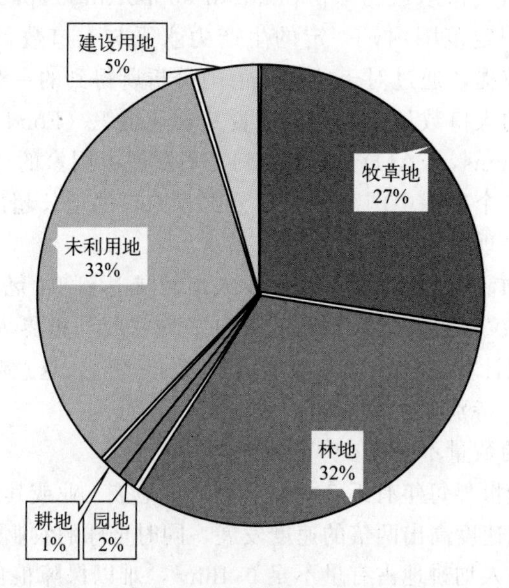

图1-2　中国土地资源状况（2022年）

中国近年来由于工业化、城市化加快，投资规模逐年加大，各项建设用地需求量大，建设也占用了相当数量的耕地，这些造成了中国耕地面积锐减。同时人口的持续增长给中国的土地资源构成了严重压力。中国土地资源的发展趋势不仅仅在于资源人均占有量和总资源数量的日益减少，土地资源质量下降的现象更令人担忧，水土流失、荒漠化及石漠化也呈现加剧的趋势。

可见，中国的土地资源形势严峻，一方面在人口增长与经济发展压力下，土地资源短缺状况日益突出；另一方面，土地资源利用粗放、浪费严重，以及土地资源管理不当，加剧了形势的严峻性。因此，必须优先保护土地资源，合理开发利用我国土地资源，实现土地资源的持续利用。

1.1.3　能源

能源是人类社会赖以生存和发展的重要物质基础，其开发利用极大地推进了世界经济和人类社会的发展。纵观人类社会发展的历史，人类文明的每一次重大进步都伴随着能源利用的改进和更替。过去200多年，建立在煤炭、石油、天然气等化石燃料基础上的能源体系极大地推动了人类社会的发展。然而，人们也越来越感受到大规模使用化石燃料所带来的严重后果：资源日益枯竭，环境日渐恶化，政治经济纠纷不断，甚至诱发战争、导致全球气候变化。

1.1.3.1 全球能源现状及问题

全球能源分布是不均衡的，每个国家的能源结构差异非常大，这种能源分布的不均衡给世界的政治、经济格局带来了重大的影响。

在常规能源中，地球上的煤炭资源主要分布在北半球，集中在北美洲、中国和俄罗斯，约占世界总储量的80%以上；从已探明的储量看，世界石油总储量是1043亿吨，目前有七大储油区，第一大储油区是中东地区，其余分别为拉丁美洲、俄罗斯、非洲、北美洲、西欧、东南亚，七大储油区储量占世界石油总量的95%。据国际能源署提供的资料，在全世界能源供应总量构成中，石油占32%，煤炭占25%，天然气占17%，可再生能源占18%，核能占8%。可见目前世界上的主要能源结构是以化石能源为主的。但使用化石能源排放的CO_2是主要的温室气体，全球气候变暖的威胁正要求人类减少化石能源的使用量。

地球化石能源的未来不容乐观。自19世纪70年代的产业革命以后，全球的化石燃料消费急剧增大。时至今日，地质学家和经济学家都在评估地球化石能源开始匮乏的时间，表1-3列出了世界化石能源消耗比例及其可使用年限。可见，化石能源将耗尽是无可争辩的事实。

表1-3 世界化石能源消耗比例及其可使用年限

能源结构	占全球能耗的比例/%	可使用年限/年
煤炭	25	220
石油	32	40
天然气	17	60

目前，全球范围面临能源危机和能源挑战。在能源利用方面的现状和主要问题是：

① 能源结构。由于资源分布的差异，各个国家的能源结构差异很大。据国际能源署的能源统计资料，非经济合作发展组织的地区，包括亚洲、拉丁美洲和非洲，是可燃性可再生能源的主要使用地区，这三个地区使用的总和达到了总数的62.4%。煤炭资源丰富的发展中国家，能源消费以煤为主，如中国的煤炭消费比重是66.5%，印度是55.6%；石油在发达国家能源消费中所占的比重均在35%以上，如美国是39%，日本是48%；天然气资源丰富的国家则多利用天然气，如俄罗斯天然气在能源消费中所占的比重为55%。

② 能源效率。发展中国家技术落后，导致其能源效率不高，与发达国家的差距很大。例如，中国的单位产值能耗［t（标煤）/百万美元］为1274，而美国为364，欧盟为214，日本为131。因此，提高能源效率是缓解能源危机的一个重要途径。

③ 能源环境。能源利用会产生一系列的环境问题，如温室效应、酸雨等，能源的开采等过程中也会造成植被破坏、水土流失等生态问题。能源与经济、环境与社会问题交织在一起，对人类可持续发展提出了严峻的挑战。

④ 能源安全。1974年世界发达国家成立的国际能源组织（International Energy Agency，IEA）正式提出能源安全的概念，其核心是要保障能源的可靠供应。而现今的能源安全已成为国家经济安全的重要方面，不仅包括能源供应的安全，也包括能源生产与使用所

造成环境污染的治理。能源安全与国家战略、全球政治和实力等密切相连，甚至成为目前地区性战争的焦点和根源。

1.1.3.2 中国能源现状及问题

（1）中国能源的现状

① 能源总量比较丰富，但人均拥有量低。图 1-3 列出了中国能源分布状况，中国拥有较为丰富的化石能源，其中煤炭占主导地位，是真正的能源安全压舱石。2022 年中国原煤产量 45 亿吨，是石油产量的 22 倍，剩余已探明可采储量约占世界的 13%，列世界第三位；已探明的石油、天然气资源储量相对不足；油页岩、煤层气等非常规化石能源储量潜力较大。中国拥有较为丰富的可再生能源，水力资源理论蕴藏量折合年发电量为 6.19 万亿千瓦时，经济可开发年发电量约 1.76 万亿千瓦时，相当于世界水力资源量的 12%，列世界首位。但人均能源拥有量在世界上处于较低水平，煤炭和人均水力资源拥有量相当于世界平均水平的 50%；石油、天然气人均资源拥有量仅为世界平均水平的 1/15 左右。人均耕地资源不足世界人均水平的 30%，制约了生物质能源的开发。

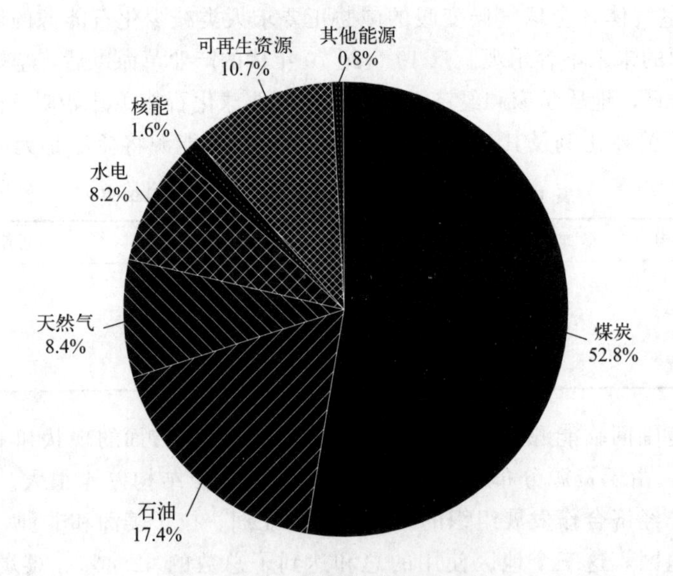

图 1-3 中国能源分布（2022 年）

② 能源赋存分布不均衡。中国能源分布广泛但不均衡，煤炭资源主要赋存于华北、西北地区，水力资源主要分布在西南地区，石油、天然气资源主要赋存于东、中、西部地区和海域。中国主要的能源消费地区集中在东南沿海经济发达地区，资源赋存与能源消费存在明显差别。大规模、长距离的北煤南运、北油南运、西气东输、西电东送，是中国能源流向的显著特征和能源运输的基本格局。

③ 能源开发难度较大。与世界相比，中国煤炭资源地质开采条件较差，大部分储量需要井下开采，极少量可供露天开采。石油天然气资源地质条件复杂，埋藏深，勘探开发技术要求较高。未开发的水力资源多集中在西南部的高山深谷，远离负荷中心，开发难度和成本较大。非常规能源资源勘探程度低，经济性较差，缺乏竞争力。

（2）面临的问题

随着中国经济的发展和工业化、城镇化进程的加快，能源需求不断增长，构建稳定、经济、清洁、安全的能源供应体系面临着重大挑战，突出表现在以下几方面：

① 资源约束突出，能源效率偏低。中国优质能源相对不足，制约了供应能力的提高；能源分布不均，也增加了持续稳定供应的难度；经济增长方式粗放、能源结构不合理、能源技术装备水平低和管理水平相对落后，导致单位国内生产总值能耗和主要耗能产品能耗高于主要能源消费国家平均水平，进一步加剧了能源供需矛盾。单纯依靠增加能源供应，难以满足持续增长的消费需求。

② 能源消费以煤为主，环境压力加大。煤炭是中国的主要能源，以煤为主的能源结构在未来相当长时期内难以改变。相对落后的煤炭生产方式和消费方式，加大了环境保护的压力。煤炭消费是造成煤烟型大气污染的主要原因，也是温室气体排放的主要来源。随着中国机动车保有量的迅速增加，部分城市大气污染已经变成煤烟与机动车尾气的混合型污染。这种状况持续下去，将给生态环境带来更大的压力。

正在快速增长的中国经济，面临着有限化石燃料资源和更高环境保护要求的严峻挑战，因此，坚持节能优先、提高能源效率、优化能源结构、依靠科技进步开发新能源、保护生态环境，将是中国长期的能源发展战略。

1.1.4 矿产

矿产资源是地壳形成后经过几千万年、几亿年甚至几十亿年的地质作用而形成，露于地表或埋藏于地下，具有利用价值的自然资源。矿产资源是人类生活资料与生产资料的主要来源，是人类生存和社会发展的重要物质基础，充当目前95%以上的能源、80%以上的工业原料、70%以上的农业生产资料。20世纪60年代之后，人类对矿产资源开发和利用的量急剧增长，矿产资源在现代工业生产和国民经济发展中起到越来越重要的作用。全球GDP增长与矿产资源需求增长基本是同步的，包括各种金属和非金属矿产资源，这反映出了人类社会发展与国家经济发展对矿产资源的依赖程度。

与其他的自然资源不同，矿产资源具有几个基本特点：不可再生性和可耗竭性、区域性分布不平衡、动态性。

1.1.4.1 全球矿产资源现状及问题

目前在世界广泛应用的矿产资源有80余种，其中价值高、利用范围广、在国际市场占有重要地位的非能源矿产有铁、铜、铝土、锌、铅、镍、锡、锰、金和磷酸盐等10种。

(1) 世界非能源矿产资源分布总特征

分布很不平衡，主要集中在少数国家和地区，图1-4列出了世界主要能源矿产分布，图1-5为世界主要非能源矿产分布状况。这与各国各地区的地质构造、成矿条件、经济技术开发能力等密切相关。矿产资源最丰富的国家有美国、中国、俄罗斯、加拿大、澳大利亚、南非等；较丰富的国家有巴西、印度、墨西哥、秘鲁、智利、赞比亚、扎伊尔、摩洛哥等。

(2) 世界矿产资源基本特点

世界上用途广、产值大的非能源矿产有铁、镍、铜、锌、磷、铝土、黄金、锡、锰、铅等；世界上矿产资源的分布和开采主要在发展中国家，而消费量最多的是发达国家。

1.1.4.2 中国矿产资源现状及问题

(1) 中国矿产资源的特点

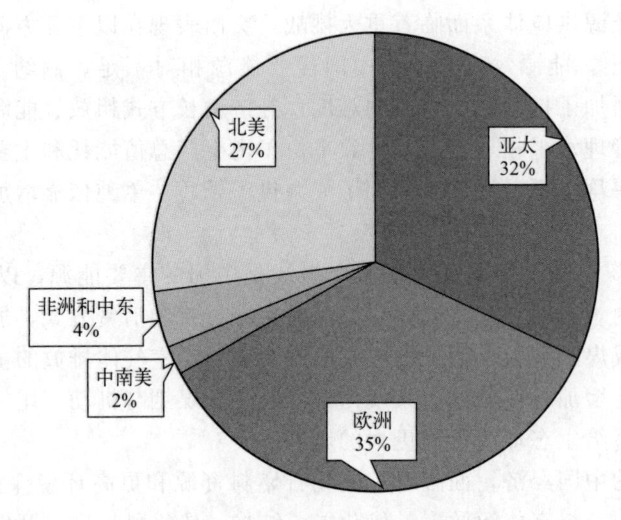

图 1-4　世界主要能源矿产分布

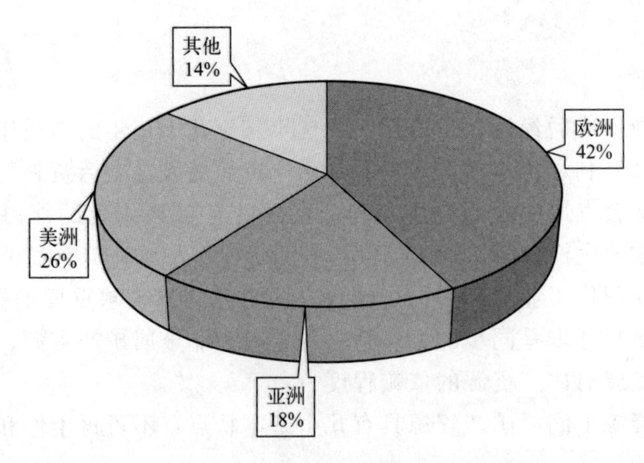

图 1-5　世界主要非能源矿产分布

中国地质条件复杂，具有多种矿产的成矿条件，矿产资源十分丰富，种类齐全，居世界领先地位。

目前中国已发现矿产 173 种，其中能源矿产 13 种，金属矿产 59 种，非金属矿产 95 种，水气矿产 6 种，探明储量潜在价值仅次于美国，是世界上矿产资源最丰富、矿种最齐的几个国家之一，但由于人口基数大，中国人均矿产资源占有量仅为世界人均占有量的 58%，居世界第 53 位，从这方面看，中国又是一个资源相对贫乏的国家。

(2) 中国矿产资源存在的问题

① 矿产资源种类多、储量总量大、人均水平低。中国一些重要矿产品位偏低，贫劣资源比重大。如中国的铁矿平均品位只有 33%，比世界铁矿平均品位低 11%；锰矿平均品位 22%，不到世界商品矿石工业标准（48%）的一半。

② 组分复杂的共伴生矿产多。有 80 多种矿产含共伴生资源储量，以有色金属矿产最为普遍。

③ 大宗支柱性矿产储量不足。国内矿产资源保证程度持续下降，重要矿产资源对外的依赖程度越来越大。目前中国主要矿产储量的增长远低于开采量的增长，产量增长又低于消

费量的增长。国家经济建设所需要的重要矿产如石油、铁矿石、铜等矿产进口量持续攀升，对国际原材料市场的依赖程度越来越高。

④ 矿产资源利用率低，矿区生态环境破坏严重。中国金属矿山采选回收率平均比国际水平低10%～20%；约有2/3具有共生、伴生有用组分的矿山未开展综合利用，已综合回收的矿山，资源综合利用率仅为20%；尾矿利用仅10%。金属矿山附近尾矿废弃物排放达50亿吨；煤矸石达40亿吨，并以每年4亿～5亿吨的排放量剧增；选矿废水不经处理即排放，污染了水体和土壤；绿色矿山技术的开发和应用迫在眉睫。

目前，中国经济增长和矿产资源消费处于同步增长的阶段。随着中国全球化进程的不断加快，中国后备资源储量的增长速度已经滞后于消耗速度，矿产资源对经济社会的支持力度正呈下降趋势。

1.2 生态系统退化

1.2.1 自然生态系统的退化

自然生态系统为人类生存和发展提供基本的物质条件，对人类福祉和社会发展起着至关重要的作用，其变化将直接或间接地影响到人类的健康、安全、物质需求和各种社会关系。在过去的20年里，人类在商品生产、服务、资金、技术信息、创意和劳动力流动的范围不断扩大，全球生态系统和生物多样性受社会经济活动的全球化、工业化的强烈影响，发生了急剧的、前所未有的变化。

1.2.1.1 海岸带生态系统的退化

海岸带生态系统是指海岸线向海防两侧扩展一定距离的海岸带状区域和靠近的海域。海岸带占全球陆地面积的18%、占海洋面积的8%。由于地处水圈、岩石圈、大气圈和生物圈交汇的生态过渡带，海岸带生态系统同时兼备海洋生态系统和陆地生态系统两者的特征。海岸带生态系统包括了海岸生态系统、近海洋生态系统、部分陆地生态系统和部分海洋湿地系统在内的4个子系统，拥有复杂多样的环境条件和丰富多彩的自然资源，是地球上最具生机又极度脆弱的一个多功能、多界面的生态系统。我国研究人员常把海岸带生态系统划分为9个生态类型，即海湾、河口、草滩湿地、海藻（草）床、红树林、珊瑚礁、海岛、一般浅海和养殖生态系。

海岸带生态系统是人口分布最密集的区域。全球沿海地区的平均人口密度是全球平均人口密度的2倍。其中，1亿多人生活在海拔高度不超过1m的地方。世界33个大都市中有21个位于沿海地区，而且大部分都在发展中国家。我国约占全国13%陆地面积的海岸带上，集中了全国70%以上的大城市、50%左右的人口和55%左右的国民收入。随着人口数量的日益增长和社会经济的不断繁荣，海岸带已成为政治、经济、军事上的重要地带，人流、物流、资金流和信息流的集中区域。

海岸地区的高度城市化过程，引起了海岸线退化、红树林珊瑚被破坏，对近海岸生态系统健康形成巨大的胁迫。对海岸线的开发，使海滨、沙丘、湿地、红树林、礁岛和暗礁等能减弱自然灾害的缓冲地带急剧减少。联合国粮食及农业组织2020年全球森林资源评估报告显示，全球红树林面积在1990至2020年间缩小了104万公顷，其中60%的减少面积发生在亚太地区。

人类活动带来海岸带生态系统结构的剧烈变化，使该系统提供自然资源和支持环境的能力严重退化，系统脆弱性和敏感性进一步加剧。近岸海域污染导致赤潮频繁爆发，生物多样性减少，引起渔业资源衰退，海岸侵蚀与淤积导致海岸线后退，严重干扰了海岸地区的生态安全。飓风“伊恩”是2022年北大西洋的一个风暴，袭击了波多黎各和佛罗里达州，截至当地时间2022年10月5日晚，至少有125人因飓风“伊恩”死亡，11月22日，据美国全国广播公司报道，2022年飓风“伊恩”在美国佛罗里达州造成至少148人死亡。

我国海岸带生态系统退化主要体现在海岸线后退、红树林和珊瑚礁生态系统局部退化、海岸带防护林破碎化、海岸带土地局部出现沙化和贫瘠化等方面。

组成海岸带生态系统的近海海域，也出现了退化状态。近海海域作为人类蛋白质的主要提供地之一，系统内的生物种类和数量亦由于人类的过度捕捞而受到影响，导致近海海域的生物多样性不断下降，已经有50%的海洋物种消失，有些鱼类数量甚至减少了75%。除此之外，珊瑚礁、红树属树木、海草也在急剧减少，海洋生物链在断裂。美国海洋生态学家，通过分析4个大陆架和9个深海生态系统近10年的数据发现，金枪鱼、青枪鱼、鳗鱼、大比目鱼、鳐鱼和比目鱼等主要商业鱼种，在个体大小和种群数量上，已经受到严重威胁。鱼类平均大小仅为50年前的1/2甚至1/5，有些商业鱼类已经濒临灭绝。

1.2.1.2 淡水生态系统的退化

在全球生态系统中，水既作为基本资源，又作为一个完整的综合生态系统，服务于人类的生存和发展。然而，第二次世界大战后的全球人口膨胀和经济高速发展，对淡水生态系统造成了前所未有的压力，使系统本身处于急剧退化的趋势，图1-6是淡水生态系统示意图。

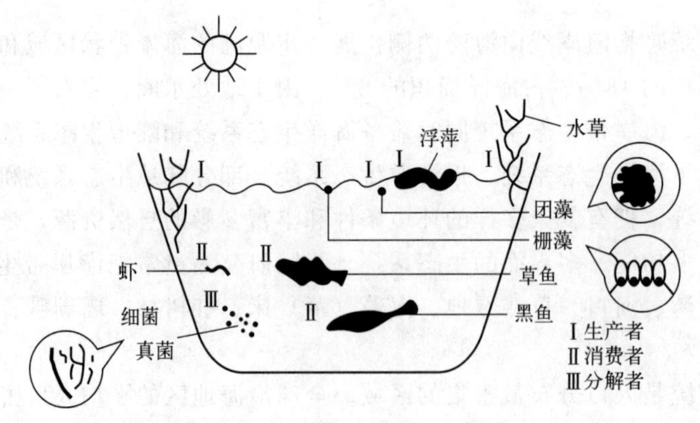

图1-6 淡水生态系统示意图

(1) 水资源减少和用水量的增加

作为基本资源，水是世界上分布最广、数量最大的资源。但全球可利用的淡水资源有限，且分布不均。不同区域自然地理条件的差异，导致不同的降水、径流和水流状况，从而形成水资源量在空间上的不同分布。而区域人口和经济发展，在许多地区与淡水资源的分布并不协调。例如，非洲扎伊尔河的水量占整个非洲大陆循环可利用水量的30%，但该河主要流经人口稀少的地区，一些人口众多的地区严重缺水；美洲的亚马孙河，其径流量占南美总径流量的60%，但没有流经人口密集的地区，其丰富的水资源无法被充分利用。水资源与人口分布、经济发展的不协调，加重了全球的缺水状况，影响了淡水生态系统提供水资源的基本服务功能。

水资源量不仅取决于河流径流量，以及与河流径流量相关的大气降水量和蒸发量，还和人类用水量息息相关。从 20 世纪 80 年代起，世界主要河流的径流量呈持续减少的趋势。随着人口膨胀与工农业生产规模的迅速扩大，全球淡水用量迅速增长。从工业革命到现在，世界农业用水量增加了 7 倍，工业用水量增加了 20 倍，且将以每年 4%～8%的速度持续增加。

自然水量的减少和人类用水量的不断增加，从两个方面减少了淡水生态系统的基质，成为淡水生态系统维持系统健康、保持系统服务功能的巨大压力。

（2）水质下降

在淡水生态系统中，水资源量短缺的同时，农业施肥、城市废水和城区径流等污染物加剧了水质下降。许多水生的珍稀和濒危物种，也面临灭绝的威胁。例如，中国长江流域特产的白鳍豚［*Lipotes vexillifer* v.（Miller）］的种群数量已从 20 世纪 80 年代的近 400 头减少至 1995 年的不足 100 头。2006 年 11 月，中国、美国、德国、英国、日本、瑞士等 6 国科考人员在 4 个豚类保护区内搜寻 8 天，行程 800 多千米，未发现白鳍豚踪迹。通过非正式科考的偶然发现概率推断，存活在 1000 多千米长江流域中的白鳍豚不足 50 头。

1.2.1.3 农业生态系统的退化

农业生态系统是基于人类满足自身生存需要，通过积极干预自然所形成的具有自然、社会双重属性，生态、经济、社会多种功能的半自然复合生态系统，包括人类生产的农田系统和生活的村落环境。

农业生态系统提供着全世界 66%的粮食需求，是构成人类社会存在和发展的重要基础。由于人类对农业生态系统认识的局限性和片面性，在过去的 50 年中，非可持续的发展方式已经导致全球范围内 40%的农业生态系统出现退化。在区域和国家尺度上，土地生产力下降、土壤生物多样性衰减削弱了农田系统提供物种的服务功能，将影响长期持续的食物供应，危及区域或国家的安全。农业环境的污染将影响农产品质量，降低农村景观的观赏性，威胁人类健康、经济繁荣和社会进步。

（1）农田面积减少

农业生态系统是以村落-土壤-植物-大气连续体为基础的生产和生活系统，农业耕地（农田）为该系统的基础和核心部分。农业生态系统范围非常广泛，覆盖了全球 27%的陆地。从全球角度来看，农业生态系统的边缘，在大多发达国家处于持续缩小的状态。日本、澳大利亚和美国这些曾经的农业大国过去 20 年农田面积处于持续减少的趋势。日本的耕地面积自 1961 年以来一直呈负增长状态。而在某些土地生产力不高且农业生产效率低下的发展中国家，为了满足日益增长的人口对粮食的需求，农田面积在不断增大。撒哈拉沙漠以南非洲地区就是典型例子。

随着我国工业化和城市化进程的加快，农业生态系统占据的耕地面积日趋缩减。国土资源公报数据显示，2021 年中国人均耕地面积 0.007 平方公里。我国虽然耕地面积总数较大，但人均占有耕地的面积相对较小，只有世界人均耕地面积的 1/4。

在我国，沙漠化和荒漠化也是农业可耕作面积减少的主要原因之一。北方地区江河断流、湖泊干涸、地下水位下降等导致的沙漠化，云南、贵州等西南地区水土流失导致的荒（石）漠化，使得农业可耕作面积急剧减少。目前我国水土流失面积达 492 万平方公里，占国土面积的 51%。

城市化进程改变了农业土地利用方式，土地荒漠化使农业生态系统边界日趋缩小。随着人口增加、经济发展和对农产品需求不断增长，农业生态系统承受的压力将比以往更加严峻。

(2) 土壤退化

土壤退化是指在各种自然和人为因素影响下所发生的导致土壤自然生产力和环境调控潜力持续性下降甚至完全丧失的物理、化学和生物学过程。近半个世纪以来，为了满足日益增长的人口需求，现代农业以不断提高土地的集约利用程度和增加农业生产资料的投入量来获得作物的高水平单产。这些现代农业生产措施，极大地损害了农业土壤的基本结构和功能，导致土壤退化和农业生态环境脆弱性增加。

我国农业有五千余年的历史，传统农业中的种植业和饲养业紧密结合，通过施用有机肥保持土壤养分平衡，遵循了生态系统过程的自然运行规律，保证了农业的持续发展。但自20世纪50年代以来，为了满足日益增长的人口对粮食的需求，化肥、农药的投入不断增加。

虽然通过化肥的投入和农业生产技术水平的加强，大大促进了粮食产量的提高，但远远超出225kg/hm^2安全上限的化肥施用量，给农业生态系统带来了潜在威胁。长期过分依赖化肥的增产效果，导致土壤对养分的吸收能力明显减弱，农田耕作层土壤有机质含量下降，团粒结构破坏并减少，蓄水保肥能力下降。例如，有“黑土明珠”之称的黑龙江省克山县黑土有机质含量已由过去的7%～8%减至4%～5%，全氮含量由0.40%～0.60%下降到0.25%～0.30%，且呈进一步下降趋势。过多施用化肥，养分离子大量占据土壤颗粒吸附，使土壤的缓冲能力下降，改变了土壤的酸碱度和土壤微生物结构，削弱了土壤生产力和污染物自净能力，降低了农业生态系统的生态服务功能。

中国每年农药使用量达120万吨以上，有7%的农业土壤受到杀虫剂的污染。农药的大量使用，破坏了农田生态平衡，使抗药性生物成为优势种，生物多样性显著降低。

中国农药使用面积已突破亿亩，残留率40%，年残留量高达35万吨。农药残留积累，影响了土壤微生物活性，增加了土壤板结程度。农药残留还可通过作物累积，进入食物链，直接危害人类健康。

高度集约经营的现代农业，在加大农药化肥投入的基础上，增加了农业产出，但导致了农田土壤退化、土地自然生产力衰竭、农业生态系统功能的降低、种植物种单一化。

景观结构是指组成景观的元素（水文、地形、气候、土壤、动植物等）和组分（森林、草地、农田、水体、道路、村落等）的种类、形状、大小、数目、轮廓及空间配置。农业景观结构即农田斑块、沟渠廊道村落基质及其之间的比例。景观结构的组成不同将直接影响农业生态系统能流、物流信息的变化。

由于追求经济效益，现代农业都是以特定物种为主导的单元化经营。这种集约化生产方式，使农田斑块数量减少、面积加大，形成结构单一、单元规格不合理的农业景观；减少了生态环境组分，使得特定物种天敌侵害的可能性大大增加。

农业结构的单一减弱了系统本身的缓冲能力，导致农业生态系统抵抗自然灾害的能力越来越弱，削弱了系统对病虫危害的抵御以及对农田小气候的改善，使农业生产越来越多地依赖化肥、农药和灌溉等现代技术措施，增大了农业生态系统的波动性，降低了系统的自我调控能力。

(3) 外来物种入侵

引种是人类在农业生产中的重大活动之一。为了提高农业产量，高产品种在世界各地得到引种和推广。优良品种的引种有效增加了农作物产量。例如，自1955年新疆引种高产棉花以来，其产量增加了近70倍。然而，由于普遍推广高产品种，致使许多地方种从农业生态系统中消失。

生物入侵是在农田生态系统中引进新物种的另外一个生态风险。近些年来，侵入中国危害较大的物种或病害包括美洲斑潜蝇、稻水象甲、马铃薯甲虫、美国白蛾、湿地松粉蚧、紫茎泽兰、薇甘菊、水花生、毒麦、假高粱、互花米草、水稻细菌性条斑病、马铃薯癌肿病、大豆疫病、棉花黄萎病和玉米霜霉病等都与农业品种的引进有关。由于入侵物种缺乏必要的制约因素，大量繁殖，迅速扩散，对中国的农业生产和环境保护造成了巨大危害。

1.2.1.4 草原生态系统的退化

草地生态系统是以多年生草本植物为主要生产者的陆地生态系统，主要分布在气候干旱的温带，是陆地生态系统中最脆弱的一个子系统。草地是维系人类生存的一种重要自然资源，也是保证全球生态系统平衡的绿色调节者。草地生态系统不仅是畜牧业基础原材料的供给者，也是畜牧业产品的生产者，还可通过调节气候、维持生物多样性、减缓旱涝灾害、防治水土流失、净化环境质量等，为人类提供生态服务。特别是在干旱、高寒和其他生态环境严酷的地区，草地作为直接的资源提供者和环境服务者，对当地居民的健康安全和社会经济发展起着不可替代的支撑作用。全球气候变暖和不合适的草地开发利用，使全球约50%的草地已退化或处于退化状态，威胁着草地生态系统健康。

我国拥有包括荒草地在内的各类天然草原近4亿公顷，居世界第二位，占国土面积的41.7%。目前全国90%的草地不同程度地出现退化，其中，中度退化以上的草地面积已占半数。我国西部天然草地退化、沙化和碱化面积已经占到75%～95%。严重退化面积已占到30%以上，草地生态日益恶化。草地产草量和植被覆盖度不断下降，产草量与20世纪60年代相比下降30%～60%。

（1）植被结构改变

自20世纪70年代以来，全球在以每十年增加0.15℃的速度变暖。我国的草地主要分布在干旱和半干旱生态脆弱地区，抗干扰能力比较差，对气温和降水量变化反应敏感。20世纪90年代后，草地分布区气候出现与全球变化相同的趋势，气候趋向于暖干化，影响了草地生态系统的植被结构。

（2）能量不平衡

草地生态系统多分布在农牧交错区，对草地的利用主要采取自然粗放的经营方式。为了满足日益增长的人口需要，人们不断增加草地畜载量，导致草地生态系统内能量不平衡。

过度放牧干扰了草地生态系统内的植被关系和能量平衡。畜禽过度啃食牧草，减少了有机质向土壤中的输入，限制了资源需求量较高的物种生长，改变了植物的竞争格局，增加了竞争排除，进而减少了群落的物种多样性。过度放牧抑制了优良牧草的正常发育；结构简单的植物群落组成使生态系统种子库得不到足够的补给，大量的毒杂草和不可食杂草滋生蔓延，降低草地生产力。

（3）自我调节功能减弱

人工草场是为满足人类社会生产生活的实际需要，通过人为设计、耕作建植、管理利用的草地。为了获得更高的产出，人工草场多为单一或几个生长快、适应性好的草种混播而成。相对天然草场来说，人工草地生态系统中的草种类型单一，系统结构简单，这不仅影响了人工草地生态系统的多样性和稳定性，也大大削弱了人工草地在保护水土、防治沙化、调节土壤环境质量等方面的生态服务功能。

施肥是人工草地的主要管理活动之一。施肥增加了土壤中的有效资源，改变植物地上、地下的竞争强度，进而引起植物群落多样性格局的变化。

(4) 草场退化

草原开垦是导致草地生态系统退化的重要因素之一。为了满足世界人口不断快速增长的需求，越来越多的草地生态被开垦用于发展农业生产。

随着风沙扬起的风蚀作用，粗沙粒增加，有机质含量减少，草地生态系统遭到极大破坏。例如，我国内蒙古呼伦贝尔草原，草原开垦弃地经 20 年的演替，依然有基质较粗、风蚀严重的地段，沙化至今不能恢复。

1.2.1.5 森林生态系统的退化

根据国际地圈生物圈计划（International Globe Biosphere Program，IGBP）定义，森林是指由形成郁闭或部分郁闭林冠的树木占有的面积。森林生态系统是由以乔木为主体的生物群落（包括植物、动物和微生物）及其非生物环境（光、热、水、气、土壤等）综合组成的动态系统，是陆地生态系统中组成结构最复杂、生物种类最丰富、生物量最大、生产力最高、自动调节能力最强、稳定性最大以及功能最完善的有机部分，图 1-7 所示为森林生态系统。它在人为因素或自然因素的影响下演变为次生林、疏林、灌草丛、裸地、耕地等，不仅可以提供木材、食物和肥料，而且能够涵养水源、调节气候、减少自然灾害和丰富生物多样性，还具有医疗保健、陶冶情操和旅游休憩等社会功能。

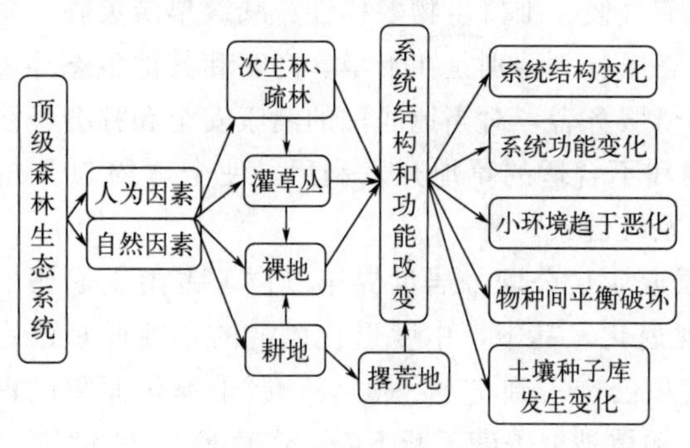

图 1-7 森林生态系统

森林占全球陆地面积的 26%，其碳储量占整个陆地植被碳储量的 80%以上，每年碳固定量约为陆地生物碳固定量的 2/3。然而，在过去三个世纪中，全球的森林面积已经减少了一半，有 25 个国家的森林实际上已经消失，另有 29 个国家丧失了 90%的森林覆被。

(1) 森林面积减小

联合国粮食及农业组织（Food and Agriculture Organization of the United Nations，FAO）的森林评价报告指出，非洲在农村人口增长压力下，为维持生计，将大面积的森林改造为农业用地。拉丁美洲则将森林改为大规模的养牛场，使大片森林受损。据 FAO 的最新统计报告，近年来全世界森林面积每年持续减少，约占全球森林面积的 10%。

(2) 森林结构简单

森林破坏后，常常自然形成次生林，或通过人工种植形成人工林。

次生林是原始森林经过多次不合理采伐和严重破坏后自然形成的森林。次生林虽然与原始林一样同属天然林，但它是在不合理的采伐、樵采、火灾、垦殖和过度放牧后，形成的自然群落。我国次生林约占全国森林面积的 46.29%，约占全国森林总蓄积量的 23.3%。与原始林相比，次生林具有幼林比例升高，种类成分单纯，群落层次结构简单，稳定性差，生态系统结构和功能趋于简单的特点。

人工林是采用人工播种、栽植或扦插等方法和技术措施营造培育而成的森林。我国的森林生态系统以人工林为主。虽然人工林在很大程度上对我国的生态环境（尤其是一些脆弱地带）起到缓解和改善作用，但人工林尤其是人工纯林，具有种类组成单一、结构简单、易受干扰、自我调节能力差等缺陷。大量研究表明，人工林的土壤饱和持水量、土壤肥力都低于天然林，土壤侵蚀量却大于天然林，其生态服务功能远低于天然林。

1.2.2　城市生态系统的脆弱化

1.2.2.1　城市生态系统

城市生态系统是城市居民与其周围环境相互作用形成的网络结构，是人类在改造和适应自然环境的基础上，建立的特殊人工生态系统。在时空分布上，城市是人类生产和生活活动集中的场所。在功能上，城市是经济实体、社会实体、科学文化实体和自然实体的有机统一。

我国生态学家马世骏、王如松相继在1984年和1988年提出了城市复合生态系统理论。他们认为，自然及物理子系统是城市赖以生存的基础，各部门经济活动和代谢过程子系统是城市生存和发展的活力和命脉，人的社会行为及文化观念子系统是城市演替与进化的动力泵。它们互为环境，相辅相成、相克相生，导致了城市这个高度人工化生态系统的矛盾运动。

1.2.2.2　城市生态系统的脆弱现状

（1）城市小气候

城市生态系统中，城市地区由建筑物和水泥、沥青等铺设的独特下垫面，地面动力学粗糙度明显增大，地面热容量和热释放量均比乡村地区明显增加，从而使其上空的边界层特性与周围的乡村地区大为不同，产生了热岛、干岛、湿岛和混浊岛等独特的城市气候效应。图1-8列出了城市生态系统组成。化石燃料燃烧后的释放物质，改变了大气组成，对城市内热量和水汽循环产生强烈影响，形成了城市小气候。虽然城市小气候不足以改变城市所在地的原有气候类型，但在许多气候要素上表现出明显的城市气候特征。

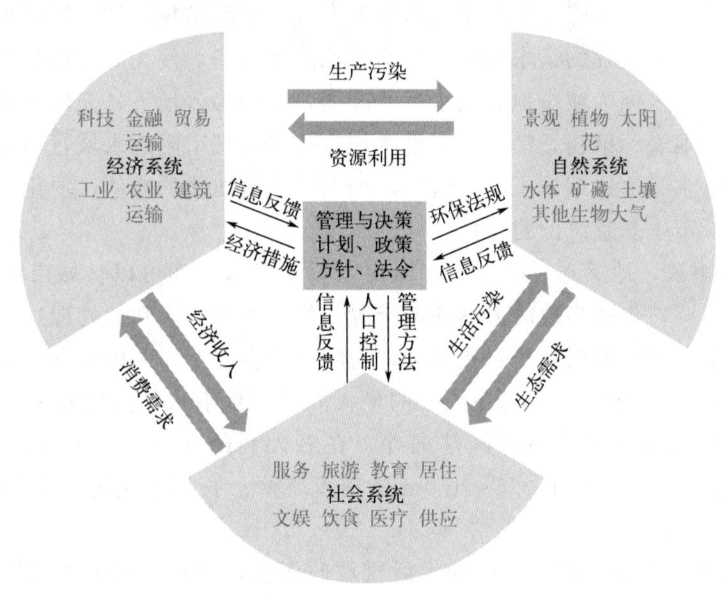

图1-8　城市生态系统组成

① 城市热岛效应　由于空气组成成分和下垫面改变等原因，导致太阳短波反射、反射率、长波辐射大气温度等均不同于乡村自然生态系统，出现了城市热岛现象，即随着人口密度，建筑物密度等由城市内向外逐渐降低，城市气温呈现出由中心向外围减少的现象，图1-9所示为城市热岛效应。

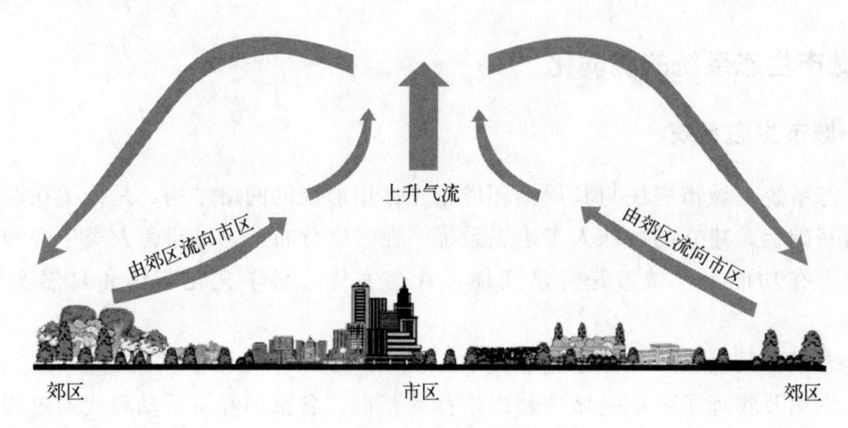

图 1-9　城市热岛效应

② 城市冠层　城市冠层是指直接受到下垫面建筑物和人类活动的影响，内部流场结构被改变的地面至建筑物顶层的大气层。

城市化使市区由过去的城郊非均匀下垫面转变成城市粗糙下垫面，市区建筑相应增多、增密和增高，使得下垫面的动力学粗糙度相应增大，当地的流场结构发生了根本变化。

（2）城市水循环

以经济活动为主要目的城市建筑，改变了城市降水和水循环，导致城市生态系统中水资源短缺，水环境被污染。

① 总降水减少，水循环改变　城市建设中大量兴建的房屋和道路，扩大了不透水的地面面积，使大部分天然植被消失，形成生态学上的城市沙漠。城市沙漠的干旱化使降水的云下蒸发过程加强，从而减少降水量。空气污染使大气中的凝结核增加，形成小的云滴和降水滴，影响从云过程向雨过程的云水转化，从而影响降水效率，使无效的痕量雨天增加。

降落到地面的雨水因为城市地表透水性的改变，无法渗入地下补充地下水，绝大部分形成地表水，携带着地表污染物，沿城市下水管网直接排入城市附近水域，污染城市流域地表水。城市水渠和下水管道还缩短了汇流时间，增大了径流曲线的峰值，弱化了城市抵御洪水的能力，增加了城市生态系统的脆弱性。

② 淡水资源短缺，地下水过度开采　城市水资源是指一切可以被城市的居民生活和工农业生产利用的水源，包括当地的天然淡水资源、外来饮水资源和经处理过的污水。城市水资源是城市赖以生存和发展的重要物质基础，是城市社会生产和人民正常生活的前提条件。

水资源短缺是21世纪城市生态系统中的最大问题。地下水的过度开采，将导致地下水位下降，在城市形成地下水区域性降落漏斗。在意大利的米兰，十年内地下水位下降了20m。北京地下水水位也以每年0.5～1.0m的速度下降。长期抽用地下水还可能引起地面下沉，危害城市安全。

③ 城市流域水体污染　城市生产和生活排放的污水，导致了城市流域的水污染。城市区域内云集着工矿企业，工业生产的高度发展，推动着城市经济。而工业生产产生的大量污

水，污染着城市内和城市周边的水域。

1.2.3 生态系统退化对可持续发展的影响

(1) 生态系统退化与发展的物质基础

生态系统的退化，影响了系统为人类提供物质的能力，削弱了可持续发展的物质基础。

(2) 生态系统的调控与发展的稳定需求

生态系统的退化，减弱了对自然灾害的调控能力，增加了可持续发展的不稳定性。

(3) 生态系统的维持功能与发展的基本环境

生态系统维持自身平衡和协调的基本功能，为人类发展提供了稳定的大气、水域和土壤环境，使人类的发展具有稳定和可持续的环境。例如，土壤是构成生态系统的主要组分，是一个国家发展的基础和财富的重要组分。生态系统的退化，可以使这份通过成千上万年积累形成的财富，短时间内流失殆尽，使人类失去发展的基本环境。在世界历史上，肥沃的土壤养育了早期的文明，也有的古代文明因土壤生产力的丧失而衰落。在今天，世界约有20%的土地由于人类活动的影响而退化。非洲的土地退化，导致生态移民和种族冲突，使当地人们失去生存和发展的基础。

(4) 生态系统的服务功能与发展的非物质基础

人类在生存和发展中，除了对物质的需求，还有精神愉悦和灵魂抚慰的需求。生态系统具有的非物质服务功能，为人类的持续发展提供了精神保障。

非物质的生态系统服务功能主要包括生命支持系统的维持和精神生活的享受两类。前者指易被人们忽视的支撑与维持人类生存环境和生命支持系统的功能，如生物多样性、气候调节等；后者指生态系统为人类提供娱乐休闲与美学享受，如宗教、娱乐、美学、文化等。通过丰富的精神生活、发展认知、消遣娱乐以及美学欣赏等方式，人类从生态系统获得非物质效益。这种愉悦和幸福感，是维持人类和平、保持可持续发展的精神基础。生态系统退化引起的物种减少、生物多样性降低、自然风景区退化，导致了与此相连的文化多样性降低、自然美学价值下降。对生态系统的肆意破坏，摧毁着人类从诞生起就具有的自然崇拜文化，对社会的可持续发展产生了不利的精神效应。

1.3 可持续发展理论与资源综合利用

1.3.1 可持续发展理论

1.3.1.1 可持续发展的定义

“可持续性”一词最初应用于林业和渔业，主要指保持林业和渔业资源源源不断的一种管理战略。其实，作为一个概念，可持续发展已有漫长的历史渊源。早在我国的春秋战国时期，著名的思想家孟子、荀子就有对自然资源休养生息，以保证其永续利用等朴素可持续发展思想的精辟论述。西方早期的一些经济学家如马尔萨斯、李嘉图等，也较早认识到人类消费的物质限制，即人类经济活动存在着生态边界。历史进入20世纪中叶，随着全球环境污染的日趋加重，特别是西方国家公害事件的不断发生，种种始料不及的环境和资源问题一次次使单纯追求经济增长的美好神话破灭，人们固有的思想观念和思维方式受到强大冲击，传统的发展模式面临严峻挑战。历史把人类推到了必须从工业文明走向现代文明的发展阶段，系统的可持续发展思想也就在这一历史背景下，通过环境与发展的激烈博弈逐步形成并走向成熟。

1987年，世界环境与发展委员会发布了一份影响深远的报告——《我们共同的未来》，将可持续发展定义为“既满足当代人的需求，又不对后代人满足其自身需求的能力构成危害的发展”。这个定义实际包含了三个重要的概念：其一是“需求”，尤其是指世界上贫困人口的基本需求，应将这类需求放在特别优先的地位来考虑；其二是“限制”，这是指技术状况和社会组织对环境满足眼前和将来需求的能力所施加的限制；其三是“平等”，即各代之间的平等以及当代不同地区、不同人群之间的平等。该报告是在广泛吸收与综合各方观点的基础上界定了可持续发展的概念，由此获得了广泛的认同。然而，这种认同并不能掩盖各研究领域之间所存在的概念理解差异。至今，对于可持续发展仍有不同的解释。

（1）着重于自然的属性

从自然属性定义的“可持续发展”，即“生态持续性”，旨在说明自然资源与开发利用程度间的平衡。国际生态学协会（International Association of Ecology，INTECOL）和国际生物科学联合会（International Union of Biological Science，IUBS）将“可持续发展”定义为“保护和加强环境系统的生产和更新能力”，即“可持续发展”是不超越环境系统再生能力的发展，或者说“可持续发展”是寻求一种最佳的生态系统以支持生态的完整性，使人类生存环境得以持续。

生态持续性包括以下具体内容：

① 生物资源可持续利用，即林业、渔业、水资源等可再生资源的可持续产出。在保持一个稳定的可再生生物资源库的条件下，确定获得最大连续生产量作为资源管理目标，资源承载力大小是实现这一目标的关键。

② 能源可持续利用，尤其是可再生能源的利用，人类需要变革其能源使用方式，由对可耗竭化石能源依赖型向可再生能源依赖型的能源利用系统转变。

③ 环境管理，特别强调环境资源保护，即充分利用环境资源服务于人类发展，同时对可开发的环境又不造成难以恢复的损害，保护的核心思想是要维持一个恒定的自然资本，这是可持续性的必要条件。

（2）着重于社会的属性

1991年由世界自然保护同盟（International Union for Conservation of Nature，IUCN）、联合国环境规划署（United Nations Environment Programme，UNEP）和世界野生生物基金会（World Wildlife Fund International，WWF）共同发表的《保护地球：可持续生存战略》，将“可持续发展”定义为“在生存于不超出维持生态系统承载能力的情况下，改善人类的生存品质”，既强调了人类生产方式、生活方式要与地球承载能力保持平衡，又强调了人类可持续发展的价值观：最终改善人类的生活质量、形成美好的生活环境，只有在“发展”的内涵中包含了提高人类健康水平、改善人类生活质量、保障人类平等自由等权力，才是真正意义上的“发展”。

着重于社会属性的可持续发展包括以下内容：①社会稳定，一个能持久的、自力更生的、对外部干扰具有一定抗性的社会，这一社会建立在合理的自然生产力、使用有效的可再生能源、保护水土、基本稳定的人口、合适的人类生活多样性的基础上；②社会公平性，指满足当代人的需要而不损害将来人类满足自身需要的能力，控制人口规模和消费水平、增加社会收入分配的公平性是其基本条件。

(3) 着重于经济的属性

Costanza认为，“可持续发展”是动态的人类经济系统与更大程度上动态的生态系统之间的一种关系，这种关系意味着人类的生存能够无限期持续、人类个体能够处于全盛状态、人类文化能够发展；同时也意味着人类经济活动的影响保持在某种限度之内以免破坏生态学上生存支持系统的多样性及其功能。简言之，“可持续发展”可定义为“能够无限期地持续下去而不会降低包括各种‘自然资本’存量（质和量）在内的整个资本存量的消费”。其他从经济学角度对“可持续发展”做出的定义包括以下内容：在保护自然资源质量的前提下，使经济发展的净利润增加到最大限度；今天的资源利用不应减少未来实际收入的发展；以不降低环境质量为前提的经济发展；保证当代人福利增加也不减少后代人福利的发展等。

着重于经济属性的可持续发展包括的具体内容有：①可持续经济增长，从现在到可预见的未来可以得到自然和社会环境支持的经济增长；②可持续经济发展，在至少保持总资本量，即人力资本、人造资本和自然资本不下降的条件下，使经济收益最大化。

(4) 着重于系统的属性

即从系统观点来看人类-自然系统的“可持续性”。系统包括人类（人类群体、人类经济活动及人造物）和人类赖以生存的生态系统（生态群落、过程及资源）及二者的相互作用。人类赖以生存的地球是自然、社会、经济、文化等多要素组合而成的复合生态系统，各要素之间既相互联系又相互制约。一个可持续发展的人类社会有赖于资源持续供给的能力，有赖于生产、生活、生态功能的协调，有赖于复合生态系统的宏观控制和系统内各部门各成员的共同监测与参与。

中国科学院可持续发展战略组提出了可持续发展的系统学方向，认为可持续发展的核心在于发展系统内部“发展度、协调度、持续度”的逻辑自洽，内容包括“人与自然”和“人与人”关系的协同进化与平衡和谐、追求系统整体效益的最大化。

地球上的许多资源和环境已超越了国界和地区界限，具有全球的意义和全球的影响，对于全球的共同资源和共同环境应当在统一目标的前提下进行管理。可持续发展强调对资源的保护和有效利用，对不可再生资源应尽量减少使用或以可再生资源替代、尽可能地提高利用效率和循环利用率，对可再生资源的使用要限制在其再生产承载力的限度内，并形成资源的更新机制，应着力保护生物多样性及生命支持系统，应保证可再生生物资源的可持续利用。可持续发展强调生态效益、经济效益和社会效益的并重和系统整体效益的效益观。

1.3.1.2 可持续发展的内涵

在人类可持续发展系统中，经济可持续是基础，环境可持续是条件，社会可持续才是目的。人类共同追求的应当是以人的发展为中心的经济-环境-社会复合系统持续、稳定、健康的发展。所以，可持续发展需要从经济、环境和社会三个角度加以解释才能完整地表述其内涵，图1-10列出了可持续发展经济、环境和社会的关系。

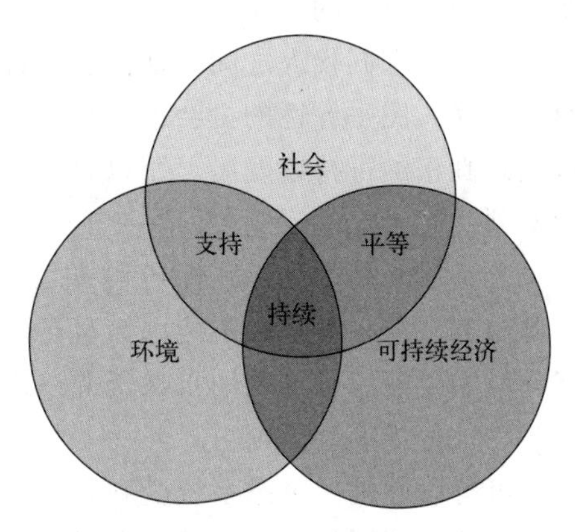

图1-10　可持续发展经济、环境和社会的关系

① 可持续发展应当包括经济的可持续性。具体而言，是指要求经济体能够连续地提供产品和劳务，使内债和外债控制在可以管理的范围内，并且要避

免对工业和农业生产带来不利的极端的结构性失衡。

② 可持续发展应当包含环境的可持续性。这意味着要求保持稳定的资源基础，避免过度地对资源系统加以利用，维护环境吸收功能和健康的生活系统，并且使不可再生资源的开发程度控制在使投资能产生足够替代作用的范围之内。

③ 可持续发展还应当包含社会的可持续性。这是指通过分配和给予的平等、建立医疗和教育保障体系、实现性别的平等、推进政治上的公开性和公众参与性这类机制来保证社会的可持续发展。

更根本地，可持续发展要求平衡人与自然和人与人的两大关系。人与自然必须是平衡且协调的。恩格斯指出："我们不要过分陶醉于我们人类对自然界的胜利。对于每一次这样的胜利，自然界都会对我们进行报复"。他告诫我们要遵循自然规律，否则就会受到自然规律的惩罚，并且提醒"我们每走一步都要记住：我们统治自然界，决不是像征服者统治异族人那样，决不是像站在自然界之外的人似的，相反地，我们连同我们的肉、血和头脑都是属于自然界和存在于自然界之中的；我们对自然界的全部统治力量，就在于我们比其他一切生物强，能够认识和正确运用自然规律"。

可持续发展还要协调人与人之间的关系。马克思、恩格斯指出：劳动使人们以一定的方式结成一定的社会关系，社会是人与自然关系的中介，把人与人、人与自然联系起来。社会的发展水平和社会制度直接影响人与自然的关系。只有协调好人与人之间的关系，才能从根本上解决人与自然的矛盾，实现自然、社会和人的和谐发展。由此，可持续发展的内容可以归纳为三条：①人类对自然的索取必须与人类向自然的回馈相平衡；②当代人的发展不能以牺牲后代人的发展机会为代价；③本区域的发展不能以牺牲其他区域或全球发展为代价。

总之，可以认为可持续发展是一种新的发展思想和战略，目标是保证社会具有长期的持续性发展能力，确保环境、生态的安全和稳定的资源基础，避免社会经济大起大落的波动。可持续发展涉及人类社会的各个方面，要求社会进行全方位的变革。

1.3.1.3 可持续发展的基本原则

(1) 公平性原则

公平是指机会选择的平等性。可持续发展强调：人类需求和欲望的满足是发展的主要目标，因而应努力消除人类需求方面存在的诸多不公平性因素。可持续发展所追求的公平性原则包含两个方面的含义：

一是追求同代人之间的横向公平性，可持续发展要求满足全球全体人民的基本需求，并给予全体人民平等性的机会以满足他们实现较好生活的愿望，贫富悬殊、两极分化的世界难以实现真正的可持续发展，所以要给世界各国以公平的发展权（消除贫困是可持续发展进程中必须优先考虑的问题）。

二是代际间的公平，即各代人之间的纵向公平性。要认识到人类赖以生存与发展的自然资源是有限的，本代人不能因为自己的需求和发展而损害人类世世代代需求的自然资源和自然环境，要给后代人利用自然资源以满足需求的权力。

(2) 可持续性原则

可持续性是指生态系统受到某种干扰时能保持其生产率的能力。资源的永续利用和生态系统的持续利用是人类可持续发展的首要条件，这就要求人类的社会经济发展不应损害支持地球生命的自然系统、不能超越资源与环境的承载能力。

社会对环境资源的消耗包括两方面：耗用资源及排放废物。为保持发展的可持续性，对可再生资源的使用强度应限制在其最大持续收获量之内；对不可再生资源的使用速度不应超过寻求作为代用品的资源的速度；对环境排放的废物量不应超出环境的自净能力。

(3) 共同性原则

不同国家、地区由于地域、文化等方面的差异及现阶段发展水平的制约，执行可持续发展的政策与实施步骤并不统一，但实现可持续发展这个总目标及应遵循的公平性及持续性两个原则是相同的，最终目的都是为了促进人类之间及人类与自然之间的和谐发展。

因此，共同性原则有两方面的含义：一是发展目标的共同性，这个目标就是保持地球生态系统的安全，并以最合理的利用方式为人类谋福利；二是行动的共同性，因为生态环境方面的许多问题实际上是没有国界的，必须开展全球合作，而全球经济发展不平衡也是全世界的事。

1.3.1.4　全球可持续发展的目标

2015 年 9 月 25 日，联合国可持续发展峰会在纽约总部召开，联合国 193 个成员国在峰会上正式通过 17 个可持续发展目标。可持续发展目标旨在从 2015 年到 2030 年间以综合方式彻底解决社会、经济和环境三个维度的发展问题，转向可持续发展道路。

目标 1：在世界各地消除一切形式的贫穷。

目标 2：消除饥饿，实现粮食安全，改善营养和促进可持续农业。

目标 3：让不同年龄段的所有人过上健康的生活，提高他们的福祉。

目标 4：提供包容和公平的优质教育，让全民终身享有学习机会。

目标 5：实现性别平等，保障所有妇女和女孩的权利。

目标 6：为所有人提供水和环境卫生并对其进行可持续管理。

目标 7：确保每个人都能获得价廉、可靠和可持续的现代化能源。

目标 8：促进持久、包容性和可持续经济增长，促进充分的生产性就业，确保人人有体面工作。

目标 9：建造有抵御灾害能力的基础设施，促进具有包容性的可持续工业化，推动创新。

目标 10：减少国家内部和国家之间的不平等。

目标 11：建设包容、安全、有抵御灾害能力的可持续城市和人类社区。

目标 12：采用可持续的消费和生产模式。

目标 13：采取紧急行动应对气候变化及其影响。

目标 14：保护和可持续利用海洋和海洋资源以促进可持续发展。

目标 15：保护、恢复和促进可持续利用陆地生态系统，可持续地管理森林，防治荒漠化，制止和扭转土地退化，提高生物多样性。

目标 16：创建和平和包容的社会以促进可持续发展，让所有人都能诉诸司法，在各级建立有效、负责和包容的机构。

目标 17：加强执行手段，恢复可持续发展全球伙伴关系的活力。

1.3.2　资源及资源综合利用

1.3.2.1　资源的定义及其分类

资源可以分为自然资源和社会资源两大类，而在环境污染和资源利用中所说的资源通常指自然资源。自然资源是人类生存和发展的必要条件，自然资源的短缺和冲突目前已经成为与人口、环境和发展相联系的核心问题。第二次世界大战后，世界人口增长迅猛，从1950年的26亿跃增至2022年的80亿，随着生产力的提高，物质生活水平不断提高，工业化向全球扩展，对自然资源的需求日益增长，人类对自然界的压力前所未有，伴随着资源的不充分利用，导致了自然资源的短缺、冲突和环境危机。

世界资源研究所（World Resources Institute，WRI），从1986年开始就分别同国际环境与发展研究所、联合国环境规划署、联合国开发计划署、世界银行合作，定期发表《世界资源报告》。最新的世界资源报告显示，目前世界范围内，人类可利用的自然资源正日益锐减，大部分资源已呈现严重短缺的状况，资源短缺问题需要国际社会的高度重视和行动。早在2006年中国政府就颁发了《国家中长期科学和技术发展规划纲要（2006—2020）》，对自然资源问题给予了极大的关注。

自然资源是指天然存在的自然物质，如土地资源、矿产资源、水资源、生物资源等，是生产的原料来源和布局场所。自然资源有很多种分类方式，现在认可度最高的是将自然资源分为不可再生资源与可再生资源两大类。

不可再生资源是地壳中储量固定的资源，主要为矿产资源。由于它们不能在人类历史尺度上由自然过程再生（如矿石、金属），或者自然再生的速度远远慢于被开采利用的速度（如煤、石油、天然气），所以它们是可能耗竭的。可再生资源是在正常情况下可通过自然过程再生的资源，如生物、土壤、地表水等都属于可再生资源，而在可再生能源中还有一种属于可更新的自然资源，被利用后不会导致储存量的减少（如风能、太阳能、潮汐能）。但是对于能源的充分利用方面仍然是我国乃至世界研究的热点。

1.3.2.2 资源综合利用的概述

（1）资源综合利用的概念

资源综合利用就是在充分认识自然资源各组成要素的基础上，利用先进的技术手段，科学合理地对资源进行多个层面、多种用途的开发利用。在从资源的开发、开采、加工、使用和再生利用等整个过程中把资源中的各种成分进行综合、循环利用，采取多种方式利用原有的废弃资源，开发废弃资源的利用价值和可用空间，变废为宝，化有害物质为生产原料，通过对物质和能源的使用流程进行合理的设计，发挥资源最大的功能和效益，用最少的资源创造最多的产品，同时降低污染物排放对环境的影响。资源综合利用可从深度和广度两个方面来说。从深度来说，资源综合利用贯穿始末，从资源开发过程到产品生产过程，再到形成成品被消费，到最后回收，做到资源被多层次开发和多途径利用，直到做到充分利用。就其利用的广度来说，资源综合利用包含了经济活动中所涉及的各种资源、能源以及原材料的保护、开发、生产、流通到消费以及废弃物再生利用的全过程，是经济可持续发展的重要组成部分。

资源综合利用的核心是如何有效地利用资源，资源可分为一次资源和可再生资源，废物再利用和资源化，同时也提出了扩展的一系列思想，为人们进行资源综合利用增加了很大的困难，因此，有必要强调资源和废物的意思及关系。德国《材料与废物处理闭路循环法》明确界定了资源与废物的相关概念：材料回收与废物处理。回收利用的不是废物而是物质，即资源，处理掉的才是废物。

对于资源的综合利用，人们越来越重视可再生资源。社会和学术界对资源的综合利用大多指向可再生资源的综合利用。但资源综合利用的从业人员既重视一次资源的综合利用，也重视二次资源即可再生资源的综合利用。在许多学者的文章中，更多的资源综合利用是针对可再生资源的利用。事实上，更重要的是一次资源的综合利用问题。

传统意义上的资源综合利用，就是针对资源的“资源化”进行阐释，仅仅强调资源的“废物”再利用，而忽略了资源在初次使用时的合理性和效率。因此，资源综合利用应该从两个方面进行界定：其一在于对一级资源的合理开发利用，在初次使用资源时就要合理规划、按需开发，避免造成资源的浪费和不必要的消耗；其二在于对二级资源的综合利用，利用现代化的技术和生产工艺，对一级资源使用过程中产生的共、伴生资源加以利用。对于资源综合利用来说，其全过程贯穿资源生命的始终，从其“出生”到其“灭失”，都应该算作是资源综合利用的一部分。只有这样，才可能真正地做到“变废为宝”，实现“物尽其用”。

国外根据资源综合利用所涉及的内容不同，主要可以分为两大类：一是以废弃物利用为主要内容的资源综合利用；二是以预防和减少环境污染为主要内容的资源综合利用。

以废弃物利用为内容的主要代表国家是德国和英国，这两个国家的资源综合利用都被归入到废弃物管理的总项目中。德国在1986年开始实行的《废弃物限制及废弃物处理法》中规定了对废弃物要采取综合利用的方法，既要综合利用好废弃物，还要尽量减少废弃物的产生。其后德国在1996年制定了《限制废车条例循环经济与废物管理法》，逐步完善了资源综合利用的相关规定，在此基础上又把该法进一步细化为《饮料包装押金规定》《废旧汽车处理规定》《废旧电池处理规定》《废木料处理办法》等法律，明确了各个行业资源综合利用的规定。对于英国而言，资源综合利用作为其废弃物管理政策中的重要元素，在1995年由英国环境、食品与农村事务处（Department of Environment，Food and Rural Affairs，DEFRA）制定的《废弃物管理战略》中规定，资源综合利用对应英国废弃物管理阶梯原则中的重复使用、再生利用以及能源回收。

以预防和减少环境污染为内容的主要代表国家是美国，在美国1990年通过的《污染预防法》中提出了为了预防污染，采取末端治理等措施，对于生产过程中的废弃物，要综合处理，把有用的、可以再利用的资源进行回收处理，再加工后投入使用。通过对废弃物的回收利用，有效地提高了资源的使用效率，极大地节约了资源，达到了减少环境污染的目的，使经济可以循环、可持续地发展。

（2）资源综合利用的种类

自然资源综合利用根据利用的产品可以分成以下五大类：

① 在采矿和冶炼过程中从废物资源中回收的各种产品，例如从煤矿中回收的高岭土，从黑色金属矿山和金矿中回收的黄铁矿，以及在原油和天然气生产过程中回收的轻质烃、氦、硫和用相关盐水提取的稀有金属；黑色金属冶炼企业回收铜、钴、铅、钒、钛、锯、稀土等。

② 固体废物综合利用，如对煤油母页岩、煤泥、石煤、煤矸石、低热值燃料和煤炭燃气生产的电力和热量的利用，利用污泥、粉尘、碎屑选矿尾矿、采矿废石等，回收金属、非金属和建筑材料；利用烷基化糖苷、肌醇、油、酒、淀粉残渣回收和饲料生产石膏、糠醛、蛋白饲料、饲料酵母、碳化硅、油酸、苯酚、肌醇等。

③ 废水（液）综合利用，如利用柠檬酸、味精、制糖、酿酒、制药等有机废液生产的固体蛋白饲料、肥料、滤饼、蛋白粉、酶制剂、饲料蛋白；利用石油加工生产的化肥、液氨、氨水、杂酚、环烷酸、硫化钠、芒硝、硫酸、硫磺回收产生的废碱液、废硫酸、废氨

水等。

④ 废气综合利用，如氧气、氦气、氧气等，在氧气生产过程中分离和回收；从炼油厂和石化尾气中回收火炬气、可燃性气体、轻质烃和硫；来自酿造和发酵工业的废气生产二氧化碳、干冰、氢等。

⑤ 废料综合利用，如用燃料油、润滑油、柴油、煤油、汽油和废油生产化工品；利用废电池、废感光材料、牙膏皮、废马口铁、易拉罐、废电线、废电缆、废弃有色（稀有）金及经电池和废旧灯泡（管）加工或精制的加工产品。

1.3.3 资源综合利用现状

由于人类活动、人口及消费的增长，使自然资源不断地被开采利用，从而不断减少地球维持生命的能力，并逐渐危害到人类本身的生存和发展。近几十年来，中国走的基本上是粗放扩张型经济增长方式，导致了巨大的能源消耗、严重的生态破坏和环境污染。由此产生的资源环境危机已威胁到中国的持续发展。

改革开放以来，我国对资源综合利用的重视程度不断提高。在国家政策引导和扶持下，我国资源综合利用规模不断扩大，利用领域逐步拓宽，技术水平日益提高，产业化进程不断加快，取得了显著的经济效益、环境效益和社会效益，对缓解资源约束和环境压力，促进经济社会可持续发展发挥了重要作用，当然，与发达国家资源综合利用情况相比，还存在一定差距。我国资源综合利用现状主要表现在以下方面：

① 资源综合利用的激励和扶持政策日趋完善。国家相继出台了一系列鼓励资源综合利用的政策，尤其是税收减免优惠政策，极大调动了企业开展资源综合利用的积极性。为贯彻落实国家资源综合利用的优惠政策，引导和规范企业开展资源综合利用和加强税收管理，开展了资源综合利用认定管理工作，并结合技术进步修订了《资源综合利用目录》，使国家在资源综合利用的税收、运行等方面的优惠政策真正发挥了引导和激励的作用。

② 资源综合利用规模不断扩大。加强了对冶金、有色、化工、建材等大中小型共（伴）生矿床有益组分的综合回收，提高了资源利用率。特别是白云鄂博、攀枝花、金川三大共生矿床的综合利用示范作用明显。包头白云鄂博含稀土铁矿采用磁选-浮选-强磁选有效地回收了铁精矿和部分稀土精矿，因此包头钢铁公司已成为世界最大的稀土原料基地。攀枝花钒钛磁铁矿对钒钛资源的综合利用，已使我国从钒的进口国转变为世界第四产钒大国。金川铜镍矿多年的科技攻关取得丰硕成果，通过选冶联合流程的不断革新，已获得镍、铜、钴、硫以及金、银、铂、钯、锇、铱、钌、铑等多种产品，成为我国铜、镍、钴和贵金属的重要生产基地。

③ 资源综合利用技术水平日益提高。资源综合利用技术创新取得了较大进展，在废旧金属再生利用、城市垃圾资源化等核心技术与装备研发方面取得了一批具有重要影响的成果。在复杂难采矿床和难处理矿石的高效采选冶关键技术及关键配套装备的自主研发方面取得重大突破，尾矿再选和制备建材的多项技术已经得到广泛应用，赤泥选铁技术形成了企业新的经济增长点，废旧纺织品生产切片产业化技术已经成熟。资源综合利用产业中的骨干企业也已经成为技术创新的主体，以企业为主体的产学研协同创新对行业技术进步发挥了关键的推动作用。

④ 资源综合利用取得了显著的经济、环境和社会效益。资源综合利用成为许多企业调整结构、提高经济效益、改善环境、创造就业机会的重要途径，成为新的经济增长点。目

前，全国已涌现出一大批资源综合利用效益良好的先进企业，实现了经济发展和环境保护双赢。

1.3.4　资源综合利用的价值意义

1.3.4.1　提高资源利用效率

自然资源综合开发利用有利于提升资源使用效率，在国家制定科学发展观道路、发展循环经济、促进企业可持续发展的背景下，截至2020年，自然资源的利用效率提高到45%；企业生产经营产生的污染物和废弃物的利用率达到50%；通过循环、回收利用废弃的再生资源将资源的综合利用效率提高到70%。针对企业生产过程中出现的废弃物和污染物，国家发展改革委制定了相对应的解决方案，以此来推动可持续发展道路，推动循环经济，推动资源的综合利用。

1.3.4.2　促进区域经济发展

目前我国十分重视有关环境保护方面的问题，探索科学发展的道路，推动循环经济体制的建设，各方越来越关注发展资源综合利用的相关项目。原因主要在于，我国虽然拥有较为丰富的矿产资源，但是由于开采模式比较传统，加之矿产资源利用效率低下，排放的废弃物、污染物严重影响环境。同时，矿业城市除了矿业资源型企业外，很少有其他的支柱型产业，经济发展基本依托于矿产企业，矿产资源作为这些企业的原材料，对于企业的生产、发展和经济效益会产生巨大的影响。近些年，矿业类型的城市为我国的经济发展和经济效益做出了突出的贡献，与此同时，矿业型城市也存在着不容忽视的问题，矿业城市依靠众多的矿业企业虽然带动了经济的发展，但是却对环境产生了负面的影响，这是矿业城市存在的最突出矛盾。由于大部分的矿资源属于非可再生资源，一旦过度开采用尽，大部分矿产企业就会面临原材料短缺这一难题，导致企业无法进一步发展。因此，在开采和使用矿产资源的过程中，应当尽可能地提升资源的利用效率，循环利用、综合利用资源，保证企业的科学可持续发展。

通过矿产资源综合开发利用，一方面，可以有效地将区域矿产原材料优势转化为企业效益优势，推动当地经济的发展；另一方面，不仅可解决部分当地人的工作问题，还促进了当地相关行业的发展。另外，通过矿产资源综合开发利用相关配套工程的实施，也为矿区和当地居民提供了良好的生活基础设施。

1.3.4.3　减轻环境污染

自然资源是整个社会和人类文化进步、发展的重要基础。然而，随着我国工业化进程的加快以及人类对于自然资源过度地开发和消耗，严重破坏了我国的自然环境，导致各类自然灾害频发。同时，由于不注重相关技术的研发，我国开采矿产资源后，资源的利用程度十分低下，排放的各类污染物、废弃物严重影响了生态环境。因此，现阶段推进自然资源综合利用项目的研究、开发和建设已显得尤为重要。

所谓综合是以全面性、条理性及动态性为原则的。自然资源包括非可再生及可再生资源，它们之间是相互联系的。对于一个给定的地区来说，它是受多种因素制约着的，是一个复杂的动态系统。只有我们充分地认识制约自然环境的各种因素，并且从系统的整体性、层次性及动态性去考虑问题，科学地选择最优的自然资源开发利用路径，才可能限制人类生存环境的进一步恶化。

总而言之，大部分自然资源都是可以实现综合利用的，矿产资源因其化学属性尤其需要进行综合利用，以提升资源利用效率，同时减轻对环境的污染和破坏。因此，推进资源综合利用项目的建设对于改善和保护生态环境十分重要。

1.3.4.4 构建资源节约型、环境友好型生产方式

我国想要实现可持续发展，就要重视节约资源和保护环境。资源节约型社会，通常是指在对自然资源进行开采、生产、开发、利用的过程中尽可能地提升资源的使用效率，摒弃传统的消耗型生产方式，将传统企业发展模式转变为新型环保模式，实现资源价值的最大化，这也有利于实现经济效益和环境效益的统一。除了企业需要提升矿产原材料的利用效率之外，在日常生活中人民也需要重视各类资源的节约利用，政府部门可以针对不同资源制定梯度收费标准以辅助人民群众在生活中注意节约，提升资源的利用效率，降低资源的消耗，实现资源价值最大化。

要想实现上述战略建设，首先必须转变当下我国的粗放型、消耗型的传统生产方式，研究开发环保型生产方式，将原材料转化为产品的过程中产生的废弃物、污染物再次回收进行提炼开发，提取有利用价值的资源，这样既可以提升资源的利用效率，还能够降低对环境的负面影响，实现资源价值最大化。自然资源综合利用有利于构建环保型生产方式、建设环保型社会。

思考题

1. 目前世界水资源正面临日益短缺和匮乏的原因是什么？
2. 中国土地资源的特点有哪些？
3. 中国矿产资源存在的问题有哪些？
4. 自然生态系统的退化包括哪些方面？
5. 可持续发展的定义是什么呢？
6. 可持续发展有哪些基本原则？

延伸阅读

【两山理论——“绿水青山就是金山银山”】

“绿水青山就是金山银山”理念秉承经济发展与生态环境保护相互支撑、互融互促的思维方式，倡导通过发展绿色经济、循环经济、低碳经济助推产业结构优化升级，在转变经济发展方式、推动经济持续发展的同时给人民群众创造更为优越的生活品质。践行这一理念，将在不断推动解决新时代我国社会主要矛盾中实现经济发展与生态环境保护共进共赢，为通往和实现人的全面发展创造必要条件。整个国家的生态环境保护都发生了历史性、转折性、全局性变化。任何时候的发展都不能以牺牲环境为代价，绿水青山既是自然财富、生态财富，又是社会财富、经济财富。保护好生态环境，生态也会回馈我们。党的二十大报告强调“中国式现代化是人与自然和谐共生的现代化”。我们要以实际行动践行“绿水青山就是金山

银山”理念，让祖国天更蓝、山更绿、水更清。人不负青山，青山定不负人。“良好生态环境是最公平的公共产品，是最普惠的民生福祉。”环境就是民生，青山就是美丽，蓝天也是幸福，生态环境在群众生活幸福指数中的地位不断凸显。

绿水青山就是金山银山的理念是推进生态文明建设的重要思想基础，体现了尊重自然、顺应自然、保护自然的价值取向。新时代新征程，党和政府要求我们要牢固树立和践行绿水青山就是金山银山的理念，坚持山水林田湖草沙一体化保护和系统治理，更好统筹产业结构调整、污染治理、生态保护、应对气候变化，协同推进降碳、减污、扩绿、增长，努力建设人与自然和谐共生的美丽中国。

站在人与自然和谐共生的高度谋划发展。这是党中央立足新时代新征程党的使命任务对谋划经济社会发展提出的重大要求和根本遵循。要完整、准确、全面贯彻新发展理念，加快构建新发展格局，着力推动高质量发展，按照生态优先、节约集约、绿色低碳发展的要求，做好顶层设计和战略安排。

加快推进生态产品价值实现。建立健全生态产品价值实现机制，是践行绿水青山就是金山银山理念的关键路径。要探索政府主导、企业和社会各界参与、市场化运作、可持续的生态产品价值实现路径。建立完善生态产品价值实现的制度框架，开展生态系统生产总值（gross ecosystem product，GEP）核算。完善生态保护补偿制度，让保护修复生态环境获得合理回报，让破坏生态环境付出相应代价。

将系统观念贯穿生态文明建设全过程。要更加注重系统观念的科学运用和实践深化，坚持综合治理、系统治理、源头治理。坚持系统思维，在协同推进降碳、减污、扩绿、增长等多重目标中，寻求探索最佳平衡点。确保安全降碳，在经济发展中促进绿色低碳转型，在绿色转型中推动经济实现质的有效提升和量的合理增长。

【可持续发展与环境保护】

2021年9月21日，中国国家主席习近平在北京以视频方式出席第七十六届联合国大会一般性辩论并发表题为《坚定信心　共克时艰　共建更加美好的世界》的重要讲话，提出全球发展倡议，坚持人与自然和谐共生。

可持续发展指既满足现代人的需求又不损害后代人满足需求的能力。换句话说，就是指经济、社会、资源和环境保护协调发展，它们是一个密不可分的系统，既要达到发展经济的目的，又要保护好人类赖以生存的大气、淡水、海洋、土地和森林等自然资源和环境，使子孙后代能够永续发展和安居乐业。也就是“决不能吃祖宗饭，断子孙路”。可持续发展与环境保护既有联系，又不等同。环境保护是可持续发展的重要方面。可持续发展的核心是发展，但要求在严格控制人口、提高人口素质和保护环境、资源永续利用的前提下进行经济和社会的发展。

第2章

环境污染与环境保护

2.1 环境

2.1.1 环境的定义

人类生存的空间及其中可以直接或间接影响人类生活和发展的各种自然因素称为环境。《中华人民共和国环境保护法》对环境的定义为：影响人类生存和发展的各种天然的和经过人工改造的自然因素的总体，包括大气、水、海洋、土地、矿藏、森林、草原、湿地、野生生物、自然遗迹、人文遗迹、自然保护区、风景名胜区、城市和乡村等。

2.1.2 环境的分类

通常按环境的属性，可以将环境分为自然环境和人文环境。

自然环境，通俗地说，是指未经过人的加工改造而天然存在的环境，是客观存在的各种自然因素的总和。人类生活的自然环境，按环境要素又可分为大气环境、水环境、土壤环境等，主要就是指地球的五大圈——大气圈、水圈、土圈、岩石圈和生物圈。

人文环境是人类创造的物质的、非物质的成果的总和。物质的成果指文物古迹、绿地园林、建筑部落、器具设施等；非物质的成果指社会风俗、语言文字、文化艺术、教育法律以及各种制度等。这些成果都是人类的创造，具有文化烙印，渗透人文精神。人文环境反映了一个民族的历史积淀，也反映了社会的历史与文化，对人的素质提高起着培育熏陶的作用。

自然环境和人文环境是人类生存、繁衍和发展的摇篮。根据科学发展的要求，保护和改善环境，建设环境友好型社会，是人类维护自身生存与发展的需要。

自然环境决定人文环境，但是人文环境又在不断影响着自然环境。正是由于这种互相影响，如今，人类社会迅速发展，生产力不断提高，但是也不断蚕食伤害着自然环境，环境污染的问题越来越受到人们的重视。

2.2 环境污染

图 2-1 展示了大气、水、土壤污染在生物圈中的循环，在资源利用的过程中，由于排放

的废烟、废水、固体废弃物等不能够完全利用的工业原料，也造成了一定的环境污染问题。环境要素主要分为空气、水、土壤，在此基础上可以将环境污染分为大气污染、水污染、土壤污染这三类。

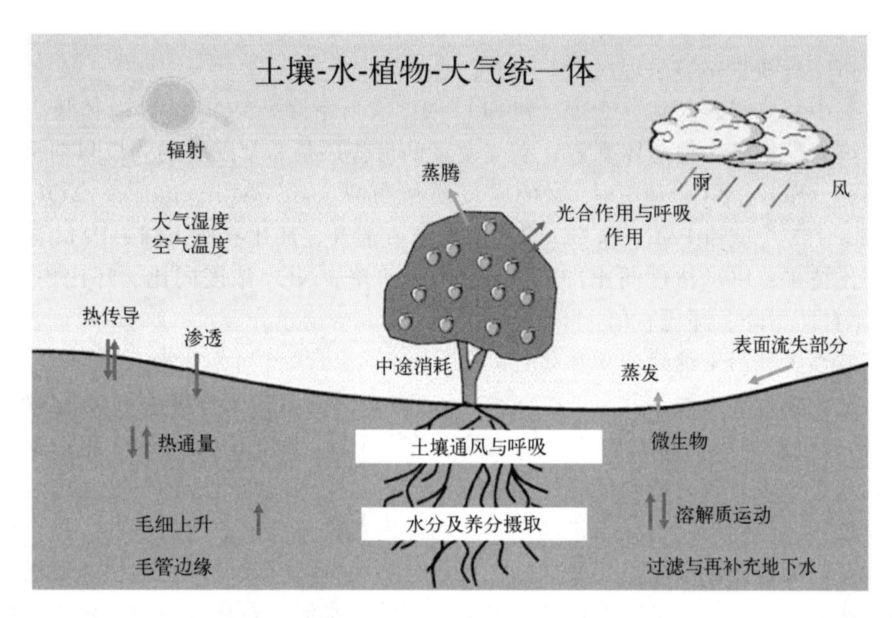

图 2-1 大气、水、土壤污染在生物圈中的循环

2.2.1 大气污染

对大气污染的关注起源于对空气有害影响的观察，也就是说，如果大气中某种组分达到一定浓度，并持续足够的时间，达到对公众健康、动物、植物、材料、大气环境美学因素产生可以测量的负面影响，就是大气污染。随着人们对大气组分及其效应的认识逐步加深，大气污染涉及的范围也不断拓展。

按照污染的范围，大气污染可分为下列三种类型：

① 局地性的大气污染：在较小的空间尺度内（如厂区或者一个城市）产生的大气污染问题，在该范围内造成影响，并可以通过该范围内的控制措施加以解决的局部污染。

② 区域性的大气污染：跨越城市乃至国家行政边界的大气污染，需要通过各行政单元间相互协作才能解决的大气环境问题。如北美洲、欧洲和东亚地区的酸沉降、大气棕色云等。

③ 全球性的大气污染：涉及整个地球大气层的大气环境问题，如臭氧层被破坏以及温室效应等。

2.2.1.1 大气污染的现状

当前我国城市空气质量的总体情况并不乐观，很多城市空气污染状况较为严重而且呈现居高不下的局面。近几年，特别是入冬以来，城市范围内空气质量下降明显，雾霾问题严重，对人们的生活和生命安全都造成极大威胁。造成雾霾现象的主要原因是空气中的悬浮颗粒和可吸入颗粒。另外，我国一部分地区受到工业生产的影响而导致二氧化硫超标，酸雨现象和酸雨区域逐步扩大，已经占到全国整体面积的三分之一。目前，我国城市内所存在的大气污染问题主要以煤烟型污染为主，很多农村地区还保留着传统的燃煤系统，这对城市环境造成极大破坏。城市内污染物的悬浮颗粒浓度严重超标，二氧化硫长期保持在一个较高的状态内，再加上机动车尾气排放的增加，大气污染问题日益严重。

我国大气污染主要的发展趋势：

(1) 城市空气质量不容乐观

城市空气中总悬浮颗粒物（TSP）和 SO_2 浓度有所下降，NO_x 浓度总体稳定，传统煤烟型污染程度有所减轻，但总体来看，空气质量的形势还是非常严峻的。以目前采用的基于三项污染指标（SO_2、NO_2 和 PM_{10}）的空气质量指数（air quality index，AQI）来衡量，2021 年 3 月，168 个城市 $PM_{2.5}$ 和 CO 浓度同比有所上升、环比有所下降；PM_{10} 浓度同比有所上升、环比持平；SO_2 浓度同比持平、环比有所下降；NO_2 浓度同比、环比均有所上升；O_3 浓度同比有所下降、环比有所上升。

(2) 区域性大气污染继续加重和蔓延

城市机动车辆迅猛增加，截至 2022 年 3 月底，全国机动车保有量达 4.02 亿辆，其中汽车 3.07 亿辆；机动车驾驶人 4.87 亿人，其中汽车驾驶人 4.50 亿人。2022 年一季度全国新注册登记机动车 934 万辆，新领证驾驶人 775.8 万人。中国汽车行业的发展速度远远超过国际能源署的预测。与此同时，城市机动车排放污染问题日益突出。我国一些大城市的大气污染呈现煤烟型污染和光化学烟雾相叠加的大气复合污染特征。随着经济的快速发展、城市化进程不断加速，机动车保有量继续增长，电力、钢铁、水泥、石化等行业的污染物排放持续增长，我国东部地区的京津唐、长江三角洲，珠江三角洲的区域性大气臭氧和细粒子污染问题将继续加重。

随着中西部地区和东北老工业基地的开发和迅速崛起，这些地区的煤烟型大气污染可能向煤烟型与机动车尾气污染共存的大气复合污染转变，使得区域性大气复合污染继续向中西部地区和东北老工业基地蔓延。

近年来，大气霾造成我国广大地区的能见度衰减，并且可能严重危害到人体健康和生态环境，成为政府、研究人员和公众普遍关注的区域性污染问题。霾是一种大气污染引起的光学现象，其成因和影响因素十分复杂。在我国珠江三角洲的研究显示，从颗粒物粒径分布上看，小于 1μm 的粒子贡献了颗粒物消光系数的 90%以上；从颗粒物化学组成上看，硫酸盐、颗粒有机物和炭黑贡献了颗粒物消光系数的 90%以上；同时，大气相对湿度对能见度衰减有很大影响，在相对湿度 80%时同样质量浓度颗粒物的消光作用是干颗粒物的 1.5 倍以上。因此，大气霾主要来自大气中颗粒物细粒子的消光作用，气象因素也是重要的影响因素。

(3) 酸沉降污染仍将在较长时间内影响我国

我国在实施大气 SO_2 排放区和酸沉降控制区（两控区）规划过程中，在减少 SO_2 排放方面做出了很大的贡献，但是我国能源需求强劲，而且一次能源长期依赖煤炭。因此，总体上酸沉降的问题始终居高不下，局部地区出现缓解的同时，长期的监测资料显示，发生重酸雨（$pH<4.5$）的地区没有显著减少。而且，未来随着能源消耗量的继续增长，二氧化硫、氮氧化物等致酸物排放量会继续增长，如果没有及时有效的减排措施，我国长江以南的酸雨区面积存在继续扩大、降水酸度进一步加强、酸雨频率增高的可能性。

更加值得注意的是，我国北方地区目前已有许多城市出现酸雨，随着二氧化硫、氮氧化物等致酸物排放量的继续增长，我国的氮沉降及其变化趋势和影响应引起重视。另外，如果大气中碱性颗粒物浓度迅速降低，有可能使酸雨污染加重，并导致酸雨区向北蔓延。

（4）有毒有害污染物对公众健康造成更大威胁

空气中的有毒有害物质一直是各国大气污染控制的优先领域，我国十分重视有毒有害物质的控制和管理。

然而，作为拉动中国 GDP 增长的主要支柱产业，重化工业的增长势头将持续相当长时间。随着重化工业快速发展，结构性污染将进一步突出，工业生产排放的有毒有害物质（包括有机物、重金属等）将严重污染部分地区的大气环境，这些有毒有害物质如苯系物等多具有致癌、致畸、致突变的作用，严重危害受影响区人民群众的身体健康，如出现事故排放其危害更加严重。因此，未来几十年大气有毒有害污染物的危害极易引发重大环境污染事件。

另外，室内空气质量是影响大气污染物人群暴露的关键因素。需要深入研究室内空气污染的来源和控制措施，为降低大气污染对人体健康的危害提供科学支持。

2.2.1.2　大气污染的时空分布

与其他环境要素中的污染物质相比较，大气中的污染物质具有随时间、空间变化大的特点，了解该特点对于获得正确反映大气污染实况的监测结果有重要意义。

大气污染物的时空分布及其浓度与污染物排放源的分布、排放量及地形、地貌、气象等条件密切相关。

（1）时间分布特点

气象条件如风向、风速、大气湍流、大气稳定度总在不停地改变，故污染物的稀释与扩散情况也在不断变化。同一污染源对同一地点在不同时间所造成的地面空气污染浓度往往相差数十倍；同一时间不同地点也相差甚大。一次污染物和二次污染物浓度在一天之内也不断地变化。一次污染物因受逆温层及气温、气压等限制，清晨和黄昏浓度较高，中午较低；二次污染物如光化学烟雾，因在阳光照射下才能形成，故中午浓度较高，清晨和夜晚浓度低。风速大，大气不稳定，则污染物稀释扩散速度快；反之，稀释扩散慢，浓度变化也慢。

（2）空间分布特点

污染源的类型、排放规律及污染物的性质不同，大气污染物的空间分布特点也不同。一个点污染源（如烟囱）或线污染源（如交通道路）排放的污染物可形成一个较小的污染气团或污染线。局部地方污染浓度变化较大，涉及范围较小的污染，称为小尺度空间污染或局部污染。大量地面小污染源，如工业区窑炉、分散供热锅炉及千家万户的炊炉，则会给一个城市或一个地区形成面污染源，使地面空气中污染物浓度比较均匀，并随气象条件变化有较强的规律性。这种面源所造成的污染称为中尺度空间污染或区域污染。就污染物自身性质而言，质量轻的分子态或气溶胶态污染物高度分散在大气中，易被扩散或稀释，随时空变化快；质量较重的尘、汞蒸气等，扩散能力差，影响范围较小。

2.2.1.3　大气污染的危害

许多证据表明，大气污染会影响人类和动物的健康、危害植被、腐蚀材料、影响气候、降低能见度。目前，虽然对其中有些影响的认识比较充分，但大多数的不良影响尚难以量化。

(1) 大气污染对人体健康的危害

大气污染物对人体健康危害严重，如细颗粒物与硫的氧化物、一氧化碳、光化学烟雾和铅等重金属均会对人体健康产生不利影响。污染物对健康的影响随污染物浓度和组成、暴露水平以及人体健康状况而异。

(2) 大气污染对植物的危害

大气污染对植物的危害可归纳为损害植物酶的功能组织、影响植物新陈代谢的功能、破坏细胞膜和原生质的完整性等几方面。此外，还会损害根系生长及其功能、减弱输送作用与导致植物产量减少等。

大气污染物对植物的危害程度取决于污染物剂量、污染物组成等因素。例如，环境中的 SO_2 能直接损害植物的叶子，长期阻碍植物生长；氟化物会使某些关键的酶催化作用受到影响；O_3 可对植物气孔和膜造成损害，导致气孔关闭，也可损害三磷酸腺苷的形成，降低光合作用对根部营养物的供应，影响根系向植物上部输送水分和养料。大气是多种气体的混合物，大气污染经常是多种污染物同时存在，可对植物产生复合作用。在复合作用中，每种气体的浓度、各种污染物之间浓度的比例、污染物出现的顺序（即它们是同时出现还是间歇出现）都将影响植物受害的程度。单独的 NO_x 似乎对植物不大可能构成直接危害，但它可与 O_3 及 SO_2 反应后，通过协同途径产生巨大危害。

(3) 大气污染对材料的危害

大气污染可使建筑物和暴露在空气中的金属制品及皮革、纺织等物品发生性质的变化，造成直接和间接的经济损失。SO_2 与其他酸性气体可腐蚀金属、建筑石料及玻璃表面。SO_2 还可使纸张变脆、褪色，使胶卷表面出现污点、皮革脆裂并使纺织品抗张力降低。O_3 及 NO_x 会使染料与绘画褪色，从而对宝贵的艺术作品造成威胁。光化学烟雾对材料（主要是高分子材料，如橡胶、塑料和涂料等）也会产生破坏作用。

(4) 大气污染的其他影响

长期以来，人们一直把对能见度的影响作为城市大气污染严重性的定性指标。随着研究的深入，人们更多地认识到污染物的远距离迁移和由此引起的区域性危害，对能见度的影响已经远远超出城市地区本身，能见度已成为一个区域性大气质量的重要参考指标。严重的光化学烟雾能显著地降低大气能见度，造成城市的大气质量恶化。

2.2.1.4 大气污染的污染源

大气污染源可分为两类：天然源和人为源。天然源系指自然界自行向大气环境排放物质的场所。人为源系指人类的生产活动和生活活动所形成的污染源。自然环境所具有的物理、化学和生物功能（自然环境的自净作用），能够使自然过程所造成的大气污染经过一定时间后自动消除，大气环境质量能够自动恢复。一般而言，大气污染主要是人类活动造成的。随着人为活动的加剧，许多大气污染的形成是人为源和天然源共同作用的结果。

2.2.1.5 大气污染的污染物

大气污染物是指由于人类活动或自然过程排入大气，并对人和环境产生有害影响的物质。

大气污染物的种类很多，按其来源可分为一次污染物和二次污染物。一次污染物系指直接由污染源排放的污染物。而在大气中一次污染物发生化学作用生成的污染物，常称为二次污染物，它常比一次污染物对环境和人体的危害更为严重。

大气污染物按其存在状态则可分为两大类：颗粒物和气态污染物。

（1）颗粒物

颗粒物是大气中的固体或液体颗粒状物质，又称“尘”。一般按其尺寸大小将大气中的颗粒物划分为：

① 粉尘：粒径介于1.0～100μm间的颗粒，一般都在10μm以上；

② 降尘：粒径大于10μm的微小颗粒，在空气中能够自然沉降下来；

③ 飘尘：粒径小于10μm的微小颗粒，在大气中飘浮，而不下沉；

④ 烟尘：通过燃烧、熔融、蒸发、升华、冷凝等过程所形成的固态或液态悬浮颗粒；

⑤ 云尘：粒径小于0.25pm的颗粒。

在我国的环境空气质量标准中，根据颗粒的大小将颗粒物分为总悬浮颗粒物和可吸入颗粒物。

总悬浮颗粒物（total suspended particulates，TSP）是能悬浮在空气中，空气动力学当量直径小于等于100μm的颗粒物的总和；而可吸入颗粒物（particulate matter 10，PM_{10}）是悬浮在空气中，空气动力学当量直径小于等于10μm的颗粒物的总和。其中直径小于或等于2.5μm的颗粒物，又总称为$PM_{2.5}$，这部分颗粒污染物可通过呼吸道吸入肺泡，因而危害更大。

（2）气态污染物

① 一次污染物　大气中有多种气态的一次污染物，按其成分可分为无机气态污染物和有机气态污染物，主要的有下列几种：

a. 硫氧化物（SO_x）：主要来自含硫化石燃料燃烧产生的废气，多数为二氧化硫（SO_2），少数是三氧化硫（SO_3），二者均是大气中的主要气态污染物，特别是当它们和固体微粒相结合后危险更大。全世界每年向大气中排放二氧化硫约1.5亿吨。

b. 氮氧化物（NO_x）：主要是一氧化氮（NO）和二氧化氮（NO_2），它们主要是在高温条件下，氮和空气中的氧反应化合而形成的。汽车发动机和以矿物燃料为动力的燃烧器，都可能排放氮氧化物。

c. 挥发性有机物：大气中普遍存在的一类具有挥发性的气态有机化合物，包含几百种甚至上千种不同的有机物，大致可以分为六类：饱和烷烃和卤代烷烃；烯烃和卤代烯烃；芳香烃和卤代芳香烃；含氧有机物；含氮有机物；含硫有机物。挥发性有机物的来源复杂，主要是燃料燃烧、溶剂挥发、石油化工以及天然源等。

d. 碳氧化物（CO_x）：主要是一氧化碳（CO）和二氧化碳（CO_2）。CO是城市大气中含量很高的气态污染物，城市大气中的CO主要由汽车尾气排放，高浓度的CO经常出现在城市人群的上下班时间、交通繁忙的道路和交叉路口。矿物燃料的不完全燃烧也会产生大量的CO。

CO_2在很长时间里并没有被认为是一个污染组分，但它是一种温室气体，随着对气候变化的关注，大气CO_2的排放及变化规律在大气环境的研究中越来越重要。

e. 含卤素的化合物：含卤素的化合物在大气中的浓度水平很低，但是在大气环境中具有十分重要的作用。平流层臭氧化学的研究揭示了大气中的含卤素化合物特别是含氯氟的氟利昂类物质及其替代中间物质，以及含溴的哈龙类物质，是造成臭氧损耗的关键因素。另外，在沿海地区的大气化学以及大气-海洋相互作用的研究中，小分子的卤代烃类和无机的氯气、氯化氢以及氟化物也具有重要的作用。

② 二次污染物　大气中二次污染物的生成、影响和控制是大气污染研究的重要内容。表 2-1 列举了部分大气中气态污染物及由其所生成的二次污染物。

表 2-1　大气中气态污染物及其所生成的二次污染物

污染物	一次污染物	二次污染物
含硫化合物	SO_2、H_2S	SO_3、H_2SO_4、MSO_x
碳氧化合物	CO、CO_2	无
含氮化合物	NO、NH_3	NO_2、HNO_3、MNO_x
挥发性有机物	碳氢化合物	酮、醛、过氧乙酰硝酸　酯
卤素化合物	HF、HCl	无
VOCs＋NO_x	烯烃、芳香烃、羰基化合物、NO_x 等	O_3、二次有机气溶胶

二次污染物的危害性更大。典型的二次污染事件包括洛杉矶光化学烟雾和伦敦烟雾事件。洛杉矶光化学烟雾是汽车排放的大量氮氧化物或挥发性有机物，通过复杂的光化学反应形成的大气污染现象；伦敦烟雾是由于燃煤导致的大量煤烟尘和二氧化硫排放，与在化学反应作用下形成的硫酸、硫酸盐等混合形成的酸性烟雾。

（3）空气中其他有毒有害的污染物

① 多环芳烃类化合物：多环芳烃是分子中含有两个以上苯环的碳氢化合物，包括萘、蒽、菲、芘等 150 余种化合物，有些多环芳烃还含有氮、硫等原子。苯并［*a*］芘是最早被发现的大气中的化学致癌物，而且致癌性很强，因此苯并［*a*］芘（B[*a*]P）常被用作多环芳烃的代表。B[*a*]P 是燃料及有机物质在 400℃以上高温经热解、环化、聚合等反应过程而生成的一种芳香族有机化合物，其分子结构由 5 个苯环所组成。城市大气中的 B[*a*]P 主要来源于化石燃料的燃烧。国际抗癌组织委员会推荐的大气中 B[*a*]P 的限定含量为 $1ng/m^3$。我国北京、抚顺、青岛、太原、杭州、昆明、广州、西安、包头、银川等城市的监测结果表明，这些城市大气中的 B[*a*]P 含量都曾超过推荐的限值。我国城市大气中的多环芳烃类化合物的污染水平及其健康风险值得高度关注。

② 重金属：重金属一般以较高的天然丰度广泛存在于自然界中，但由于人类对重金属的开采、冶炼、加工及商业制造活动日益增多，造成不少重金属如铅、汞，镉、钴等进入大气、水、土壤中，引起严重的环境污染。

重金属一般是水体污染和土壤污染的重点污染物。近年来，大气中的重金属污染也引起越来越多的关注，主要的污染物是铅和汞。在用四乙基铅作汽油的防爆剂时，汽车尾气中的铅有 97%成为直径小于 0.5μm 的颗粒，飘浮在空气中，对人体健康具有很大危害。矿业生产和燃煤过程会导致汞向大气排放，我国一次能源主要依赖燃煤，故被认为是向大气中排汞量很大的国家。汞在大气中能被传送很远的距离，造成严重的区域性污染问题。

③ 持久性有机污染物（persistent organic pollutants，POPs）：持久性有机污染物是指那些难以通过物理、化学及生物途径降解的有毒有害有机化合物。根据《关于持久性有机污染物的斯德哥尔摩公约》（POPs 公约），这些物质具有持久性、生物积累性、挥发性等特征，目前 POPs 公约规定中的 POPs 包括 12 类物质，分别是滴滴涕（dichloro-diphenyl trichloroethane，DDT）、狄氏剂、异狄氏剂、艾氏剂、氯丹、七氯、六氯苯、灭蚁灵、毒杀芬、多氯联苯、二噁英和呋喃。

持久性有机污染物是成千上万人造的化学品中的很小部分。人工合成的化学物质引起的环境与人体健康效应，这些物质在大气中的输送和有效控制等将受到全人类越来越深切的关注。

2.2.1.6 典型大气污染

（1）煤烟型污染

煤是重要的固体燃料，它是一种复杂的物质聚集体，其可燃成分主要是由碳、氢及少量氧、氮和硫等一起构成的有机聚合物。煤中也含有多种不可燃的无机成分（统称灰分），其含量因煤的种类和产地不同而有很大差异。燃煤是多种污染物的主要来源。与燃油和燃气相比，相同规模的燃烧设备，燃煤排放的颗粒物和二氧化硫要多得多。虽然燃烧条件影响污染物的生成和排放，但煤的品质也是重要的影响因素。

对于给定的燃烧设备和燃烧条件，烟气中所含飞灰的初始浓度，主要取决于煤的灰分含量。煤中灰分含量越高，烟气中飞灰的初始浓度也越高。由于我国原煤入洗率低，灰分含量普遍较高，平均达25%。

燃烧过程中形成的氮氧化物，一部分由燃料中固定氮生成，常称为燃氮氧化物；另一部分由空气中氮气在高温下通过原子氧和氮之间的化学反应生成，常称为热氮氧化物。化石燃料的氮含量差别很大。石油的平均含氮量为0.05%～0.5%。一些试验结果表明，燃料中20%～80%的氮转化为氮氧化物。

不完全燃烧产物主要为CO和挥发性有机化合物。它们排入大气不仅污染了环境，也使能源利用效率降低，导致能源浪费。

烟气中硫组分几乎完全来自燃料。经物理、化学和放射化学方法测定的结果证实，煤中含有四种形态的硫：黄铁矿硫（FeS_2），有机硫（$C_xH_yS_z$）、元素硫和硫酸盐硫。在燃烧过程中，前三种硫都能燃烧放出热量，并释放出硫氧化物或硫化氢，在一般燃烧条件下，二氧化硫是主要产物。硫酸盐主要以钙、铁和锰的硫酸盐形式存在，硫分含量相对要少得多。

燃煤产生的SO_2在大气中会氧化生成硫酸雾或硫酸盐气溶胶，是环境酸化的重要前体物，也是大气污染的主要酸性污染物。因此，当一次污染物主要为SO_2和煤烟时，二次污染物主要是硫酸雾和硫酸盐气溶胶。在相对湿度比较高、气温比较低，无风或静风的天气条件下，SO_2在重金属（如铁、锰）氧化物的催化作用下，易发生氧化作用生成SO_3，继而与水藻气结合形成硫酸雾。硫酸雾是强氧化剂，其毒性比SO_2更大。它能使植物组织受到损伤，对人的主要影响是刺激上呼吸道，附在细微颗粒上时也会影响下呼吸道。硫酸雾污染一般多发生在冬季，尤以清晨最为严重，有时可连续数日。例如，1964年的日本四日市气喘病事件，即是二氧化硫与重金属微粒形成的硫酸烟雾，连续3天不散，导致气喘病患者大量死亡。

SO_2与大气中的烟尘有协同作用，可使呼吸道疾病发病率增高，慢性病患者的病情迅速恶化，使危害加剧。例如，20世纪50年代的著名公害事件——伦敦烟雾事件，以及马斯河谷事件和多诺拉等烟雾事件，都是这种协同作用所造成的。

表2-2列出了锅炉、汽车与工业设备排放大气污染物比重。中国是燃煤大国，随着燃煤量的增加，SO_2的排放量也不断增长，SO_2的大量排放是我国长期以来的大气污染问题。

表 2-2 锅炉、汽车与工业设备排放大气污染物比重

污染源	污染物	1t 燃料或原料产生污染物质量/kg
锅炉（燃料）	粉尘、一氧化碳、二氧化硫、酸类、有机物	5～15
汽车（燃料）	二氧化氮、一氧化碳、酸类、有机物	40～70
炼油（燃料）	二氧化硫、硫化氢、氨、一氧化碳、碳化氢、硫醇	25～150
化工（燃料）	二氧化硫、氨、一氧化碳、酸、溶媒、有机物、硫化物	50～200
冶金（燃料）	二氧化硫、一氧化碳、氟化物、有机物	50～200
采矿（矿石处理加工）（原料）	二氧化硫、一氧化碳、氟化物	100～300

（2）酸沉降

酸沉降是指大气中的酸性组分通过降水（如雨、雾、雪）、气流作用或重力沉降等方式迁移到地表。前者即是湿沉降，后两者即是干沉降。酸沉降已成为当今世界上最严重的区域性环境问题之一。

酸雨，顾名思义，就是雨水呈酸性。雨、雪或其他形式大气降水的 pH 如果小于 5.6，表明大气可能受到酸物质的影响。最早引起注意的是酸性降雨，所以习惯上将酸物质的沉降称为酸雨。现代酸雨的研究始于 20 世纪 50 年代北欧的斯堪的纳维亚半岛，继之，70 年代北美也开始了大规模的酸雨问题研究。亚洲各国对酸雨的研究起步较晚，中国于 20 世纪 70 年代末观测到酸雨现象，80 年代初期开始进行全国范围的酸沉降研究。经过十几年的观测和分析，结果显示中国降水 pH 小于 5.6 的区域大约占陆地国土面积的 1/3，国家划定的酸雨控制区占国土面积的 8.4%，我国西南、华南、华中和东南沿海等地区是酸沉降的重点区域。

酸沉降的形成与大气中的污染物质二氧化硫、氮氧化物、颗粒物和挥发性有机物等有关。大气中的二氧化硫、氮氧化物和挥发性有机物可以通过大气中的化学转化或者云水和雨滴中的化学过程，就会氧化生成硫酸、硝酸和有机酸，然后随着干、湿沉降过程到达地表，造成地表生态环境的酸化。

酸沉降在全球造成的影响巨大。酸雨能破坏农作物和森林，抑制土壤中有机物的分解和氮的固定，导致钙、镁、钾等养分淋溶流失，使土壤日益酸化、贫瘠化。酸雨的腐蚀力很强，能大大加快建筑物、金属、纺织品、皮革、纸张、油漆、橡胶等物质的腐蚀速度。另外，酸沉降可加速湖泊的酸化，影响湖泊生态功能和渔业生产。酸雨对人体健康也会产生危害，湖泊和地下水酸化后，由于金属的溶出，对饮用者会产生危害；含酸的空气使多种呼吸道疾病增加，特别是硫酸雾微粒侵入人体肺部，可引起肺水肿和肺硬化等疾病而导致死亡。

酸沉降是一种跨越国界的大气污染，它可以随同大气转移到成百至上千米以外，甚至更远的地区。科学家在北极圈内的冰雪层中也检测出浓度相当高的酸性组分。因此，全球和区域尺度酸沉降的控制是一项长期且艰巨的工作。

（3）光化学烟雾

在一定的条件下（如强日光、低风速和低湿度等），NO_x 和 VOCs 发生复杂的化学反应，生成臭氧（占反应产物的 85%以上）、过氧乙酰硝酸酯（peroxyacetyl nitrate，PAN，约占反应产物的 10%）、高活性自由基（OH·、RO_2·、HO_2·、RCO·等）、醛类（甲醛、乙醛、丙烯醛）、酮类和有机酸类以及颗粒物细粒子等二次污染物。这种由反应物和产

物形成的高氧化性混合气团，称为光化学烟雾。

光化学烟雾污染是典型的二次污染，即由源排放的一次污染物在大气中经过化学转化而形成，一般出现在相对湿度较低的夏季晴天，最易发生在中午或下午，夜间消失。这一污染影响的范围可达下风向几百到上千千米，因此也是一种区域性的污染问题。

光化学烟雾是1940年在美国的洛杉矶地区首先发现的，继洛杉矶之后，日本、英国、德国、澳大利亚和中国先后出现过光化学烟雾污染。一般而言，机动车尾气是光化学烟雾污染的主要污染源。汽车排放的污染物分别来自排气管、曲轴箱以及燃料箱和化油箱。随着汽车保有量的增加，汽车排放在人为排放CO、NO_x和VOCs中所占的份额越来越高。机动车排放的VOCs达几百种组分，包括烷烃，烯烃、芳香烃和羰基化合物等。这些组分参加活跃的大气化学过程，是大气臭氧和二次有机气溶胶生成的重要前体物。据估算，美国交通源排放的CO、NO_x和VOCs已分别占到全国排放总量的62.6%、38.2%和34.3%。近年来，在我国主要城市汽车排放污染物所占份额也达到了类似的水平。除机动车外，其他向大气释放NO_x和VOCs的污染源，如燃煤过程、石油化工甚至天然源等，也是造成光化学烟雾污染不容忽视的原因。

早在20世纪70年代末，我国就在兰州西固石油化工区首次发现了光化学烟雾污染问题，并证实该地区光化学烟雾的前体物主要来源于石油化工排放的VOCs和电厂排放的氮氧化物。1986年夏季在北京也发现了光化学烟雾污染的迹象。随着经济的高速发展，我国中、南部特别是沿海城市均已发生或面临光化学烟雾的威胁，上海、广州、深圳等城市也频繁观测到光化学烟雾污染的现象。根据现行城市交通规划对北京市和广州市的光化学烟雾预测表明，北京市在今后20年内如果不采取有效的机动车排放控制措施，O_3浓度将大幅超过国家空气质量标准；如果广州市机动车排放量增加1倍，O_3平均浓度和最大浓度都将增加60%～100%。因此，严格控制城市机动车排放，合理规划交通发展规模，建立和完善机动车管理体系，是改善城市空气质量的当务之急。而且，随着机动车保有量的快速增加，我国大城市的大气污染已逐渐出现在煤烟型污染问题上叠加光化学烟雾污染的严重趋势，呈现两种污染相互复合的污染特征。2020年2月17日，中国科学院“大气灰霾追因与控制”专项研究组发布的最新研究结果表明，2020年1月京津冀5次强霾污染，是机动车、燃煤等共同作用的结果，其中机动车污染排放为$PM_{2.5}$的最大来源，约为1/4，其次为燃煤和外来输送，各占1/5。同时，专家表示，在这几次雾霾中还检出大量危险含氮有机颗粒物，这在中国科学院大气物理所研究员王跃思看来是“最危险的信号”，因为“这就是洛杉矶上个世纪发生光化学烟雾的主要成分之一。”专家提出，为避免光化学烟雾事件的发生，北京要重点解决机动车尾气的治理以及道路拥堵；周边区域要重点解决燃煤的脱硫、脱硝和除尘及其挥发性有机物排放的控制。

(4) 室内空气污染

据统计，人在每天的24小时中，平均有22小时是在室内活动，因此，室内空气质量将直接影响人体的健康。近年来的研究表明，一些办公室、商场等公共场所以及家庭居室内的空气中，含有多种有毒有害的化学物质。据国外一项持续5年的室内空气检测结果，室内空气中化学物质多达数千种，其中某些有毒有害物质的含量比室外绿化区的含量多20倍，特别是那些刚完工的新建筑，在6个月内，室内空气中有毒有害物质的含量比室外空气中的含量多20～100倍。据报道，某些长期生活和工作在不良室内环境的人群中易出现一些特异性的症状，主要表现为鼻和咽喉受刺激和干燥，人容易疲倦、乏力甚至头痛和记忆力减退等，这些症状可能与建筑物内的空气质量有关，因此被称为“病态建筑物综合征”。

近年来，由于室内装修而引发的室内空气质量造成人体健康危害的问题，在我国也时有发生，并越来越引起人们的关注。室内空气中的污染物主要有来自装饰材料的甲醛、挥发性有机物、放射性元素氡以及各种病原微生物等。

2.2.2 水污染

自然界的水循环是由自然循环和社会循环所构成的二元动态循环组成的。所谓水的社会循环是指人类生活和生产从天然水体中取用大量的水，在利用以后产生的生活污水和工业废水等，又排放到天然水体中的循环过程。在这个循环过程中水受到了污染，称之为水污染。

水环境污染是指排入天然水体的污染物，在数量上超过了该物质在水体中的本底含量和水体环境容量，从而导致水体的物理特征和化学特征发生不良变化，破坏了水中固有的生态系统，破坏了水体的功能及其在经济发展和人民生活中的作用。为了确保人类生存的可持续发展，人们在利用水的同时，还必须有效地防治水环境的污染。

造成水环境污染的因素是多方面的：一是向水体排放未经妥善处理的生活污水和工业废水；二是含有化肥、农药的农田径流进入水体；三是城市地面的污染物被雨水冲刷随地面径流而进入水体；四是随大气扩散的有毒物质通过重力沉降或降水过程而进入水体等。

水循环对于地球上人类的生存是至关重要的。大气污染会导致降水规律的改变。大气污染影响凝聚作用与降水形成，有可能导致降水的增加或减少。大气污染还会产生全球性的影响。这些影响包括大气中 CO_2 和非 CO_2（如 O_3，颗粒物等）的辐射活性组分气体浓度增加，导致的全球气候变化；人工合成的氟氯烃化合物等化学物质导致的臭氧层损耗和其他环境问题。

2.2.2.1 水污染的现状

自20世纪80年代以来，中国经历了一个经济快速发展的过程，同时也经历了一个对水的需求量不断增大、水污染不断加重的过程。

中国地表水最常见的水污染是有机污染、重金属污染、富营养污染以及这些污染物共存的复合性污染。中国多数污染河流的特征都属于有机污染，表现为水体中COD、BOD浓度增高。例如，淮河全流域每年排放的工业废水和城市污水量约36亿立方米，带入的COD总量约为150万吨，使淮河中的有机物含量严重超标，溶解氧含量则显著不足，甚至降低到零。应该注意的是，受到有机污染的河流往往同时接纳大量悬浮物，它们组成中的相当一部分是有机物。污水排入水体后会先沉淀至河底形成沉积物，沉积物是水体的一个潜在污染源。

有机污染中有毒的难降解合成有机物污染受到广泛注意，它们即使在十分低的含量下也可能对人体有直接危害，如致癌、致畸、致癌变。目前在中国水体中检出了多种有毒污染物，且含量远远高出地表水环境质量标准的限值，其中多种物质属于内分泌干扰物质和持久性有机污染物。

根据2021年国家统计数据，全国废水排放总量为588.64亿吨，COD排放量为2530.98万吨，表2-3为全国近年废水及主要污染物排放量。

表2-3　全国近年废水及主要污染物排放量

年份	废水排放量/亿吨	COD排放量/万吨	氨氮排放量/万吨
2016	480.30	658.1	56.8
2017	492.39	608.9	50.9
2018	521.12	584.2	49.4
2019	554.65	567.1	46.3
2020	571.36	2564.8	98.4
2021	588.64	2530.98	86.75

（1）中国河流湖泊的水污染状况

2021年的《中国生态环境状况公报》表明，全国地表水均已达到2021年水质目标要求。在国家环境监测网（简称国控网）实际监测的3632个地表水监测断面中，主要污染指标为化学需氧量、高锰酸盐指数和总磷。长江、黄河、珠江、松花江、淮河、海河和辽河等七大水系总体水质情况：长江流域。西北诸河、西南诸河、浙闽片河流和珠江流域水质为优，黄河流域、辽河流域和淮河流域水质良好，海河流域和松花江流域为轻度污染。

2007年5月太湖流域爆发了大面积的富营养化，对太湖周边城市的生产、生活用水危害极大，这对我们国家的水环境管理提出了较高的要求。当时太湖地区的人口密度已达1000人/平方公里，是世界上人口密度最高的地区之一，同时经济发展速度快，这个区域生活污水的日排放量为3万多吨，高密度的人群和高速发展的经济对湖泊水质造成了巨大的影响，急需转变发展模式，加强源头控制，并采取切实措施修复已受污染的水体。

我国水体重金属污染问题也十分突出，江河湖库底质的污染率高达80.1%。2011～2016年主要污染源转变为自然排放和生活废弃物排放。在我国四大经济区域（东北、东部、中部、西部）中，河湖水体溶解态重金属浓度总体上以东北和中部地区最高，西部次之，东部地区最低。东北区域污染源以农业和生活废弃物排放为主，中部区域以工业和生活废弃物排放为主，西部区域以农业排放为主，东部区域工业、农业和生活废弃物排放比较均衡。可见，水体重金属污染已成为我国严重的环境污染问题，并且严重影响着人体健康乃至生命。当前，儿童铅中毒、重金属致胎儿畸形、砷中毒等事件也屡有发生，使重金属污染成为关系到人类健康和生命的重大环境问题。

（2）中国海洋水环境质量现状

2021年，中国远海海域水质继续保持良好状况，但近岸海域污染状况仍未得到改善，局部水域污染严重。根据《海水水质标准》规定的四类标准，全海域未达到清洁海域水质标准（第一类海水水质标准）的面积约7万平方公里，比2020年减少约2.493万平方公里，严重污染海域面积达2.136万平方公里。严重污染的海域主要分布在辽东湾、长江口、杭州湾、江苏近岸、珠江口和部分大中城市近岸局部水域。渤海、黄海、东海、南海四大海域中，东海、南海污染最为严重。海水中的主要超标指标为无机氮、活性磷酸盐，各海域均面临着严重的富营养化问题。

（3）中国地下水水污染状况

中国地下水也受到了不同程度的污染，主要表现在硬度和硝酸盐的增加，也有痕量有机物的污染。城镇生活污水和工业废水排放、农业面源污染导致地下水污染。根据2020年的

《中国生态环境状况公报》，以浅层地下水水质监测为主的10242个监测点中，Ⅰ～Ⅲ类水质的监测点只占到22.7%，Ⅳ类占到33.7%，Ⅴ类占到43.6%。

(4) 中国水环境污染事故增加

近年来，中国水环境污染事故频发，损失巨大，隐患严重。2022年9月22日，佛山市生态环境局顺德分局勒流监督管理所（以下简称“勒流监督管理所”）执法人员在执法过程中发现顺德上涌工业区某家金属制品有限公司废水超标排放。该公司的生产过程中除油清洗废水处理后经排放口排放，经检测，该公司一处废水排放口氨氮超标3.5倍（检测结果68.0mg/L，排放限值15mg/L)、化学需氧量超标0.6倍（检测结果180mg/L，排放限值110mg/L)。

(5) 造成中国目前水环境污染的主要原因

① 工业污染源控制不力。违规排污行为非常突出，造成了水环境的急剧恶化。

工业污染是指工业生产过程中产生的废气、废水、废渣等污染物质，对环境和人类生活造成的负面影响。工业化的快速发展使经济和社会生活发生了巨大变革，然而也导致了工业污染问题的日益显现。工业污染的成因包括工业生产过程中产生的废气、废水、废渣等污染物质，生产过程中使用的化学原料和化学制品，以及工业生产过程中的能源消耗和不合理利用。这些污染物质破坏了生态平衡，导致环境质量恶化，影响人类健康和生存环境。许多产业为了降低成本，绕过法律规定的污染控制措施。由于缺乏有效的政策和强制执行力度，这些产业往往能够逃避应有的环保责任。

② 对非点源污染控制的重要性认识不足。除点源污染外，农业面源污染、城市面源污染等非点源污染也是导致中国水环境恶化的重要原因。中国是一个农业大国，农业和农村的非点源污染不可忽视，其中包括夹带着大量剩余化肥农药的农田径流、畜禽养殖业废水废渣、农村生活污水和生活垃圾，以及水土流失造成的污染等。城市中含有大量污染物的初期雨水或排入污水管网的雨水也未经处理便进入环境水体，加剧了水体的污染程度。近年来中国正逐渐认识到非点源污染对于水环境质量的影响，但目前尚无专门针对非点源污染控制的标准或法规出台，非点源污染仍处于无序排放状态。

(6) 中国水污染发展趋势

① 中长期用水总量和废水排放量仍呈上升态势。当前，中国城市化仍处于快速发展的阶段。据国家统计局2023年1月17日发布的数据显示，2022年末城镇常住人口92071万人，比上年末增加646万人，城镇人口占全国人口比重（城镇化率）为65.22%，比上年末提高0.50%。随着城市化水平提高，人均用水量不断提高且趋于稳定。考虑到中国人口峰值在2030年左右，毫无疑问，随着人口的增加，中国用水总量和废水排放量呈增长的态势。参考有关研究，并通过简单趋势外推分析，预判至少到2030年全国用水总量及废水排放量都将保持增长态势。

② 农业源污染物快速增加，污染控制难度加大。从20世纪80年代初开始，中国大力推广化肥的施用，化肥总消费量从1980年的1269.4万吨快速增长到2022年的6610万吨。据第一次全国污染源普查，农村的污染排放已经占到了全国的一半左右，其中COD占到了43%，总氮占到了57%，总磷占到了67%。研究表明，中国氮肥的利用率为30%～40%，磷肥的利用率为10%～15%，钾肥的利用率为40%～60%。化肥的大量使用，特别是氮肥用量过高，使部分化肥随降雨、灌溉和地表径流进入河、湖、库、塘，造成了水体富营养化。中国化肥使用量在2020年已达峰值，与此同时，中长期畜禽粪便的排放呈增长的态势。

这意味着农业面源污染仍处于恶化状态，由此造成的水污染将呈恶化的态势。

③ 水污染从单一污染向复合型污染转变的态势加剧。“十一五”以来，水污染向复合型污染转变的态势进一步加剧：第一，水污染从流域污染问题逐步演变为河流、湖泊，地表、地下污染蔓延；第二，点源与面源、生活与工业污染叠加，已经形成点源与面源污染共存、生活污染和工业排放叠加、各种新旧污染与二次污染形成复合污染的态势；第三，从污染物种类来看，从一般常规污染物，如COD、氨氮等发展到包括持久性有机污染物（persistent organic pollutants，POPs）、重金属、总氮（total nitrogen，TN）、总磷（total phosphorus，TP）等污染物同时并重，其中饮用水污染类型已由20世纪60年代的微生物为主、70年代的重金属污染为主，转为以有机物污染为主。

④ 非常规水污染物产生量持续上升，控制难度增大。重金属、POPs等水污染物产生量持续上升，在部分流域、部分地区污染问题突出。此外，相关研究表明，一直到2025年，城镇污泥产生量都将持续增长，在2025年将高达5450万吨。目前城镇污泥无害化处理率只有20%左右，70%左右的污泥被随意处理，因此，中长期污泥处理形势将十分严峻。

⑤ 水污染形势十分复杂，水环境质量总体显著改善是一个长期过程。尽管数据显示，多种水污染物排放已跨越峰值，根据预测，到2025年左右水污染物排放峰值将全面到来。但是，考虑到水环境受累积效应、自净能力等多种因素影响，当前至2025年左右这一阶段多数水环境质量指标会逐步“向好”，但也是水环境质量状态最为复杂的时期，主要流域、湖泊、水库、地下水、近岸海域等不同领域的水质趋势不同。但是，总体上，考虑水污染物的减排趋势，并综合相关研究以及国际经验，预判中国水环境质量的显著改善是一个长期过程。

2.2.2.2　水污染的时空分布

水污染在我国发生的时空分布特征是夏秋多冬春少、南多北少，华北、西北修建水库跨流域调节水污染，我国水资源的总量不少，但人均占有量很低，约为世界人均水量的1/4。

2.2.2.3　水污染的危害

水污染危害主要有以下几点：

（1）危害人体健康

水污染会直接影响饮用水源的水质。当饮用水源受到合成有机物污染时，原有的水处理厂不能保证饮用水的安全可靠，这将会导致如腹水、腹泻、肝炎、胃癌、肝癌等很多疾病的产生。与不洁的水接触也会染上如皮肤病、沙眼、血吸虫、钩虫病等疾病。

（2）降低农作物的产量和质量

由于污水可以提供肥分，很多地区的农民有采用污水灌溉农田的习惯。但惨痛的教训表明，含有毒有害物质的废水、污水会污染农田土壤，造成作物枯萎死亡，使农民受到极大的损失。研究表明，在一些污水灌溉区生长的蔬菜或粮食作物中，可以检出痕量有机物，包括有毒有害的农药等，它们必将危及消费者的健康。

（3）影响渔业的产量和质量

渔业生产的产量和质量与水质直接紧密相关。淡水渔场由于水污染而造成鱼类大面积死亡事故，已经不是个别事例，还有很多天然水体中的鱼类和水生物正濒临灭绝或已经灭绝。海水养殖事业也受到了水污染的威胁。水污染除了造成鱼类死亡影响产量外，还会使鱼类和水生生物发生变异。此外，在鱼类和水生生物体内还发现了有害物质的积累，使它们的食用价值大大降低。

(4) 制约工业的发展

由于很多工业（如食品、纺织、造纸、电镀等）需要利用水作为原料或洗涤产品，水质的恶化将直接影响产品的质量。工业冷却水的用量最大，水质恶化也会造成冷却水循环系统的堵塞、腐蚀和结垢问题，水硬度的增高还会影响锅炉的寿命和安全。

(5) 加速生态环境的退化和破坏

水污染造成的水质恶化，对于生态环境的影响更是十分严峻。水污染除了对水体中天然鱼类和水生物造成危害外，对水体周围生态环境的影响也是一个重要方面。污染物在水体中形成的沉积物，对水体的生态环境也有直接的影响。

(6) 造成经济损失

水污染对人体健康、农业生产、渔业生产、工业生产以及生态环境的负面影响，都可以表现为经济损失。例如，人体健康受到危害将减少劳动力，降低劳动生产率，疾病多发需要支付更多医药费；对工农业、渔业产量质量的影响更有直接的经济损失；对生态环境的破坏意味着对污染治理和环境修复费用的需求将大幅度增加。

2.2.2.4 水污染的污染源

人类活动所排放的各类污水是将上述污染物带入水体的一大类污染源，由于这些污水、废水多由管道收集后集中排除，因此常被称为点污染源。大面积的农田地表径流或雨水径流也会对水体产生污染，由于其进入水体的方式是无组织的，通常被称为非点污染源，或面污染源。

(1) 点污染源

主要的点污染源有生活污水和工业废水。由于产生废水的过程不同，这些污水、废水的成分和性质有很大的差别。

① 生活污水　生活污水主要来自家庭、商业、学校、旅游服务业及其他城市公用设施，包括厕所冲洗水、厨房洗涤水、洗衣机排水、沐浴排水及其他排水等。污水中主要含有悬浮态或溶解态的有机物质（如纤维素、淀粉、糖类、脂肪、蛋白质等），还含有氮、硫、磷等无机盐类和各种微生物。一般生活污水中悬浮固体的含量在200～400mg/L之间，由于其中有机物种类繁多，性质各异，常以BOD_5或COD来表示其含量。一般生活污水的BOD_5在200～400mg/L之间。由于地域和人群生活习惯的不同，生活污染的污染物含量及性质也有一定的差别。近年来，氮、磷污染物质引起的水体富营养化在各地均有各种程度的加剧，因此，我国最近对城市污水处理厂脱氮除磷提出了较高的要求。

② 工业废水　工业废水主要源自工厂的生产过程，其水量和水质因生产过程而异。根据其来源可以分为工艺废水、原料或成品洗涤水、场地冲洗水以及设备冷却水等；根据废水中主要污染物的性质，可分为有机废水、无机废水、兼有有机物和无机物的混合废水、重金属废水、放射性废水等；根据产生废水的行业性质，又可分为造纸废水、印染废水、焦化废水、农药废水、电镀废水等。

不同工业排放废水的性质差异巨大，即使是同一种工业，由于原料工艺路线、设备条件、操作管理水平的不同，废水的量级和性质也会不同，表2-4列出了几种主要工业废水的水质特点及其所含的污染物。一般来讲，工业废水有以下几个特点：

a. 废水中污染物浓度大、成分复杂，有毒物质含量高。某些工业废水含有的悬浮固体或有机物浓度是生活污水的几十甚至几百倍；工业废水的酸性或者碱性较高，废水中常含不同种类的有机物和无机物，有的还含重金属、氰化物、芳香族化合物、多氯联苯等有毒污染物，处理难度大，对人体健康和生态系统危害大。

b. 废水水量和水质变化大。因为工业生产一般有分班进行的特点，废水水量和水质常随时间而变化，工业产品的调整或工业原料的变化，也会造成废水水量和水质的变化。

表 2-4　几种主要的工业废水的水质特点及其所含的污染物

工业部门	工厂性质	主要污染物	废水特点
动力	火力发电、核电站	热污染、粉煤灰、酸、放射性物质	高温、酸性、悬浮物多、水量大、有放射性
冶金	选矿、采矿、烧结、炼焦、冶炼、电解、精炼、淬火	酚、氰化物、硫化物、氟化物、多环芳烃、吡啶、焦油、煤粉、重金属、酸、放射性物质	COD高、有毒性、偏酸、水量较大、有放射性
化工	肥料、纤维、橡胶、染料、塑料、农药、油漆、洗涤剂、树脂	酸或碱、盐类、氰化物、酚、苯、醛、氯仿、氯乙烯、农药、洗涤剂、多氯联苯、重金属、硝基化合物、氨基化合物	COD高、pH变化大、含盐量大、毒性强、成分复杂、难生物降解
石油化工	炼油、蒸馏、裂解、催化、合成	油、氰化物、酚、硫、砷、吡啶、芳烃、酮类	水量大、毒性较强、成分复杂、COD高
纺织	棉毛加工、漂洗、纺织印染	染料、酸或碱、纤维、洗涤剂、硫化物、硝基化合物、砷	带色、pH变化大、有毒性
制革	洗皮、鞣革、人造革	酸、碱、盐类、硫化物、洗涤剂、甲酸、醛类、蛋白酶、锌、铬	含盐量高、有恶臭、水量大、COD高
造纸	制浆、造纸	碱、木质素、悬浮物、硫化物、砷	水量大、BOD高、纤维悬浮物多、带色、有恶臭
食品	屠宰、肉类加工、油品加工、乳制品加工、水果加工、蔬菜加工等	有机物、病原微生物、油脂	BOD高、致病菌多、水量大、有恶臭

（2）面污染源

面污染源又称非点污染源，主要指农村灌溉水形成的径流、农村中无组织排放的废水、地表径流及其他废水、污水。分散排放的小量污水，也可列入面污染源。大气中的污染物随降雨进入地表水体，也可认为是面污染源，如酸雨。

农村废水一般含有有机物、病原体、悬浮物、化肥、农药等污染物；畜禽养殖业排放的废水常含有很高的有机物浓度；由于过量地施加化肥、使用农药，农田地表径流中含有大量的氮、磷营养物质和有毒的农药。

此外，天然性的污染源，如水与土壤之间的物质交换，风刮起泥沙、粉尘进入水体等，也是一种面污染源。

对面污染源的控制，要比对点污染源难得多。值得注意的是，对于某些地区和某些污染物来说，面污染源所占的比重往往不小。例如，对于湖泊的富营养化，面污染源的贡献率常会超过50%。

2.2.2.5 水污染的污染物

(1) 悬浮物

悬浮物主要指悬浮在水中的污染物质，包括无机的泥沙、炉渣、铁屑，以及有机纸张、菜叶等。水力冲灰、洗煤、冶金、屠宰、化肥、化工、建筑等工业废水和生活污水中都含有悬浮状的污染物，排入水体后除了会使水体变浑浊，影响水生植物的光合作用以外，还会吸附有机物、重金属、农药等，形成危害更大的复合污染物进入水底，日久后形成淤泥，会妨碍水上交通或减少水库容量，增加挖泥负担。

(2) 耗氧有机物

生活污水和某些工业废水中含有糖类、蛋白质、氨基酸、酯类、纤维素等有机物质，这些物质以悬浮状态或溶解状态存在于水中，排入水体后能在微生物作用下分解为简单的无机物，在分解过程中消耗氧气，使水体中的溶解氧减少，严重影响鱼类和水生生物的生存。当溶解氧降至零时，水中厌氧微生物占据优势，造成水体变黑发臭，将不能被用于作饮用水源和其他用途。耗氧有机物的污染是当前我国最普遍的一种水污染。由于有机物成分复杂，种类繁多，一般用综合指标 BOD、COD 或 TOC 等表示耗氧有机物的量。清洁水体中五日 BOD 应低于 3mg/L，若超过 10mg/L 则表明水体已经受到严重污染。

(3) 植物性营养物

植物性营养物主要指含有氮、磷等植物所需营养物的无机、有机化合物，如氨氮、硝酸盐、亚硝酸盐、磷酸盐和含氮、磷的有机化合物。这些污染物排入水体，特别是流动较缓慢的湖泊，海湾，容易引起水中藻类及其他浮游生物的大量繁殖，形成富营养化污染，除了会使自来水处理厂运行困难，造成饮用水的异味外，严重时也会使水中溶解氧下降，鱼类大量死亡，甚至会导致湖泊的干涸灭亡。特别应注意是富营养化水体中的有毒藻类（如微囊藻类）会分泌毒性很强的生物毒素，如微囊藻毒素，这些毒素是很强的致癌毒素，而且在净水处理过程中很难去除，对饮用水安全构成了严重的威胁。

(4) 有毒的有机污染物

近年来，水中有毒有机污染物造成的水污染问题越来越突出。有毒有机污染物主要来自人工合成的各种有机物质，包括有机农药、化工产品等。农药中有机氯农药和有机磷农药危害很大。有机氯农药（如六六六等）毒性大、难降解，并会在自然界积累，造成二次污染，已禁止生产与使用。现在普遍采用有机磷农药，如敌百虫、乐果、敌敌畏、甲基对硫磷等，这类物质毒性大，也属于难生物降解有机物，并对微生物有毒害和抑制作用。

人工合成的高分子有机化合物种类繁多，成分复杂，使城市污水的净化难度大大增加。在这类物质中已被查明具有“三致”作用（致癌、致突变、致畸形）的物质有聚氯联苯、联苯胺、稠环芳烃等，多达 20 余种，易致癌物质也超过 20 种。

(5) 重金属

重金属污染是危害最大的水污染问题之一。重金属通过矿山开采、金属冶炼、金属加工及化工生产废水、化石燃料的燃烧、施用农药化肥和生活垃圾等人为污染源，以及地质侵蚀、风化等天然源的形式进入水体。水中的重金属离子主要有汞、镉、铅、铬、锌、铜、镍、锡等。通常可以通过食物链在动物或人体内富集，不但污染水环境，也严重威胁人类和水生生物的生存。

(6) 酸碱污染

酸碱污染物排入水体会使水体 pH 发生变化，破坏水中自然缓冲作用。当水体 pH 小于 6.5 或大于 8.5 时，水中微生物的生长会受到抑制，致使水体自净能力减弱，并影响渔业生产，严重时还会腐蚀船只、桥梁及其他水上建筑。用酸化或碱化的水浇灌农田，会破坏土壤的物化性质，影响农作物的生长。酸碱物质还会使水的含盐量增加、提高水的硬度，对工业、农业、渔业和生活用水都会产生不良的影响。

(7) 石油类

含有石油类产品的废水进入水体后会漂浮在水面并迅速扩散，形成一层油膜，阻止大气中的氧进入水中，妨碍水生植物的光合作用。石油在微生物作用下的降解也需要消耗氧，会造成水体缺氧。同时，石油还会使鱼类呼吸困难直至死亡。食用在含有石油的水中生长的鱼类，还会危害人身健康。

(8) 放射性物质

放射性物质主要来自核工业和使用放射性物质的工业或民用部门。放射性物质能从水中或土壤中转移到生物、蔬菜或其他食物中，并进入人体浓缩和富集。放射性物质释放的射线会使人的健康受损，最常见的放射病就是血癌，即白血病。

(9) 热污染

废水排放引起水体的温度升高，被称为热污染。热污染会影响水生生物的生存及水资源的利用价值。水温升高还会使水中溶解氧减少，同时加快微生物的代谢速率，使溶解氧下降得更快，最后导致水体的自净能力降低。热电厂、金属冶炼厂、石油化工厂等常排放高温的废水。

(10) 病原微生物

生活污水、医院污水和屠宰、制革、洗毛、生物制品等工业废水，常含有病原体，会传播多种疾病。污水生物性质的检测指标一般为总大肠菌群数、细菌总数和病毒等。水中存在大肠菌，就表明该污水受到粪便污染，并可能有病原菌及病毒的存活。水中常见的病原菌有志贺氏菌、沙门氏菌、大肠杆菌、小肠结炎耶尔森氏菌、霍乱弧菌、副溶血性弧菌等，已被检出的病毒有 100 余种。由水中病原微生物导致的大范围人群感染引起了各国对病原微生物污染的高度重视，各个国家都加强了针对控制病原微生物的环境标准的制定，以保障水质的卫生学安全。

2.2.3 土壤污染

土壤是指陆地表面具有肥力、能够生长植物的疏松表层，其厚度一般在 2m 左右。土壤不但为植物生长提供机械支撑能力，并能为植物生长发育提供所需要的水、肥、气、热等肥力要素。由于人口急剧增长、工业迅猛发展，固体废物不断向土壤表面堆放和倾倒，有害废水不断向土壤中渗透，大气中的有害气体及飘尘也不断随雨水降落在土壤中，导致了土壤污染。

我国土壤污染可分为四大主要类型：

① 农田耕地土壤污染　农田耕地土壤污染来源主要为污水灌溉和周边企业排放到大气中的污染物沉降，污染物类型有重金属类和有机污染物类。农田耕地土壤污染面积一般较大，污染物的浓度一般不高，且污染的深度通常较浅。农田耕地土壤污染治理的保护目标为农产品与土壤生态系统，其修复模式包括阻止土壤中的污染物进入农产品或减少土壤中污染物的含量两种方式。

② 企业生产厂址土壤污染　企业生产厂址土壤污染包括在产企业的土壤污染和关停并转企业遗留厂址的土壤污染，其污染来源主要为原厂址上的企业运行过程中跑、冒、滴、漏以及排放的“三废”造成。污染物的类型通常有重金属类和有机污染物类。企业生产厂址土壤污染一般面积不大，但污染较为集中，污染物的浓度可能非常高，污染深度通常较深。企业生产厂址土壤污染治理的保护目标通常为人体健康，修复模式以降低土壤中污染物的含量或降低土壤中污染物的污染迁移性为主，修复技术以物理化学修复为主。

③ 矿山开采土壤污染　矿山开采土壤污染来源是矿山开采过程中的遗撒和“三废”排放，污染物类型主要为重金属类。污染面积一般较大，且区域背景值较高，污染物浓度不一定很高。矿山开采土壤污染治理的保护目标通常为地表水、地下水和生态环境系统，修复模式通常以切断暴露途径、减少土壤中污染物迁移至环境介质为主，修复技术以生物方法为主。

④ 石油开采土壤污染　石油开采土壤污染的来源为石油勘探、抽取、输送和存储等环节中石油跑、冒、滴、漏以及排放的“三废”。污染物以有机污染物为主，污染面积一般很大，污染物的浓度分布不均匀，污染物的深度通常不深。石油开采土壤污染治理的保护目标主要为地表水、地下水和生态环境系统，修复模式为减少土壤中污染物的含量，修复技术以生物修复为主。

2.2.3.1　土壤污染的现状

自 1977 年开始，由美国纽约州著名的“拉夫运河污染事故”开始，引起了美国民众对土壤污染的关注，也使得美国政府开始认识到土壤污染的危害。随后美国颁布了超级基金法，并不断探索和改进。为加强受污染场地的治理，美国政府于 1997 年 5 月发起并推动了“棕色地块（指因现实或潜在的有害和危险物的污染而影响到扩展、振兴和重新利用的土地）全国合作行动议程”，当年联邦政府在 100 余个“棕色地块”投入的资金超过 4 亿美元。1998 年 3 月，美国确立了 16 个“棕色地块”治理示范社区，吸引了 9 亿多美元的开发基金。

尽管欧盟是世界上生态环境质量良好的地区之一，但它仍然受到土壤污染的威胁。据欧洲环境局估计，欧盟境内被点源（由采矿、工业设施、废物填埋排放）污染的数量为 30 万至 150 万个之间，要消除这些污染需要巨额的资金。在 2000 年，荷兰、奥地利和西班牙分别投资 5.5 亿、0.67 亿和 0.14 亿欧元用于恢复被污染的土壤。而欧洲环境局估计要恢复欧洲被点源污染的土壤需要投资 59 亿～109 亿欧元。据统计，欧盟 15 个成员国每年销售 321386t 杀虫剂，当施用这些杀虫剂后就有可能污染当地土壤。在德国，土地污染问题正受到广泛关注。据统计，到 2002 年为止，德国境内大约有 362000 处场地被疑作受污染场地，面积约 $128000hm^2$，严重阻碍了所在地区的经济发展，并增加了投资的环境风险性。

欧盟委员会与成员国在 2004 年形成一份土壤监测协议，同时建立土壤监测网络和对重点地区实行重点监测，并为此制订了相应的工作计划与时间表，土壤保护是欧盟第六个环境行动计划重点战略之一。

日本是最早重视土壤污染的，在 1970 年制定了《农地土壤污染防治法》（1993 年修订），开展了农田土壤中镉、铜、砷的监测，并对超标土壤进行修复。日本农田污染以镉为主，占超标面积的 92.5%，通过土壤修复，镉超标面积降低了 71.2%。日本土壤污染调查监测事件也呈逐年增多之势，监测项目由重金属发展为金属和有机物，土壤污染类型逐步演变为重金属和有机物（主要是VOCs）复合污染型。日本富山县神通川流域和群马县渡良沥川流域等处，矿山和冶炼厂的重金属污染了农田。近年来，集成电路板和电子产品净洗、金属零件清洗及交通运输的发展，使挥发性有机物有成为土壤污染的新动向。《土壤污染对策法实施规则》中将对象物质分成三种，分别为第Ⅰ种特定有害物质（主要是挥发性有机物）、第Ⅱ种特定有害物质（主要是重金属等）和第Ⅲ种特定有害物质（主要是农药等）。

近20年来，随着社会经济的高速发展和高强度的人类活动，我国因污染退化的土壤面积日益增加、范围不断扩大，土壤质量恶化加剧，危害更加严重，已经影响到可持续发展的战略目标，未来还将面临更为严峻的挑战。

我国受农药、重金属等污染的土壤面积达上千万公顷，其中矿区污染土壤达200万公顷，石油污染土壤约500万公顷，固废堆放污染土壤约5万公顷，已对我国生态环境质量、食品安全和社会经济持续发展构成严重威胁。我国土壤污染已表现出多源、复合、量大、面广、持久、毒害的现代环境污染特征，正从常量污染物转向微量持久性有毒污染物，尤其在经济快速发展地区。我国土壤污染的总体现状已从局部蔓延到区域，从城郊延伸到乡村，从单一污染扩展到复合污染，从有毒有害污染发展至有毒有害污染与N、P营养污染的交叉，形成点源与面源污染共存，生活污染、农业污染和工业污染叠加，各种新旧污染与二次污染相互复合或混合的态势。

土壤污染直接导致农产品品质不断下降，危害人体健康，降低我国农产品的国际市场竞争力。全国16个省的检查结果中，蔬菜、水果中农药总检出率为20%～60%，总超标率为20%～45%；值得注意的是，东南沿海地区部分土壤也出现具有内分泌干扰作用的多环芳烃、多氯联苯、塑料增塑剂、农药甚至二噁英等复合污染高风险区，浓度高达几百微克/千克，我国土壤污染带来的食物安全问题已经到了相当严重的地步。

由于土壤污染具有潜在性和缓效性，是一个逐步积累过程，因而目前一些未显现明显污染危害的地区在今后10～20年内可能造成污染危害。由于我国经济实力不足，在工业发展的同时污水亦大量增加，据有关省市资料，到1990年我国污水总量达393.51亿吨（其中工业废水270.26亿吨），到2000年，污水总量达638.40亿吨，（工业废水为453.1亿吨），表明我国水环境污染呈发展趋势，进而由灌溉引起的土壤污染问题也会增加。在今后的10～20年内，稀土工业和稀土微肥的发展是一个值得重视的问题，可能造成较重的环境辐射污染。我国稀土资源丰富，稀土生产能力居世界第二位。但近年来一些乡镇企业的低水平开采不但浪费了宝贵的资源，而且污染了周围的环境。虽然目前尚无明确的辐射安全和环保辐射管理规范，但据报道，稀土工业造成的环境放射污染是明显的，可导致白血病和癌症。稀土微肥现已大量推广应用，其中的可溶性盐类毒性较高，这些元素进入环境和食品链后有可能危害人体健康，例如：钪可致畸，铈可以致癌。乡镇企业的管理水平差，布局不合理，原料利用率低，如按目前水平估计10～20年内这样的局面不可能有多大改变，因而我国土壤污染将进一步由点到面、由城市向乡村不断扩展。

2.2.3.2 土壤污染的时空分布

（1）土壤污染的时间分布

土壤污染的时间分布具有隐蔽性和滞后性。大气、水污染等问题一般都比较直观，通过感官就能发现。而土壤污染则不同，往往要通过对土壤样品进行分析化验和农药的残留检测，甚至通过研究对人畜健康状况的影响才能确定。因此，土壤污染从产生污染到出现问题通常会滞后较长的时间，因此土壤污染问题一般都不太容易受到重视。

(2) 土壤污染的空间分布

土壤污染的空间分布具有累积性、不可逆转的特点。污染物质在大气和水体中，一般都比在土壤中更容易迁移。污染物质在土壤中并不像在大气和水体中那样容易扩散和稀释，因此容易在土壤中不断积累而超标，同时也使土壤污染具有很强的地域性。重金属对土壤的污染基本上是一个不可逆转的过程，许多有机化学物质的污染也需要较长的时间才能降解，譬如被某些重金属污染的土壤可能要100～200年才能够恢复。

2.2.3.3 土壤污染的危害

土壤污染可导致土壤的组成、结构和功能发生变化，进而影响植物的正常生长发育，造成有害物质在植物体内累积，并可通过食物链进入人体，危害人的健康。土壤污染的最大特点是，一旦土壤受到污染，其污染物特别是重金属和有机农药是很难消除的。因此，要特别注意防止重金属等污染物质进入土壤。对于已经被污染的土壤应积极采取有效措施，以避免和消除可能对动植物和人体带来的有害影响。

(1) 土壤污染对植物的影响

当土壤中的污染物超过植物的忍耐限度时，会被植物吸收而代谢失调，一些污染物在植物体内残留，会影响植物的生长发育，甚至导致遗传变异。

① 无机污染物的影响　土壤长期使用酸性肥料或碱性物质会引起土壤pH的变化，降低土壤肥力，减少作物的产量。土壤受Cu、Co、Mn、Zn、As等元素的污染，会引起植物生长和发育障碍；而受Cd、Hg、Pb等元素的污染，一般不引起植物生长发育障碍，但它们能在植物可食部位积累，从而通过食物链进入人体，造成健康隐患。

② 有机污染物的影响　利用未经处理的含油、酚等有机污染物的污水灌溉农田，会使植物生长发育受到阻碍。农田在灌溉或施肥过程中，极易受三氯乙醛（植物生长紊乱剂）及其在土壤中转化产物三氯乙酸的污染。三氧乙醛能破坏植物细胞原生质的极性结构和分化功能，使细胞和核的分裂产生紊乱，形成病态组织，阻碍正常生长发育，甚至导致植物死亡。小麦最容易遭受危害，其次是水稻。

③ 土壤生物污染的影响　土壤生物污染是指一个或几个有害的生物种群，从外界环境侵入土壤，大量繁衍，破坏原来的动态平衡，对人体或生态系统产生不良的影响。造成土壤生物污染的污染物主要是未经处理的粪便、垃圾、城市生活污水、饲养场和屠宰场的污物等。其中危险性最大的是传染病医院未经处理的污水和污物。

(2) 土壤污染物在植物体内的残留

植物从污染土壤中吸收各种污染物质，经过体内的迁移、转化和再分配，有的分解为其他物质，有的部分或全部以残毒形式累积在植物体内的各个部位，特别是可食部位，对人体健康构成潜在性危害。

土壤中的污染物主要是以离子形式被植物根部吸收。植物从土壤中吸收污染物能力的强弱，与土壤类型、温度、水分、空气等有关，也与污染物在土壤中的量、种类、形态和植物品种有关。

① 重金属在植物体内的残留　植物对重金属吸收的有效性受重金属在土壤中活动性的影响。一般情况下，土壤中有机质、黏土矿物含量越多、盐基代换量越大、土壤的pH越高，则重金属在土壤中活动性越弱，重金属对植物的有效性越低，也就是植物对重金属的吸

收量越小。在上述土壤因素中，最重要的影响因素可能是土壤 pH。例如，在中国水稻区，不同土壤受到相同水平的重金属污染，但水稻籽实中重金属含量按下列次序递增：华北平原碳酸盐潮土（pH＞8.0）远小于东北草甸棕壤（pH＝6.5～7.0），后者又远小于华南的红壤和黄壤（pH＜6.0）。

农作物体内的重金属主要是通过根部从被污染的土壤中吸收的。例如，植物从根部吸收镉之后，各部位的含镉量为根＞茎＞叶＞荚＞籽粒。一般根部的含镉量超过地上部分的两倍。此外，汞、砷也是可以在植物体内残留的重金属。

② 农药在植物体内的残留　农药在土壤中受物理、化学和微生物的作用，按照其被分解的难易程度可分为两类：易分解类（如 2,4-D 和有机磷制剂）和难分解类（如 2,4,5-T 和有机氯、有机汞制剂等）。难分解的农药成为植物残毒的可能性很大。

植物对农药的吸收率因土壤质地不同而异，从沙质土壤吸收农药的能力要比从其他黏质土壤中高得多。不同类型农药在吸收率上差异较大，通常农药的溶解度越大，也就越容易被作物吸收。

③ 放射性物质在植物体内的残留　放射性物质指重核^{235}铀和^{239}钚的裂变产物，包括 34 种元素和 189 种放射性同位素。分析某一种裂变产物的生物学意义时，必须考虑它们的产率、射线能量、物理半衰期、放射性核素的物理形态和化学组成，以及由土壤转移到植物的能力、生物半衰期和有效半衰期等因素。

放射性物质进入土壤后能在土壤中积累，形成潜在的威胁。由核裂变产生的两个重要的长半衰期放射性元素是^{90}锶（半衰期为 28 年）和^{137}铯（半衰期为 30 年）。空气中的放射性^{90}锶可被雨水带入土壤中。因此，土壤中^{90}锶的浓度常与当地的降水量成正比。^{137}铯在土壤中吸附得更为牢固，有些植物能积累^{137}铯，所以高浓度的放射性铯能通过这些植物进入人体。

（3）土壤污染对人体健康的影响和危害

① 病原体对人体健康的影响　病原体是由土壤生物污染带来的污染物，其中包括肠道致病菌、肠道寄生虫、破伤风梭菌、肉毒杆菌、霉菌和病毒等。病原体能在土壤中生存较长时间，如痢疾杆菌能在土壤中生存 22～142 天，结核杆菌能生存 1 年左右，而蛔虫卵能生存 315～420 天，沙门氏菌能生存 35～70 天。土壤中肠道致病性原虫和蠕虫进入人体主要通过两个途径：通过食物链经消化道进入人体。例如，蛔虫、毛首鞭虫等一些线虫的虫卵，在土壤中经几周时间发育后，变成感染性的虫卵通过食物进入人体；穿透皮肤侵入人体，例如，十二指肠钩虫、美洲钩虫和粪类圆线虫等虫卵在温暖潮湿的土壤中经过几天孵育变为感染性幼虫，再通过皮肤穿入人体。

传染性细菌和病毒污染土壤后对人体健康的危害更为严重。一般来自粪便和城市生活污水的致病细菌有沙门氏菌属、芽孢杆菌属、梭菌属、假单孢杆菌属、链球菌属及分支菌属等。另外，随动物的排泄物、分器物或尸体进入土壤而传染至人体的还有破伤风、恶性水肿、丹毒等疾病的病原菌。目前，在土壤中已发现有 100 多种对人类可能致病的病毒，例如脊髓灰质炎病毒、传染性肝炎病毒、人肠细胞病变孤儿病毒、柯萨奇病毒等，其中最危险的是传染性肝炎病毒。

② 重金属对人体健康的影响　土壤重金属被植物吸收以后，可通过食物链危害人体健康。例如，1955 年日本富山县发生的“镉米”事件，即“痛痛病”事件。其原因是农民长期使用受神通川上游铅锌冶炼厂含镉废水污染的河水灌溉农田，导致土壤和稻米中的镉含量

增加。当人们长期食用这种稻米，使得镉在人体内蓄积，从而引起全身性神经痛、关节痛、骨折，甚至死亡。

2.2.3.4 土壤污染的污染源

土壤污染的来源如图 2-2 所示，土壤中污染物的来源极为广泛，主要来自工业、城市废水和固体废物、农药和化肥、牲畜排泄物以及大气沉降等。

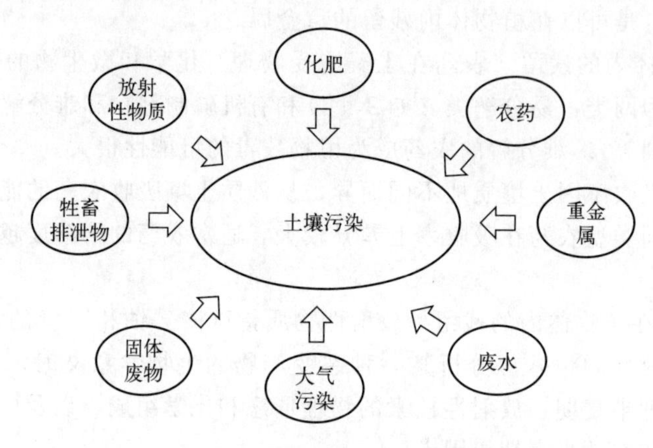

图 2-2 土壤污染的来源

(1) 工业、城市废水和固体废物

在工业、城市废水中常含有多种污染物。当长期使用这种废水灌溉农田时，便会使污染物在土壤中积累而引起污染。利用工业废渣和城市污泥作为肥料施用于农田时，常常会使土壤受到重金属、无机盐、有机物和病原体的污染。工业废物和城市垃圾的堆放场，往往也是土壤的污染源。

(2) 农药和化肥

现代农业生产大量使用的农药、化肥和除草剂也会造成土壤污染。如有机氯杀虫剂 DDT、六六六等可在土壤中长期残留，并在生物体内富集。氮、磷等化学肥料，凡未被植物吸收利用的都在根部以下积累或转入地下水，成为潜在的土壤环境污染物。

(3) 牲畜排泄物和生物残体

禽畜饲养场的积肥和屠宰场的废物中含有寄生虫、病原菌和病毒等病原体，当利用这些废物作肥料时，如果不进行物理和生物处理便会引起土壤或水体污染，并可通过农作物危害人体健康。

(4) 大气沉降物

大气中的 SO_2、NO_x 和颗粒物可通过沉降或降水进入到农田。如北欧的南部、北美的东北部等地区，因雨水酸度增大，引起土壤酸化、土壤盐基饱和度降低。大气层核试验的散落物也可造成土壤的放射性污染。

此外，造成土壤污染的还有自然污染源。例如，在含有重金属或放射性元素的矿床附近，由于这些矿床的风化分解作用，也会使周围土壤受到污染。

2.2.3.5 土壤污染的污染物

凡是进入土壤并影响到土壤的理化性质和组成，而导致土壤的自然功能失调、土壤质量恶化的物质，统称为土壤污染物。土壤污染物的种类繁多，按污染物的性质一般可分为四类：有机污染物、重金属、放射性元素和病原微生物。

（1）有机污染物

土壤有机污染物主要是化学农药，目前大量使用的化学农药约有50多种。其中主要包括有机磷农药、有机氯农药、氨基甲酸酯类、苯氧羧酸类、苯酸胺类等。此外，石油、多环芳烃、多氯联苯、甲烷等，也是土壤中常见的有机污染物。

据统计，中国1990～2022年农药施用量从73.3万吨增至174万吨，增幅达到137.38%，位居世界第一。目前，中国农药生产量居世界第一位，但产品结构不合理，质量较低，产品中杀虫剂占70%，杀虫剂中有机磷农药占70%，有机磷农药中高毒品种占70%，致使大量农药残留，带来严重的土壤污染。

（2）重金属

使用含有重金属的废水进行灌溉是重金属进入土壤的一个重要途径。重金属进入土壤的另一条途径是随大气沉降落入土壤。重金属主要有Hg、Cd、Cu、Zn、Cr、Pb、As、Ni、Co、Se等。由于重金属不能被微生物分解，一旦土壤被重金属污染，其自然净化过程和人工治理都将非常困难。此外，重金属可以被生物富集，因而对人类有较大的潜在危害，表2-5列出了全世界由于人类活动造成重金属污染的情况，表2-6列出了我国长三角地区土地重金属污染情况抽检，可见世界正面临着严重的重金属污染。

表2-5 全世界由于人类活动造成的重金属污染情况 单位：$\times 10^3$ t/a

元素	大气	水	土壤	土壤/总量
As	19	41	82	57.7%
Cd	7.6	9.4	22	56.4%
Cr	30	142	896	83.9%
Cu	35	112	954	86.6%
Hg	3.6	4.6	8.3	50.3%
Mn	38	262	1670	84.8%
Mo	3.3	11	88	86.0%
Ni	56	113	325	65.8%
Pb	332	138	796	62.9%
Sb	3.5	18	26	54.8%
Zn	132	226	1372	79.3%

表2-6 我国长三角地区土地重金属污染情况抽检

污染物类型	点位超标率/%	不同污染点数比例/%			
		轻微	轻度	中度	重度
Cr	7.0	5.2	0.8	0.5	0.5
Ni	1.6	1.2	0.2	0.1	0.1
As	2.7	2.0	0.4	0.2	0.1
Cu	2.1	1.6	0.3	0.15	0.05
Pb	1.5	1.1	0.2	0.1	0.1
Cr	1.1	0.9	0.15	0.04	0.01
Zn	0.9	0.75	0.08	0.05	0.02

(3) 放射性元素

放射性元素主要来源于大气层核试验的沉降物，以及原子能和平利用过程中所排放的各种废气、废水和废渣。含有放射性元素的物质不可避免地随自然沉降、雨水冲刷和废弃物的堆放而污染土壤。土壤一旦被放射性物质污染就难以自行消除，只能靠其自然衰变为稳定元素，而消除其放射性所需时间往往很长。放射性元素也可通过食物链和呼吸道进入人体。放射性物质进入人体后，可造成内照射损伤，使受害者头晕、疲乏无力、脱发、白细胞减少或增多、发生癌变等。此外，长寿命的放射性核素因衰变周期长，一旦进入人体，其通过放射性裂变而产生的α、β、γ射线，将对机体产生持续的照射，使机体的一些组织细胞被破坏或变异。此过程将持续至放射性核素蜕变成稳定性核素或全部被排出体外为止。

(4) 病原微生物

土壤中的病原微生物，可以直接或间接地影响人体健康。主要包括病原菌和各种病毒。主要来源于人畜的粪便及用于灌溉的污水（未经处理或处理未达到相应标准的生活污水，特别是医院污水）。人类若接触含有病原微生物的土壤，可能会对健康带来直接影响，若食用被土壤污染的蔬菜、水果等则间接受到危害。

2.3 环境保护

环境保护是中国的一项基本国策，指人类有意识地保护自然资源并使其得到合理的利用，防止自然资源受到污染和破坏。

2.3.1 环境保护的基本内容

① 自然环境　为了防止自然环境的恶化，对青山、绿水、蓝天、大海的保护。这就涉及了不能私采滥伐、不能乱排乱放、不能过度放牧、不能过度开荒、不能过度开发自然资源、不能破坏自然界的生态平衡等。

② 地球生物　包括物种的保全、植物植被的养护、动物的回归、维护生物多样性、转基因的合理使用、濒临灭绝生物的特殊保护、灭绝物种的恢复、栖息地的扩大、人类与生物的和谐共处等。

③ 人类环境　使环境更适合人类工作和劳动的需要。这涉及人们衣、食、住、行的方方面面，都要符合科学、卫生、健康、绿色的要求。这既要靠公民的自觉行动，又要依靠政府的政策法规作保证，依靠社区的组织教育来引导，要各行各业齐抓共管，才能解决。

2.3.2 环境保护的意义

随着我国经济的发展，有效利用能源、减少环境污染、降低安全生产事故频次、防止突发环境事件、确保生命安全的重要性日益凸显。制定并执行环保政策和措施，保护环境的同时改善人民的生活质量，已经成为我国民生工程的关注点。保护环境不仅关乎人们的生存环境，也影响着经济发展。

① 环境保护就是为防止人类生活、生产建设活动使自然环境恶化，寻求控制、治理和消除各类因素对环境的污染和破坏，并努力改善环境、美化环境、保护环境，使其更好地适应人类生活和工作需要。换句话说，环境保护就是运用环境科学的理论和方法，在更好地利

用自然资源的同时，深入认识污染和破坏环境的根源及危害，有计划地保护环境，预防环境质量恶化，控制环境污染，促进人类与环境协调发展，提高人类生活质量，保护人类健康，造福子孙后代。

② 自然环境是人类生存的基本条件，是发展生产、繁荣经济的物质源泉。如果没有地球这个广阔的自然环境，人类是不可能生存和繁衍的。随着人口的迅速增长和生产力的发展，科学技术突飞猛进，工业及生活排放的废弃物不断地增多，从而使大气、水质、土壤污染日益严重，自然生态平衡受到了猛烈的冲击和破坏，许多资源日益减少，并面临着耗竭的危险；水土流失，土地沙化也日趋严重，粮食生产和人体健康受到严重威胁。所以，维护生态平衡、保护环境是关系到人类生存、社会发展的根本性问题。

③ 环境污染问题在发展国民经济建设时是不可懈怠和轻视的。加大环保政策的执行力度，从而更好地治理和应对突发环境事故，是当前急不可待的任务。

④ 借鉴国际最佳实践和企业成功经验，从而进一步推动中国的可持续发展，发展国民经济建设时要把保护环境放在首要位置。

⑤ 提升地方政府和企业的环保意识和能力，是中国可持续发展战略的重要组成部分，在各地区区域性经济发展中，已经注意到了本位主义和牺牲环境为代价所带来的最终恶果。开展清洁生产，以促进企业的认知和意识，以环保促进当地社区、工业、价值链、买方市场的综合效益，相关经验已作为成功案例，为中国企业的环保工作，提供了宝贵经验。

⑥ 改善人民的生活质量，而不危及后代人的利益。地方政府和业界应制定和实施更加严厉的清洁生产、高效利用自然资源等法规和政策，以减少对中国本土、人类环境的污染。

⑦ 国家的环境保护问题包括环境污染的防治与控制、自然生态保护、核安全监管、环境安全保护等，政策应当先行。执行环境保护的法律法规，也应当充分利用经济杠杆策略，过去比较注重经济份额的考量，现在应迅速转为对国家法规和政策执行力的考核，以实现真正意义上的促进人与自然的和谐过程。

2.3.3 环境污染、环境保护与资源利用的关系

环境是各种自然资源相互联系、相互制约、不可分割的一个综合体，人类活动对其中一种资源的改变都会影响其他几种资源。目前我国人均自然资源占有量低，自然资源的开发利用中还存在不合理的现象。长期以来，为了保证经济的快速发展，我国采取了一种高投入、高消耗、高污染、低产出率、低效益的粗放发展模式，致使能源资源浪费和生态环境污染的问题层出不穷。

近年来，环境污染问题已引起社会各界的普遍关注，人们对于生态环境保护的意识也不断加深，环境污染的状况得到了一定程度的遏制，但实际生活中仍然存在着许多不可忽视的新问题：首先，人们对资源可持续利用的重要性和迫切性停留在外延层面，缺乏足够的认识，对于以营利为主的企业而言，对生态环境的保护处于一种概念阶段，难以落实；其次，相应的法律法规政策不健全，企业资源的有效利用没有具体的激励机制，资源综合配套开发利用的优惠政策在更大层面上没有具体实施；最后，对资源可持续开发利用的投入不足，对于国内绝大多数中小企业而言，一方面融资困难，另一方面政府对资源合理开发利用的扶持力度不够。从具体实施的角度来看，我国资源开发目前的局面是资源开发不足与开发过度导致环境污染的问题并存，不同地区之间资源的开发利用程度存在很大的差异性，东部地区和城市地区开发过度，西部和农村地区开发不足。另外，不同产业间的资源开发利用程度也存

在很大的差异性，传统产业开发过度，高新技术产业开发不足。这些问题的存在严重地阻碍着我国经济社会的可持续发展。

因此，要解决资源的战略问题，必须大力开展能源节约与资源综合利用，倡导替代能源，如太阳能、风能、生物能和水能的挖掘和开发，同时确保能源的开发利用频率不超过其可再生周期，从而实现生态环境的自我恢复。另外，对环境污染的治理必须长期坚持进行，可借助生物圈中多层次的自我调节能力，如采取植物补救技术、污水自然处理技术、微生物固氮作用等。此外，在政策层面，可发展循环经济，以“减量化-再使用-再循环”为资源的利用准则，减少污染物的排放，节约资源的使用量。另外，加强环保立法及执法，在健全法制的同时，加强执法力度，并建立合理的政府工作考核机制，把资源的合理利用和环境保护作为一项重要考核内容，避免片面追求经济增长。最后，提高全民环保意识，加大资源合理利用和生态环境保护的宣传教育，引导公众自觉珍惜资源，保护环境。

只有走最有效利用资源和保护环境为基础的循环经济之路，可持续发展才能得到实现。保护环境的实质就是保护生产力。资源和生态环境都是社会生产力的重要因素，保持资源和环境的永续利用是社会可持续发展的基本条件。只有合理配置和开发利用能源资源，保护生态环境，才能实现经济建设和保护生态环境的协调发展。

思考题

1. 你的家乡遇到哪些环境污染问题？当地政府又采取了哪些办法来治理和改善这类问题呢？
2. 写出五种大气污染物，并说明它们的危害。
3. 什么是二次污染物？它们有什么危害？
4. 酸雨主要是由哪几种大气污染物造成的？治理酸雨的方法有哪些？
5. 为什么说水污染主要是人类活动造成的？
6. 水污染的污染物有哪些？
7. 环境污染与资源利用的关系是怎样的？谈谈你的看法。

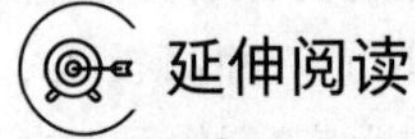

延伸阅读

【新时代我国社会的主要矛盾】

中国特色社会主义进入新时代，我国社会主要矛盾已经转化为人民日益增长的美好生活需要和不平衡不充分的发展之间的矛盾。环境质量是人民“美好生活”质量的直接体现之一。当前，我国生态文明建设和生态环境保护面临不少困难和挑战，存在不少不足。经济发展与生态环境保护的矛盾依然突出，资源环境承载能力已经达到或接近上限；城乡不充分协调，新旧环境问题交织，区域性、布局性、结构性环境风险凸显，重污染天气、水体黑臭、垃圾围城、生态破坏等问题时有发生。这些问题已经成为重要的民生之患、民心之痛、经济社会可持续发展的瓶颈、全面建成小康社会的明显短板。

解决好新时代我国社会主要矛盾，必须始终坚持以人民为中心的发展思想。人民对美好生活的向往，就是我们党的奋斗目标。必须更加自觉、更加坚定地贯彻以人民为中心的发展思想，始终坚持发展为了人民、发展依靠人民、发展由人民共享，不断提高人民群众获得感、幸福感、安全感，推动人民生活水平实现历史性跨越，不断满足人民群众对美好生活的新期待。生态文明思想聚焦人民群众感受最直接、要求最迫切的突出环境问题，积极回应人民群众日益增长的优美生态环境需求，深刻阐明了一系列新思想、新理念、新观点。坚持生态惠民、生态利民、生态为民，把优美的生态环境作为一项基本公共服务，把解决突出生态环境问题作为民生优先领域。2022 年 4 月举行的“中国这十年”系列主题新闻发布会，介绍了我国空气、水环境、土壤环境质量发生的巨大变化，相关成就鼓舞人心。这些变化和每个人的生活息息相关，成为“良好生态环境是最普惠的民生福祉”的生动注脚。

政之所要，在乎民心。党的十八大以来，我国以前所未有的决心和力度推进生态文明建设，集中力量攻克群众身边的突出生态环境问题，显著增进了民生福祉。坚决打赢蓝天保卫战，下大力气治理水环境污染，多措并举推动农村环境整治，推动污染防治的措施之实、力度之大、成效之显著前所未有。修订《中华人民共和国环境保护法》等多部法律法规，出台中央生态环境保护督察、环保垂直管理制度改革、排污许可等制度，全面推行生态文明建设目标评价考核制度和责任追究制度，一批群众身边的环境问题得到解决。这十年，人民群众生态环境获得感、幸福感、安全感不断提升。根据国家统计局的调查统计，目前人民群众对生态环境的满意度超过了 90%。

【“蓝天、碧海、净土”三大污染防治攻坚战】

党的二十大报告中提出，推动绿色发展，促进人与自然和谐共生。深入推进环境污染防治，坚持精准治污、科学治污、依法治污，持续深入打好蓝天、碧水、净土保卫战。

大气污染防治方面，党和政府明确表明，编制实施打赢蓝天保卫战三年作战计划，以京津冀及周边、长三角、汾渭平原等重点区域为主战场，调整优化产业结构、能源结构、运输结构、用地结构，强化区域联防联控和重污染天气应对，进一步明显降低 $PM_{2.5}$ 浓度，明显减少重污染天数，明显改善大气环境质量，明显增强人民的蓝天幸福感。

水污染防治方面，深入实施水污染防治行动计划，扎实推进河长制、湖长制，坚持污染减排和生态扩容两手发力，加快工业、农业、生活污染源和水生态系统整治，保障饮用水安全，消除城市黑臭水体，减少污染严重水体和不达标水体。

土壤污染防治方面，全面实施土壤污染防治行动计划，突出重点区域、行业和污染物，有效管控农用地和城市建设用地土壤环境风险。具体措施集中在强化土壤污染管控和修复、加快推进垃圾分类处理、强化固体废物污染防治等领域。

三大保卫战具体指标：全国 $PM_{2.5}$ 未达标地级及以上城市浓度比 2015 年下降 18%以上，地级及以上城市空气质量优良天数比例达到 80%以上；全国地表水Ⅰ～Ⅲ类水体比例达到 70%以上，劣Ⅴ类水体比例控制在 5%以内；近岸海域水质优良（Ⅰ、Ⅱ类）比例达到 70%左右；二氧化硫、氮氧化物排放量比 2015 年减少 15%以上，化学需氧量、氨氮排放量减少 10%以上；受污染耕地安全利用率达到 90%左右，污染地块安全利用率达到 90%以上。加强污染物协同控制，基本消除重污染天气。统筹水资源、水环境、水生态治理，推动重要江河湖库生态保护治理，基本消除城市黑臭水体。加强土壤污染源头防控，开展新污染物治理。提升环境基础设施建设水平，推进城乡人居环境整治。全面实行排污许可制，健全现代环境治理体系。严密防控环境风险。深入推进中央生态环境保护督察。

第3章

有毒有害化学物质的毒性

3.1 毒性与靶器官及作用分类

3.1.1 毒性与靶器官

3.1.1.1 毒性

毒性又称生物有害性，一般是指外源化学物质与生命机体接触或进入生物活体体内后，能引起直接或间接损害作用的相对能力，或简称为损伤生物体的能力；即外源化学物在一定条件下损伤生物体的能力。

一种外源化学物对机体的损害能力越大，其毒性就越高。外源化学物毒性的高低仅具有相对意义。在一定意义上，只要达到一定的数量，任何物质对机体都具有毒性，如果低于一定数量，任何物质都不具有毒性，关键看此种物质与机体的接触量、接触途径、接触方式以及物质本身的理化性质，但在大多数情况下与机体接触的数量是决定因素。

由药物毒性引起的机体损害称为中毒。大量毒药迅速进入人体，很快引起中毒甚至死亡，称为急性中毒；少量毒药逐渐进入人体，经过较长时间积蓄而引起的中毒，称为慢性中毒。此外，药物的致癌、致突变、致畸等作用，则称为特殊毒性。相对而言，能够引起机体毒性反应的药物则称为毒药。

（1）引起中毒的方式

一种是该物质极易与血红蛋白结合，使红细胞无法运输氧气，导致生物体窒息，有这种毒性的物质一般是气态非金属氧化物，例如一氧化碳、一氧化氮、二氧化氮、二氧化硫等；另一种是该物质能够破坏特定蛋白质中的肽键，改变其化学组成，使蛋白质变性失活，无法发挥正常功能，使生物体的生命活动受到影响，如甲醛、氰化物、砷化物、卤素单质等。

（2）污染物的分类

① 金属类：常见的金属和类金属污染物有铅、汞、锰、镍、铍、砷、磷及其化合物等。

② 刺激性气体：指对眼和呼吸道黏膜有刺激作用的气体，是化学工业常遇到的有毒气体。刺激性气体的种类甚多，最常见的有氯、氨、氮氧化物、光气、氟化氢、二氧化硫、三氧化硫和硫酸二甲酯等。

③ 窒息性气体：指能造成机体缺氧的有毒气体。窒息性气体可分为单纯窒息性气体、血液窒息性气体和细胞窒息性气体。如氮气、甲烷、乙烷、乙烯、一氧化碳、硝基苯的蒸气、氰化氢、硫化氢等。

④ 农药：包括杀虫剂、杀菌剂、杀螨剂、除草剂等。农药的使用对保证农作物的增产起着重要作用，但如生产、运输、使用和储存过程中未采取有效的预防措施，可引起中毒。

⑤ 有机化合物：大多数属有毒有害物质，例如应用广泛的二甲苯、二硫化碳、汽油、甲醇、丙酮等，以及苯的氨基和硝基化合物，如苯胺、硝基苯等。

⑥ 高分子化合物：高分子化合物本身无毒或毒性很小，但在加工和使用过程中，可释放出游离单体对人体产生危害，如酚醛树脂遇热释放出苯酚和甲醛具有刺激作用。某些高分子化合物由于受热、氧化可产生毒性更为强烈的物质，如聚四氟乙烯塑料受高热分解出四氟乙烯、六氟丙烯、八氟异丁烯，吸入后可引起化学性肺炎或肺水肿。高分子化合物生产中常用的单体多数对人体有危害。

（3）毒性等级的划分

根据《化学品毒性鉴定管理规范》第十八条第（二）项规定，化学品毒性鉴定一般应当经过四个阶段试验，其中第一阶段以急性毒性为主，第二阶段以亚急性毒性评估为主，第三阶段以亚慢性毒性评估为主，第四阶段以慢性毒性评估为主。2005年卫生部发布的《化学品毒性鉴定技术规范》中，总则第4条术语解释了“半数致死浓度（median lethal concentration，LC_{50}）：指在一定时间内经呼吸道吸入受试样品后引起受试动物发生死亡概率为50%的浓度”。表3-1列出了评估化学物质毒性的常用参数。

表3-1 评估化学物质毒性的常用参数

参数	定义
ED	effective dose，有效剂量。适用于所有反应，较常用于非毒害或有益的作用，例如药效
TD	toxic dose，中毒量，产生毒性作用的剂量
LD	lethal dose，致死剂量
ED_{50}	半有效剂量
TD_{50}	半毒效剂量
LD_{50}	半致死剂量
EC、TC、LC	有效浓度、中毒浓度、致死浓度，与ED、TD、LD类似，但剂量则改为浓度
TI	therapeutic index，治疗指数，指药物的药效及药力

另有我国在国家标准《职业性接触毒物危害程度分级》GB 5044—85及对其修订单GBZ 230—2010中规定的危害程度等级，按照危害程度分为5个等级并赋予相应的分值：轻微危害，0分；轻度危害，1分；中度危害，2分；高度危害，3分；极度危害，4分。分级原则是依据急性毒性、影响毒性作用的因素、毒性效应、实际危害后果等4大类9项分级指标进行综合分析、计算。

（4）外源化合物的毒性

毒性与剂量、接触途径、接触期限有密切关系。评价外源化学物的毒性，不能仅以急性毒性高低来表示，有一些外源化学物的急性毒性是属于低毒或微毒，但却有致癌性，如$NaNO_2$；而有些外源化学物急性毒性与慢性毒性的表现完全不同，如苯的急性毒性表现为中枢神经系统的抑制，但其慢性毒性却表现为对造血系统的严重抑制，表 3-2 为按照人类致死剂量的毒性等级分类。

表 3-2 按照人类致死剂量的毒性等级分类

等级	毒性种类	人类可能的致死剂量/(mg/kg)	化合物例	LD_{50}/(mg/kg)
6	剧毒	＜5	肉毒杆菌	10^{-9}
			二噁英	10^{-3}
5	极毒	5～50	对硫磷	1～10
			狄氏剂	10
4	非常毒	50～500	DDT	100
3	一般毒	500～5000	硼酸	2660
2	弱毒	5000～15000	乙醇	约 7000
1	理论上不具毒性	＞15000	果糖	＞20000

毒性越大，危害越大；不同毒性的污染物对机体的危害不尽相同，根据污染物对人的致死量依次将污染物分为：剧毒（＜5mg/kg）、极毒（5～50mg/kg）、非常毒（50～500mg/kg）、一般毒（500～5000mg/kg）、弱毒（5000～15000mg/kg）和理论上不具有毒性（＞15000mg/kg）。

3.1.1.2 靶器官

化学物质被吸收后可随血流分布到全身各个组织器官，但其直接发挥毒作用的部位往往只限于一个或几个组织器官，这样的组织器官称为靶器官，也叫目标器官，是指某一疾病或某一药物专门影响、针对的器官。污染物的靶器官，可以是接触、吸收污染物的器官，也可以是远离接触、吸收部位的器官。如大气污染物中的二氧化硫可直接刺激上呼吸道及气管、支气管，而大气污染物中的铅经肺吸收后，却主要作用于神经系统和造血器官。

进入人体的污染物，对各器官的毒作用并不相同，有的只对部分器官产生毒作用，靶器官的组织细胞内可能存在着该污染物分子的特异作用部位——受体。如果污染物以代谢活化形式起作用，则该器官也可能具有较高活性的代谢活化酶，对机体毒作用的强弱与靶器官中含该污染物的浓度有关。图 3-1 为有机磷酸酯类农药进入人体后的毒理示意图。

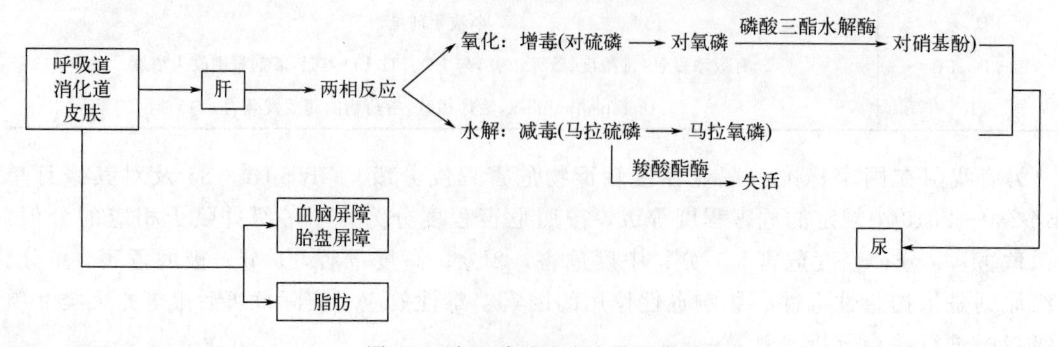

图 3-1 有机磷酸酯类农药的毒理

3.1.2 毒性作用分类

化学物的毒性作用可根据其特点、发生的时间和部位进行分类。

3.1.2.1　根据特点分类

① 速发与迟发作用　速发作用是指某些化学物与机体接触后在短时间内出现的毒效应；迟发作用是指机体接触化学物后，经过一定的时间间隔才表现出来的毒效应。

② 局部与全身作用　局部作用是指发生在化学物与机体直接接触部位处的损伤作用；全身作用是指化学物吸收进入血液后，经分布过程到达体内其他组织器官所引起的毒效应。

③ 可逆与不可逆作用　可逆作用是指停止接触化学物后，造成的损伤可以逐渐恢复；不可逆作用是指停止接触化学物后，损伤不能恢复，甚至进一步加重。

④ 过敏性反应　过敏性反应也称变态反应，是一种有害的免疫介导反应，该反应与一般的毒性反应不同，需要有致敏和激发两次接触，不呈现典型的 S 型剂量-反应曲线。

⑤ 特异体质反应　特异体质反应是指某些人有先天性的遗传缺陷，因而对于某些化学物表现出异常的反应性。

3.1.2.2　根据发生时间分类

① 急性毒作用　指短时间内（24h）一次或多次接触外源物因素后，在短期（2 周）内出现的毒作用。

② 慢性毒作用　指长期甚至终生接触小剂量外源物因素产生的毒作用。

③ 迟发性毒作用　指机体接触外源物因素后，无中毒症状或虽有但似已恢复，经过一定时间才表现出来的毒性作用，比如一氧化碳、有机磷农药等。

3.1.2.3　根据发生部位分类

① 局部毒性作用　外源物因素在机体接触部位造成的损害作用，外源物因素在机体的蓄积部位造成的损害作用，例如四环素。

② 全身毒性作用　外源物因素或其代谢产物导致的机体损伤物能，经血液循环到达其他组织器官引起的毒作用。

3.2　有毒有害化学物质的代谢

污染物被排放到环境中，会对自然生态系统和人类健康产生毒害作用，由于工农业的发展，人类向环境中投放的污染物与日俱增，这些物质一旦进入生态系统，便立即进入食物链，参与物质循环。大多数污染物质，尤其是人工合成的难降解大分子有机化合物和不可分解的重金属元素，在生物体内能不断富集、浓缩。所谓食物链的富集作用又称生物放大作用，是指污染物质沿食物链各营养级传递时，在生物体内的残留浓度不断升高，营养级越高，生物体内污染物质的残留浓度也越高。人类与动物在食物链中处在最高营养级，污染物质进入生态系统，首先污染初级生产者，然后顺着食物链传递，到达动物与人体内。由于生物放大作用，污染物在动物和人体的浓度比在环境及初级生产者中高出许多倍。

环境污染与食物链的生物浓缩有着直接的联系。而人类处于食物链的顶端，农产品与人类健康关系最为密切，研究农田农药污染及农药残毒在农产品中的浓缩作用，对于人类的健康有重要意义。如六六六、DDT 等有机氯农药在污染中的富集作用是惊人的。六六六在大气环境的浓度仅为 0.000003mg/L，是非常轻微无害的，但当其溶于水后，被浮游生物所吸收，在浮游生物体内的浓度可以增加到 0.04mg/L，富集了 1.3 万倍。小鱼吞食这种浮游生物之后，其体内的浓度可以增高到 0.5mg/L，富集了 14.3 万倍。大鱼吞食了这种小鱼后，大鱼体内的六六六浓度可以增高到 2.0mg/L，富集了 57.2 万倍。如果水鸟吃食了大鱼之后，水鸟体内的浓度又可增加到 25.0mg/L，富集了 858 万倍。人体的富集能力更强，可能不止几百万倍，而是几千万倍，因而发生公害病的危险性非常大。农药等污染物质的富集是各种各样公害病的根源。

3.2.1 污染物的吸收、分布和排泄

图 3-2 展示了污染物在人体内的吸收、分布和排泄的过程，污染物在人体内的吸收、分布和排泄过程是相当复杂的，需要通过呼吸道、消化道和皮肤三种途径进入体内；吸收后，随血液和淋巴液分散到全身各组织细胞；在组织器官内累积，经过不同的方式形成代谢物，最终排出体外。

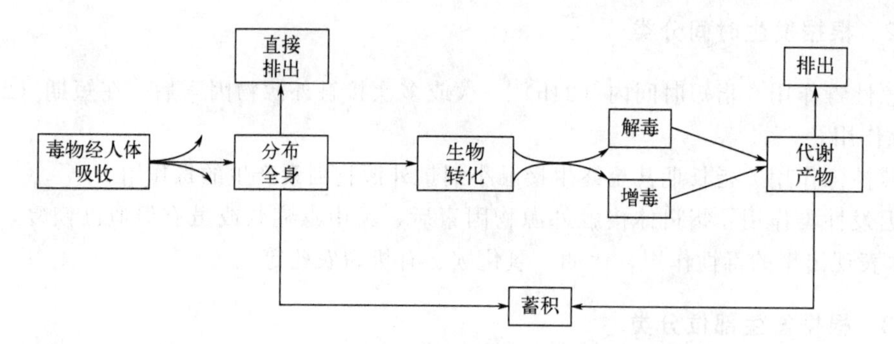

图 3-2 污染物在人体内的吸收、分布和排泄

污染物不论以何种方式进入到人体内，都必须要通过不同类型的细胞膜，才能作用于相应的靶器官产生毒性。

3.2.1.1 污染物的吸收

污染物由接触部位侵入，进入血液的过程是污染物的吸收过程，工业污染物主要通过呼吸道、消化道和皮肤三种途径吸收，实验动物可通过腹腔注射、皮下注射等特殊途径吸收。

① 大气污染物主要通过呼吸道进入人体，小部分污染物也可以降落至食物、水体或土壤，通过饮食或饮水，经过消化道进入体内；儿童还可以经直接食入尘土而由消化道摄入大气污染物。有的污染物可通过直接接触黏膜、皮肤进入机体，脂溶性的物质更易经过完整的皮肤而进入体内。

呼吸道各部分的结构不同，对外源性化学物的阻留和吸收也不相同。一般来说，进入的部位愈深，扩散的面积愈大，停留时间愈长，机体的吸收量就愈大。外源性化学物质被肺泡吸收后，不经过肝脏的代谢转化即被运送到全身发挥作用，因此，经呼吸道吸收的物质对机体的危害往往较大。

在工农业生产中，污染物主要以粉尘、烟雾、蒸气、气体的形态由呼吸道吸入。在生活中发生中毒，大多数原因是误食有污染物质或经呼吸道吸入有毒气体，主要为一氧化碳。少数脂溶性污染物，如苯胺、硝基苯、有机磷等，可通过完整的皮肤黏膜侵入。

② 药物通过胃肠道吸收，多数是被动转运形式。因此只有脂溶性大、解离度小的药物容易被吸收。在误用药物解救时，常采用的方式之一是设法减少药物脂溶性或增加解离度，以减少吸收、增加排泄。

气体药物经由肺部与经由小肠吸收的显著差别是前者不存在速率限制。首先，气体和挥发性溶剂为非离子型分子，可以不考虑其酸碱性和脂溶性；其次，覆盖于肺泡的上皮非常薄、毛细血管紧贴肺细胞，经吸入的药物非常容易通过；最后，血液流经整个肺部毛细血管网只要3～4秒，经由肺部吸收的药物可迅速被血液从局部除去。

③ 皮肤是人体最大的器官，不但是身体内脏的保护屏障，更是很多化学物质进入身体的通道。某些有害的化学物质可以通过皮肤进入体内，从而引起细胞变异，严重时甚至导致癌症，这就是所谓的经皮毒。这些物质可隐藏在洗发液、护发素、浴液、质量不过关的牛仔裤中，每天与我们零距离接触。

比如牙膏中的湿润剂中含有月桂醇硫酸钠，可经过口腔黏膜进入身体，体内的这部分毒素大量积存时，可能会引起头皮发育障碍、视力低下、白内障等；洗手液中的杀菌成分月桂醇酸铵，使得洗手液中的化学物质EDTA在穿透手部肌肤后进入身体内部，从而增加我们罹患哮喘、肾功能障碍、钙缺乏症的概率；洗发水中的润发剂，如聚季铵盐、聚季铵盐等浓度过高时，会对身体黏膜产生较大的刺激，导致表皮层毛发细胞的透气性降低，让头发和发根失去营养，出现头皮瘙痒、头皮无光的现象。

3.2.1.2 污染物的分布

(1) 化学污染物的分布

① 分布：是指化学污染物通过吸收后，随血流和淋巴液分散到全身各组织细胞的过程。

② 不均匀分布的原因：器官或组织的血流量、对化学物的亲和力、经膜扩散速率不同。

(2) 化学污染物在体内的储存库

指化学污染物局限分布以相对较高的浓度相对集中地存在于某些组织器官中的现象。浓集的部位可能是外源化学物的主要毒作用部位——靶器官。更多的情况是外源化学物对于蓄积部位并未显示出明显的毒作用，只是沉积在其中，这些组织器官称为储存库。

① 与血浆蛋白结合：血浆中各种蛋白均有结合的能力，清蛋白是血浆中含量最丰富的蛋白质，结合能力最强。结合后的化学污染物不能分布到血管外组织发挥生物学作用，在一定程度上可减缓急性毒效应的发生；但又可使化学污染物消除的时间延长。化学污染物与血浆蛋白的结合是暂时的、可逆的。

② 与肝、肾组织成分结合：肝、肾组织可浓集多种外源化学物。肝、肾有一种可诱导的金属硫蛋白能与镉、汞、铅、锌结合。阴离子转运多肽、含多个巯基的可诱导的金属硫蛋白（MT）均能发挥一定结合作用，可能与它们的代谢和排泄功能有关。

③ 在脂肪组织储存：脂溶性有机物分布和蓄积在体脂内。许多有机污染物易于分布和富集在脂肪组织中，如氯丹、DDT、二噁英、多氯联苯和多溴联苯等。化学污染物在脂肪组织中并不呈现生物学活性，但当发生快速的脂肪动员时，其中的化学污染物会大量入血导致游离型污染物的浓度突然增加，可造成靶器官的损害。

④ 在骨骼中蓄积：铅和锶可置换骨质羟磷灰石晶格结构中的钙。氟离子可取代羟基磷灰石晶格中的OH^-，使骨中氟含量增加。蓄积在骨骼中的外源化学物有无毒作用，取决于其本身的性质（如骨氟、铅）对骨则无明显毒性。化学污染物与骨组织的结合也是可逆的，

可以通过晶体表面的离子交换和破骨活动从骨中释放入血，使血浆浓度增加。

⑤ 特殊屏障：机体内有一些生物膜屏障，屏障某些器官或组织的生物膜具有特殊的形态学结构和生理学功能，可以阻止或延缓某些化学污染物进入，具有重要的毒理学意义。

（3）血脑屏障和血脑脊液屏障

① 血脑屏障：主要由脑内的毛细血管内皮细胞、基底膜和星形胶质细胞构成，内皮细胞之间结合紧密，可有效阻止极性物质通过。只有既具有脂溶性，又非转运蛋白底物的化学污染物才有可能进入脑内。

② 血脑脊液屏障：主要是由脑脊液侧的内皮细胞构成，它们连接紧密，具有主动转运系统，可防止化学污染物透过。转运速度与化学物的脂溶性和解离度有关。

（4）胎盘屏障

胎盘屏障由分隔母体和胎儿血液循环的一层或几层细胞构成。人有三层，细胞的层数越少，通透性越强。化学污染物经过胎盘屏障的主要方式是简单扩散。胎盘屏障的作用有限，多种化学污染物包括药物、农药、重金属、有机溶剂等都可经胎盘转运至胎儿体内。

（5）储存库意义

① 保护作用，可减少外源化学物到达靶器官的数量从而减弱其毒性作用。

② 由于储存库中的外源化学物与其在血液中的游离态部分处于动态平衡，随着血液中游离态污染物的消除，储存库中的物质会释放到血液循环中。这样，储存库中的物质成为了体内不断释放污染物来源，大量时可引起毒性反应。

③ 可能延缓消除过程及延长毒作用时间。

3.2.1.3 污染物的排泄

排泄是化学污染物及其代谢产物向机体外转运的过程。气体和易挥发的污染物吸收后，一部分以原形经呼吸道排出，大多数污染物则由肾脏和消化道排出，少数污染物可经皮肤、汗腺、乳腺等排出。污染物被吸收进入人体后，主要在肝脏经过氧化、还原、水解或结合等方式进行代谢。

（1）污染物排泄的途径

① 肾脏：肾脏是排泄污染物及其代谢物的极有效器官，也是最重要的排泄途径。绝大部分非挥发性或挥发性低的污染物经肾脏排泄。当污染物经过肾脏时，可使肾脏受到不同程度的损害，严重时可使肾小管上皮混浊肿胀、变性与坏死，进而发生急性肾功能衰竭；肾脏排出的速度，除受肾小球滤过率、肾小管分泌及对排出物的重吸收影响外，还取决于污染物或其代谢物的分子量、脂溶性、极性和离子化程度。尿液中污染物或代谢物的浓度常与其在血液中的浓度密切相关，所以测定尿液中污染物或代谢物水平可间接衡量体内负荷情况；结合临床征象和其他检查，有助于诊断。

② 呼吸道：气态污染物可从呼吸道以原形排出，例如乙醚、苯蒸气等。排出的方式为被动扩散，排出的速度主要取决于肺泡呼吸膜内外两侧有毒气体的分压差；通气量也影响排出速度。经肺排泄的物质包括一氧化碳、四氯化碳、醇类等气态物质。

③ 消化道：肝脏也是排泄外源物质的重要器官，许多金属污染物如铅、锰，可由肝细胞分泌，经胆汁随粪便排出。排入肠腔后，有些污染物能被腔壁吸收，形成肝肠循环。从粪便排出的污染物常包含经口摄入而未被消化道吸收的部分。

④ 其他排出途径：如汗液、唾液、泪水、乳汁、毛发和指甲，有的污染物如汞可经唾

液腺排出，有的金属如铅、锰可经乳腺排入乳汁，铅等物质还可通过胎盘屏障进入胎儿；头发和指甲虽不是排出器官和组织，但有的污染物可富集于此，如铅、砷等。重金属及极少数生物碱能从肠道排出体外；具有挥发性的污染物从肺部吸收，大部分还是从肺部排出；皮肤、汗腺、胆道等也能排出少量污染物；某些污染物经注射或口服吸收后又可排泄到胃肠道，如吗啡、有机磷等。

（2）污染物排泄机理

① 经肾脏排泄的主要机理：

a. 肾小球滤过：7～10nm 微孔，分子量＜6 万的物质。

b. 肾小管重吸收（简单扩散、载体转运）：如氨基酸、葡萄糖、钠离子等。

c. 肾小管分泌（主动排泄）：有机阴离子和有机阳离子的两套主动转运系统。

其中尿排泄＝肾小球滤过＋肾小管分泌－肾小管再吸收。

② 经肝与胆排泄的主要机理：外源化学物随胆汁进入小肠后，可能有以下两种去路。

a. 随粪便直接排出体外，如水溶性高的结合物（葡萄糖醛酸、谷胱甘肽结合物）。

b. 进入肝肠循环，指的是一部分外源化学物的代谢产物随同胆汁进入小肠后，在肠黏膜和肠内菌丛水解酶的作用下，被分解为脂溶性较高的产物，这些产物又被肠道重新吸收经肝门静脉进入肝脏。由于有些外源化学物的再次吸收，使污染物在体内停留时间延长，毒性作用增强。

3.2.2 污染物的生物转化

污染物在体内的生物转化是外源化学物进入生物机体后在有关酶系统催化作用下的代谢变化过程，图 3-3 展示了污染物进入人体后的生物转化过程。该过程是机体维持稳态的主要机制，是机体处置外源化学物的重要环节。化学污染物在体内的吸收、分布和排泄过程称为生物转运。化学污染物的代谢变化过程称为生物转化。

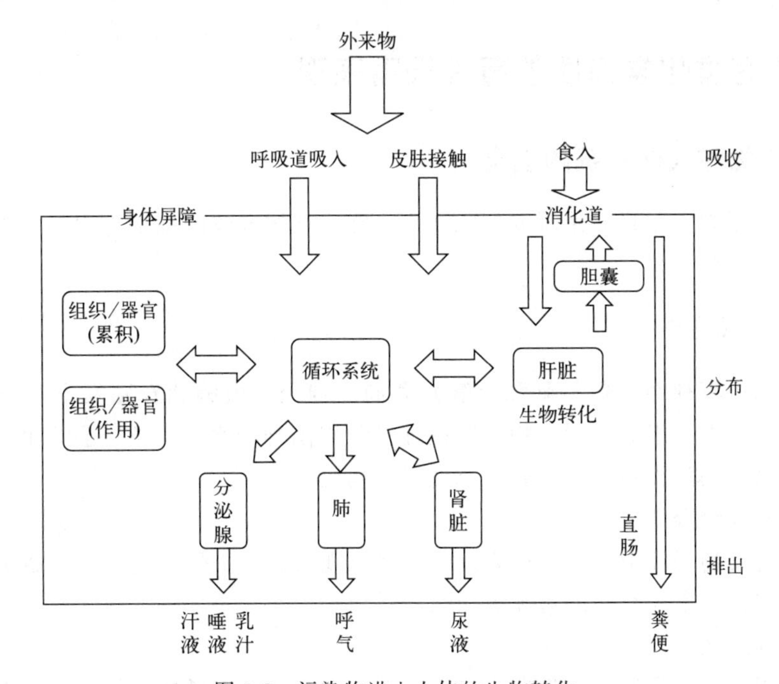

图 3-3　污染物进入人体的生物转化

机体通过酶对药物进行结构修饰，以减弱其药理或毒理作用，并增加其水溶性以便加速从体内排泄的过程。进入体内的污染物，有的可直接作用于靶部位产生毒效应，并可以原形排出；但多数污染物吸收后在体内酶作用下，经受各种生化过程使其化学结构发生一定的改变。

肝脏是生物转化作用的主要器官，在肝细胞微粒体、胞液、线粒体等部位均存在有关生物转化的酶类。其他组织如肾、胃肠道、肺、皮肤及胎盘等也可进行一定的生物转化，但以肝脏最为重要、生物转化功能最强。

肝脏的生物转化功能就是把人体新陈代谢中产生的各种生物活性物质（如激素、神经递质等），由外界进入人体的各种异物（包括药物、农药等）、污染物，以及从由肠道吸收的腐败物质（如吲哚、苯酚等）在肝细胞内进行代谢转化。一是增强其水溶性，以便从尿液及胆汁中排出；二是使有毒的物质在肝脏内被解毒，改变药物的强度及活性物质的活性。当肝脏受到损害时，肝脏解毒功能下降而会出现中毒症状，此时对安眠药、镇静药等对肝功能有影响的药物应该谨慎使用。

药物的生物转化分为两步进行。第一步是外源化合物在有关酶系统的催化下经由氧化、还原或水解反应改变其化学结构，形成某些活性基团或进一步使这些活性基团暴露，使多数药物灭活；第二步是第一步反应中产生的一级代谢物在一些酶系统催化下通过上述活性基团与细胞内的某些化合物结合，药物与体内物质结合后，使药物活性降低或灭活，生成结合产物，极性有所增强，利于排出。

污染物在体内的生物转化可概括为氧化、还原、水解和结合（合成）四类反应。生物转化的特点是多样性、连续性，“解毒”与“致毒”双重作用。污染物经生物转化将亲脂类物质最终变为更具极性和水溶性的物质，使之有利于更快地经尿液或胆汁排出体外；同时，也使其透过生物膜进入细胞的能力以及组织成分的亲和力减弱，从而消除或降低其生物效应。但是，也有不少污染物在生物转化过程中反而毒性增强，或者由原来无毒成为有毒。

3.3 有毒有害化学物质的毒性损害表现

3.3.1 污染物对人体系统的损害

接触污染物不同，中毒后出现的症状亦不一样，现按人体的系统将污染物中毒后的主要症状分述如下。

3.3.1.1 神经系统

神经系统由中枢神经（包括脑和脊髓）和周围神经（由脑和脊髓发出，分布于全身皮肤、肌肉、内脏等处）组成。污染物对中枢神经和周围神经系统均有不同程度的危害作用，主要侵犯神经系统的污染物称为“亲神经性污染物”。

（1）神经衰弱综合征

这是许多污染物慢性中毒的早期表现。患者出现头痛、头晕、乏力、情绪不稳、记忆力减退、睡眠不好、自主神经功能紊乱等。

（2）周围神经病

常见引起周围神经病的污染物有铅、铊、砷、正己烷、丙烯酰胺等。污染物可侵犯运动神经、感觉神经或混合神经。表现为运动障碍、反射减弱、肌肉萎缩等，严重时可出现瘫痪。

（3）中毒性脑病

中毒性脑病多是由能引起组织缺氧的污染物和直接对神经系统有选择性毒性的污染物引起。前者如一氧化碳、硫化氢、氰化物、氮气、甲烷等；后者如铅、四乙基铅、汞、锰、二硫化碳等。

急性中毒性脑病是急性中毒中最严重的病变之一，常见症状有头痛、头晕、嗜睡、视力模糊、步态蹒跚，甚至烦躁等，严重者可发生脑疝而死亡。慢性中毒性脑病有痴呆型、精神分裂症型、震颤麻痹型、共济失调型等。

3.3.1.2　呼吸系统

在工业生产中，呼吸道最易接触污染物，特别是刺激性污染物，一旦吸入，轻者引起呼吸道炎症，重者发生化学性肺炎或肺水肿。氨、氯气、氮氧化物、氟、三氧化二砷、二氧化硫等刺激性污染物可引起声门水肿及痉挛、鼻炎、气管炎、支气管炎、肺炎及肺水肿。有些高浓度污染物（如硫化氢、氯、氨等）能直接抑制呼吸中枢或引起机械性阻塞而使人窒息。

（1）急性呼吸道炎

刺激性污染物可引起鼻炎、喉炎、声门水肿、气管支气管炎等，症状有流涕、喷嚏、咽痛、咳痰、胸痛、气急、呼吸困难等。

（2）化学性肺炎

肺脏发生炎症时，比急性的呼吸道炎要严重。患者有剧烈咳嗽、咳痰（有时痰中带血丝）、胸闷、胸痛、气急、呼吸困难、发热等。

（3）化学性肺水肿

患者肺泡内和肺泡间充满液体，多为大量吸入刺激性气体引起，是最严重的呼吸道病变，抢救不及时可造成死亡。患者有明显的呼吸困难，皮肤、黏膜青紫（紫绀），剧咳，带有大量粉红色沫痰，烦躁不安等。

对呼吸系统产生的慢性影响：长期接触铬及砷化合物可引起鼻黏膜糜烂、溃疡甚至发生鼻中隔穿孔。长期低浓度吸入刺激性气体或粉尘，可引起慢性支气管炎，重者可发生肺气肿。某些对呼吸道有致敏性的污染物，如甲苯二异氰酸酯（toluene diisocyanate，TDI）、乙二胺等，可引起哮喘。

3.3.1.3　血液和心血管系统

在工业生产中，有许多污染物能引起血液系统损害。根据不同的毒作用，常表现为贫血、出血、溶血、高铁血红蛋白以及白血病等。铅可引起低血红蛋白贫血。苯及三硝基甲苯等污染物可抑制骨髓的造血功能，表现为白细胞和血小板减少，严重者发展为再生障碍性贫血。苯可致白血病已得到公认，其发病率为 0.14%。

（1）对白细胞有影响的污染物质

苯、二硝基酚、巯基乙酸、石油产品、三硝基甲苯、二氧化丁烯等均可致粒细胞减少，急性氧化二烯中毒和己二醇慢性中毒、四氯苯可引起淋巴细胞增多，慢性磷中毒和接触四溴乙烷可使单核细胞增多。

(2) 对红细胞有影响的污染物质

引起溶血性贫血的直接氧化剂类有亚硝酸钠、次硝酸铋、硝酸银、亚硝酸戊酯、硝酸甘油、苯醌等；间接氧化剂类有间苯二酚、间苯二胺、甲苯二胺、氨基酚、硝基苯、三硝基甲苯、乙酰苯酚和磺胺类化合物等。此外砷化氢、锑化氢中毒和铜中毒也会导致溶血性贫血发生。

(3) 影响血小板功能的污染物质

苯、铅、砷、碘化物、苯砷化合物、乙醇可作用于不同阶段的血小板，引起血小板数量减少，聚乙烯吡咯烷、氰化钾和碘乙酸、甲基硝酸汞和对位氯汞苯甲酸等可影响血小板功能。

铅可以抑制血红素的合成，与铁、锌、钙等元素拮抗，诱发贫血，并随铅中毒程度加重而加重，尤其是本身患有缺铁性贫血的儿童。

3.3.1.4 消化系统

污染物对消化系统的作用多种多样，汞盐、砷等物质大量经口进入时，可出现腹痛、恶心、呕吐、出血性肠胃炎。铅及铊中毒时，可出现剧烈的持续性腹绞痛，并有口腔溃疡、牙龈肿胀、牙齿松动等症状。长期吸入酸雾，可导致牙釉质破坏、脱落，称为酸蚀症。吸入大量氟气，牙齿上出现棕色斑点，牙质脆弱，称为氟斑牙。许多损害肝脏的污染物如四氯化碳、溴苯、三硝基甲苯等，可引起急性或慢性肝病。

(1) 中毒引起的消化系统腐蚀伤害

很多污染物对消化系统具有一定腐蚀性。腐蚀性污染物中毒，易造成消化道糜烂、出血、穿孔、瘢痕狭窄等特点。口服中毒者有口腔黏膜的损伤，如服强酸、强碱、腐蚀性农药(如百草枯、乐果)等。中毒者会出现口腔、舌体、咽喉部位黏膜充血、水肿、糜烂或溃疡。

(2) 中毒引起的肝损害

肝脏是大多数污染物代谢、转化的主要器官，中毒者会有肝脏损伤，严重中毒者可伴有肝细胞的损伤及肝内胆管阻塞，出现转氨酶及胆红素的升高。

(3) 中毒引起的肠衰竭

污染物引起的肠衰竭可能与污染物对消化系统的直接损伤及中毒导致的全身多器官功能损伤有关，严重中毒者可发生肠功能衰竭，表现为严重腹胀、肠梗阻、肠源性感染等。

(4) 中毒引起的胰腺损害

中毒所致胰腺损伤，除污染物对胰腺直接损伤外，还可能与中毒导致的胰液排出障碍有关。污染物直接损伤胰腺，使人体血糖升高，甚至继发糖尿病。

3.3.1.5 循环系统

有机溶剂中的苯、有机磷农药以及某些刺激性气体和窒息性气体对心肌的损害，表现为心慌、胸闷、心前区不适、心率快等，急性中毒可出现休克；长期接触一氧化碳可促进动脉粥样硬化等。

(1) 窦性心律失常

① 窦性心动过速：可见于砷化氢、苯、六甲苯、苯胺、有机氟、铊、铅、硫化氢、氟化氢、钡、氟、氨、汞、汽油、柴油等吸入或接触中毒。

② 窦性心动过缓：可见于有机锡、苯、一氧化碳、二硫化碳、氯仿、铅、汞、砷、硼

烷、有机氟、有机磷、二甲苯、柴油吸入等中毒时。

③ 窦性心律不齐：常与窦性心动过缓同时存在，亦可单独出现，例如汞或慢性苯中毒，急性溴甲烷、碘甲烷、有机锡、有机磷、二硫化碳、苯胺、二甲苯、羧基镍、磷化铅、聚四氟乙烯、铍、氧化砷、光气等中毒。

④ 窦性静止：中毒后引起严重高血钾所致。

(2) 诱发高血压

急性有机磷农药中毒的机理是有机磷会抑制胆碱酯酶的活性，使得乙酰胆碱不能被水解而在神经末梢积累，作用于效应器官的胆碱能受体，产生器官功能紊乱，从而诱发高血压。

3.3.1.6 泌尿系统

经肾随尿排出是污染物质排出体外最重要的途径，加之肾血流量丰富，故肾易受污染物损害。泌尿系统各部位都可能受到污染物质损害，如慢性铍中毒常伴有尿路结石，杀虫脒中毒可出现出血性膀胱炎等，但常见的还是肾损害。不少生产性污染物对肾有毒性，尤以重金属和卤代烃最为突出。如汞、铅、铊、镉、四氯化碳、氯仿、六氟丙烯、二氯乙烷、溴甲烷、溴乙烷、碘乙烷等。尤其以汞和四氯化碳等引起的急性肾小管坏死性肾病最为严重。此外，乙二醇、汞、镉、铅等也可以引起中毒性肾病。

3.3.1.7 内分泌系统

(1) 内分泌系统与内分泌腺

内分泌系统是一种整合性的调节机制，通过分泌特殊的化学物质来实现对有机体的控制与调节。同时也是机体的重要调节系统，与神经系统相辅相成，共同调节机体的生长发育和各种代谢，维持内环境的稳定，并影响行为和控制生殖等。

内分泌腺是没有分泌管的腺体。它们所分泌的物质（称为激素）直接进入周围的血管和淋巴管中，由血液和淋巴液将激素输送到全身。人体内有许多内分泌腺分散在各处。有些内分泌腺单独组成一个器官，如脑垂体、甲状腺、胸腺、松果体和肾上腺等；另一些内分泌腺存在于其他器官内，如胰腺内的胰岛。内分泌腺所分泌的各激素对机体各器官的生长发育、机能活动、新陈代谢起着十分复杂而又十分重要的调节作用。

(2) 不同环境激素的特点、危害及防治

环境激素是指由于人类活动而释放到环境中的一类化学物质，对人体内和动物体内原本营造的正常激素功能施加影响，从而影响内分泌系统。环境激素是以类似激素的方式，对人体或其他生物体产生作用，即使摄入微量，也会导致人体或其他生物体内的内分泌失衡，影响到包括人类在内的各种生物的生殖功能、生殖器肿瘤及各种生物的免疫系统和神经系统。

环境内分泌干扰物简称 EEDs，又称环境激素、内分泌活性化合物、内分泌干扰化合物，指一种会导致未受损伤的有机体发生逆向健康影响，或使有机体后代内分泌功能发生改变的外源性物质。潜在的内分泌干扰物则是一种可能导致未受损伤的有机体内分泌紊乱的物质。

环境激素类物质种类繁多，目前已掌握的有可能扰乱生物内分泌的化学物质有 70 余种，其中有 7 种最危险的多用来制造人们日常用的涂料、洗涤剂、树脂、可塑剂等。

常见的 EEDs：

① 洗涤剂：壬基酚、辛基酚等；

② 有机氯农药：DDT、甲氧DDT、六六六等；

③ 有机磷农药：乐果、马拉硫磷、乙酰甲胺磷等；

④ 拟除虫菊酯：氯氰菊酯、氰戊菊酯等；

⑤ 除草剂：利谷隆、除草醚、莠去净等；

⑥ 塑料增塑剂：邻苯二甲酸酯类等；

⑦ 塑料制品焚烧产物：四氯联苯、二噁英等；

⑧ 合成树脂原料：双酚A、双酚F等；

⑨ 绝缘材料：阻燃剂、多氯联苯、多溴联苯等。

美国环境保护组织内分泌干扰物筛选测试委员会将一些广泛存在于环境中、能通过干扰激素功能引起个体或人群可逆性或不可逆性生物学效应的环境化合物称为“环境内分泌干扰物”。环境内分泌干扰物对人体的内分泌系统存在有害作用。

（3）环境激素对人体的作用方式及其特点

① 环境激素对人体的作用方式：其一，激素与受体的直接作用，即环境激素与人体中已存在的激素受体相结合，表现出激素的效果；其二，环境激素起代谢阻碍剂的作用，阻碍人体内类固醇正常代谢，后果是产生性分化表现异常；其三，神经系统和免疫系统与环境激素作用，间接影响生殖系统。内分泌紊乱可使神经系统和免疫系统受到伤害，甲状腺性能低下也会影响生殖系统的正常活动；神经系统的发育阶段，雄性激素受环境激素的影响，会使生殖行为表现异常。

② 环境激素作用的特点：人类使用的多种化学物质从单个来看是没有不良影响的，但如果混合在一起就会产生相当于个体150～1600倍的激素使用，即无数的内在信号（如激素、生长因子）或环境信号（包括化学物质、温度）构成了细胞的全部生物反应，不同类型的信号间形成了协同作用。另外一个特点是环境激素作用的复杂性。一些环境化学物质在竞争性地与妊娠激素受体结合过程中表现奇特，它们之间的协同作用也因组合不同而产生不同的作用。即使环境激素浓度低，也可能绕过血液的自然保护而与受体结合。一些无毒的人工化学物质通过肝脏转变为有毒的物质，怀孕妇女母体内无毒的化学物质可能对正在发育的胎儿、婴儿是有毒的。也就是说，环境化学物质与内分泌系统的相互作用相当复杂。

（4）环境激素的危害

① 具有内源性激素的活性。如苯酚能与雌激素受体结合，显示出雌激素亢进，1-二甲胺乙氧基苯基-1,2-苯基-1-丁烯与雌激素受体结合后显示出拮抗作用，烷基酚类化合物可以阻止雌二醇与雌激素受体结合，并能够将雌激素受体上已结合的激素取代下来，从苯乙烯塑料试管中游离出来的4-壬基苯酚可以诱导人的雌激素敏感型乳腺癌。

② 对生物体的神经系统产生毒害，从而影响大脑皮层、下丘脑、脑垂体等对激素分泌的调节作用，导致激素合成、释放、传输异常。如有机磷农药进入人体后，即与体内的胆碱酯酶结合，形成比较稳定的磷酰化胆碱酯酶，使胆碱酯酶失去活性，丧失对乙酰胆碱的分解能力，造成体内乙酰胆碱的积蓄，引起神经传导生理功能的紊乱，出现一系列中毒症状。

③ 作用于生物体的生殖腺，影响性激素的分泌。在雄性生殖系统中，由于生精细胞的快速分裂繁殖使得睾丸对环境污染物非常敏感，金属铅、镉和许多农药都对睾丸有较强的毒性作用；在雌性生殖系统中，环境激素可以影响卵巢内卵泡的发育和成熟、性激素的合成与释放。有机氯农药对生殖机能的影响主要表现在使鸟类产蛋数目减少，蛋壳变薄和胚胎不易发育；对哺乳动物大鼠的影响是损害精子和使大鼠的受孕和生殖能力明显降低。

④ 作用于生物体的肝脏、肾脏。肝脏和肾脏拥有代谢和排泄各种激素的酶催化系统，它们的功能决定了激素在体内的半衰期。环境污染物通过影响肝肾代谢功能，改变体内的激素水平。如有机磷、有机氯农药可以诱导肝脏甾醇羟化酶、微粒体酶的生成，从而加速内源性激素的代谢和排泄。

⑤ 影响机体的免疫机能。机体对进入体内的异物具有识别、杀灭、清除能力，从而维持机体内环境的稳定，但是人的免疫系统在环境激素的长期作用之下，会发生免疫失调和病理反应。如铅、汞可使机体产生过敏性皮炎，一些杀虫剂可引起免疫性溶血性贫血。

（5）环境激素污染的防治措施

① 对有毒有害物质进行全面的调查研究，对严重危害人体和环境的化学物质进行优先管理。

② 制定有毒有害物质的排放标准和专项法律，加强对人工合成化学物质从生产到使用的管理。

③ 加强环境教育与宣传，提高人们的环境意识，在日常生活中采取一些有效预防措施，如不要用泡沫塑料容器泡方便面；不要将聚乙烯包装食品放在微波炉中加热；不要购买塑料婴儿用品和儿童玩具；对含有激素的药要慎用；避免食用近海鱼；大量食用谷物和黄绿叶蔬菜。

（6）内分泌干扰物的干扰模式及不利影响

内分泌干扰物是指可能干扰人类激素生成或活动的化学物质。这些物质有二噁英、多氯联苯（polychlorinated biphenyl，PCBs）、某些农药、医药品以及增塑剂，如双酚 A 和邻苯二甲酸酯类等。

图 3-4 为几个内分泌干扰物的分子结构。

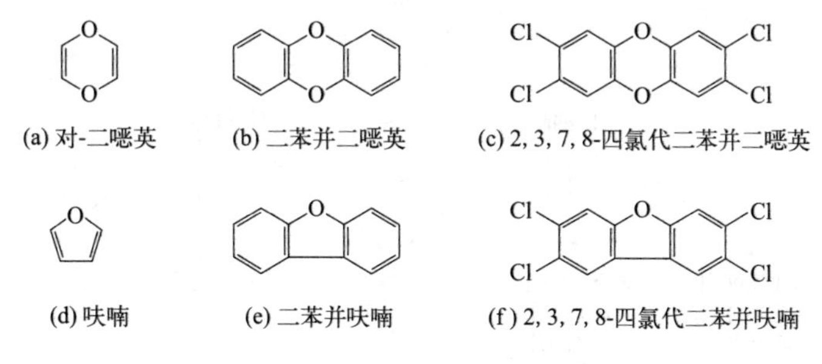

图 3-4　内分泌干扰物的分子结构

环境内分泌干扰物可通过干扰生物或人体内保持自身平衡和调节发育过程天然激素的合成、分泌、运输、结合、反应和代谢等过程从而对生物或人体的生殖、神经和免疫系统等的功能产生影响的外源性化学物质。它们主要是在人类的生产和生活活动中排放到环境中的有机污染物。

当这些环境内分泌干扰物通过某些途径，如污染水源、食物或经皮肤吸收进入机体后，可以干扰内分泌激素的合成、释放、转运、与受体结合、代谢等途径，从而影响内分泌系统功能，破坏机体内环境的协调和稳定。

研究显示，内分泌干扰物质可改变基因的表现，影响激素的分泌。在个体发育的阶段，需要平衡良好的激素浓度，若受到干扰，可增加出生时的畸胎概率；即使出生时无特别症状，仍会促进日后各种疾病的产生，例如过动、气喘、不孕、乳癌、前列腺癌及神经退化性疾病等。这种透过基因的影响，甚至可连续遗传数代。

儿童在摄入含有农药污染的蔬菜、瓜果或肉类食物后，其体内都含有很高剂量的雌激素。研究表明：双对氯苯基三氯乙烷（DDT）及其主要代谢产物（DDE）有微弱的雌激素活性及较强的抗雄激素活性，抗雄激素可以引起雄性大鼠的性发育延迟。

3.3.2 污染物的致突变、致畸、致癌作用

某些污染物会对人体产生远期影响，具有致突变、致畸和致癌作用。某些化学污染物可引起机体遗传物质的变异，有突变作用的化学物质称为化学致突变物。有的化学污染物能致癌，能引起人类或动物癌病的化学物质称为致癌物。有些化学污染物对胚胎有毒性作用，可引起畸形，这种化学物质称为致畸物。

3.3.2.1 致突变作用

（1）化学污染物的致突变类型

致突变作用是指污染物或其他环境因素引起生物体细胞遗传信息发生突然改变的作用。这种变化的遗传信息或遗传物质在细胞分裂繁殖过程中能够传递给子代细胞，使其具有新的遗传特性。具有这种致突变作用的物质，称为致突变物（或称诱变剂）。致突变作用又分为基因突变和染色体突变。

基因突变是指DNA中碱基对的排列顺序发生改变，包括碱基对的转换、移码和大段损伤；染色体畸变包括倒位、缺失、重复、易位等；染色体数目异常可表现为整倍体畸变和非整倍体畸变。基因突变可能产生的结果如图3-5所示。

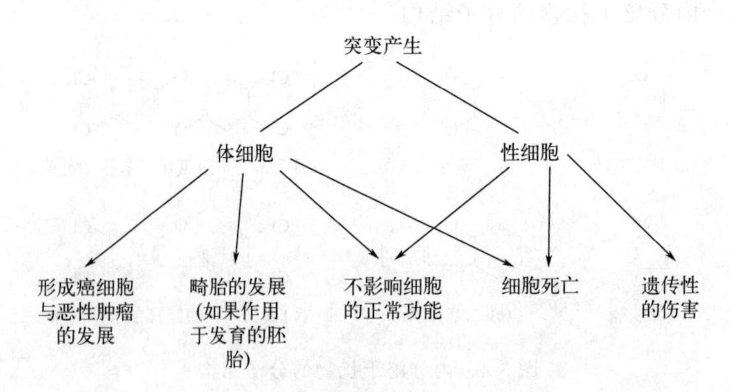

图3-5 基因突变可能产生的结果

（2）突变后果

化学致突变物引起的突变后果主要取决于其所作用的靶细胞类型。如果致突变物作用于体细胞，引起体细胞突变，则仅能影响接触致突变物的个体，不影响下一代。体细胞突变的后果有肿瘤、畸形、动脉粥样硬化、糖尿病及衰老等，其中最受关注的是肿瘤。如果致突变物作用于生殖细胞，引起生殖细胞的突变，则可影响下一代，造成显性致死或可发生遗传性改变，进而可能影响人类的基因。

化学致突变物引起生殖细胞的基因突变对人类的影响，按其严重程度可分为：①对机体无影响，如同义突变；②导致对健康无影响的正常人体生化组成的遗传学变异，例如ABO血型、血清白蛋白类型及各种同工酶型等。但在特殊情况下，如不同血型输血及同种移植的

排斥等，也可引起严重的后果；③导致遗传易感性的改变；④导致遗传性疾病，包括多种分子病和遗传性代谢缺陷病等。

3.3.2.2 致畸作用

（1）致畸物质的案例

放射线、同位素、化学工业污染物如苯、氯丁二烯、亚硝胺、铅、剧毒农药均有致畸作用。对环境影响很大的一次污染事件发生在日本，1950年日本某地90%以上的猫和狗出现一种令人迷惑不解的现象，它们步子不稳，神志异常，不久，当地居民也出现了类似神经系统异常的患者，后经多方调查原来是一家化工厂排出大量含汞（水银）的污水，村民吃了鱼后，引起汞中毒。我国南方某县的乡办体温表工厂，由于设备落后，防护不佳，也发生过此病，使五名女工中有两名生了大脑畸形的孩子。

我国某些河流工业污染也相当严重，河流里含有苯、铅、汞、砷、酚、铬等数十种有害物质，据报道，其中有一条河砷和汞超出国家规定10倍多，剧毒污染物质氰化物超过45倍，酚超过3800倍。此外空气和噪声污染也相当严重，都会威胁到孕妇的健康和胎儿的成长。据统计，凡是在公害严重的地区，无脑儿、畸形儿和低能儿发病率普遍增高。

一些环境激素作用于细胞的染色体，可使染色体的数目或结构发生变化，从而改变携带遗传信息的某些基因，使一些组织、细胞的生长失控，产生肿瘤，如发生在生殖细胞，则可能造成流产、畸胎或遗传性疾病；胎儿出生后，体细胞遗传物质的突变易引起肿瘤。流行病学调查发现：许多农药接触者的染色体畸变率比非喷洒季节高5倍。

农药是威胁农村妇女的主要污染物质，近年来妊娠意外和畸形儿时有报道。对人畜毒性很大的有敌敌畏、滴滴涕、乐果、马拉硫磷、福美锌等农药；不但影响胎儿生长发育，而且能伤害生殖细胞，造成不育症和畸形儿。有机汞和多氯联苯均有致畸胎作用。现已证实导致人体致畸物有十多种，如二硫化碳、乙醇、汞和多溴联苯等。现在已报道的对动物致畸的500多种化学污染物，对女性也存在着潜在的危害。

（2）预防化学污染物致畸的措施

① 加强对有害工种人员的宣传，了解有害物质的性能及防范措施，定期到医院进行检查。

② 凡与汞、铅、农药等有害化学物质接触的人员，应按操作规程办事，穿工作服，戴口罩，工作时不用手抓拿食物，下班前换洗衣服洗澡，清除污染物。

③ 从事有毒化学工作的妇女妊娠期间可调换工作，农村妇女受孕前和妊娠期间不要喷洒农药。

④ 不吃被污染的水，不吃死因不明的家畜、家禽和集市上可疑的死鱼，不吃未经洗净残留有杀虫剂的瓜、果、梨、桃和蔬菜。

3.3.2.3 致癌作用

（1）致癌作用与致癌物质

化学致癌是导致癌症发病率的主要因素，这种都是长期的影响，不是短时间可以看出来，就如在广岛的原子弹，在多年之后就爆发了很多白血病的患者，还有一些其他疾病的情况。

致癌作用是指化学致癌物引发动物和人类恶性肿瘤，增加肿瘤发病率和死亡率的过程。

化学致癌物引起人体肿瘤的作用机制很复杂，少数致癌物质进入人体后可直接诱发肿瘤，这种物质称为直接致癌物质，而大多数化学致癌物进入人体后，需要经过体内代谢活化或生物转化，成为具有致癌活性的最终致癌物，方可引起肿瘤发生，这种物质称为间接致癌物。多环芳烃、芳族胺、芳族偶氮化合物、酞酸酯（邻苯二甲酸酯）、氯乙烯和亲电子基的烷化剂等都是强的致癌物。

图 3-6 展示了致癌的影响因素。

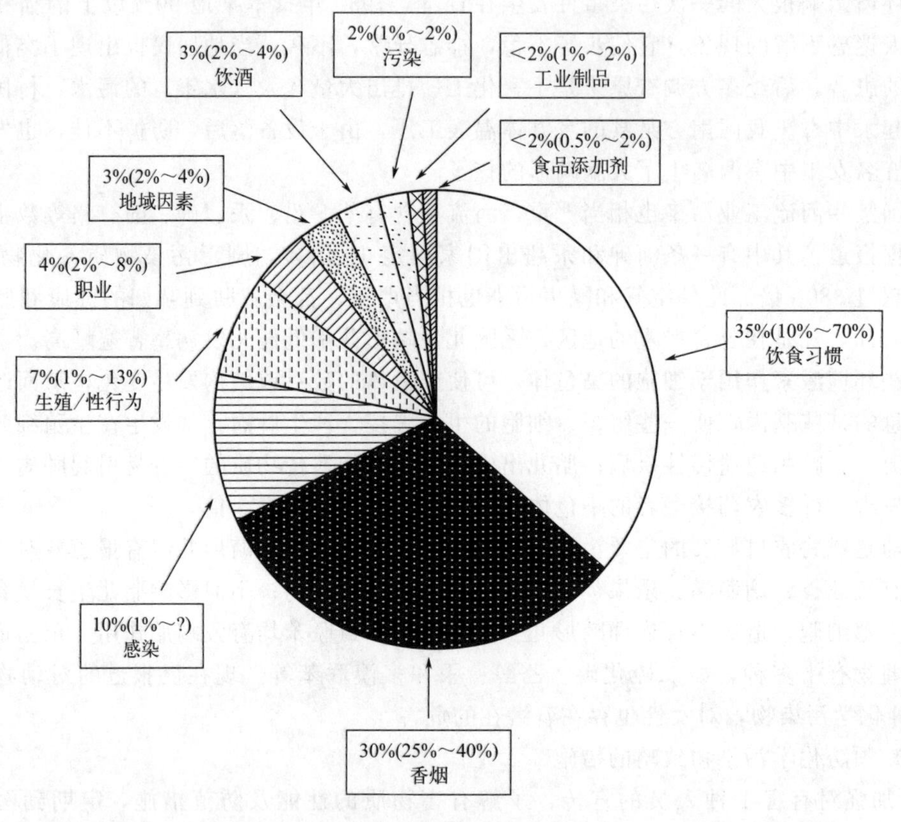

图 3-6　致癌的影响因素

（2）致癌作用的过程

化学物质的致癌作用一般认为有两个阶段。

第一是引发阶段，即在致癌物作用下，引发细胞基因突变。如多环芳烃、氨基甲酸乙酯等都是致癌的引发剂。大部分环境致癌物都是间接致癌物；要经过机体的代谢活化，转化为近致癌物，近致癌物可进一步转化为化学性质活泼、寿命极短、亲电子基的致癌物。终致癌物可与生物大分子特别是 DNA（脱氧核糖核酸）结合，导致遗传密码改变。

第二是促长阶段，主要是突变细胞改变了遗传信息的表达，致使突变细胞和癌变细胞增殖成为肿瘤。机体具有监视和控制癌细胞的各种防御功能。人体营养、免疫和内分泌状况，均可影响癌细胞的生长和发展。有一些物质能抑制致癌物质，被称为抑癌剂。

3.3.3　污染物对其他方面的损害

表 3-3 列出了各污染物对人体的危害。

表 3-3 污染物对人体的危害

器官	污染物	对人体的影响
大脑	氰化物、硫化氢、甲烷	会出现头痛、头晕、昏迷甚至瘫痪
	四乙基铅、二硫化碳、锰	会导致痴呆、震颤麻痹
肾	氯化汞、四氯化碳	可引起急性肾小管坏死性肾病
	乙二醇、汞、铅	引起中毒性肾病
骨骼	氟	长期接触可引起氟骨症
	磷	严重者发生下颌骨坏死
	镉	中毒后可发生骨软化
心脏	苯、有机磷农药	心慌、胸闷、心前区不适
	汞、碘甲烷、二硫化碳	窦性心律不齐
	硫化氢	冠状动脉痉挛、血管病变，继而发生缺血性心脏病变
皮肤	液氯、丙烯腈、氯乙烯	可引起皮炎、红斑和湿疹
	苯、汽油	能使皮肤干燥、皲裂
眼睛	甲醇	视觉模糊、眼球压痛、畏光、视野缩小
	三硝基甲苯	眼晶状体发生混浊，停止接触不会消退，全部浑浊时可导致失明
肠胃	有机磷农药	平滑肌兴奋和腺体分泌亢进
	二硫化碳、二甲基甲酰胺	胃酸低或缺乏胃酸导致的慢性肠胃炎
口腔	汞	可造成牙龈萎缩、牙齿脱落
	铅、砷、酸雾	可引起口腔黏膜的损害

3.3.3.1 皮肤损害

职业性皮肤病是职业性疾病中最常见、发病率最高的职业性伤害，其中化学性因素引起者占多数。根据作用机制不同引起皮肤损害的化学性物质分为原发性刺激物、致敏物和光敏感物。常见原发性刺激物为酸类、碱类、金属盐、溶剂等；常见皮肤致敏物有金属盐类（如铬盐、镍盐）、合成树脂类、染料、橡胶添加剂等；光敏感物有沥青、焦油、吡啶、蒽、菲等。强酸、强碱等化学药品及紫外线可导致皮肤灼伤和溃烂；液氯、丙烯腈、氯乙烯等可引起皮炎、红斑和湿疹等；苯、汽油能使皮肤因脱脂而干燥、皲裂。常见的疾病有接触性皮炎、油疹及氯痤疮、皮肤黑变病、皮肤溃疡、角化过度及皲裂等。

3.3.3.2 眼睛损害

生产性污染物引起的眼损害分为接触性和中毒性两类。前者是污染物直接作用于眼部所致；后者则是全身中毒在眼部的改变。接触性眼损害主要是酸、碱以及其他腐蚀性污染物引起的眼灼伤。眼部的化学灼伤重者可造成永久性失明，必须及时救治。引起中毒性眼病最典型的污染物为甲醇和三硝基甲苯。甲醇急性中毒的眼部表现有视觉模糊、眼球压痛、畏光、视力减退、视野缩小等，严重中毒时有复视、双目失明。慢性三硝基甲苯中毒的主要临床表现之一为中毒性白内障，即眼晶状体发生混浊，混浊一旦出现，停止接触不会消退，晶状体全部浑浊时可导致失明。

3.3.3.3 骨骼损害

长期接触氟可引起氟骨症；磷中毒下颌改变首先表现为牙槽嵴的吸收，随着吸收的加重发生感染，严重者发生下颌骨坏死；长期接触氯乙烯可致肢端溶骨症，即指骨末端发生骨缺损；镉中毒可表现为骨软化。

思考题

1. 污染物有哪些分类？
2. 化学物的毒性按特点可以分为哪几类？
3. 请思考污染物吸收的途径有哪些？
4. 污染物排泄有哪些途径？
5. 影响血小板功能的有污染物质有哪些？
6. 请思考预防化学污染物致畸的措施有哪些？

延伸阅读

【历史唯物主义】

历史唯物主义是关于人类社会发展一般规律的科学，是人们认识世界和改造世界的强大理论武器和科学方法。历史和现实都表明，只有坚持历史唯物主义，我们才能不断把对中国特色社会主义规律的认识提高到新的水平，不断开辟当代中国马克思主义发展新境界。世界上的事物总是有着这样那样的联系，不能孤立地、静止地看待事物发展，否则往往会出现盲人摸象、以偏概全的问题。正所谓“有无相生，难易相成，长短相形，高下相倾，音声相和，前后相随”。在学习过程中，一定要注意这种决定和被决定、作用和反作用的有机联系。对生产力标准必须全面准确理解，不能绝对化，不能撇开生产关系、上层建筑来理解生产力标准。改革开放以来，我们党提出的一系列“两手抓”，包括一手抓物质文明建设、一手抓精神文明建设，一手抓经济建设、一手抓法治建设，一手抓发展、一手抓稳定，一手抓改革开放、一手抓惩治腐败等，都是符合历史唯物主义要求的。

【理论联系实际】

很多人造有毒有害物质起初并不是为了毒害人类和环境而是为了给人类带来生产和生活上的便利而被创造的（如作为不粘锅涂层的全氟化合物）。但随着科技的发展，人们逐渐意识到以往没有认识到的问题，并开始寻求新的替代品和解决方案。有许多人认为化学品，特别是人造化学品，是非常危险的。毕竟，仅在美国就有超过 8 万种用于商业用途的人造化学品，而且其中许多化学品未经适当的安全测试就被应用到自然环境中。如此说来，我们应当害怕渗透到世界各个角落的人造化学品吗？

虽然无法简单地比较所有天然化学品和人造化学品的毒性，但值得注意的是，地球上毒性最强的五种化学品都是在自然中发现的。说到杀虫剂，一些新近制造的人造杀虫剂对于人类来说其实已经相当安全。即使在高剂量时，这些人造杀虫剂的毒性也与食盐或阿司匹林相当。实验还发现，老鼠持续接触低剂量的杀虫剂（即环境中的剂量）并不会导致癌症或生育问题。事实上，植物产生的毒素与人造化学物的致癌速度是一样的，且相比较而言，我们摄入的植物毒素要多得多。所以要辩证看待人造物质的利与弊，形成辩证看待问题的理性思考能力，坚持理论联系实际，做好调查研究。

我们党的历史反复证明，什么时候理论联系实际坚持得好，党和人民事业就能够不断取得胜利；反之，党和人民事业就会受到损失，甚至出现严重曲折。坚持理论联系实际，是我们党的光荣传统和优良作风，关系党和人民事业兴衰成败。在全面建设社会主义现代化国家新征程上，我们必须坚持理论联系实际，形成理论与实践的良性互动。

调查研究是谋事之基、成事之道，重视调查研究是我们党在革命、建设、改革各个历史时期做好工作的重要传家宝。做好调查研究要坚持正确的方法。毛泽东指出，没有调查，就没有发言权，不做正确的调查同样没有发言权。要紧扣理论知识，紧扣实际问题，紧扣全面从严治党面临的现实问题，深入工作实践第一线，以脚踏实地、求真务实的态度，察实情、访民意，努力掌握第一手资料，防止走马观花、蜻蜓点水，一得自矜、以偏概全。要深入把握调查研究工作的特点和规律，在提高调查研究方法的科学性上下功夫，拓展调研渠道、丰富调研手段、创新调研方式，把现代信息技术引入调研过程，提高调研的效率和科学性。调查研究必须立足解决实际问题。调查研究的根本出发点和立足点就是为了发现问题并解决问题。要有强烈的问题意识，以重大问题为导向，抓住关键问题深入调查研究。调查研究的重要目的是为科学决策服务。对调研来的大量材料和情况，要进行认真研究分析，深入细致思考，由此及彼、由表及里，把零散的认识系统化，把粗浅的认识深刻化，发现事物的内在规律，找到解决问题的正确办法。成熟完善的调研成果，要及时转化为决策部署。已经落地的对策措施，要通过深入调研，进行跟踪评估。要建立完善调查研究制度，进一步强化“先调研后决策”的决策调研论证机制，把调查研究贯穿决策全过程，成为决策的必经程序，有效防止和克服决策中的随意性及其造成的失误，提高决策的科学化水平。

所以我们在学习和工作过程中要开展调查研究，不仅要做好基础研究，还要与实际需求相结合，与可持续发展的核心理念相契合，将环境、经济和社会因素有机地结合在一起。

第4章

主族元素资源综合利用

4.1 第一主族元素及其化合物的应用、环境风险与毒性损害表现

4.1.1 锂及其化合物

锂是所有金属中最轻的，可溶于液氨。锂号称“稀有金属”，在自然界中的丰度较大，居第27位，在地壳中的含量约为0.0065%，主要以锂辉石、锂云母及磷锂铝石矿的形式存在。

锂与其他碱金属不同，在室温下与水反应比较慢，但能与氮气反应生成黑色的一氮化三锂晶体。锂的弱酸盐都难溶于水。在碱金属氯化物中，只有氯化锂易溶于有机溶剂。锂的挥发性盐的火焰呈深红色，可用此来鉴定锂。锂很容易与氧、氮、硫等元素化合，在冶金工业中可用作脱氧剂。锂也可以做铅基合金和铍、镁、铝等轻质合金的成分。锂在原子能工业中有重要用途。

4.1.1.1 锂及其化合物的应用

锂有无水物和一水合物两种形态。

氢氧化锂可用作光谱分析的展开剂、润滑油；用作碱性蓄电池电解质的添加剂可增加电池容量12%～15%，提高使用寿命2～3倍；用作二氧化碳的吸收剂可净化潜艇内的空气；用于制锂盐及锂基润滑脂、碱性蓄电池的电解液、溴化锂制冷机吸收液、锂皂（锂肥皂）、锂盐、显影液等或作分析试剂等。用于碱性蓄电池时，铝含量不大于0.06%，铅含量不大于0.01%。还可用作分析试剂、照相显影剂，也可用于锂的制造，作为制取锂化合物的原料，广泛用于冶金、石油、玻璃、陶瓷等工业。

氢化锂（LiH），也称为一氢化锂。氢化锂可燃，与水剧烈反应生成腐蚀性的氢氧化锂和氢气。用作干燥剂、氢气发生剂、有机合成还原剂等；军事上用作氢气发生来源；在有机合成中，用作缩合剂、还原剂、烷基化试剂、干燥剂，同时还是很好的储氢材料。

氮化锂是一种快离子导体且其电导率比其他无机的锂盐都高，已有许多研究针对氮化锂作为电池固体电极及阴极材料的应用。以氮化锂为基，制备一系列锂快离子导体，对它们的物相组成进行分析鉴定，研究它们的离子电导、分解电压、电导率等电化学性能并以此材料

组装了实验电池进行放电试验。除用作固体电解质外，氮化锂还是六方氮化硼转化为立方氮化硼的有效催化剂。

锂金属及锂合金可作为“锂电池”的正/负极材料。绿色环保型锂离子电池具有比能量大、比功率高、自放电小、循环特性好以及可快速充电、效率高、工作温度范围宽、无环境污染等优点，已被广泛应用于各种领域，是很有前途的动力电池。用锂电池发电来开动汽车，行车费只有普通汽油发动机车的1/3。由锂制取氚，用来发动原子电池组，中间不需要充电，可连续工作20年。要解决汽车的用油危机和排气污染，重要途径之一就是发展像锂电池这样的新型电池。锂离子电池是高能储存介质，由于锂离子电池的高速发展，衍生带动了锂矿、碳酸锂等公司业务的蓬勃发展。锂电池在军用领域也有应用。锂合金还有许多其他的用途，如铝锂合金既轻便，又特别坚硬，用这种合金来制造飞机，能使飞机减轻2/3的重量。锂-铅合金是一种良好的减摩材料。

4.1.1.2 锂的环境风险及毒性损害表现

锂在我们生活中最常用的是用于制作锂电池，锂电池的生产和回收都造成了一定程度的资源浪费和环境污染，表4-1列出了锂电池的化学特性与潜在污染。锂作为过渡金属对环境的影响不大，但是锂电池生产要用到钴酸锂、铜、铝、镍等，所以若是随便丢弃，可能会对环境造成一定影响。另外锂电池的电解液，主要成分是碳酸二甲酯（dimethyl carbonate，DMC）、碳酸二乙酯（diethyl carbonate，DEC）、碳酸乙烯酯（ethylene carbonate，EC），生产过程会有一些有机废气挥发。

表4-1 锂电池的化学特性与潜在污染

材料种类	材料名称	可能产生的污染
正极材料	$LiCoO_2$	重金属污染
	$LiMn_2O_4$	重金属污染
	$LiNiO_2$	重金属污染
负极材料	碳材	粉尘污染
	石墨	粉尘污染
	钳锂	酸碱污染
电解质	$LiPF_6$	氟污染
	$LiBF_4$	氟污染
	$LiClO_4$	有毒气体污染
	$LiAsF_6$	氟污染、砷污染
	$LiCF_3SO_3$	氟污染、有毒气体污染
电解质溶剂	碳酸乙酸酯	醛、有机酸污染
	二甲基碳酸酯	甲醇等有机物污染
	醋酸乙酯	有机酸污染
	甲基丙炔酸	有机酸污染

氯化锂对生殖和胚泡细胞具有遗传性毒性作用，能使动物睾丸细胞染色体畸变率增加和着床前胚泡细胞微核率增加。在制作锂电池工作车间内，工人包装过程中逸出的碳酸锂粉尘会造成碳酸锂粉尘浓度超标，导致呼吸道黏膜损伤，严重的可导致尘肺病等多种肺部疾病。

4.1.2 钠及其化合物

钠元素在地壳的存量为2.32%，钠以盐的形式广泛分布于陆地和海洋中，如食盐（氯化钠）、智利硝石（硝酸钠）、纯碱（碳酸钠）等。

钠单质具有良好的延展性，硬度低，能够溶于汞和液态氨，溶于液氨形成蓝色溶液；在-20℃时变硬。钠的化学性质很活泼，常温和加热时分别与氧气化合，和水剧烈反应，量大时会发生爆炸。钠还能在二氧化碳中燃烧，和低元醇反应产生氢气。

4.1.2.1 钠及其化合物的应用

化学工业是国民经济的基础产业，而盐是化学工业之母。三酸（硫酸、盐酸、硝酸）、两碱（纯碱、烧碱）是基本的化学工业产品，而其中的盐酸、纯碱、烧碱是以盐为主要原料生产的，每生产1t纯碱或烧碱要消耗1.2～1.4t原盐，全世界用于生产钠碱、氯和氯的衍生物等80多种基本化工产品所用的盐，占全世界总盐耗量的60%以上。在工业发达国家，化工用盐一般都占到总盐耗量的90%以上。盐是家畜家禽饲料中重要的矿物质。钠能维持血液和组织液的酸碱平衡，调节正常渗透压的稳定，刺激唾液的分泌，促进畜禽的食欲；还能保持畜禽胃液呈酸性，具有杀菌作用。生活中氯化钠也是一种不可缺少的调味品。

钠是热和电的良导体，具有较好的导磁性，钾钠合金（液态）是核反应堆导热剂。

氢氧化钠具有强碱性，腐蚀性极强。氢氧化钠用作基本试剂时，可作中和剂、配合掩蔽剂、沉淀剂、沉淀掩蔽剂、少量二氧化碳和水的吸收剂，还可以用于生产纸、肥皂、染料、人造丝、冶炼金属、石油精制、棉织品整理、煤焦油产物的提纯，以及食品加工、木材加工及机械工业等方面。

氯化钠在工业上可作为制取氯气的原材料，也是许多生物学反应所必需的，如分子生物学试验中多种溶液配方都含有氯化钠，细菌培养基中大多也含有氯化钠。氯化钠也是氨碱法制纯碱时的原料，还可用于玻璃、染料、冶金等工业。食盐作为一种调味品，在人类生活中已成为必不可少的一部分。含氯化钠0.9%的水与血浆有相同的渗透压，被称为生理盐水。生理盐水是主要的体液替代物，广泛用于治疗及预防脱水，也用于静脉注射治疗及预防血量减少性休克。

碳酸钠是重要的化工原料之一，广泛应用于轻工、建材、化学工业、食品工业、冶金、纺织、石油、国防、医药等领域，用作制造其他化学品的原料、清洗剂、洗涤剂，也用于照相术和分析领域。玻璃工业是纯碱的最大消费部门，每吨玻璃消耗纯碱0.2t。在工业用纯碱中，主要是轻工、建材、化学工业，约占2/3，其次是冶金、纺织、石油、国防、医药及其他工业。

碳酸氢钠可以用作碱性的药物，具有中和胃酸的作用。碳酸氢钠在食品工业中是一种应用广泛的疏松剂，用于生产饼干、糕点、馒头、面包等。还可用于电影制片、鞣革、选矿、冶炼、金属热处理以及纤维、橡胶工业等。同时可用作羊毛的洗涤剂以及用于农业浸种等。

4.1.2.2 钠的环境风险及毒性损害表现

由于钠广泛用于化学工业、日常生活，造成了一定程度的盐污染，同时也是对资源的一种浪费。

金属钠与水反应较为剧烈，并且伴有氢气生成。而在钠冷快堆中一回路金属钠具有很高的放射性，因此，一回路发生破口事故时会伴随着放射性物质的泄漏。钠火事故的后果主要包括热力学后果、化学后果和环境后果。热力学后果是钠火事故引起的高温以及高压对核电厂相关系统和结构造成一定程度的破坏；化学后果是指在高温下金属钠与相关结构材料发生化学反应，尤其是和钢筋混凝土的化学反应会对核电厂的安全造成很大的影响。钠火事故广泛存在于快堆的建设、运行中，但造成钠火事故的因素较多，比如设计缺陷、人为操作或地震、海啸等自然灾害，因此，要确保钠快冷堆运行的安全性和可靠性。

不慎食入少量的次氯酸钠或次氯酸溶液便会引起轻微的胃肠道症状，如恶心和呕吐，并伴随着消化道灼痛。而次氯酸钠消毒剂中常添加微量的氢氧化钠，临床表现更为复杂。因此，对于次氯酸钠消毒剂，呕吐仅是最常见的症状，可发展为轻度呕血、腹泻和腹痛，严重者可有食管穿孔和胃穿孔刺激呼吸道中黏液丰富处组织，甚至引起腐蚀，对呼吸道细胞造成细胞毒性损害。接触氢氧化钠可能会损伤中枢神经系统，可能会引起头痛、头晕、记忆力减退、失眠。吸入氢氧化钠粉末还会导致呼吸道感染，诱发支气管炎。氢氧化钠会腐蚀皮肤。如果误食氢氧化钠还会导致消化道灼伤、消化道黏膜损伤。

4.1.3　钾及其化合物

钾在地壳中的含量为2.47%，在自然界没有单质形态，主要以盐的形式广泛分布于陆地和海洋中。

钾在空气中加热就会燃烧，在有限量氧气中加热，生成氧化钾；在过量氧气中加热，生成过氧化钾和超氧化钾的混合物。金属钾溶于液氨生成深蓝色液体，可导电，实验证明其中含氨合电子，钾的液氨溶液久置或在铁的催化下会分解为氢气和氨基钾。

4.1.3.1　钾及其化合物的应用

钾（K）是人体中必不可少的一种元素，在人体中主要以钾离子的形式存在。钾可以调节细胞内适宜的渗透压和体液的酸碱平衡，参与细胞内糖和蛋白质的代谢。有助于维持神经健康、心跳规律正常，可以预防中风，并协助肌肉正常收缩。在摄入高钠而导致高血压时，钾具有降血压作用。

钾是热和电的良导体，具有较好的导磁性；金属钾与金属钠的合金熔点很低，在常温下是液体，可以用来代替水银制造温度计；质量分数77.2%的钾和22.8%的钠形成的钾钠合金熔点只有12℃，可用作核反应堆导热剂。

钾能强烈地吸收水分可以用来作为脱水剂。另外，在制造电子管时，也可用来吸收真实管内剩余的氧气与水汽。

氧化钾（K_2O）主要用于无机工业，是制造各种钾盐如氢氧化钾、硫酸钾、硝酸钾、氯酸钾、红矾钾等的基本原料；在医药工业中用作利尿剂及防治缺钾症的药物；染料工业中用于生产2-萘胺-6,8-二磺酸盐（G盐）、活性染料等；日化工业中用于制造肥皂；电池工业中用于制造碱性电池的电解质；此外，还可用作制造枪口或炮口的消焰剂、钢铁热处理剂以及用于照相显影剂。

氢氧化钾（KOH）极易吸收空气中水分而潮解，吸收二氧化碳生成碳酸钾。氢氧化钾可用作钾盐生产的原料，如生产高锰酸钾、亚硝酸钾、磷酸氢二钾等；在轻工业中用于生产钾肥皂、碱性蓄电池、化妆品；还用于染料、纺织、冶金加热剂和皮革脱脂等方面。

过氧化钾（K_2O_2）遇水放出氧气，遇酸生成过氧化氢，也可吸收部分酸性氧化物放出氧气，常用作氧化剂、漂白剂、氧发生剂。

超氧化钾（KO_2）在许多方面类似于第ⅠA族金属过氧化物。遇易燃物、有机物、还原剂等会引起燃烧甚至爆炸。超氧化钾又称为“化学氧自救器”可用于煤矿井下救急，可作为氧气源用于呼吸面罩，可作为飞船、潜艇等密闭系统的氧气再生剂，还被用于制备65型钾空气再生药板。

4.1.3.2 钾的环境风险及毒性损害表现

工业中钾盐和钠盐具有同样重要的地位和广泛的使用途径，同时也造成了一定程度的钾盐污染。钾作为人体的一种微量元素，在饮用水中含量较高的时候，应煮沸去除。

金属钾生产线的出钾口有大量高温和含腐蚀性物质的浓烟冒出，在炉渣清理过程中也有大量浓烟冒出，含有CO、烟雾、CH_4等有毒物质。

钾盐摄入不足或排出增加，可引起人体内钾缺乏。摄入不足常见于长期禁食、少食、偏食或厌食等。由于肾脏的保钾功能较差，当钾摄入减少时可引起体内钾缺乏。在环境和饮食因素中，钾的摄入量与高血压发病密切相关。疾病早期限制钠盐、增加摄入钾盐可有效控制血压，是防治高血压及其并发症的重要手段。

4.2 第二主族元素及其化合物的应用、环境风险与毒性损害表现

4.2.1 铍及其化合物

铍在地壳中的含量为0.0006%，自然界中铍主要以绿柱石存在。

铍是非常活泼的金属，与氧的亲和力很大，室温条件下就能与氧反应在其表面生成一薄层具有保护性质的氧化膜。当温度小于600℃时，铍在干燥空气中可长时间氧化，高于600℃氧化速度将逐渐加快。温度达800℃，短时停留时，其氧化的程度反而并不太严重。

4.2.1.1 铍及其化合物的应用

铍（Be）可作为合金添加剂，已研制的新的含铍合金具有独特的性能。Be-Al合金是一种质轻（较铝合金轻25%）、刚性（近似铝的3倍）和热性能都很优良的材料，广泛应用于飞机制动器、陀螺仪框架、电子计算机、卫星和航空航天系统。Be-Cu合金是一种含2%左右铍的铜基合金，Be-Cu合金的主要用途有：作为导电材料使用；海底通信电缆的屏蔽套材料；火力发电厂、气体制造厂、油轮、加油站等场所作为安全材料使用；汽车电器装置等。Be-Ni合金可用于制造热弹簧、飞机仪表薄膜、高度计、压力计的材料，也可作为铸模和玻璃器皿的成形工具。Be-Ni合金还用于汽车减震系统及高温继电器、开关中。

氧化铍（BeO）是一种陶瓷材料，具有优良的导热性能。由室温至500℃，其热导率是致密氧化铝的7～8倍，甚至在相当高的温度下也是氧化铝的4倍，因此，氧化铍可用作散热器件。在航空电子技术转换电路中以及飞机和卫星通信系统中大量用氧化铍来做托架部件和装配件；在飞船电子学方面也有应用前景；利用氧化铍陶瓷具有特别高的耐热冲击性，因此可在喷气式飞机的导火管中使用，经金属涂层的氧化铍板材已用于飞机驱动装置的控制系统；氧化铍陶瓷由于具有低的介电常数，从而用作半导体底板的需求也在逐年增加，在微

波、高速逻辑电路和储存电路中也获得了应用；福特和通用汽车公司在汽车点火装置中使用了喷涂金属的氧化铍衬片。

氢氧化铍［$Be(OH)_2$］在水中溶解度较小，是两性氢氧化物，可与硫酸、硝酸、草酸形成复盐，加热分解。加热时失去水，150～180℃下可得到无水氢氧化铍，950℃转化为氧化铍。1300～1600℃时氧化铍和水蒸气可形成气相氢氧化铍。氢氧化铍可用于核技术及制取氧化铍。

氢化铍（BeH_2）加热至 240℃时会分解为铍和氢气。氢化铍对湿气敏感，不溶于大部分的有机溶剂，在水中会和水反应，产生氢氧化铍和氢气。氢化铍是共价型化合物，结构类似于乙硼烷的结构，在两个 Be 原子之间形成了氢桥键。氢化铍具有放热量高、产生气体体积大、比冲可到 310 秒等优点，常用于固态火箭发动机的燃料。

氯化铍（$BeCl_2$）是共价型化合物，在空气中会吸潮并由于水解而发烟。氯化铍能升华并且不传导电流。主要用于制取金属铍和有机反应催化剂，氯化铍单层可作为带隙可调的直接半导体。

4.2.1.2　铍的环境风险及毒性损害表现

铍是一种剧毒元素，在生产、使用和储存过程中必须十分注意防止对环境的污染。除绿柱石外，金属铍、氧化铍、氟化铍、硫酸铍、氢氧化铍等多种化合物都能引起急慢性中毒。铍及其化合物进入人体的主要途径是呼吸道吸入和经口摄入。水体浓度为 10mg/L 时，可明显地阻滞水体的自净生物过程和微生物的繁殖。一般说来，铍在软水中的毒性比在硬水中要高 100 倍以上，而且随着时间的延长，毒性会加剧。不仅如此，铍还会抑制植物的光合作用，所以应特别注意铍对土壤的污染。铍对于人和动物是一种剧毒元素。在冶炼和加工铍的工厂及其周围环境内，曾多次发生铍中毒事件。1962 年以前中国发生的急性中毒近 100 例。1964 年检查出首例慢性病。1982 年北京、上海以及湖南等地相继发现了 31 例慢性病，1989 年增至 61 例，现在已有可能超过 100 例。由于铍中毒的发病潜伏期长，慢性病例还在陆续增加。土壤溶液中铍的含量超过 0.5mg/L 才会引起植物中毒，因此与动物相比，铍的植物毒性要低得多。每年由人类活动排入环境中的铍约 144t，其中来自燃煤为 123t，约占 85.4%；来自燃油为 12t，约占 8.3%；来自铍及其化合物生产和加工的为 9t，约占 6.3%。由矿物燃料带进环境中的铍比重虽大，却很分散，尚未形成公害。

人体短期接触或吸入大量可溶性铍盐，可引起急性中毒、呼吸系统炎症。如果长期接触可溶性、气态、细分散状的铍化合物，会慢性中毒，甚至引起癌变。长期或过量吸入铍会导致肺癌，被国际癌症研究机构评定为 G1 类人类致癌物质。铍矿石在粉碎加工过程中，铍及其化合物的粉尘、烟雾和气体对人体危害最大。这些化合物呈细微粉状，大部分是不溶性铍化合物灰尘，对皮肤和黏膜有刺激作用，可导致接触性或过敏性皮炎，还可发生“鸡眼性溃疡”，多无痛，但不易愈合；当附着皮肤创面时，可出现难愈的溃疡或皮肤肉芽肿。

4.2.2　镁及其化合物

镁元素在自然界广泛分布，镁元素在地壳中的含量约为 2.00%。镁在海水中的含量比较丰富，海水也将成为镁资源产地。镁还是一种参与生物体正常生命活动及新陈代谢过程必不可少的元素。

镁单质具有比较强的还原性，能与沸水反应放出氢气，燃烧时能产生炫目的白光。

4.2.2.1 镁及其化合物的应用

镁合金是以镁为基础加入其他元素组成的合金。其特点是密度小（$1.8g/cm^3$ 左右），强度高，弹性模量大，散热好，消震性好，承受冲击载荷能力比铝合金大，耐有机物和碱的腐蚀性能好。主要合金元素有铝、锌、锰、铈、钍以及少量锆或镉等。镁合金是航空器、航天器和火箭导弹制造工业中使用的最轻的金属结构材料，已在航空航天工业中推广应用。镁合金在汽车行业的应用也十分广泛。镁合金型材、管材也用作自行车架、轮椅、康复和医疗器械等。镁合金还应用于单反相机的骨架、手机电话、笔记本电脑的框架、电器产品制造等方面。近几年来镁合金在汽车、电脑壳体等镁合金部件上的应用越来越受欢迎。

氧化镁以方镁石形式存在于自然界中，是冶镁的原料。轻质氧化镁主要用作制备陶瓷、搪瓷、耐火坩埚和耐火砖的原料，也用作磨光剂、黏合剂、涂料以及纸张的填料、氯丁橡胶和氟橡胶的促进剂和活化剂。氧化镁还可以作为阻燃剂使用。

氢氧化镁［$Mg(OH)_2$］作为一种具有极强的缓冲性能和高效化学吸附性能的碱剂，在环保、陶瓷材料、医药等领域有着广泛的应用，越来越受到人们的关注。近年来，又由于其分解温度较高、热稳定性高、无毒、无烟和抑烟等特点，在无机阻燃剂领域得到了较快的发展。

硫酸镁（$MgSO_4$）外敷可以消肿，用于治疗肢体外伤后肿胀，帮助改善粗糙的皮肤等。食品级硫酸镁可作为食品加工中镁的补充剂，镁是人体内参与造骨过程和肌肉收缩时不可缺的因子，是人体内多种酶的激活剂，对人体内的物质代谢和神经功能起着极其重要的作用。饲料级硫酸镁作为饲料加工中镁的补充剂。镁肥具有提高农作物产量和改善农作物品质的功能。

4.2.2.2 镁的环境风险及毒性损害表现

金属镁在工业中会产生“镁砂”形成一定的粉尘污染，严重影响工作人员的身体健康，会产生“尘肺”现象，所以一定要注意防护措施。在生活中，镁离子与钙离子在水体中的总浓度称为水的总硬度，常饮用硬水会增加人体过滤系统结石的得病率。工业上，钙盐和镁盐的沉淀会造成锅垢，妨碍热传导，严重时还会导致锅炉爆炸。由于硬水问题，工业上每年因设备、管线的维修和更换要耗资数千万元。

4.2.3 钙及其化合物

地壳中钙含量为4.15%，占第五位。

钙化学性质活泼，在空气中表面会形成一层氧化物或氮化物薄膜，以防止继续受到腐蚀。

4.2.3.1 钙及其化合物的应用

根据碳酸钙生产方法的不同，可以将碳酸钙分为重质碳酸钙、轻质碳酸钙、胶体碳酸钙和晶体碳酸钙。碳酸钙是重要的建筑材料，广泛地运用于油漆、涂料、造纸、日化、食品等行业。

氧化钙（CaO）俗名生石灰。生石灰是去除水蒸气的常用干燥剂，也用于钢铁、食品、农药、医药、干燥剂、制革及醇的脱水等。氧化钙常用作建筑材料、冶金助熔剂、分析试剂、填充剂等，还可以用于酸性废水处理及污泥调质。

氢氧化钙［$Ca(OH)_2$］俗称熟石灰或消石灰。加入水后，分上下两层，上层水溶液称作澄清石灰水，下层悬浊液称作石灰乳或石灰浆。氢氧化钙在工业中有广泛的应用，是常用的建筑材料，也用作杀菌剂和化工原料等。

碳化钙（CaC_2）遇水立即发生激烈反应，生成乙炔，并放出热量。碳化钙是有机合成工业的基本原料之一，既能生成乙炔气，用于焊接和切割金属，也是制造聚氯乙烯的原料。

氢化钙（CaH_2）可用于粉末冶金，当加热至 600～1000℃时，可将锆、铌、铅等金属氧化物还原，而得到相应的金属粉末；还可作为轻便的氢气发生剂，也可用作还原剂、干燥剂、分析试剂。

4.2.3.2　钙的环境风险及毒性损害表现

废水中 Ca^{2+} 过高会引起设备和管道结垢，甚至堵塞；在厌氧系统中会引起颗粒污泥钙化，使反应器堵塞；钙是人体不可缺少的微量元素，但是摄入过多也会造成肌无力等健康问题，在饮用水中钙的浓度不得超过 0.45mg/kg。在工业生产中，钙在运输时会产生一定的粉尘污染。制备生产过程中，由于钙离子含量较高，会导致废水具有超强的碱性，对环境污染巨大。

钙是人体必需的常量元素，也是人体中含量最多的无机元素，还是人体内 200 多种酶的激活剂，使人体各器官能够正常运作，钙在人体内含量不足或是过剩都会影响人体生长发育和健康，表 4-2 为不同人群缺钙导致的病症。

表 4-2　缺钙导致的病症

缺钙人群	导致病症
少年儿童	厌食、偏食；不易入睡、易惊醒；易感冒；头发稀疏；智力发育迟缓；学步、出牙晚或出牙不整齐；阵发性腹痛腹泻；X 形或 O 形腿；鸡胸
青年	精力不集中；容易疲劳；腰酸背痛；免疫力低；蛀牙或牙齿发育不良
孕妇及哺乳期妇女	抽筋乏力；关节疼；头晕；贫血或产前高血压综合征；水肿及乳汁分泌不足
老年人	老年性皮肤病痒；脚后跟疼，腰椎、颈椎疼痛；牙齿松动、脱落；明显的驼背、身高降低；食欲减退、消化道溃疡；多梦、失眠、烦躁、易怒等

钙摄入不足，人体就会出现生理性钙透支，造成血钙水平下降，导致骨质疏松、骨质增生、儿童佝偻病、手足抽搐症以及高血压、肾结石、结肠癌等疾病的发生。

4.3　第三主族元素及其化合物的应用、环境风险与毒性损害表现

4.3.1　硼及其化合物

硼仅约占地壳组成的 0.001%，来自超新星爆炸以及宇宙射线散裂。

4.3.1.1　硼及其化合物的应用

硼（B）主要用于生产硼砂、硼酸和硼的各种化合物，是冶金、建材、机械、电器、化

工、轻工、核工业、医药、农业等部门的重要原料。

单质硼可用作良好的还原剂、氧化剂、溴化剂、有机合成的掺合材料、高压高频电及等离子弧的绝缘体、雷达的传递窗等。

硼酸（H_3BO_3）大量用于玻璃（光学玻璃、耐酸玻璃、耐热玻璃、绝缘材料用玻璃纤维）工业，可以改善玻璃制品的耐热、透明性能，提高机械强度，缩短熔融时间。

硼酸锌（$Zn_3B_2O_6$）可用于防火纤维的绝缘材料，是很好的阻燃剂，也可应用于漂白、媒染等方面。

偏硼酸钠（$NaBO_2$）可用作分析试剂、防腐剂、织物漂白。

硼钢是以硼为主要合金化元素的钢，又称硼处理钢，能改善钢的某些性能。硼钢的种类主要有合金结构硼钢、低合金高强度硼钢、弹簧硼钢等。硼在钢中的作用主要是提高钢的淬透性，其次可提高耐热钢的高温强度、蠕变强度，改善高速钢的红硬性和刀具的切削能力。

硼砂（$Na_2B_4O_7 \cdot 10H_2O$）是非常重要的含硼矿物及硼化合物。硼砂有广泛的用途。在玻璃制造中，可增强紫外线的透射率，提高玻璃的透明度及耐热性能。在医药上，硼砂可用于止痛消毒以及皮肤黏膜、一些足癣的治疗，也可用于一些炎症的治疗。同时硼砂可用作清洁剂、化妆品、杀虫剂，也可用于配置缓冲溶液和制取其他硼化合物等。

4.3.1.2 硼的环境风险及毒性损害表现

硼的环境风险主要体现在其对植物、农作物的影响。硼通过影响植物、农作物的生长、发育进而影响农业的生产发展。此外，硼会进入食物链，并通过饮食、饮水、呼吸而富集于人体内，最终影响人的身体健康。在植物所必需的微量元素中，硼对植物的适用性和致害性之间的差距是最小的，因此硼在农业环境中允许浓度的变幅非常狭窄。

水中过量的硼除了会被植物吸收引发多硼症状，还可能被人体吸收后遍布于身体中各个组织，且主要储存在脑、肝、肾和骨骼中。过量的硼会引起头痛、呕吐、酶丧失活性、胃肠功能紊乱、肾损伤等；也可能导致生殖系统、神经系统疾病，甚至造成死亡。一般饮用水中硼含量设置 0.3mg/kg 为健康准则值，但由于部分高硼地区难以实现对水体的充分净化达到此标准，则设定了 0.5mg/kg 的准则值，大部分地区硼含量标准在此准则值以下，基本能保证人体的健康。

4.3.2 铝及其化合物

铝元素在地壳中的含量占 8.3%，仅次于氧和硅，居第三位，是地壳中含量最丰富的金属元素。

铝是活泼金属，在干燥空气中铝的表面立即形成厚约 5nm 的致密氧化膜，使铝不会进一步氧化并能耐水。

4.3.2.1 铝及其化合物的应用

氧化铝（Al_2O_3）是在高温下可电离的离子晶体，常用于制造耐火材料。工业氧化铝是由铝矾土（$Al_2O_3 \cdot 3H_2O$）和硬水铝石制备的，对于纯度要求高的 Al_2O_3，一般用化学方法制备。氧化铝因为硬度高，适合用作研磨材料及切割工具；氧化铝粉末常用作色层分析的媒介物；氧化铝还可以用来制耐火砖、坩埚、瓷器、人造宝石等，也是炼铝的原料。氧化铝常用于航空航天业、汽车业、消费品加工、铸造/压铸、原始设备制造商、半导体工业等不同领域。

氢氧化铝是用量最大和应用最广的无机阻燃添加剂。氢氧化铝作为阻燃剂不仅能阻燃，而且可以防止发烟、不产生滴下物、不产生有毒气体，因此，具有较广泛的应用，使用量也在逐年增加。氢氧化铝可用于热固性塑料、热塑性塑料、合成橡胶、涂料及建材等行业。同时，氢氧化铝也是电解铝行业中氟化铝的基础原料，在该行业氢氧化铝得到了非常广泛应用。

硫酸铝［$Al_2(SO_4)_3$］在造纸工业中作为松香胶、蜡乳液等胶料的沉淀剂，水处理中作絮凝剂，还可作泡沫灭火器的内留剂，制造明矾、铝白的原料，石油脱色、脱臭剂、某些药物的原料等，还可制造人造宝石及高级铵明矾。

十二水硫酸铝钾［$KAl(SO_4)_2 \cdot 12H_2O$］又称明矾，是一种含有结晶水的硫酸钾和硫酸铝的复盐。明矾性味酸涩、寒，有抗菌、收敛等作用，可用作中药，还可用于制备铝盐、发酵粉、油漆、鞣料、澄清剂、媒染剂、造纸、防水剂等，生活中常用于净水。

4.3.2.2 铝的环境风险及毒性损害表现

铝在土壤中对植物有毒害作用，土壤溶液中总可溶性铝浓度约为 10^{-5} mol/L。这些铝可能是通过胞吞作用或与运铁蛋白相结合而进入植物根的细胞之中，但不同形态的铝吸入通量各不相同，因而其相对毒性不同。铝灰在堆放和填埋过程中，其本身就会对土壤环境造成污染，同时在与土壤接触的过程中会发生多种化学反应产生更多对环境有害的物质，造成土壤污染，其中的有害成分对周边水体、大气环境也会造成一定程度的影响。

铝在机体内作用的主要靶器官是神经系统，有关研究表明，阿尔茨海默病有很大概率是和过度的铝元素堆积相关。铝还能够导致人体大脑顶叶、小脑甚至是海马神经元等细胞数量逐渐减少，从而让患者出现记忆障碍。铝还会对大脑神经细胞的迅速分化成熟和实际功能造成严重的影响。铝能增强谷氨酸介导的神经毒性，抑制突触小体的摄取功能，阻碍长时程增强作用的形成，进而导致神经退化性疾病的发生。

4.3.3 铊及其化合物

铊是自然界存在的典型的稀有分散元素，天然丰度为 8×10^{-7}，地壳中的平均含量仅为 1g/t。

铊与铅类似，新切开的铊表面有金属光泽，常温下于空气中很快变暗呈蓝灰色，长时间接触空气会形成很厚的非保护性氧化物表层。

4.3.3.1 铊及其化合物的应用

铊（Tl）工业中铊合金用途非常重要，用铊制成的合金具有提高合金强度、改善合金硬度、增强合金抗腐蚀性能等多种特性。铊铅合金多用于生产特种保险丝和高温锡焊的焊料；铊铅锡三种金属的合金能够抵抗酸类腐蚀，非常适用于酸性环境中机械设备的关键零件；铊汞合金熔点低达－60℃，用于填充低温温度计，可以在极地等高寒地区和高空低温层中使用；铊锡合金可作超导材料；铊镉合金是原子能工业中的重要材料。

氧化铊（Tl_2O_3）具有氧化性，溶于盐酸时放出氯气，溶于硫酸时放出氧气，不溶于水和碱，有毒，可用作分析试剂、催化剂。在电子元件生产中用于配制玻璃釉电位器的导电浆料。

一氧化铊（Tl_2O）又名氧化亚铊，暴露在空气中易氧化，是剧毒物品，常用作分析试剂，用于制造光学玻璃及玻璃装饰品。

硫酸铊（Tl_2SO_4）又称硫酸亚铊，加热时分解，不能沸腾。用作制备其他铊盐的原料，也用作脱发剂和毒鼠药的组分。

4.3.3.2 铊的环境风险及毒性损害表现

海洋中和港湾内软体动物铊的含量分别为26mg/kg和0.02mg/kg。2.0mg/L和10mg/L铊就可使海洋中微生物和甲壳动物中毒。水体中的铊通常以一价为主，相比于三价铊，一价铊易形成稳定化合物长期存在于水体中，并容易随着水体迁移进入其他环境介质或生物体内。当铊在生产过程中释放进入大气后，主要以可还原态的铊卤化物或颗粒物的形式存在于大气中。大气中铊污染物不是独立的，由于铊及其化合物低熔沸点、高溶解性等特征，导致铊的污染是立体式、交叉式的，能够危及水圈、岩石圈、大气圈等。

铊中毒是机体摄入含铊化合物后产生的中毒反应。铊对哺乳动物的毒性高于铅、汞等金属元素，与砷相当，其对成人的最小致死剂量为12mg/kg体重，对儿童为8.8～15mg/kg体重。中毒后表现症状为下肢麻木或疼痛、腰痛、脱发、头痛、精神不安、肌肉痛、手足颤动、走路不稳等。铊中毒一般具有较为典型的神经系统、消化系统以及毛发脱落、皮肤损伤等症状。但由于铊中毒较为罕见，因此常被忽略，导致误诊。

4.4 第四主族元素及其化合物的应用、环境风险与毒性损害表现

4.4.1 硅及其化合物

硅约占地壳总重量的25.7%，仅次于氧。

硅具有较高的熔点和密度。化学性质比较稳定，常温下很难与其他物质（除氟化氢和碱液以外）发生反应。

4.4.1.1 硅及其化合物的应用

单晶硅是最常见、应用最广的半导体材料，当熔融的单质硅凝固时，硅原子以金刚石晶格排列成晶核，其晶核长成晶面取向相同的晶粒，形成单晶硅。单晶硅主要应用于太阳能电池。应用最早的是硅太阳能电池，其转换效率高，技术最为成熟，多用于光照时间少、光照强度小、劳动力成本高的区域，如航空航天领域等。通过采用不同的硅片加工及电池处理技术，国内外各科研机构和电池厂家都生产制备出了较高效率的单晶硅电池。

多晶硅是单质硅的一种形态。多晶硅可作拉制单晶硅的原料，多晶硅与单晶硅的差异主要表现在物理性质方面。在力学、光学和热学性质的各向异性方面，多晶硅远不如单晶硅明显。在电学性质方面，多晶硅晶体的导电性也远不如单晶硅显著，甚至几乎没有导电性。在化学活性方面，两者的差异极小。多晶硅和单晶硅可从外观上加以区别，但真正的鉴别须通过分析测定晶体的晶面方向、导电类型和电阻率等。多晶硅是生产单晶硅的直接原料，是当

代人工智能、自动控制、信息处理、光电转换等半导体器件的电子信息基础材料。

二氧化硅（SiO_2）是制造玻璃、石英玻璃、水玻璃、光导纤维、光学仪器、工艺品和耐火材料的原料，电子工业的重要部件，是科学研究的重要材料。

硅胶（$xSiO_2 \cdot yH_2O$）按其性质及组分可分为有机硅胶和无机硅胶两大类。无机硅胶可以用来做干燥剂、吸附剂，而且可以重复使用，还广泛用于蒸气的回收、石油的精炼和催化剂的制备等方面。有机硅胶因为其具有耐温特性、耐候性、电气绝缘性能、低表面张力和低表面能，不仅作为航空、尖端技术、军事技术部门的特种材料使用，而且也用于国民经济各部门，其应用范围已扩展到建筑、电子电气、纺织、汽车、机械、皮革造纸、化工轻工、金属和油漆、医药医疗等领域。

氯化硅（$SiCl_4$）广泛用于制造有机硅化合物，如硅酸酯、有机硅油、高温绝缘漆、有机硅树脂、硅橡胶和耐热垫衬材料。高纯度四氯化硅为制造多晶硅、高纯二氧化硅和无机硅化合物、石英纤维的材料。军事工业用于制造烟幕剂。冶金工业用于制造耐腐蚀硅铁。铸造工业用作脱模剂。

硅酸（H_2SiO_3）包括原硅酸（H_4SiO_4）、偏硅酸（H_2SiO_3）、二硅酸（$H_2Si_2O_5$），酸性很弱。用于气体及蒸汽的吸附，油脂、蜡的脱色，催化剂及其载体的制备。硅酸是生产钨丝的溶剂，分析化学上的化学试剂、接触剂和色谱分离的吸附剂，也是制造硅胶和硅酸盐的原料。

4.4.1.2 硅的环境风险及毒性损害表现

生产有机硅的过程中，在铜作催化剂的条件下，氯甲烷和硅粉反应生成甲基氯硅烷单体后，残留下一些固体废催化剂（简称硅渣）。生产中所产生的废渣、废酸水均批地掩埋或顺水排放至淮河。在掩埋和排放的过程中，由于空气中氧的作用，使硅渣中的有机物质和碳燃烧并冒出极难闻的白烟，从最开始的水污染逐渐变成了土壤以及大气环境污染。

在有机硅的生产过程中产生的废气里就有二氧化硅粉末的生成，并且二氧化硅固体很难从系统中清除，二氧化硅粉末及一些含硅的粉尘会飘散在大气中，长期在含粉尘较多的环境中工作的人员，吸入大量硅粉尘，易引起硅肺。缺少硅可使动物生长迟缓，使人头发、指甲易断裂，皮肤失去光泽。动物试验结果显示，喂饲致动脉硬化饮料的同时补充硅，有利于保护动物主动脉的结构。另外，已确定血管壁中硅含量与人和动物动脉粥样硬化程度成反比。在心血管疾病长期发病率相差两倍的人群中，其饮用水中硅的含量也相差约两倍，饮用水硅含量高的人群患病较少。

4.4.2 锡及其化合物

锡在地壳中的含量为0.004%，全球锡储量约480万吨，基础储量约为1100万吨。

在空气中锡的表面会生成二氧化锡保护膜，加热时氧化反应加快。

4.4.2.1 锡及其化合物的应用

锡在我国古代常被用来制作青铜，锡和铜的比例为3∶7。锡可以有各种表面处理工艺，能制成多种款式的产品，锡器以其典雅的外观造型和独特的功能效用早已风靡世界各国，成为人们的日常用品和馈赠亲友的佳品。锡合金是锡器的材质，其中锡含量在97%以上，不含铅，适合日常使用。在工业上最常见的合金有锡、锑、铜合成的锡基轴承合金和铅、锡、锑合成的铅基轴承合金，它们可以用来制造汽轮机、发电机、飞机等承受高速高压机械设备的轴承。金属锡还可以做成锡管和锡箔，用在食品工业上，可以保证清洁无毒。

氧化锡（SnO_2）常用于搪瓷和电磁材料，并用于制造乳白玻璃、锡盐、瓷着色剂、织物媒染剂和增重剂、钢和玻璃的磨光剂等。

二硫化锡（SnS_2）难溶于水，但溶于王水和热碱溶液，也能溶于硫化钠溶液，常用作金色的涂料。

4.4.2.2 锡的环境风险及毒性损害表现

自然风化过程和锡冶炼加工等都向大气输送锡，使大气特别是城市上空的大气受到锡污染。据测定，欧洲大气锡含量为0.0015～0.8$\mu g/m^3$，美国22个城市为0.003～0.3$\mu g/m^3$，其中6个主要工业城市为0.03～0.3$\mu g/m^3$。

一般认为无机锡及其化合物的毒性较小。锡及其化合物烟尘可刺激眼睛、皮肤、呼吸系统。在低pH值条件下，长期存放的锡罐装食品或饮料会溶出大量无机锡，人短时间内大量摄入（10^2～10^3mg/kg)，引起的症状大多限于肠胃不适，如恶心、腹痛和呕吐，多余的锡被迅速排出体外，并没有长期的负面健康影响或毒性作用报道。少数无机锡化合物毒性较大，如氯化亚锡可引起动物瘫痪死亡；吸入四氢化锡后可致动物痉挛并损害中枢神经系统。三甲基锡是一种著名的剧毒有机锡化合物，主要引起中枢神经系统的损伤。

4.4.3 铅及其化合物

常见含铅的物质包括有密陀僧（PbO)、黄丹（Pb_2O_3)、铅丹（Pb_3O_4)、铅白［$Pb(OH)_2 \cdot 2PbCO_3$］、硫酸铅（$PbSO_4$）等。

铅很容易生锈、氧化。铅经常是呈灰色的，就是由于它在空气中，很易被空气中的氧气氧化成灰黑色的氧化铅，使其银白色的光泽渐渐变得暗淡无光。

4.4.3.1 铅及其化合物的应用

氧化铅（PbO）俗称“密陀僧”“铅黄”。主要用于制造颜料铅白、铅皂、冶金助溶剂、油漆催干剂、陶瓷原料、橡胶硫化促进剂、杀虫剂，是铅盐塑料稳定剂原料、铅玻璃工业原料、铅盐类工业的中间原料，还用作中药和用于蓄电池工业以及制造防辐射橡胶制品。

二氧化铅（PbO_2）可以用于蓄电池的正极板、氧化剂、医药、火柴等领域。PbO_2具有良好的导电性、耐蚀性及化学稳定性，可通过高电流，并且价格低，不仅是理想的金属基体材料，而且是一种广泛使用的电极材料，同时PbO_2也可以提高与其相复合的功能材料的电化学性能。

高纯度的硫化铅（PbS）可作半导体。硫化铅是常用的减磨材料之一，在高温时分解并氧化生成的氧化铅能降低低温材料的分解速度，起到高温无机黏合剂以及润滑调节剂的作用，减少了摩擦材料的烧失量，延长了摩擦材料的使用寿命；硫化铅在高温时与其他材料反应生成的产物硬度较低，可以减少摩擦材料在制动时发出的噪声，减轻对材料本身伤害，另外硫化铅的价格比硫化锑的低，有利于摩擦材料企业降低成本。

4.4.3.2 铅的环境风险及毒性损害表现

铅为污水综合排放标准中第一类污染物，总铅的最高允许排放浓度不得高于1.0mg/L。

易溶于水的铅盐有硝酸铅、醋酸铅等，而大多数铅化合物难溶于水，如硫化铅、氢氧化铅、磷酸铅、硫酸铅等。我国铅资源较为短缺，制约着我国铅产品的供应。就我国铅资源分布来看，虽然铅资源分布比较广，但是铅资源储量比较低，无法为铅冶炼提供足够的原料。同时，铅产品冶炼过程中浪费比较严重，能源消耗量大，这也使得铅资源没有得到充分利用，从而使铅的供应无法满足需求。

人体多通过摄取食物、饮用自来水等方式把铅带入人体，进入人体的铅 90%储存在骨骼，10%随血液循环流动而分布到全身各组织和器官，影响血红细胞和脑、肾、神经系统功能，特别是婴幼儿吸收铅后，将有超过 30%保留在体内，影响婴幼儿的生长和智力发育。铅在机体内通过损害抗氧化体系并与巯基和其他亲核官能团结合从而产生过量自由基诱导氧化应激，并造成脂质、蛋白质氧化和 DNA 损伤和从而干扰多种生化过程。此外，Pb^{2+} 还可取代 Ca^{2+}、Mg^{2+}、Fe^{2+} 等二价阳离子，而细胞内和细胞间信号传递、细胞黏附、蛋白质折叠和成熟、凋亡、离子转运、酶调节、神经递质释放等基本过程受到上述离子的影响。

4.5　第五主族元素及其化合物的应用、环境风险与毒性损害表现

4.5.1　氮及其化合物

氮在地壳中的含量为 0.0046%，自然界绝大部分的氮是以单质分子氮气的形式存在于大气中，氮气占空气体积的 78%。在室温下不与空气、碱、水反应，加热到 3273K 时，只有 0.1%分解。主要用于合成氨，制硝酸，用作物质保护剂、冷冻剂。

4.5.1.1　氮及其化合物的应用

氨（NH_3），在高温时会分解成氮气和氢气，有还原作用。在室温时不与氧、水、酸、碱等化学试剂反应。有催化剂存在时可被氧化成一氧化氮。用于制液氮、氨水、硝酸、铵盐和胺类等。氨可由氮和氢直接合成而制得，能灼伤皮肤、眼睛、呼吸器官的黏膜，人吸入过多，能引起肺肿胀，甚至死亡。

氮氧化物是只由氮、氧两种元素组成的化合物，包括多种化合物，如一氧化二氮（N_2O）、一氧化氮（NO）、二氧化氮（NO_2）、三氧化二氮（N_2O_3）、四氧化二氮（N_2O_4）和五氧化二氮（N_2O_5）等。除一氧化二氮及二氧化氮以外，其他氮氧化物均不稳定，遇光、湿或热变成二氧化氮及一氧化氮，一氧化氮又变为二氧化氮。因此，职业环境中接触的是几种气体混合物，常称为硝烟（气），主要为一氧化氮和二氧化氮，并以二氧化氮为主。氮氧化物都具有不同程度的毒性。

铵盐是由铵离子和酸根离子构成的离子化合物，一般是通过氨与酸反应得到的。由于氨是弱碱，所以铵盐在水溶液中都有一定程度的水解，由强酸组成的铵盐水溶液呈酸性，因此，在任何铵盐溶液中加入强碱并加热，就会释放氨。实际应用中常利用这一方法检验铵盐。铵盐的热稳定性差，固态铵盐受热易分解，一般分解为氨和相应的酸。如果酸是不挥发性的，则只有氨挥发逸出，而酸或酸式盐则残留容器中。如果相应的酸有氧化性，则分解出来的氨会立即被氧化。由于这些反应产生大量热，分解产物是气体，受热往往会发生爆炸。铵盐中的碳酸氢铵、硫酸铵、氯化铵、硝酸铵都是优良肥料；硝酸铵又可用来制造炸药；氯化铵在染料工业、制造原电池以及焊接金属时用于除去表面的氧化物。

肼（N_2H_4），又称为联氨。在酸性条件下既是氧化剂又是还原剂，在中性和碱性溶液中主要做还原剂。肼是强还原剂，在碱性溶液中能将银、镍等金属离子还原成金属，可用于镜面镀银、在塑料和玻璃上镀金属膜，并用作喷气式发动机燃料、火箭燃料、显影剂、抗氧剂、还原剂等。肼还能使锅炉内壁的铁锈变成磁性氧化铁层，可减缓锅炉锈蚀。肼燃料电池是很有前景的可持续动力源，例如一种沸石-咪唑骨架衍生的肼燃料电池三功能电催化剂。

4.5.1.2　氮的环境风险及毒性损害表现

施用过多的氮肥会导致土壤氮素过剩，造成农作物的细胞壁变薄、组织变柔弱、茎蔓变粗、叶片变大且薄、比较容易折断，还会使作物的抗逆能力降低，极易感病虫害与遭受冻害影响，尤其是容易感染病毒。引起大气污染的氮的化合物主要是氮氧化物。其人为来源主要是燃烧化石燃料，生产硝酸、氮肥、火药等排放的废气。氮氧化物是光化学烟雾反应的起始反应物；在平流层对臭氧的分解起催化作用，因此是破坏臭氧层的物质。氮流入河流湖泊中后，为水域中藻类植物提供了丰富的营养，导致其快速生长，消耗了水中大部分的氧气，任何水生动物都因缺氧而无法生存，以致该水域成为“死水”。

NO 作为 NO_x 的主要成分，会危害人体的健康。NO_2 是棕色带有恶臭气味的气体，对于人体有较大的毒性。NO_2 被吸入人体后，与呼吸系统发生接触，会与人体内的水反应生成硝酸及亚硝酸，从而对整个呼吸系统甚至肺部造成一定的腐蚀与损伤。氮氧化物会导致呼吸道感染，肺功能下降，引起慢性支气管炎、冠心病、心脏病、肺结核、肺炎、哮喘、神经衰弱等疾病。对于儿童，即使短时间接触也可造成咳嗽、喉痛等。

4.5.2　磷及其化合物

白磷几乎不溶于水，易溶解于二硫化碳溶剂中。在高压下加热会变为黑磷，一般不溶于普通溶剂中。在自然界中，磷以磷酸盐的形式存在，是生命体的重要元素，存在于细胞、蛋白质、骨骼和牙齿中。在含磷化合物中，磷原子通过氧原子和别的原子或基团相联结。

4.5.2.1　磷及其化合物的应用

磷可在常温下慢慢氧化，或在不充分的空气中燃烧，均可生成三氧化二磷（P_2O_3 或 P_4O_6）。三氧化二磷的分子因具有似球状的结构而容易滑动。三氧化二磷有很强的毒性易溶于有机溶剂；溶于冷水中可缓慢地生成亚磷酸，故又叫亚磷酸酐；在热水中歧化生成磷酸并放出磷化氢。

五氧化二磷（P_2O_5）有很强的吸水性，在空气中很快就潮解，因此可用作干燥剂。五氧化二磷与水作用激烈，放出大量热，生成 P(Ⅴ) 的各种含氧酸，并不能立即转变成磷酸，只有在 HNO_3 存在下煮沸才能转变成磷酸。

膦（PH_3）的溶解度比氨小得多，水溶液的碱性也比氨水弱的多，不易形成类似于氨盐的磷盐。磷化氢熏蒸是我国目前和今后一段时间在储粮领域仍然需要依赖的技术。

固体卤化磷，极易水解，水溶液不存在 PH_4^+。

4.5.2.2　磷的环境风险与毒性损害表现

磷化工生产中产生的固体废物主要有矿山尾矿、废石；黄磷生产排出的磷渣、碎矿、粉矿、磷泥、磷铁；湿法磷酸生产中产生的磷石膏；硫酸生产中排出的硫铁矿渣、钙镁磷肥高炉灰渣等。这些固体废物在厂区内长期堆积，不仅占用大量土地，而且会对周围环境造成较严重的污染。磷石膏是湿法磷酸生产过程中产生的工业废渣，是化学工业中排放量最大的固体废物之一。磷矿石中多种有害元素在湿法磷酸生产过程中残留或富集在磷石膏中，导致磷石膏中重金属、氟化物及放射性元素镭等污染元素含量较高，且不同程度超出国家土壤环境质量标准和地下水质量标准。

磷的分布与骨代谢磷是骨骼中无机盐的重要组分，亦是参与骨代谢的重要无机营养素，与钙以 1∶2 左右比例结合形成骨矿物质。当体内磷缺乏时，破骨细胞受到刺激，促进骨吸收，抑制成骨细胞合成胶原，限制骨矿化的速度，从而导致骨量减少，进而导致佝偻病、骨质软化等。有机磷进入人体后会通过胃肠道、皮肤、呼吸道等吸收，吸收后迅速分布全身各器官，其磷酰基与人体内的胆碱酯酶活性部分共价结合形成磷酰化胆碱酯酶，会造成人体内乙酰胆碱大量蓄积并抑制体内剩余乙酰胆碱酯酶活力，进而导致毒蕈碱样（M 样）、烟碱样（N 样）和中枢神经系统等中毒症状和体征，造成人体中毒。

4.5.3 砷及其化合物

砷与其化合物被运用在农药、除草剂、杀虫剂和用于制造硬质合金。黄铜中含有微量砷时可以防止脱锌，砷的化合物可用于杀虫及医疗。砷及其可溶性化合物都有毒。砷元素广泛存在于自然界，共有数百种的砷矿物已被发现。

砷在干燥空气中稳定，在潮湿空气中生成黑色氧化膜；砷与水、碱和非氧化酸不起作用，能与硝酸、浓硫酸反应。单质砷在高温时能与许多非金属作用；砷的化合物中砷化氢最重要，为无色有大蒜味的剧毒气体；所有金属的砷酸盐都有毒。砷可区分为有机砷及无机砷，有机砷化合物绝大多数有毒，有些还有剧毒。

4.5.3.1 砷及其化合物的应用

胂（AsH_3）在室温下稳定，加热至 300℃ 开始分解，是强还原剂。胂与空气混合能形成爆炸性混合物，遇明火高热能引起燃烧爆炸，部分分解放出不愉快的大蒜臭味；与氯、溴等卤族单质反应分别生成 $AsCl_3$、$AsBr_3$ 等。胂可用于半导体工业中，如外延硅的 N 型掺杂、硅中 N 型扩散、离子注入、生长砷化镓（GaAs）、磷砷化镓（GaAsP）以及与某些元素形成化合物半导体；还用于有机合成、军用毒气及科研或某些特殊实验中。

五氧化二砷（As_2O_5）可通过砷酸脱水制得。五氧化二砷对热不稳定，可失去氧变成三氧化二砷；是强氧化剂，能将二氧化硫氧化为三氧化硫；毒性比砒霜（三氧化二砷）弱，长期接触能致癌。五氧化二砷可用来制备砷酸盐以及制造药物、杀虫剂、有色玻璃、金属黏合剂、木材防腐剂、杀真菌剂。

三氧化二砷（As_2O_3）俗称砒霜，是最具商业价值的砷化合物，有非晶系、等轴晶系、单斜晶系的结晶或无色粉末三种状态。三氧化二砷既容易被还原也容易被氧化，可用于提炼元素砷，是冶炼砷合金和制造半导体的原料；玻璃工业用作澄清剂和脱色剂，以增强玻璃制品透光性；农业上用作防治病虫害的消毒剂和除锈剂，也用作其他含砷杀虫农药的原料；涂料和染料的制造领域可作化学试剂，还可用于气体脱硫、木材防腐、锅炉防垢以及陶瓷和搪瓷等方面；用作分析试剂，如作基准试剂、还原剂、氯气吸收剂，还用于亚砷酸盐的制备，用作防腐剂；还可制备药物、皮革保存剂等。

4.5.3.2 砷的环境风险与毒性损害表现

砷和含砷金属的开采、冶炼，用砷或砷化合物作原料的玻璃、颜料、原药、纸张的生产以及煤的燃烧等过程，都可产生含砷废水、废气和废渣，对环境造成污染。大气含砷污染除岩石风化、火山爆发等自然原因外，主要来自工业生产及含砷农药的使用、煤的燃烧。含砷废水、农药及烟尘都会污染土壤。砷会在土壤中累积并由此进入农作物组织中。砷和砷化物一般可通过水、大气和食物等途径进入人体，造成危害。元素砷的毒性极低，但砷化物均有毒性，三价砷化合物比其他砷化合物毒性更强。

砷对人体的危害较大，As(Ⅲ) 在体内可产生大量活性氧和自由基，并引起氧化应激指示剂血红素加氧酶增多。砷进入体内经转化为氧苯砷，氧苯砷与蛋白的巯基及细胞酶结合，影响酶的活性，从而干扰体内细胞的正常代谢。砷剂进入人体后，部分在体细胞内转化为活性氧。过量的活性氧积累，机体不能及时清除这些自由基，就会损伤生物体内的各种大分子，破坏机体的生理过程，最终导致氧化应激。

4.6 第六主族元素及其化合物的应用、环境风险与毒性损害表现

4.6.1 硫及其化合物

硫元素在自然界中通常以硫化物、硫酸盐或单质的形式存在。硫单质的同素异形体有很多种，有斜方硫、单斜硫和弹性硫等。

硫在所有的物态中（固态、液态和气态）都有不同的同素异形体，这些同素异形体的相互关系还没有被完全理解。

4.6.1.1 硫及其化合物的应用

硫在工业中很重要，比如电池中或溶液中的硫酸。硫可用来制造火药，在橡胶工业中作硫化剂。硫还被用来杀真菌，用作化肥。硫化物在造纸业中用来漂白。硫酸盐在烟火中也有用途。硫代硫酸钠和硫代硫酸铵可用作定影剂、肥料。

硫矿物最主要的用途是生产硫酸和硫黄。硫酸是耗硫大户，中国约有 70%以上的硫用于硫酸生产。化肥是消费硫酸的最大户，消费量占硫酸总量的 70%以上，尤其是磷肥耗硫酸最多，增幅也最大。硫酸除用于化学肥料外，还用于制作苯酚、硫酸钾等 90 多种化工产品。轻工系统的自行车、皮革行业，纺织系统的粘胶、纤维、维尼纶等产品制作，冶金系统的钢材酸洗、氟盐生产部门，石油系统的原油加工、石油催化剂、添加剂以及医药工业等都离不开硫酸。

高品位硫铁矿烧渣可以回收铁以及少量的银、金、铜、铝、锌和钴等；低品位的烧渣可作水泥配料。硫黄除作为生产硫酸的原料之外，还广泛用来生产化工产品，如硫化铜、焦亚硫酸钠等。另外，在食糖生产中，要把硫黄氧化为二氧化硫气体用于漂白脱色。在农药生产中也直接或间接使用硫黄；黏胶纤维生产中需用二硫化碳作溶剂；硫化金属矿浮选用的药剂要以二硫化碳为原料；除以上应用外，消费硫黄的行业还有火柴制造、水泥枕轨处理、医药等。

4.6.1.2　硫的环境风险与毒性损害表现

硫对环境的污染主要是指硫氧化物和硫化氢对大气的污染以及硫酸盐、硫化氢对水体的污染。硫化物一般不作为重要的水污染物。化学、纺织、煤气和造纸等工业有硫化物随废水排放。废水中主要的硫化物是硫酸盐和硫化氢。由于人类活动，天然水体中的硫含量不断增多。全世界二氧化硫的人为排放量每年约1.5亿吨，其中矿物燃料燃烧占70%以上。90%以上的二氧化硫排放源集中在北半球的城市和工业区，造成了这些地区的大气污染问题，如英国伦敦多次发生的烟雾事件，北欧、北美和中国西南地区的酸雨污染等。河水中的硫约40%来自人类活动。天然水中的硫酸根离子主要来自矿物盐类的溶解和有机物的分解。某些工业废水如酸性矿水中含有大量硫酸根离子。生活污水中的硫酸根离子主要来自人类排泄物。土壤中的硫酸盐几乎是不降解的，通过淋洗作用进入地表水和地下水中。大气中的硫酸盐随雨水降落，是地表水和土壤中硫酸盐的重要来源。饮用水中硫酸盐含量过多可使人腹泻，一般规定不得超过250mg/L。工业用水中的硫酸根离子是生成锅炉水垢的重要阴离子。硫酸根离子在硫酸盐还原菌的作用下可转化为H_2S。

二氧化硫（SO_2）是一种全身性毒物，二氧化硫被人和动物吸入后，经呼吸道进入血液分布全身，不仅能引起呼吸道损伤和疾患，还可引起各种脏器或系统损伤和疾病，对人和动物多种组织器官均有毒性作用。人体在吸入SO_2后可导致咽喉和支气管的痉挛、水肿、炎症以及化学性肺炎、肺水肿，甚至死亡。二氧化硫中毒时会有烧灼感，还会出现咳嗽、喘息、喉炎、气短、头痛、恶心和呕吐等症状。

4.6.2　硒及其化合物

4.6.2.1　硒及其化合物的应用

溶于水的硒化氢能使许多重金属离子沉淀成为微粒。硒与氧化态为+1价的金属可生成两种硒化物，即正硒化物和酸式硒化物。硒是生物体必需的微量元素之一，能调节维生素A、C、E、K的吸收和消耗，与维生素E协同保护细胞膜，并在体内参与多种酶的催化反应，硒还是谷胱甘肽过氧化物酶和碘甲状腺脱碘酶的重要成分。

4.6.2.2　硒的环境风险与毒性损害表现

燃煤动力工业，玻璃陶瓷工业，铜、锌和铅矿石焙烧工业，半导体和电子工业以及颜料、染料、橡胶、冶金等工业都要生产或应用硒和硒化合物。如陶瓷珐琅着色、橡胶硫化、印刷油墨和润滑油的添加剂以及耐火材料、荧光成分的催化剂等。这些工业生产与应用过程中会排放含硒的金属粉尘或硒化合物，这些物质进入大气、水体和土壤中会造成环境污染。工业中硒以残渣或废料的形式出现。熔化含硒材料时，排出的烟尘中含硒可达90%。硒酸盐和亚硒酸盐易溶于水，故污染水体中硒常以此种形态出现。在酸性条件下亚硒酸根离子可还原为细颗粒状的元素硒。硒可在土壤中富集，并被农作物吸收。过量的硒会抑制植物的生长及生理活动，产生毒害作用。

当人体内硒浓度过高时，会对人体的心肌细胞产生危害，引发心血管疾病。一旦补硒过量，就容易出现副作用，比如出现大量的脱发或者脱甲的情况，严重情况也会导致肢端麻木或者偏瘫，同时也容易导致胆固醇偏高，出现高血压、冠心病等疾病。

4.7 第七主族元素及其化合物的应用、环境风险与毒性损害表现

4.7.1 氟及其化合物

氟是自然界中广泛分布的元素之一，在地壳的存量为0.065%，大约占地壳构成的0.1%，存在量的排序数为13。

氟的电负性最高，是非金属中最活泼的元素，氧化能力很强，能与大多数含氧的化合物（如水）和除氦、氖、氩外一切无论液态、固态或气态的化学分子发生反应。

4.7.1.1 氟及其化合物的应用

氟化氢（HF）具有腐蚀性和毒性。液态HF具有介电常数大、黏度低和液态范围宽等特点，因而是一种极好的溶剂，常用于玻璃雕刻。氟化氢具有溶解氧化物的能力，可以用于铝和铀的提纯。半导体工业中单体硅表面的氧化物去除、不锈钢表面含氧杂质的“浸酸”过程也会用到氟化氢。在炼油厂中HF也可以用作异丁烷和丁烷烷基化反应的催化剂等。

氟化铵（NH_4F）呈叶状或针状结晶，可用作玻璃蚀刻剂、金属表面的化学抛光剂、酿酒的消毒剂、防腐剂、纤维的媒染剂，也可用于提取稀有元素等。

六氟磷酸银（$AgPF_6$）的熔点为102℃，白色粉末，在光照下分解变黑，常因产生银而呈灰色。用于从链烷烃中分离烯烃，也用作催化剂。

氟硼酸（HBF_4）具有强烈的腐蚀性，不能久藏于玻璃容器。可供制备稳定重氮盐冶金轻金属和电镀等用，也可用作钠离子分析试剂。

氟化钠（NaF）是一种无臭有害品，主要用作杀虫剂、木材防腐剂。口服NaF会引起急性中毒，出现剧烈恶心、呕吐、腹痛、腹泻，重者休克、呼吸困难、紫癜，可能于2～4h内死亡。部分患者出现荨麻疹、吞咽肌麻痹、手足抽搐或四肢肌肉痉挛。氟化钠粉尘和蒸气对皮肤有刺激作用，可引起皮炎。氟化钠慢性中毒可引起氟骨症。

氟树脂是一类具有特殊性能且价值较高的高分子材料，应用范围广。石油化学工业是氟树脂最大的消费领域，主要是利用氟树脂耐腐蚀、耐高低温等优良特性；其次是机械行业，氟树脂在此领域被加工成各种零部件；电子电气行业消费的氟树脂量也比较大，主要是利用了氟树脂优良的介电性能；涂料工业消费的氟树脂数量也越来越多，主要是利用了氟树脂化学和物理的稳定性以及自清洁性；此外，纺织、炊具、医疗器械等方面也消耗一定数量的氟树脂。自聚四氟乙烯（PTFE）问世以来，氟树脂的研制、生产、加工和应用得到了很大发展，品种也日益增多。已工业化生产的氟树脂主要有聚四氟乙烯（PTFE）、聚全氟乙丙烯（FEP）、聚四氟乙烯全氟烷基乙烯基醚（PFA）、聚偏氟乙烯（PVDF）、聚乙烯四氟乙烯（ETFE）以及乙烯-三氟氯乙烯共聚物（ECTFE）等。近年来科学家在发展新功能的氟树脂和加工应用方面取得了重要进展。

氟橡胶是一种性能特殊的弹性体，作为高性能、低渗透的密封材料，在汽车等工业得到了广泛的应用，目前60%～70%的氟橡胶均用于汽车工业，其次是石油化工领域以及航空航天和机械加工等方面。由此产生的废旧氟橡胶也将对环境的治理产生影响。

4.7.1.2　氟的环境风险及毒性损害表现

氟污染主要来源于铝的冶炼、磷矿石加工、磷肥生产、钢铁冶炼和煤炭燃烧过程的排放物。氟化氢和四氟化硅是主要的气态污染物。电镀、金属加工等工业的含氟废水，以及用洗涤法处理含氟废气的洗涤水，排放后会造成水污染。含氟烟尘的沉降或经降水的淋洗，会使土壤和地下水受污染。氟是积累性毒物，植物叶子、牧草能吸收氟，牛羊等牲畜吃了被污染的食料，会引起关节肿大、蹄甲变长、骨质变松，至瘫卧不起。

当人体内氟含量摄入过高时，会导致人体正常组织中的钙沉积，血钙会随之减少，从而破坏人体中钙和磷的正常代谢，不仅会使人得氟斑牙和氟骨病，而且会对人体的器官、神经系统和细胞膜造成严重损害，进而引起氟中毒。地方性氟中毒同地理环境中氟的丰度有关，为世界性地方病，这是由于当地岩石、土壤中含氟量过高，造成饮水和食物中氟含量过高而造成的。中国规定居民区大气中氟的日平均最高容许浓度为 $0.007mg/m^3$，车间空气中氟化氢为 $1mg/m^3$，氢氟酸的盐类（折算成 HF）为 $1mg/m^3$，地表水中氟（无机化合物）为1.0mg/L，饮用水中氟化物浓度不得超过1.0mg/L。

4.7.2　氯及其化合物

氯是自然界中广泛分布的一种元素，在地壳中存在着各式各样的氯化物。氯单质有剧毒，有窒息性臭味。

氯相当活泼，湿的氯气比干的还活泼，具有强氧化性。

4.7.2.1　氯及其化合物的应用

氯化氢（HCl）的水溶液俗称盐酸，学名氢氯酸。氯化氢主要用于制染料、香料、药物、各种氯化物及腐蚀抑制剂。

氯化钠（NaCl）外观为白色粉末，不稳定，易见光分解变紫并逐渐变黑。工业上一般采用电解饱和氯化钠溶液的方法来生产氢气、氯气和烧碱及其他化工产品（一般称为氯碱工业）；NaCl也可用于矿石冶炼（电解熔融的氯化钠晶体生产活泼金属钠），在医疗上可用来配置生理盐水，生活上可作调味品。

氯化银（AgCl）难溶于水和稀硝酸。在不是非常敏感的照片胶卷、胶版和胶纸上有使用氯化银。

三氯化磷（PCl_3）在空气中可生成盐酸雾，对皮肤、黏膜有刺激腐蚀作用。短期内吸入大量蒸气可引起上呼吸道刺激症状，出现咽喉炎、支气管炎，严重者可发生喉头水肿致窒息、肺炎或肺水肿。皮肤及眼接触可引起刺激症状或灼伤，严重眼灼伤可致失明。长期低浓度接触可引起眼及呼吸道刺激症状。

二氧化氯（ClO_2）是一种水溶性强氧化剂，其外层存在一个未成对电子，分子的结构呈V形分布，故具有很强的氧化作用。二氧化氯在酸性水溶液中的氧化还原电位高达1.95V，氧化能力是双原子氯的2.5倍。二氧化氯对微生物有很好的灭杀作用，并且安全无残留、副产物少，因此在杀菌消毒、漂白除臭等方面有着很广泛的应用。二氧化氯的抗菌机理主要基于其氧化性，破坏了细胞膜的稳定性，即细胞膜中的氧化化合物和蛋白质与 ClO_2 反应，导致细胞代谢被破坏。ClO_2 是一个小分子，很容易穿透细菌细胞膜并引起呼吸抑制和跨膜离子梯度的降低。此外，ClO_2 还可破坏微生物体内的 DNA，使微生物结构受到影响，从而使其失活。

4.7.2.2 氯的环境风险及毒性损害表现

氯污染物对环境和人类健康的影响日益显著。环境中的有机氯化物能够消耗臭氧，危害人的中枢神经系统，引发癌症。饱和与不饱和氯代脂肪烃作为工业溶剂（如三氯乙烯、四氯乙烯）大量使用，成为地下水中的常见污染物。20 世纪 90 年代初期化学工业营业额的半数以上与氯有关，化学工业和医药工业的氯使用量约占其总产量的 75%。近年来我国液氯产量逐年增长，据统计，截至 2019 年我国液氯产量为 3069.61 万吨，同比增长 2.5%。自从 20 世纪 60 年代以来，一个国家的氯产量常被看作是化学工业发展水平的重要标志，但是也造成了一定程度的氯气泄漏以及污染大气的情况。

过量的氯进入人体后，与湿润的黏膜接触形成盐酸和次氯酸，次氯酸又分解为盐酸和新生态氧，引起上呼吸道黏膜炎性肿胀、充血或眼结膜刺激症状。新生态氧具有强氧化作用，会引起脂质过氧化而损害细胞膜。如果氯的浓度过高或接触时间较长，常能引起呼吸道深部病变，发生细支气管炎、支气管周围炎、肺炎及中毒性肺水肿等。氯过高或高氯血症则是由于严重脱水、氯化物摄入过多、尿路阻塞、肾功能不全等引起。严重时可引起代谢性酸中毒，出现疲乏、眩晕、感觉迟钝、呼吸深快、心率加速、昏迷，甚至死亡。

4.7.3 溴及其化合物

溴的化合物常常和氯的化合物混杂在一起，但是数量少得多，在一些矿泉水、盐湖水（如死海）和海水中含有溴。盐卤和海水是提取溴的主要来源。

4.7.3.1 溴及其化合物的应用

溴化银（AgBr）被用作照相中的感光剂。使用老式相机时，当你按下快门的时候，相片上的部分溴化银就分解出银，从而得到我们所说的底片。

含溴阻燃剂的重要性与日俱增。当燃烧发生时，阻燃剂会生成氢溴酸，干扰在火焰当中所进行的氧化连锁反应。高活性的氢、氧与氢氧根自由基会与溴化氢反应成活性没那么强的溴自由基。

添加四溴双酚 A 可以制造聚酯与环氧树脂，用于印刷电路板的环氧树脂通常都是由阻燃剂制成的，并且在产品缩写中以 FR 来表示。

4.7.3.2 溴的环境风险及毒性损害表现

虽然大气中溴的含量不高，但对温室效应以及臭氧层破坏影响很大，南极上空 1/3 的臭氧损耗被认为是溴所致，溴破坏臭氧的能力超过氯的 10～100 倍。极地边界层高浓度的活性溴物种还能和其中的汞化物反应。汞是一种常以游离态存在于大气中并能迁移很长距离的有毒物。

溴对黏膜有刺激作用，易引起流泪、咳嗽。溴的反应性能较弱，但这并不影响溴对人体的腐蚀能力，皮肤与液溴的接触能引起严重的伤害。吸入低浓度溴后可引起咳嗽、胸闷、黏膜分泌物增加，并有头痛、头晕、全身不适等，部分人可引起胃肠道症状；吸入较高浓度溴后，鼻咽部和口腔黏膜可被染色，口中呼气有特殊的臭味，流泪、怕光、剧咳、嘶哑、声门水肿甚至产生窒息；部分患者可发生过敏性皮炎，接触高浓度溴可造成皮肤重度灼伤。

4.7.4　碘及其化合物

碘单质或化合物广泛应用于在化工、医药、食品、农药、染料、冶金、军事等重要行业。碘大多以无机盐的形式存在于自然界中，海水和海藻中含有大量的碘。

4.7.4.1　碘及其化合物的应用

目前碘单质作为催化剂广泛应用于精细有机中间体合成，通常用于醚的去保护基反应、酯化和酯交换反应、缩酮和缩醛反应、催化含氯化合物合成胺类化合物、构型转换反应等等。

碘作为非金属掺杂剂，可以应用于多壁碳纳米管、碲化锌、碲化镉等纳米材料的掺杂。随着研究的不断深入，碘作为性能优越的n型掺杂剂，也具有广阔的应用前景。也有研究报道碘可与其他催化剂如纳米TiO的进行掺杂，对纳米TiO的光吸收性能和催化活性有很好的协同效应。

4.7.4.2　碘的环境风险及毒性损害表现

摄入碘超过了人的生理需要量不多的情况，除对碘敏感的少数人会加重甲状腺功能亢进等甲状腺疾病外，对绝大多数的人不会产生危害。部分人会患高碘性甲状腺肿为主的高碘性疾病。高碘导致甲状腺癌大约占所有癌症的1%，在其流行地区，甲状腺癌尤其是恶性甲状腺癌的发病率很高。

思考题

1. 锂及其化合物的特殊性有哪些？并将其与镁的性质作比较。
2. 金属钠有哪些用途？
3. 单质硅有哪几种形态？各形态之间有什么区别？
4. 氟化物排放到大气中会造成严重的污染，你认为应采取什么措施来减少污染？
5. 硫氧化物和氮氧化物是形成酸雨的主要物质。工业上常利用它们与一些廉价易得的化学物质发生反应加以控制、消除或回收利用。请说明这些方法的化学反应原理和类型。
6. 含氮、磷的大量污水任意排向湖泊、水库和近海海域会出现水华、赤潮等水体污染问题，你认为在农村和城市的这种水体污染各有什么特点，并请查阅资料了解有关污染及治理情况。
7. 如何利用化学方法控制硫和氮氧化物，进而控制酸雨等危害？

延伸阅读

【物质守恒定律】

物质不会凭空产生，也不会凭空消失。固体废弃物中含有大量可以回收利用和转换利用的资源，我们要认识从资源到废弃物、从废弃物再到资源的循环过程，建立固体废弃物再资源化的循环系统，将降低环境污染，保持生态平衡。

正如习总书记所说，我们应该追求人与自然和谐。山峦层林尽染，平原蓝绿交融，城乡鸟语花香。这样的自然美景，既带给人们美的享受，也是人类走向未来的依托。无序开发、粗暴掠夺，人类定会遭到大自然的无情报复；合理利用、友好保护，人类必将获得大自然的慷慨回报。我们要维持地球生态整体平衡，让子孙后代既能享有丰富的物质财富，又能遥望星空、看见青山、闻到花香。

【偶然与必然】

“为有牺牲多壮志，敢教日月换新天。”这是毛泽东《七律·到韶山》中的经典名句。回顾历史，中国共产党的成立不是偶然的，而是历史发展的必然趋势。100多年前，中国共产党诞生于一个“覆屋之下、漏舟之中、薪火之上”、积贫积弱的旧中国，帝国主义和封建主义的联合压迫，给中华民族带来无尽苦难。彼时的先进分子寻找着救亡图存、强国富民、民族复兴的良药。十月革命的一声炮响，给我们送来了马克思列宁主义，中国共产党应运而生。这一开天辟地的大事变是历史发展的必然。在洋务运动、维新改革、辛亥革命之后，马克思主义的传播和工人阶级队伍的成长壮大，给中国共产党的出现奠定了思想基础和阶级基础。新成立的中国共产党创造性地把马克思主义与中国革命实际相结合，探索出一条符合中国实际发展规律的道路，从而彻底改变了中国历史的走向，改变了中国人民的命运，改变了世界发展的格局。从星星之火到燎原之势，从一个最初只有50多名党员的小党，发展成今天拥有9000多万名党员的世界第一大政党，中国共产党所创造的奇迹是历史的必然，也是人民的选择。

同样地，科学家对新事物的发展看似偶然，实际上背后也是日积月累，不断地反复试验。这启示着我们无论做事还是做学问都要踏踏实实，机会是留给有准备的人。“偶然”事件却“必然”降临到长期准备的人身上。

第5章

副族元素资源综合利用

5.1 第一副族元素及其化合物的应用、环境风险与毒性损害表现

5.1.1 铜及其化合物

铜是一种存在于地壳和海洋中的金属。铜在地壳中的含量约为0.01%，在个别铜矿床中，铜的含量可以达到3%～5%。自然界中的铜，多数以化合物即铜矿石存在。

5.1.1.1 铜及其化合物的应用

铜的活动性较弱，铁单质与硫酸铜反应可以置换出铜单质。铜单质不溶于非氧化性酸。铜的延展性好，导热性和导电性高，因此是电缆和电气、电子元件最常用的材料，也可用作建筑材料，可以组成众多种合金。二价铜盐是最常见的铜化合物，其水合离子常呈蓝色，而氯做配体则显绿色，是蓝铜矿和绿松石等矿物颜色的来源，历史上曾广泛用作颜料。铜质建筑结构受腐蚀后会产生铜绿（碱式碳酸铜）。装饰艺术主要使用金属铜和含铜的颜料。铜是人类最早使用的金属之一。早在史前时代，人们就开始采掘露天铜矿，并用获取的铜制造武器、工具和其他器皿，铜的使用对早期人类文明的进步影响深远。

由于Cu具有多种氧化态，可以通过单电子和双电子途径进行反应，因此Cu基材料可以促进和经历多种反应。Cu基纳米催化剂由于其独特的特性和性能，在纳米技术中得到了广泛的应用，包括催化有机转化、电催化和光催化。开发催化NPs的主要挑战是制备高活性、选择性、稳定、坚固和廉价的纳米材料。一种创造先进Cu基纳米催化材料的经济方法是将CuNPs(如Cu、CuO或Cu_2O）锚定在铁氧化物、SiO_2、碳基材料或聚合物等载体上。此外，铜的高沸点使其能够适应高温高压化学反应，包括连续流动反应、微波辅助反应、气相反应和各种有机转化。

5.1.1.2 铜的环境风险与毒性损害表现

铜及其化合物在环境中所造成污染的主要来源是铜锌矿的开采和冶炼、金属加工、机械制造、钢铁生产等，冶炼排放的烟尘是大气铜污染的主要来源。铜可在土壤中富集并被农作物吸收。在靠近铜冶炼厂附近的土壤中含有高浓度的铜。岩石风化和含铜废水灌溉均可

使铜在土壤中积累并长期保留。在铜污染的土壤生长的植物，含铜量为正常植物的33～50倍。灌溉过程以及硫酸铜杀虫剂等农药的施用也使一部分铜进入土壤和植物体内。水生生物可以富集铜，通过食物链的富集，最终使大量铜进入人体。农作物可通过根吸收土壤中的铜，其中一部分也可经食物进入人体。

在冶炼、金属加工、机器制造、有机合成及其他工业的废水中都含有铜，其中以金属加工、电镀工厂所排废水含铜量最高，每升废水含铜几十至几百毫克。这种废水排入水体，会影响水的质量。水中铜含量达0.01mg/L时，对水体自净有明显的抑制作用；超过3.0mg/L，会产生异味；超过15mg/L，就无法饮用。若用含铜废水灌溉农田，铜在土壤和农作物中累积，会造成农作物特别是水稻和大麦生长不良，并会污染粮食籽粒。灌溉水中硫酸铜对水稻危害的临界浓度为0.6mg/L。铜对水生生物的毒性很大，有人认为铜对鱼类毒性浓度始于0.002mg/L，但一般认为水体含铜0.01mg/L对鱼类是安全的。在一些小河中，曾发生铜污染引起水生生物的急性中毒事件；在海岸和港湾地区，曾发生铜污染引起牡蛎肉变绿的事件。

中国规定，工业废水中铜及其化合物最高容许排放浓度为1mg/L(按铜计)；地表水最高容许浓度为0.1mg/L；渔业用水为0.01mg/L；生活饮用水的铜浓度不得超过1.0mg/L。美国规定灌溉水含铜容许浓度为0.2mg/L；车间空气中含铜容许浓度为0.2mg/m^3(8小时平均值)。我国《土壤环境质量　农用地土壤污染风险管控标准（试行）标准》（GB 15618—2018）规定了农田土壤中铜的风险筛选值为50mg/kg。

铜离子（铜质）对生物而言，不论动物或植物，都是必需的元素。人体缺乏铜会引起贫血、毛发异常、骨和动脉异常甚至脑障碍。铜广泛分布于生物组织中，大部分以有机复合物存在，很多是金属蛋白，以酶的形式起着功能作用。每个含铜蛋白的酶都有明确的生理生化作用，生物系统中许多涉及氧的电子传递和氧化还原反应都是由含铜酶催化的，这些酶对生命过程都是至关重要的。但如果铜离子过剩，会使蛋白质变性。如硫酸铜对胃肠道有刺激作用，误服会引起恶心、呕吐、口内有铜腥味、胃烧灼感，严重者有腹绞痛、呕血、黑便，可造成严重肾损害和溶血，出现黄疸、贫血、肝大、血红蛋白尿、急性肾功能衰竭和尿毒症。铜对眼睛和皮肤有刺激性，长期接触可发生接触性皮炎和鼻、眼黏膜刺激并出现胃肠道症状。

表5-1列出了中国居民膳食铜参考摄入量，缺铜会导致血浆胆固醇升高，增加动脉粥样硬化的危险，因而是引发冠状动脉心脏病的重要因素。科学家还发现，营养性贫血、白癜风、骨质疏松症、胃癌及食道癌等疾病的产生也都与人体缺铜有关。严重缺铜和长期边缘性缺铜，还会引发小儿发育不良和一些地方病。

表5-1　中国居民膳食铜参考摄入量　　单位：mg/d

项目	0岁	0.5岁	1岁	4岁	7岁	11岁	14岁	18岁	孕妇
平均需要量	—	—	0.25	0.3	0.4	0.55	0.6	0.6	0.1
推荐摄入量	0.3	0.3	0.3	0.4	0.5	0.7	0.8	0.8	0.1
可耐受最高摄入量	—	—	2	3	4	6	7	8	8

铜对人体的潜在毒性很轻，只有当摄入量大大超过了正常值时，方会引起胃肠紊乱等不良反应。研究结果表明，当成年男子和女子每天摄入量分别超过12mg和10mg时，会对人体生物化学过程产生轻微的影响。

5.1.2 银及其化合物

银是古代就已知并加以利用的金属之一，是一种重要的贵金属。银在自然界中有单质存在，但绝大部分是以化合态的形式存在于银矿石中。

银的理化性质均较为稳定，导热、导电性能很好，质软，富有延展性，其反光率极高，可达 99%以上，有许多重要用途。

5.1.2.1 银及其化合物的应用

银的应用非常广泛，包括电子电器材料、感光材料、化学化工材料、工艺饰品等领域。纯银是一种银白色的金属，具有很好的延展性，其导电性和导热性在所有的金属中都是最高的。银常用来制作灵敏度极高的物理仪器元件，各种自动化装置、火箭、潜水艇、计算机、核装置以及通信系统，这些设备中的大量接触点都是用银制作的。在使用期间，每个接触点要工作上百万次，必须耐磨且性能可靠，能承受严格的工作要求，银完全能满足种种要求。如果在银中加入稀土元素，性能就更加优良。用这种加稀土元素的银制作的接触点，寿命可以延长好几倍。

银和银基电接触材料可以分为纯银类、银合金类、银-氧化物类、烧结合金类。全世界银和银基电接触材料年产量约 2900～3000t。复合材料是利用复合技术制备的材料，分为银合金复合材料和银基复合材料。从节银技术来看，银复合材料是一类大有发展前途的新材料。银的焊接材料如纯银焊料、银-铜焊料等。

卤化银感光材料是用银量最大的领域之一。生产和销售量最大的几种感光材料是摄影胶卷、相纸、X-光胶片、荧光信息记录片、电子显微镜照相软片和印刷胶片等。20 世纪 90 年代，世界照相业用银量大约在 6000～6500t。由于电子成像、数字化成像技术的发展，使卤化银感光材料用量有所减少，但卤化银感光材料的应用在某些方面尚不可替代，仍有很大的市场空间。

银在化学化工材料方面有两个主要的应用，一是用作催化剂，如广泛用于氧化还原反应和聚合反应，用于处理含硫化物的工业废气等；二是用作电子电镀工业制剂，如银浆、氰化银钾等。

银的离子以及化合物对某些细菌、病毒、藻类以及真菌显现出毒性，但对人体却几乎是完全无害的。银的这种杀菌效应使其在活体外就能够将生物杀死。由于银离子可以和一些微生物用于呼吸的物质（比如一些含有氧、硫、氮元素的分子）形成强烈的结合键，以此使得这些物质不能为微生物所利用，从而使得微生物窒息而亡。

5.1.2.2 银的环境风险与毒性损害表现

纳米银（AgNP）由于其独特抗菌效果被广泛用于医疗、洗护用品、衣物鞋袜中。家庭和医疗废物的不正确处理、污水污泥和生物固体的应用、废水灌溉以及纳米银构成的有机肥料/杀虫剂应用等，导致纳米银进入农业土壤，在土壤中长期保留或被生物体吸收，并作为生态毒物在食物链中积累，对土壤微生物造成潜在的威胁。土壤微生物是农田生态系统的重要组成，是维持土壤肥力和作物生产的重要指标。土壤酶主要来自微生物细胞，是土壤动物、植物和微生物的细胞分泌物及其残体的分解物，也是土壤新陈代谢的主要影响因素，与土壤微生物一起推动植物的营养吸收。土壤中存在较为广泛的酶类是氧化还原酶和水解酶，对土壤肥力起到重要作用。纳米粒子的类型、粒径及与土壤接触的时间、土壤类型都会影响酶的活性。

进入水体的纳米银颗粒会对水体中的浮游生物、鱼类、水生植物产生毒害作用，或是有一部分迁移到底泥中，对底泥生物造成潜在伤害。纳米银颗粒可以改变生物膜的通透性，许多单细胞生物如细菌、水藻等直接暴露于纳米银中会造成较大危害。对于鱼类而言，暴露于纳米银颗粒会增加鱼类体内纳米银的负荷、破坏鱼鳃的组织结构、损害呼吸系统等。纳米银具有消毒灭菌的作用，当一定量的纳米银进入水体后会改变微生物的群落结构。当稳定的生态结构被破坏后，生态系统失稳会产生许多不可逆转的作用，因此我们应该加强真实环境实验的开展和研究。

空气中存在的纳米银颗粒物主要对人体、动物和地表植物造成危害。纳米银迁移到植物叶片的表面，会降低其光滑度，并且损伤植物光合作用的能力，或者堵塞气孔，进而影响植物的正常生理过程。

大气中金属颗粒物对生物、人群健康的影响的研究工作起步不同，针对不同金属纳米颗粒的规范标准等也尚未确立。目前，有很多学者开始研究不同金属纳米颗粒对各种不同生物和生态系统的影响，时下大热的纳米材料更是如此。对人类的伤害主要是和接触部位有关，一般来说，人类的皮肤、消化道和呼吸道是和污染物质直接接触的。含有纳米银颗粒的商品根据商品的类型可以通过皮肤（防晒、护肤）、消化道（食物）和呼吸系统（喷雾）等进入人体。当食用含有纳米银的食物或者被污染的饮用水时，则通过消化道进入人体内。通过呼吸道进入身体内的纳米银粒径越小，进入的呼吸道部位会越深。对于某些个人防护品，也极有可能通过生殖道进入体内。

5.1.3 金及其化合物

金的单质（游离态形式）通称黄金，是一种贵金属，被用作货币、保值物及珠宝。

5.1.3.1 金及其化合物的应用

金具有极高的抗腐蚀性和稳定性以及良好的导电性和导热性；金的原子核具有较大捕获中子的有效截面；金对红外线的反射能力接近100%；金的合金具有各种催化性质；金还有良好的工艺性，极易加工成超薄金箔、微米金丝和金粉；金很容易镀到其他金属和陶器及玻璃的表面上，在一定压力下金容易被熔焊和锻焊；金可制成超导体与有机金等。正因为有这么多有益性质，使金广泛应用于最重要的现代高新技术产业中，如电子技术、通信技术、宇航技术、化工技术、医疗技术等。

氰化金钾 $K[Au(CN)_4]$ 应用于饰品镀金、仪器仪表精饰、防腐、红外反射装置、电话接点等。$K[Au(CN)_4]$ 镀液中配入少量钴或镍的化合物，可得硬度大、抗磨损、抗电弧的合金镀层。金水（金的有机硫化物溶于萜烯中）涂、刷或喷在陶瓷或玻璃基底上，热分解生成50～20nm厚的金薄膜，热稳定性好，可用于装饰和电子线路。Au(Ⅰ）的硫氰酸和硫代硫酸根络合物可用作AgBr感光材料的增敏剂，加强光电子富集，提高灵敏度若干倍。硫代苹果酸二钠金（Ⅰ）、硫代葡萄糖金（Ⅰ）（干酪素）和金诺芬（auranofin）是治疗类风湿关节炎的特效药，金化合物集积在关节滑膜液中，通过阻止酶介入发炎过程而起作用。

5.1.3.2　金的环境风险与毒性损害表现

金元素对土壤造成的污染通常来自于冶炼过程中的废料堆积和废弃重金属的不合理放置。金对水体造成的污染主要来自于工业“三废”的排放。冶金工业大致可分为火法冶金与湿法冶金两个大类。对于火法冶金废水而言，主要包括设备冲渣水、冷却水、车间清洗水以及烟气净化废水；而湿法冶金废水主要包括烟气净化废水、湿法冶金生产过程中泄漏或排放的废水。在进行回收制备时通常采用电沉降、离子交换树脂、膜技术脱除重金属络离子。而这些方法通常会不可避免地产生大量的工业废水。如电沉降中产生的含重金属废水，离子交换树脂、膜技术脱除重金属络离子法中的含氰废水。受到场地及资金技术限制，这些废水如不能得到妥善处理，则被排入江河造成水体污染，并在下游富集。最终通过生物循环进入人体。

金的单质形式在进食时是无毒性及非刺激性的，在有些时候金会以金叶的形状用作食物的装饰。金亦是金色杜松子酒、金箭肉桂蒸馏酒及格但斯克金箔酒的添加物。金在欧洲联盟已经被准许为一个食物添加物。金的可溶性化合物，即金盐类例如在电镀中使用的氰化金钾对于肺脏及肝脏都有毒。但现今为止只有很少因为氰化金钾而致命的个案。

5.2　第二副族元素及其化合物的应用、环境风险与毒性损害表现

5.2.1　锌及其化合物

锌在空气中很难燃烧，在氧气中发出强烈白光。锌表面有一层氧化锌，燃烧时冒出白烟，白色烟雾的主要成分是氧化锌，会阻隔锌燃烧，折射焰色形成惨白光芒。

5.2.1.1　锌及其化合物的应用

金属锌主要用于镀锌板及钢铁表面防止腐蚀和精密铸造。金属锌片和锌板可用于制造干电池。由于锌能与多种有色金属组成锌合金和含锌合金，其中最主要的是锌与铜、锡、铅等组成的压铸合金，用于制造各种精密铸件。我国锌的重要消费领域是干电池、冶金产品镀锌、氧化锌、黄铜材、机械制造用锌合金及建筑、五金制品等。锌与铜、锡、铅等制成的黄铜，导电性和导热性较高，在大气、淡水、海水中耐腐蚀，易切削和抛光，焊接性好且价格便宜，常用于制作导电、导热元件，腐蚀结构件，弹性元件，日用五金等。锌合金广泛应用于汽车制造和机械行业中压铸件及各种零部件的生产，含少量铅镉等元素的锌版可制成印花锌版。

氧化锌（ZnO）是两性化合物，常用作化学添加剂，广泛应用于塑料硅酸盐制品、合成橡胶、润滑油、油漆涂料、药膏、阻燃剂等产品的制作，在半导体领域的液晶显示器、薄膜晶体管、发光二极管等产品中均有应用。纳米氧化锌因具有优异的电、磁、光、力学和化学等宏观特性，在精细陶瓷、紫外线屏蔽、压电材料、光电材料、高效催化材料、磁性材料等方面有广泛应用。

硫酸锌（$ZnSO_4$）是一种无色晶体，呈小针状或粒状晶形粉末，无臭，有涩的金属味道，在空气中会风化，用于人造丝制造、食品补充、动物饲料、媒染剂、木材防腐剂、分析试药等。带七分子结晶水的硫酸锌是无色的晶体，俗称皓矾。硫酸锌在医疗上用作收敛剂，

可使有机体组织收缩，减少腺体的分泌。硫酸锌还可作为木材的防腐剂，用硫酸锌溶液浸泡过的枕木，可延长使用时间。在印染工业上用硫酸锌作媒染剂，能使染料固着于纤维上。硫酸锌还可用于制造白色颜料（锌钡白等）、电镀电解工业制造电缆以及农作物的锌肥、杀真菌剂制造，同时也是一种补充农作物微量元素锌的常用肥料，可作基肥、叶面肥。国内外多项研究认为硫酸锌对创面修复和维持上皮组织健康具有重要作用。

碳酸锌（$ZnCO_3$）可用作皮肤保护剂、轻型收敛剂和乳胶制品原料，用于配制炉甘石洗剂，还可用于生产人造丝和催化脱硫剂，在饲料中可用作补锌剂。

氢氧化锌［$Zn(OH)_2$］是一种两性氢氧化物，可用作橡胶添加剂、外科药膏，可制锌和锌盐、生产锌化合物，如氧化锌、硫酸锌、硝酸锌，还可用作分析试剂，在橡胶制造及制药工业等也有应用。

5.2.1.2 锌的环境风险与毒性损害表现

锌污染的土壤中 Zn 含量可高达 13.5g/kg 以上，易被植物吸收而造成毒害，可通过食物链污染农产品和威胁人畜健康。土壤中的锌可分为水溶态锌、代换态锌、难溶态锌（矿物中的锌）以及有机态锌。土壤中的锌来自各种成土矿物以及铅锌矿开采、冶炼、镀锌加工等含锌工业“三废”的不合理排放。锌离子和含锌络离子参与土壤中的代换反应，常有吸附固定现象。锌在土壤中的富集，必然导致在植物体内的富集，当其含量超过土壤承受力，或土壤环境条件变化时，这种富集有可能使重金属土壤突然活化，引起生态危害，对植物以及食用这种植物的人和动物都有危害。用含锌污水灌溉农田对农作物特别是对小麦生长的影响较大，会造成小麦出苗不齐，分蘖少，植株矮小，叶片发生萎黄。对植物起作用的锌主要是代换态锌。过量的锌还会使土壤酶失去活性、细菌数目减少、土壤中的微生物作用减弱。引起植物锌中毒的主要污染源有锌矿开采冶炼加工及其机器制造以及镀锌仪器仪表等。锌不溶于水，锌盐如氯化锌、硫酸锌、硝酸锌等易溶于水，碳酸锌和氧化锌不溶于水。水体中可溶解锌含量过高会引起鱼类锌中毒。

过量锌会对人体健康产生危害。过量的锌能抑制吞噬细胞的活性和杀菌力，从而降低人体的免疫功能，使抗病能力减弱，而对疾病易感性增强。过量的锌能抑制铁的利用，致使铁参与造血机制发生障碍，从而导致人体发生顽固性缺铁性贫血，并且在体内高锌情况下，即使服用铁制剂，也很难使贫血治愈。人体内含有的元素硒具有抗癌功能，由于锌与硒有拮抗性，所以过量锌能减弱硒的生理作用，如果体内含锌量高，将会导致人体抗癌能力降低，甚至刺激肿瘤生长。

5.2.2 镉及其化合物

5.2.2.1 镉及其化合物的应用

镉最主要的应用领域为电池行业，用于镍镉电池，但是现在的镍镉电池已经逐渐被锂离子电池所取代。镉的毒性已经催生了多项禁用立法，尤其是在欧盟地区。目前，全球近86%的镉应用于制造镍镉电池，9%用于生产颜料，4%用于生产涂料，1%用于生产合金、太阳能电池板和稳定器。

小型可携带镍镉电池占镍镉电池中镉消费量的80%，主要用于消费性电子产品中。工业应用的镍镉电池占余下的20%，这类电池主要用于航空和铁路行业：在航空应用中，镍镉电池可以为引擎提供启动电源，并且可以作为飞机电路的备用电源；在铁路交通体系中，镍镉电池用来启动机车引擎，为客车和轨道信号灯提供电源。

无机的金黄色硫化镉主要被用作颜料。在颜料应用中，镉颜料是锌和汞的替代品，从金黄色到紫红色的镉硫化物是硒的替代品。镉颜料具有耐光、耐晒、耐候性优良、耐高温、遮盖力强、着色力强、不迁移、不渗色等特点，广泛应用于塑料、涂料、色母粒、橡胶、皮革、凹版印刷油墨、美术颜料、高档烤漆、搪瓷、陶瓷、玻璃、彩色砂石等建筑材料和电子工业等行业。在聚合物着色方面，硫化镉几乎可用于所有树脂和塑料，但主要应用于工程塑料的上色，因为工程塑料需在高温下进行加工，而镉颜料可以在不断升温的环境下不发生变异。

镉涂料在航空和军事领域中的应用具有重要地位。在这些应用中若替换涂料很可能会引发安全问题。镉通常被用于电镀飞机降落架上的固件，并且由于镉拥有其他防腐涂料中没有的特性，所以也被应用于生产降落伞。

5.2.2.2 镉的环境风险与毒性损害表现

炼铝厂附近及其下风向地区土壤中含镉浓度很高，会造成土地荒废。含镉废渣堆积会使镉的化合物进入土壤和水体。磷肥的施用面广而且量大，所以从长远来看，土壤、作物和食品中来自磷肥和某些农药的镉，可能会超过来自其他污染源的镉。水体中镉的污染主要来自地表径流和工业废水。硫铁矿石制取硫酸和由磷矿石制取磷肥时排出的废水中含镉较高，每升废水含镉可达数十至数百微克，大气中的铅锌矿以及有色金属冶炼、燃烧、塑料制品的焚烧形成的镉颗粒都可能进入水中；用镉作原料的催化剂、颜料、塑料稳定剂、合成橡胶硫化剂、杀菌剂等排放的镉也会对水体造成污染；在城市用水过程中，往往由于容器和管道的污染也可使饮用水中镉含量增加。我国水产养殖业镉污染问题非常严重，水生动物体内镉残留现象普遍存在，这不仅严重影响了我国养殖水产品的质量安全，而且极大制约了我国水产养殖业的健康绿色发展，同时水生动物体内存在的镉会通过食物链富集进入人体，严重危害人体健康。

大气中的镉主要来自工业生产，如有色金属的冶炼、煅烧，矿石的烧结，含镉废弃物的处理，包括废钢铁的熔炼、从汽车散热器回收铜、塑料制品的焚化等。进入大气的镉的化学形态有硫酸镉、硒硫化镉、硫化镉和氧化镉等，主要存在于固体颗粒物中，也有少量的氯化镉能以细微的气溶胶状态在大气中长期悬浮。

镉并不是人体必需元素，而且是一种环境污染物，一般情况下，过多摄入镉可导致人发生镉中毒。世界卫生组织将镉列为重点研究的食品污染物；国际癌症研究机构（International Agency for Research on Cancer，IARC）将镉归类为人类致癌物，会对人类造成严重的健康损害；美国毒物和疾病登记署（Agency for Toxic Substances and Disease Registry，ATSDR）将镉列为第7位危害人体健康的物质；我国也将镉列为实施排放总量控制的重点监控指标之一。

镉为有毒元素，其化合物毒性更大。国外有研究推算，全球每年有2.2万吨镉进入土壤。自然界中，镉的化合物具有不同的毒性。硫化镉、硒磺酸镉的毒性较低，氧化镉、氯化镉、硫酸镉毒性较高。镉引起人中毒的平均剂量为100mg。急性中毒症状主要表现为恶心、流涎、呕吐、腹痛、腹泻，继而引起中枢神经中毒症状，严重者可因虚脱而死亡。当环境受到镉污染后，镉可在生物体内富集，通过食物链进入人体引起慢性中毒。镉的生物半衰期为

10～30年，且生物富集作用显著，即使停止接触，大部分以往蓄积的镉仍会继续停留在人体内。长期食用遭到镉污染的食品，可能导致“痛痛病”，即身体积聚过量的镉损坏肾小管功能，造成体内蛋白质从尿中流失，久而久之形成软骨症和自发性骨折。长期饮用受镉污染的自来水或地表水，并用受镉污染的水进行灌溉（特别是稻谷），会致使镉在体内蓄积，造成肾损伤，进而导致骨软化症，周身疼痛，故称为“痛痛病”。

5.2.3 汞及其化合物

5.2.3.1 汞及其化合物的应用

汞在制造工业用化学药物以及在电子或电器产品中获得广泛应用。汞还用于温度计，尤其是测量高温的温度计。越来越多的气态汞仍用于制造日光灯，而很多的其他应用都因影响健康和安全的问题而被逐渐淘汰，取而代之的是毒性弱但贵很多的Galinstan合金。除此之外汞还可将金从其矿物中分解出来，因此经常用于金矿；用于制作气压计和扩散泵等仪器；气态汞用于汞蒸气灯；用于制造液体镜面望远镜，利用旋转使液体形成抛物面形状，以此作为主镜进行天文观测的望远镜，价格为普通望远镜的三分之一。汞还是一种支撑牙齿填补物的重要元素，故汞合金（汞齐）可用作牙齿填补物。

氧化汞（HgO），俗名三仙丹。氧化汞加热分解生成氧气和汞蒸气；氧化汞是弱碱，可作氧化剂；此外氧化汞还可以用作有机反应催化剂、分析试剂，如锌和氢氰酸测定、甲酸中乙酸及混合气体中一氧化碳的检测、有机汞的制取，也用作防腐剂；将汞和氧化汞调成糊状覆盖在汞的表面，浸于碱性溶液中，并用铂丝与汞接触作为电极的引线可制成氧化汞电极。

硝酸汞［$Hg(NO_3)_2$］为无色或微黄色结晶性粉末，可用作医药制剂和分析试剂及用于有机合成、药品和雷汞的制造；还可用于卤化物和氰化物测定、米隆试剂配制及制药等工业。

氯化汞（$HgCl_2$），俗称升汞，是一种无机物，白色晶体、颗粒或粉末。氯化汞可用于木材和解剖标本的保存、皮革鞣制和钢铁镂蚀，是分析化学的重要试剂，还可作消毒剂和防腐剂。

氯化亚汞（Hg_2Cl_2）亦称甘汞，是一种无机物，白色晶体或粉末。由硝酸亚汞溶液中加入稀盐酸或由氯化汞与汞共热而成，常用作防腐剂及分析试剂，也用于制药工业。

硫化汞（HgS）不溶于水，可溶于王水、浓硫化钠溶液和浓氢碘酸。天然产的硫化汞呈红褐色，是制造汞的主要原料，可用作生漆、印泥、印油、朱红雕刻漆器和绘画等的红色颜料，也用于彩色封蜡、塑料、橡胶和医药及防腐剂等方面。

雷酸汞［$Hg(CNO)_2$］是一种呈白色或灰色的晶体，是最早被发现的起爆药，对火焰、针刺和撞击有较高的敏感性。近百年来，一直是雷管装药和火帽击发药的重要组分。但雷酸汞安定性能相对较差、有剧毒，含雷酸汞的击发药易腐蚀炮膛和药筒，已被叠氮化铅等起爆药所代替。雷酸汞可与氯酸钾混合制成爆粉，爆粉具有高的针刺感度、撞击感度、摩擦感度。

5.2.3.2 汞的环境风险与毒性损害表现

含汞废水是世界上危害最大的工业废水之一。排入水体中的汞及其化合物，经物理、化学及生物作用形成各种形态的汞，尤其是可以转化成毒性很大的甲基类化合物，危害水生生物及人类。1953 年发生在日本的水俣病就是由化工厂汞催化剂排入水域所造成的。化工厂排出的含汞废水经水生生物及鱼类富集放大，当地渔民长期食用这种含汞的水和受汞污染的鱼、贝类，使人体内含汞量达 281～725mg/kg，从而引起汞中毒。水体中的汞对水生植物的影响主要是影响浮游植物的光合作用，并能在这些原核藻类细胞中富集，富集量可超过海水汞含量很多倍。

汞化合物侵入人体后，经血液循环可迅速弥散到全身各器官。无机离子汞在肾内浓度最高，其次为肝、脾、甲状腺，进入人脑则极其困难。烷基汞在肝脏累积居首位，肾脏次之，脑组织和睾丸居第三位。因此，汞对人体的危害主要集中于神经系统、消化系统及生殖系统。无机汞中毒的特征是食欲减退、体重减轻、震颤失眠、神经过敏、眩晕腹泻、蛋白尿、高血压等。有机汞中毒症状是疲乏，头昏，注意力不集中，记忆力减退，手指、嘴麻木或跛动，运动失调，语言不清，发音困难，视野模糊，听力减退等。甲基汞是胎毒性物质，水俣病患者怀孕后，体内甲基汞会通过胎盘侵害胎儿，使新生儿获得先天性水俣病。

5.3　第三副族元素及其化合物的应用、环境风险与毒性损害表现

5.3.1　钪及其化合物

5.3.1.1　钪及其化合物的应用

金属钪用于制备大功率金属卤素灯、太阳能蓄电池、高能辐射用核能屏蔽；氧化钪用于制备高效多功能激光器、固体电解质、特种陶瓷。

氧化钪（Sc_2O_3）是钪制品中较为重要的产品之一，物化性质与稀土氧化物（如 La_2O_3，Y_2O_3 和 Lu_2O_3 等）相近，故在生产中采用的生产方法极为相似。Sc_2O_3 可生成金属钪（Sc）、不同盐类［$ScCl_3$，ScF_3，ScI_3，$Sc_2(C_2O_4)_3$ 等］及多种钪合金（Al-Sc，Al-ZrSc 系列）。这些钪制品具有实用的技术价值及较好的经济效果。Sc_2O_3 在铝合金、电光源、激光、催化剂、激活剂、陶瓷和航空等方面已有较好的应用，发展前景十分广阔。

Sc_2Al 合金是铝镁基合金的最有效改进剂，用于生产导弹和制造航天器、汽车、船舶等的特种合金。

5.3.1.2　钪的环境风险与毒性损害表现

钪单质被认为是无毒。钪化合物的动物试验已经完成，氯化钪的半数致死量已被确定为 4mg/kg 腹腔和 755mg/kg 口服给药。从这些结果看来钪化合物应为中度毒性化合物。

5.3.2　钇及其化合物

5.3.2.1　钇及其化合物的应用

钇主要用于陶瓷、冶金和荧光粉，可用作钇磷光体使电视屏幕产生红色，还用于某些射线的滤波器、超导体和超合金及特种玻璃。钇耐高温和耐腐蚀，可作核燃料的包壳材料。

钇与多种氨羧配合剂能生成稳定的螯合物；含钕的钇铝石榴石是优良的激光材料，钇铁石榴石是优良的激光材料，钇铁石榴石和钇铝石榴石是新型磁性材料。在电子领域，钇铁石榴石可作为微波雷达元件控制高频信号。钇铝石榴石激光晶体可用于牙科和医疗手术过程、

数字交换、距离和温度传感、工业切割和焊接、非线性光学、光化学和光致发光等领域。在冶金应用中，钇是晶粒细化添加剂和脱氧剂。钇还被用于加热元件合金、高温超导体和高温合金。钇荧光体还用于平板显示和各类发光领域。

氧化钇（Y_2O_3）为白色略带黄色粉末，易吸收空气中的二氧化碳和水。氧化钇作为稀土氧化物中重要的应用材料之一，具有优良的耐高温性能和抗腐蚀性，被广泛应用于各种制造行业以及军工行业。氧化钇可制特种玻璃及陶瓷，并用作催化剂。主要用作制造微波用磁性材料和军工用重要材料，也用作光学玻璃、陶瓷材料添加剂、大屏幕电视用高亮度荧光粉和其他显像管涂料，还用于制造薄膜电容器和特种耐火材料，以及高压水银灯、激光、储存元件等的磁泡材料。

硝酸钇［$Y(NO_3)_3 \cdot 6H_2O$］广泛用于各种荧光材料、高质量耐火材料、人造宝石激光晶体、超导材料以及电子工业方面的许多尖端应用。为提高陶瓷耐蚀、耐磨、导电、钎焊等性能，向 Al_2O_3 陶瓷的镀层中加入硝酸钇，使镀层的自腐电位负移，其耐腐蚀性能降低。但是，硝酸钇使镀层的胞状物组织变得更加均匀、致密、细小，可起到细晶强化的作用，提高镀层的耐磨性。

钇铝石榴石（YAG）是人造化合物，没有天然矿物。化工企业在进行清洗时使用 YAG 做涂层达到保护母材的作用。白光发光二极管（简称白光 LEDs），是通过将铈掺杂钇铝石榴石（Ce：YAG）黄色荧光粉与环氧树脂或硅胶混合均匀后涂覆在蓝光激发芯片上而制成的。为了应对 LED 器件劣化而影响使用的问题，钇铝石榴石透明陶瓷是一种在力学、热学和光学性能上都展现出巨大优势的候选材料。钇铝石榴石晶体由于其优异的物理化学和光学性能，常被用作激光器的激光增益介质。

氢氧化钇［$Y(OH)_3$］为白色粉末，难溶于水，是一种重要的稀土化合物，在光学、生物标记、催化剂等领域具有广阔的应用前景。以 Y_2O_3 为原料，在密闭反应器中采用水热法可合成氢氧化钇纳米管。氢氧化钇纳米管的形成过程可以分为两个阶段：第一阶段为钇前驱体的产生，第二阶段为钇前驱体转变为氢氧化钇纳米管。

草酸钇［$Y_2(C_2O_4)_3 \cdot 10H_2O$］的熔点为400℃，单斜晶系，可用于制造各种陶瓷、光学玻璃、荧光粉、激光材料和耐火材料；通过灼烧生成氧化钇后，用作荧光粉、磁性材料的添加材料；也可用作高级光学玻璃添加剂制高温透明玻璃、陶瓷材料添加剂、X 射线增感屏稀土荧光粉、大屏幕电视用高亮度荧光粉和其他显像管涂料。此外还用于制造薄膜电容器和特种耐火材料，以及高压水银灯、激光、储存元件等的泡磁区材料。

无水氯化钇（YCl_3）为白色粉末，易吸湿，对环境可能有危害，对水体应给予特别注意。氯化钇是含钛陶瓷的前体，可被用作分析试剂、催化剂和超导体，也可用于生产钇烷基醇盐络合物。

钇铁合金是一种稀土合金，一般通过熔盐电解而制得。其中稀土总量为65%～75%(其中钇含量不小于稀土总量的80%)，余量为铁。主要用作钢铁添加剂、钕铁硼永磁体添加剂，制造超磁致伸缩合金，光磁记录材料，核燃料稀释剂等。

5.3.2.2 钇的环境风险与毒性损害表现

在低浓度的情况下，钇对细菌、真菌、放线菌均表现为刺激作用，对细菌的最大刺激率为16.8%，真菌为31.1%，放线菌为41.8%，在高浓度下表现为抑制作用，外源稀土对三大微生物起抑制作用的临界浓度分别为1000mg/kg、500mg/kg、500mg/kg。而在土壤酶活方面，钇对过氧化氢酶的作用只表现为抑制作用，并且在低浓度时下降得更为显著；钇对蛋白酶活性的影响表现为低浓度促进，最大刺激率达到了 54.8%，而在高浓度抑制，最大抑制率为 23.3%，且产生抑制作用的临界浓度为 1000mg/kg；而钇对脲酶的影响不是很明显。因此微生物指标可以用作稀土环境风险的判断指标。

5.4 第四副族元素及其化合物的应用、环境风险与毒性损害表现

5.4.1 钛及其化合物

钛是一种银白色的过渡金属，其特征为重量轻、强度高、具有金属光泽、耐湿氯气腐蚀。

5.4.1.1 钛及其化合物的应用

在航天航空领域，钛是飞机上重要的结构材料和功能材料，近十几年国内外关于钛合金材料的应用及研究也越来越多。战斗机和轰炸机的用钛量在不断提高，美国 F-15 战机的用钛量从 20%升至 27%，美国 F-22 战机的用钛量升为 41%。在生物医学领域，钛及其合金凭借出色的生物相容性和优良的抗腐蚀性，在临床上得到了广泛的应用，如脊椎融合器、内镜钛夹治疗、微孔钛人工关节等。

二氧化钛（TiO_2）主要应用于工业领域和环境保护领域。二氧化钛是世界上公认最白的物质，是一种常见的白色燃料，常常用于油漆、油墨、水彩等行业。同时二氧化钛还有较好的屏蔽紫外线的能力，常加入至防晒霜中。在环境保护领域，二氧化钛的主要作用为净化空气。将二氧化钛覆盖在马路上，与沥青结合，可减少空气中的污染物，去除 20%以上尾气排放物中的氮氧化物。

四氯化钛（$TiCl_4$）非常有趣，在通常状况下为无色液体；在湿空气中便会大冒白烟，水解变成白色的二氧化钛水凝胶；在水中则强烈水解为偏钛酸（H_2TiO_3）。因此在军事上，可将四氯化钛用作人造烟雾剂。特别是在海洋上，水汽多，一旦放四氯化钛，浓烟就像一道白色的长城，挡住敌人的视线。

三氯化钛（$TiCl_3$）是紫色晶体，其水溶液可用作还原剂。Ti^{3+} 比 Sn^{2+} 有更强的还原性。

钛酸钡（$BaTiO_3$）晶体因受压力而改变形状的时候，会产生电流，通电又会改变形状。于是，人们把钛酸钡放在超声波中，受压便产生电流，由所产生电流的大小便可以测知超声波的强弱。相反，用高频电流通过钛酸钡，则可以产生超声波。几乎所有的超声波仪器中，都要用到钛酸钡。除此之外，钛酸钡还有许多用途。例如：放在铁轨下面，可测量火车通过时候的压力；可制成脉搏记录器；用钛酸钡做的水底探测器，是锐利的水下眼睛，不仅能够看到鱼群，还可以看到水底下的暗礁、冰山和潜水艇等。

5.4.1.2 钛的环境风险与毒性损害表现

钛元素过量可引起植物生理功能紊乱、营养失调，在作物籽实中富集系数较高。钛能减弱或抑制土壤中硝化、氨化细菌活动，影响氮素供应。重金属污染物在土壤中的移动性很小，不易随水淋滤，不为微生物降解，通过食物链进入人体后，潜在危害极大。

钛污染水体后，可通过食物链富集于生物体内而致病。水环境中的重金属污染主要是由混合污染引起的，水体中的金属元素较多，而钛在动植物体内很难分解并不断积累，从而造成危害。由此可知，重金属污染不仅破坏水体的自洁能力，而且严重威胁水中鱼、虾的正常繁殖和生存。目前水环境钛分析技术呈现多样化、自动化的趋势，分析的准确性、及时性、和灵敏度都显著提高。

二氧化钛可附着在那些小颗粒物中，通过干、湿沉降对大气造成污染，这不仅仅对人体的危害极大，还会影响到各地各种生物的生存，联系土壤污染和水污染可知，大气污染会将钛带入到各个层次，危害极大。

如果将被钛污染的水用于农业灌溉，灌区土壤中重金属含量将超标，影响农作物的质量和产量，将直接影响人类的身体健康。其在人体内能和蛋白质及各种酶发生强烈的相互作用，使它们失去活性，也可能在人体的某些器官中富集，如果超过人体所能耐受的限度，会造成人体急性中毒、亚急性中毒、慢性中毒。

5.4.2 锆及其化合物

5.4.2.1 锆及其化合物的应用

锆可用于制金属锆和锆化合物、制耐火砖和坩埚、高频陶瓷、研磨材料、陶瓷颜料。锆酸盐主要用于压电陶瓷制品、日用陶瓷、耐火材料及贵重金属熔炼用的锆砖、锆管、坩埚等，也用于生产钢及有色金属、光学玻璃和二氧化锆纤维。还用于陶瓷颜料、静电涂料及烤漆，用于环氧树脂中可增加耐热盐水的腐蚀。

二氧化锆（ZrO_2）主要应用于制备金属锆、做耐火材料、陶瓷材料等。氧化锆纤维是一种多晶质耐火纤维材料。ZrO_2 本身的高熔点、不氧化和其他高温优良特性，使得 ZrO_2 纤维具有比氧化铝纤维、莫来石纤维、硅酸铝纤维等其他耐火纤维品种更高的使用温度。因为氧化锆的折射率大、熔点高、耐蚀性强，故可用于窑业原料。纳米级氧化锆还可以用作抛光剂、磨粒、压电陶瓷、精密陶瓷、陶瓷釉料和高温颜料的基质材料。

硅酸锆（$ZrSiO_4$）的折射率高，化学稳定性能，是一种质优、价廉的乳浊剂，被广泛用于各种建筑陶瓷、卫生陶瓷、日用陶瓷、一级工艺品陶瓷等的生产中，在陶瓷釉料的加工生产中使用范围广，应用量大。硅酸锆之所以在陶瓷生产中得以广泛应用，是因为其化学稳定性好，不受陶瓷烧成气氛的影响，且能显著改善陶瓷的坯釉结合性能，提高陶瓷釉面硬度。硅酸锆也在电视行业的彩色显像管、玻璃行业的乳化玻璃、搪瓷釉料生产中得到了进一步的应用。硅酸锆因熔点高在耐火材料、玻璃窑炉锆捣打料、浇注料、喷涂料中也被广泛应用。

5.4.2.2 锆的环境风险与毒性损害表现

工业制取氧化锆时，锆盐处理会用到氟锆酸（或其盐），但氟锆酸是剧毒品，在转化过程中会产生有毒废气污染环境。锆的同位素^{95}Zr 在水体中较易被悬浮固体物质和水底沉积物所吸附。在沉积物和水体之间的分配比可达 10^4 以上，而且一旦被固体物质吸附后就很难从沉积物上解吸下来，^{95}Zr 的富集会对水生生物的生存造成影响。

锆元素具有致敏性。皮肤表面接触或进入呼吸道深部的锆，可诱发机体产生急性超敏反应，导致过敏性皮炎或肺泡炎的发生。锆在体内参与辅助调节免疫应答，长期低浓度的锆接触可能刺激机体免疫系统，诱导机体发生免疫反应。锆会使机体发生免疫反应，进而引起皮肤或肺部发生肉芽肿，属于迟发性过敏反应。锆作为外源性物质被巨噬细胞吞噬后形成抗原物，引起淋巴细胞的致敏，致敏的淋巴细胞刺激淋巴细胞活化分泌多种淋巴因子，诱导巨噬细胞、单核细胞的积聚。巨噬细胞和 T 细胞的激活进一步促进 T 细胞的活化与增殖，分泌更多的淋巴因子，继而造成单核、巨噬细胞和 T 细胞反复地不断积累。而聚集的巨噬细胞在抗原等的作用下，转变成上皮样细胞或互相融合成多核巨细胞，形成上皮样细胞肉芽肿。

5.4.3　铪及其化合物

5.4.3.1　铪及其化合物的应用

铪容易发射电子，可用作白炽灯的灯丝、X 射线管的阴极，铪和钨或钼的合金可用作高压放电管的电极。纯铪可塑性强、易加工、耐高温抗腐蚀，是原子能工业重要材料。铪的合金可作火箭喷嘴和滑翔式重返大气层的飞行器前沿保护层，Hf-Ta 合金可制造工具钢及电阻材料。HfC 由于硬度和熔点高，可作硬质合金添加剂。铪可作为很多充气系统的吸气剂，除去系统中存在的氧、氮等不需要气体。铪具有很强的抗挥发性，常作为液压油的一种添加剂，防止在高危作业时候液压油的挥发，一般用于工业液压油、医学液压油。在工业领域，铪的热中子捕获截面大，是较理想的中子吸收体，可作原子反应堆的控制棒和保护装置。铪粉可作火箭的推进器。

二氧化铪（HfO_2）是白色粉末，由硫酸铪、氯氧化铪等化合物热分解或水解制取，是生产金属铪和铪合金的原料，可用作耐火材料、抗放射性涂料和催化剂。原子能级 HfO_2 是制造原子能级 ZrO_2 时的副产品，其制备过程从二次氯化起，提纯、还原、真空蒸馏等过程同锆的工艺流程几乎完全一样。

氢氧化铪（H_4HfO_4）通常以水合氧化物 $HfO_2 \cdot nH_2O$ 存在，可用于制取其他铪化合物。

5.4.3.2　铪的环境风险与毒性损害表现

植物会从土壤中吸收少量铪元素，但不会对植物生长产生影响。而有动物研究表明，铪化合物会刺激眼睛、皮肤和黏膜。但目前为止，还没有铪对环境影响的其他负面报道。

目前的研究表明金属铪无毒，部分研究认为四氯化铪有毒性，主要为刺激性影响。四氯化铪会对皮肤和黏膜上造成腐蚀性影响，刺激皮肤和黏膜；对眼睛有强烈的腐蚀性影响；没有已知的敏化影响。工业生产时接触或吸入铪粉尘也可能对皮肤、眼睛和黏膜造成刺激。四氯化铪通常对水体是稍微有害的，不要将未稀释或大量的产品接触地下水、水道或污水系统，未经政府许可不能将材料排入周围环境。

5.5　第五副族元素及其化合物的应用、环境风险与毒性损害表现

5.5.1　钒及其化合物

5.5.1.1　钒及其化合物的应用

钒电池是发展势头强劲的优秀绿色环保蓄电池之一（制造、使用及废弃过程均不产生有

害物质），具有特殊的电池结构，可深度大电流密度放电、充电迅速、比能量高、价格低廉；应用领域十分广阔：可作为大厦、机场、程控交换站备用电源；可作为太阳能等清洁发电系统的配套储能装置；可为潜艇、远洋轮船提供电力以及用于电网调峰等。与其他化学电源相比，钒电池具有明显的优越性：功率大、容量大、效率高、寿命长、响应速度快、可瞬间充电、安全性高、成本低。

五氧化二钒（V_2O_5）是一种重要的工业催化剂，之所以成为多种用途的催化剂，可能是其在加热时能可逆地失去氧。钒的氧化物已成为化学工业中最佳催化剂之一，有“化学面包”之称。主要用于制造高速切削钢及其他合金钢和催化剂。

钒酸盐和多钒酸盐中的氧钒基阳离子，易与其他生物物质结合形成复合物。钒酸盐易被维生素C、谷胱甘肽或NADH还原，可能有助于防止胆固醇蓄积、降低过高的血糖、防止龋齿、制造红细胞等。作为光催化技术的核心组成部分，新型光催化剂的研发及应用将是人们追求的永恒主题。钒酸盐是一类极具潜力的新型光催化剂，已报道的如钒酸铋、钒酸铟和钒酸银等都具有很窄的禁带宽度，从而能够更充分地利用太阳能进行降解污染物。

5.5.1.2 钒的环境风险与毒性损害表现

钒是煤、重油和石油等燃料中的主要微量元素之一。这些燃料的燃烧是环境中钒的主要来源。在煤、石油等燃料的燃烧过程中，煤中的钒以易挥发的有机钒或含钒化合物的颗粒形式进入大气，在高温下，可参与各种各样的反应形成钒氧化物、钒氯化物或钒的磷酸盐等各种化合物，随着温度的降低，钒又进入颗粒相。颗粒大小的分布取决于温度范围及系统中的共存粒子。近年来由于火力发电、石油冶炼等工业的发展，由此所产生的钒污染更为严重。

钒在天然水中的浓度很低，一般河水中为0.01～20μg/L，平均为1μg/L。海水含钒量为0.9～2.5μg/L。尽管水体中可溶性的钒含量很低，但是水中悬浮物含钒量是很高的。悬浮物的沉积导致水中钒向底质迁移，并使水体得到净化，但钒污染地表水后，可引起鱼类死亡，并影响自净作用的进行。如果土壤中钒的浓度过高，就会引起植物矮化、降低农作物产量、减少植物对钙和磷酸盐等营养物质的吸收。

金属钒的毒性很低，但钒的化合物对人毒性危害较大，且毒性一般随钒氧化数的升高而增大。如果出现中毒的话，会有头晕、头痛、疲乏、呕吐、舌乳头肿大（少部分会产生墨绿色舌苔）、腹痛、气短等症状。钒的急性接触和吸收高浓度钒会引起血管收缩，导致身体某些部位充血、出血而损伤肝、肾、心和脑。短期内吸入以五氧化二钒为主的高浓度钒化合物，先会产生鼻痒、流涕、流泪等症状，然后就会咳嗽、胸闷等，更严重的会导致化学性支气管炎（个别表现为喘息性支气管炎）。

5.5.2 铌及其化合物

5.5.2.1 铌及其化合物的应用

氮化铌（NbN）在低温下会变成超导体，被用在红外线探测器中。

碳化铌（NbC）的硬度极高，是一种耐火陶瓷材料，可用作切割工具刀头材料。

5.5.2.2 铌的环境风险与毒性损害表现

钽、铌矿物常与铀、钍等放射性元素伴生。采选后提供冶炼的精矿中铀、钍等放射性元素的含量一般为 0.1%～0.3%。经酸分解后的残渣中铀、钍元素进一步富集，其含量有的高达 1%以上。钽、铌冶炼的前期处理存在着放射性物质的危害与防护问题。钽、铌萃取残液中氢氟酸及硫酸浓度较高，如果直接排放将严重污染环境。钽、铌粉末冶金过程中接触的粉尘很多，如湿法冶炼部分的球磨和酸分解岗位要接触放射性矿物粉尘，锻烧、过筛岗位要接触氧化物粉尘，火法冶炼岗位要接触氧化物、炭黑和金属粉尘等。

金属单质铌本身几乎没有毒性，铌元素没有已知的生物用途。铌粉末会刺激眼部和皮肤，还有可能引发火灾；但成块铌金属则完全不影响生物体（低过敏性），因此是无害物质。五氧化二铌的毒性很低，毒性主要表现在铌酸盐上，主要攻击肝、肾。铌酸盐可抑制琥珀酸脱氢酶、5-羟色胺氧化酶和三磷腺苷酶的活性，破坏机体的正常代谢；对皮肤、黏膜有明显的刺激性，可引起皮肤的灼伤、眼结膜和角膜的刺激性炎症。

5.5.3 钽及其化合物

5.5.3.1 钽及其化合物的应用

钽的应用领域十分广阔。在制取各种无机酸的设备中，钽可用来替代不锈钢，寿命可比不锈钢提高几十倍。此外，在化工、电子、电气等工业中，钽可以取代贵重金属铂，使所需费用大大降低。因此钽被应用于电容装备和军用设备中。

5.5.3.2 钽的环境风险与毒性损害表现

单质金属钽（Ta）适量使用，对人体没有毒性；大量钽堆积，会引起慢性中毒，但可以经肾由尿排出。钽对人的肌肉和细胞没有任何不良影响，可以用作外科刀具。五氧化二钽的毒性很低，主要靶器官是肺部，可引起急性支气管炎、间质性肺炎。

5.6 第六副族元素及其化合物的应用、环境风险与毒性损害表现

5.6.1 铬及其化合物

5.6.1.1 铬及其化合物的应用

作为化学工业中重要的电镀金属之一，镀铬层专门用作零件的最外部镀层，一些炮筒、枪管的内壁所镀铬层仅有 5μm 厚，但是发射了千百发炮弹、子弹以后，铬层依然存在。单质铬层有着强力的物理性能，质硬而脆，耐腐蚀，因此可以大大增加零件的使用寿命。铬与铁、镍组成的合金俗称不锈钢，具有高强度和抗腐蚀性，被广泛应用于生活中，如家里的不锈钢勺子、不锈钢锅等等，也常用于制造切削工具、耐火材料。

三氧化铬（CrO_3）为暗红色或暗紫色斜结晶，易潮解，主要用于电镀工业，是做自行车、缝纫机、手表、仪表、手电筒、日用五金等电镀铬的原料，也用于制高纯金属铬。三氧化铬是制造氧化铬绿和锌铬黄的原料，也是生产低温变换催化剂、高温变换催化剂及高压甲醇合成催化剂的原料。羊毛织物染色时用作媒染剂，印染工业中用作氧化剂。此外，还用于木材防腐，用作菲利普法中压制取聚乙烯的催化剂。作为一种重要的铬化合物，三氧化铬是电镀工业最主要的原料，大部分三氧化铬消耗在电镀工业中。三氧化铬是良好的氧化剂，可用于漂白、精制，还可用作染料的原料、媒染剂、鞣革剂以及有机合成反应的催化剂。此

外，还用于医药、陶瓷，有色玻璃等工业中。用作分析试剂、强氧化剂及铬酸盐的制备。用作合成聚乙烯的催化剂。还用于镀铬、媒染剂及制备纯金属铬。在镀锌钝化中的应用：在镀锌层的钝化中大都采用三氧化铬，它是成膜的主要成分。在铝及合金化学氧化中三氧化铬是溶液中的氧化剂，是形成膜层不可缺少的成分。用于电镀工业、医药工业、印刷工业、鞣革和织物媒染。

三氧化二铬（Cr_2O_3）为浅绿至深绿色细小六方结晶。Cr_2O_3 主要用作绿色颜料，广泛用于油漆、涂料、塑料和陶瓷中，赋予其稳定而持久的绿色色彩。这种颜料因其耐光性而受到重视，即在受到光照的情况下不容易褪色。Cr_2O_3 具有抗腐蚀性，因此常用在金属的防腐蚀涂料中，有助于防止金属表面在恶劣环境条件下的降解。此外，在某些化学过程中，Cr_2O_3 可以作为催化剂或催化剂的组成部分，促使特定的反应发生。

氯化铬（$CrCl_3$）是绿色结晶粉末，可由氢氧化铬与盐酸作用制得，其溶液可以吸收氧气。在印染工业中用作媒染剂；电镀工业中用于镀铬；化学工业中用于生产其他铬盐；颜料工业中用于制造各种含铬颜料；有机合成方面用于制造铬催化剂，也可作分解试剂用。

重铬酸钠（$Na_2Cr_2O_7 \cdot 2H_2O$）是红色至橘红色结晶，略有吸湿性，可用作生产铬酸酐、重铬酸钾、重铬酸铵、盐基性硫酸铬、铅铬黄、铜铬红、溶铬黄、氧化铬绿等的原料，生产碱性湖蓝染料、糖精、合成樟脑及合成纤维的氧化剂。医药工业用作生产胺苯砜、苯佐卡因、叶酸、雷佛奴尔等的氧化剂；印染工业用作苯胺染料染色时的氧化剂、硫化还原染料染色时的后处理剂、酸性媒染染料染色时的媒染剂；制革工业用作鞣革剂；电镀工业用于镀锌后钝化处理，以增加光亮度；玻璃工业用作绿色着色剂。

烟酸铬［$Cr(C_6H_4NO_2)_3$］为一种烟灰色细小粉末，该物质在常温下比较稳定，不溶于水和乙醇，主要用于饲料添加剂、医药保健品、食品添加剂。

5.6.1.2 铬的环境风险与毒性损害表现

铬及其化合物是冶金、金属加工、电镀、制革、油漆、颜料等行业常用的基本原料，在上述行业的生产过程中会产生大量含铬废气、废水和废渣，从而造成水环境风险和大气环境风险。农作物可从被污染的水体和土壤中吸取大量的铬，水生生物对铬的富集倍数更高。铬浓度为 1mg/L 时可影响沉淀池及生物滤池的工作，减弱生物滤池对有机物的氧化作用和对氨氮的硝化作用。铬浓度为 2mg/L 时，严重影响废水的生物处理，阻碍活性污泥的形成，降低对有机物的生物氧化和对氨氮的硝化作用。六价铬浓度为 3.4mg/L 时，生物滤池运行不正常；10mg/L 时，阻碍污泥硝化。三价铬浓度为 1mg/L 时将减缓污泥的硝化速率；10mg/L 时，阻碍污泥发酵及产气率。铬化合物会影响水体的感观指标，铬酸钾和重铬酸钾浓度为 1mg/L 时，水强度为 3 级的苦味；硫酸铬浓度（金属 Cr 计）为 1mg/L 时，水的浑浊度增大，浓度为 2mg/L 时，水呈浅蓝色，浓度为 4mg/L 时，水有异味。

Cr^{6+} 的毒性比 Cr^{3+} 大，对人体的伤害也较大。吸入 Cr^{6+} 化合物的粉尘或烟雾，可引起急性呼吸道刺激症状如过敏性哮喘、喷嚏、流涕、自觉烧灼感，严重时会形成溃疡，溃疡可深及软骨，形成鼻中隔穿孔。人口服 Cr^{6+} 化合物致死剂量约为 1.5～1.6g，口服时可刺激或腐蚀消化道，有频繁呕吐、血便、脱水等现象，甚至因休克、多器官出血、血管内溶血、肾组织坏死、脑水肿等而死亡。接触小剂量的铬，会在暴露部位出现皮炎和湿疹，可长时期拖延不愈。当皮肤有外伤时再受到铬酸盐作用，会出现深及骨骼而又无疼痛的溃疡，因为其颜色、形态的原因被称为“鸟眼型溃疡”。

5.6.2 钼及其化合物

5.6.2.1 钼及其化合物的应用

钼系列高速钢具有碳化物不均匀性、耐磨、韧性好、高温塑性强等优点，适用于制造成型刀具。含钼合金钢可用于制造机床结构部件、工业车辆和推土设备。在轧制状态下有微细珠光体组织的含钼合金钢，是铁轨和桥梁建设中的重要钢材。钼作为铁的合金添加剂，有助于形成完全珠光体的基体，能改善铸铁的强度和韧性，提高大型铸件组织的均匀性，还可以提高热处理铸件的可淬性。含钼灰口铸铁具有很好的耐磨性，可作重型车辆的闸轮和刹车片等。钼能促进植物对磷的吸收和在植物体内发挥其作用。钼还能加快植物体内糖类的形成与转化，提高植物叶绿素的含量与稳定性，提高维生素 C 的含量。不仅如此，钼还能提高植物的抗旱抗寒能力以及抗病性。施用钼肥的特点是用量少、收效大、成本低，是提高农业收成特别是使大豆丰收的一项重要措施。钼在农业上的广泛应用，也为我国钼生产工厂的废水、废渣及低品位矿的综合利用，开辟了一条新的途径。钼有良好的导电和高温性能，与玻璃的热膨胀系数极其相近，广泛地用于制造灯泡中螺旋灯丝的芯线、引出线、挂钩、支架、边杆及其他部件，在电子管中做栅极和阳极支撑材料。

钼-铜、钼-银假合金具有耐烧蚀性和良好的导电性，可以作为空气开关、高压开关和接触器的触点。钼-铜复合薄膜在连续的铜机体上夹带大量的离散钼粒子，显微组织均匀，有良好的导热性和导电性，可作金属芯子应用于多层电路板中。

二硫化钼（MoS_2）是黑色固体，有金属光泽，是重要的固体润滑剂，用于摩擦材料。主要功能是低温时减摩，高温时增摩，烧失量小，在摩擦材料中易挥发。

二氧化钼（MoO_2）是棕黑色粉末，带有钢光泽的紫色。二氧化钼是拥有高电导率、高熔点、高化学稳定性的过渡金属氧化物，其高效的电荷传输特性使其在催化剂、传感器、电致变色显示器、记录材料、电化学超级电容、Li 离子电池以及场发射材料等方面应用前景广泛。

钼酸铵［$(NH_4)_2MoO_4$］是无色或浅黄绿色单斜结晶。钼酸铵主要用于冶炼钼铁和制取三氧化钼，金属钼粉是钨钼合金、钼丝的原料；其次是用作化工的催化剂；少量用作农用钼肥；极少量用于医药方面，为多种酶的组成部分。钼的缺乏会导致龋齿、肾结石、克山病、大骨节病、食道癌等疾病。

5.6.2.2 钼的环境风险与毒性损害表现

钼矿开采产生的废水主要有伴生矿湿法开采由坑道排出的采矿废水、废石堆场淋滤雨水、工艺废水等。这些废水含有大量的放射性核素，成为另一种放射性污染源。污水流入受纳水体，提高了水体中的天然放射性核素浓度，放射性核素通过饮用水、动植物转移进入人体后，会选择不同的沉积部位，如^{226}镭大部分沉积在骨骼组织，而放射性母核和子核发出的 α、β 射线会对人体造成持续、长久的照射，从而诱发各种相关疾病。天然水体中钼浓度很低，海水中钼的平均浓度为 14μg/L。在海洋中，深海的还原环境使钼被有机物质吸附后包裹于含锰的胶体中，最终形成结核沉于海底，脱离生物圈的循环，造成不可逆的海洋污染。

土壤钼污染条件下，冬小麦叶绿素含量下降，气孔限制导致光合速率下降，进而影响其光合作用能力，并最终导致生物学产量的显著降低。土壤钼污染水平达1000～2000mg/kg时冬小麦生长受到显著的抑制作用，更高水平的土壤钼污染（3000～4000mg/kg）将使冬小麦不能完成其生命周期甚至死亡。

钼是一种人体必需的微量元素，钼与硒、铁、碘堪称人体防癌的“四大金刚”。钼酶参与细胞内电子的传递，影响肿瘤发生，具有防癌抗癌的作用。钼离子能促进细胞内氧化还原过程，特别是抑制亚硝基的致癌作用。钼主要通过食物链进入人体。但长期使用完全肠外营养引起的钼缺乏症会使病人出现心跳过速、呼吸急促、剧烈头痛、夜盲、恶心呕吐，继而全身水肿、嗜睡、定向力障碍，最后昏迷不醒。钼是多种酶的组成部分，缺钼可引起这些酶活性下降。缺钼导致儿童和青少年生长发育不良、神经异常、智力发育迟缓，影响骨骼生长、龋齿。

5.6.3 钨及其化合物

5.6.3.1 钨及其化合物的应用

钨以钨丝、钨带和各种锻造元件用于电子管生产、无线电电子学和X射线技术中。钨是白织灯丝和螺旋丝的最好材料。高的工作温度（2200～2500℃）保证了其高的发光效率，而小的蒸发速度则保证了灯丝的较长寿命。钨丝可用于制造电子振荡管的直热阴极和栅极、高压整流器的阴极和各种电子仪器中旁热阴极加热器。钨用作X射线管和气体放电管的对阴极和阴极，以及无线电设备的触头和原子氢焊枪电极。钨丝和钨棒可作为高温炉(3000℃）的加热器，可在氢气气体、惰性气体或真空中工作。

二氧化钨（WO_2）是棕色单斜晶系粉末状晶体，难溶于水，是制造钨粉和三氧化钨的原料。

钨酸钠（Na_2WO_4）为无色结晶或白色结晶性粉末，用于媒染剂、分析试剂、催化剂、水处理药剂，制造防火、防水材料以及金属钨、钨酸、钨酸盐、磷钨酸盐、硼钨酸盐等。纺织工业中用作织物加重剂、织物助剂。由钨酸钠、硫酸铵磷酸铵等组成的混合物可用于制作防火人造丝和人造棉、皮革鞣制，也用于电镀镀层防腐。用作助溶剂引入瓷釉色料能起降低烧成温度和补色作用。用于石油工业及航空、航天材料的制造。用于分析化学实验中做指示剂。

5.6.3.2 钨的环境风险与毒性损害表现

在水体中，不同浓度的钨酸钠和偏钨酸钠对鱼类均具有急剧毒性，通过对水体的污染，导致生物身体机理的有害性改变，产生水环境风险。与钨元素相关的人类活动中，钨钍电极生产过程是主要的放射性污染源及排放方式，钨元素在大气中，通过环境间的自然传递作用，对土壤和水体等均产生不良影响。

钨本身对人体是没有危害的，但长时间过量接触钨的化合物如碳化钨粉尘、氧化钨、钨酸钠等可能会引发诸如哮喘等呼吸道疾病，导致胃肠道功能紊乱等。钨粉尘能引起支气管周炎、细支气管周炎、闭锁性细支气管炎和萎缩性气肿。碳化钨会引起肺脏淋巴组织细胞的增生性反应，并逐渐出现硬化，使血管壁增厚并均匀化。工作中接触碳化钨粉尘的人员可能会胃肠道功能紊乱、上呼吸道出现炎症等。氧化钨放射性物质侵入体内可引起慢性放射性病，主要表现在一般机能状态减弱、明显的衰弱无力、对传染病的抵抗力明显降低、体重减轻等。钨酸钠沾染皮肤会引起过敏，沾染眼睛可能会有刺激，吸入会刺激呼吸道，引起厌食、肌肉不协调、减肥和死亡。

5.7 第七副族元素及其化合物的应用、环境风险与毒性损害表现

5.7.1 锰及其化合物

纯净的金属锰是比铁稍软的金属；含少量杂质的锰坚而脆，潮湿处会氧化。锰广泛存在于自然界中，土壤中含锰 0.25%，茶叶、小麦及硬壳果实含锰较多。接触锰的作业有碎石、采矿、电焊、生产干电池、染料工业等。锰最早的使用可以追溯到石器时代。早在 17000 年前，锰的氧化物（软锰矿）就被旧石器时代晚期的人们当作颜料用于洞穴的壁画上，后来在古希腊斯巴达人使用的武器中也发现了锰。古埃及人和古罗马人则使用锰矿给玻璃脱色或染色。

5.7.1.1 锰及其化合物的应用

锰在炼钢中的主要作用就是脱氧、脱硫和作为合金元素。炼钢过程中，为了提高钢的质量，需要除去铁水中的碳、硫等有害杂质，最简便的工艺就是用氧化的方法，使一部分铁和杂质元素一同被氧化，生成氧化亚铁。氧化亚铁在钢液中溶解度大，会使钢液中含氧量增高，而氧含量的增高会对钢的性能产生不良影响。钢对含氧量有严格的要求，一般不准超过 0.02%，甚至更严。因此，炼钢过程必须脱去超标的氧。锰是活性好的金属，其化学性能比铁活泼，将锰加入钢液中时，可以与氧化亚铁反应形成不溶于钢水的氧化物渣，漂浮于钢水液面上，使钢中含氧量降低。高炉冶炼的生铁一般是铁碳合金，加入少量的锰不但能够改善冶炼的操作和加工，还能改善生铁的性能。硫在钢液中以硫化铁形式存在，钢中含硫量高容易产生热脆，降低钢的机械性能，因此，炼钢过程必须控制硫的含量。锰与硫的结合力大于铁与硫的结合力，当加入锰合金之后，钢水中的硫很易与锰生成熔点高的硫化锰而转入炉渣中，从而降低了钢中的硫含量，提高钢的可锻性和可轧性。

电子工业的基础材料是磁性材料，尤其是软磁材料，而软磁材料中又以锰锌铁氧体为主，因其具有狭窄的剩磁感应曲线，可以反复磁化，在高频作用下具有高导磁率、高电阻率、低损耗等特点，同时又价格低廉、来源广泛，已经取代了大部分镍锌铁氧体，在软磁材料中占到了 80%以上。用锰锌铁氧体磁芯制成的各种电感器件、变压器、线圈、扼流圈等，在通信设备、家电产品、计算机产品、工业自动化设备等方面都得到了广泛应用。

锰常被添加在肥料中用于农业生产，如含硫酸锰的锰肥被用作种子催芽剂。除了用作肥料之外，锰在农业上还被用作杀菌剂（如乙撑双二硫代氨基甲酸锰）和饲料添加剂等。水质高锰酸盐指数可在一定程度上反映饮用水、水源水和地表水的水质污染状况，为生态环境管理部门掌握区域河流污染、饮用水水质质量、保障区域人民用水安全以及调整区域宏观政策，提供重要的理论和科学依据。

锰在医学领域主要是用作消毒剂、制药氧化剂、催化剂等。高锰酸钾是医药上最常用的消毒剂之一，有很强的氧化剂，0.1%的高锰酸钾溶液就能起到消毒杀菌的作用。二氧化锰除了在镇静剂芬那露生产过程中被用作中间氧化剂外，还被当作催化剂用于生产解热镇痛剂非那西丁。

锰羰基（MnCO）可负载外泌体纳米囊泡（MMV）用于肿瘤治疗。MMV纳米颗粒在体外和体内均能促进X射线照射下CO的鲁棒进化和随后ROS的生成，在极低剂量（仅2Gy）RT下能抑制90%的肿瘤生长，抑制效果优于大剂量（6Gy）。

5.7.1.2 锰的环境风险与毒性损害表现

土壤含锰量在20～10000mg/kg之间，平均值为1000mg/kg。人类活动如采矿、金属冶炼和农业生产使土壤和沉积物中锰含量增加，出现不同程度土壤锰污染问题，对土壤微生物和植物有害。除了自然循环以外，对土壤含锰量影响最大的是来自大气中的锰。锰污染的土壤主要是酸性土壤，可使某些植物发生锰中毒。在土壤中拌入石灰，能提高土壤的pH值，使土壤污染状况得到改善。

地表水中锰的浓度一般为8$\mu g/m^3$，锰浓度为0.15mg/L时，水出现浑浊，锰浓度为0.5mg/L时，水有金属味；氯化锰浓度为1.0mg/L和硫酸锰浓度为4mg/L时，水便有强度为1级的异味。水中的二价锰对人、畜和水生生物的毒性很小。二氧化锰可使水染成红色，吸着在工业品上，会产生难看的斑点。水合氧化锰难溶于水，有很强的吸附能力，可以吸附许多痕量金属或有机物。

空气中锰超过500$\mu g/m^3$可造成锰中毒。冶炼锰、锰合金和使用锰的厂矿及其周围的大气中，以气溶胶形态存在的锰，含量超过500$\mu g/m^3$时，可造成工人职业性的锰中毒。锰还可通过燃烧、工业污染源、车辆运行时轮胎磨损、矿物和机动车燃料燃烧排出的废气导致空气锰污染。

锰缺乏会对健康造成不良影响，主要抑制骨骼的合成，会造成软骨发育不良、骨化缓慢、长骨短、骨关节畸形、骨质硬度下降韧性降低、骨质疏松、易于骨折，严重缺乏还会影响骨骼内磷酸酶活性，导致生长发育停滞；还会影响人脑和中枢神经系统，引起神经衰弱综合征，影响智力发育，使人反应迟钝，记忆力下降；导致胰岛素合成和分泌的降低，影响糖代谢，可能会引起动脉粥样化、心脑血管疾病、高胆固醇症、癫痫、创伤愈合不良及癌症；导致运动神经失调，手脚发生抽搐现象，可能会产生运动失调症。

5.7.2 锝及其化合物

锝（Tc）单质为银白色金属，但通常获得的是灰色粉末。现在锝已经达到成吨级的产量，是从核燃料的裂变产物中提取的。金属锝具有抗氧化性，在酸中溶解度不大，因此可用作原子能工业设备的防腐材料。

5.7.2.1 锝及其化合物的应用

锝亚甲基二膦酸盐注射液是良好的骨显像剂，可通过化学吸附方式与骨骼中羟基磷灰石晶体结合，或通过有机化合物与未成熟的骨胶原结合，沉积在骨骼中。主要用于全身骨显像和癌症骨转移显像，由于其灵敏度高、特异性强是目前最常用的全身骨显像剂。

锝-99m标记的放射性药物广泛用于SPECT/CT定量分析，定量SPECT/CT广泛用于甲状腺疾病的研究，也可以评价唾液腺功能，还可应用于经肝动脉内照射放疗栓塞前的剂量评估。锝-99m标记氨基葡萄糖类衍生物可应用于肿瘤分子代谢显像。锝-99m标记氨基葡萄糖显示出类似于18F-FDG的肿瘤细胞摄取，并参与了细胞核的代谢过程。

5.7.2.2　锝的环境风险与毒性损害表现

核电的快速发展不可避免地会产生大量的放射性物质，这些物质会对环境产生危害，尤其是其中的长寿命裂变产物，在自然状况下经几百年后仍具有较强的放射性。锝放射性药物是用^{99}锝的同质异能素锝-99m 合成的，用于显像诊断，放射性为 32MBq/g。虽然 Tc 外照射危害不大，但由于其具有半衰期长、迁移速度快、易于从土壤进入植物等特点，已成为环境放射化学最关心的核素之一。大量核武器实验、加工核燃料的副产物将 Tc 引入水体，造成水体深度污染。

5.7.3　铼及其化合物

5.7.3.1　铼及其化合物的应用

全球铼产量的 70%都用于制造喷射引擎的高温合金部件，铼的另一主要应用是在铂-铼催化剂，可用于生产无铅、高辛烷的汽油。加入铼会提升镍高温合金的蠕变强度。铼合金一般含有 3%至 6%的铼。第二代合金的含铼量为 3%，曾用在 F-16 和 F-15 战机引擎中；第三代单晶体合金的含铼量则有 6%，曾用在 F-22 和 F-35 引擎中。铼高温合金还用于工业燃气轮机。高温合金在加入铼后会形成拓扑密排相，因此其微结构会变得不稳定。第四代和第五代高温合金加入钌以避免这一现象。

钨-铼合金在低温下可塑性更高，易于制造、塑形，且在高温下的稳定性也得以提高。这一变化会随铼的含量而增加，所以钨-铼合金含有 27%的铼，这也是铼在钨中的溶解极限。X 射线源是钨-铼合金的一个应用。钨和铼的熔点和原子量都很高，有助于抵抗持续的电子撞击。这种合金还用作热电偶，可测量最高 2200℃的温度。铼在高温下十分稳定，蒸气压低，耐磨损，且能够抵御电弧腐蚀，所以是很好的自动清洗电触头材料。开关时的电火花会对触头进行氧化耗损。

铼-铂合金是催化重整过程中的一种催化剂，用于石油加工过程能够提高石脑油的辛烷值。用于催化重整的催化剂当中，30%含有铼。在矾土（氧化铝）表面涂上铼，可作为烯烃换位反应的催化剂。含铼催化剂可抗御氮、硫和磷的催化剂中毒现象，因此被用在某些氢化反应中。

氧铼催化剂用于一种新的异构化碳功能化呋喃糖苷体系的形成。该反应除了硫、氮和氢化物供体外，还包括烯丙基硅烷、烯醇醚和芳香族化合物等亲核试剂，能够与呋喃西啶结构衍生的羰基离子反应。

铼掺杂可提高 $MoSe_2$ 和 WSe_2 的光电化学活性。研究结果表明，铼作为掺杂剂有助于更好的整体电化学性能，即相对于原始化合物，这些材料更容易发生电子传递。此外，光电化学测试表明，在紫外光照射下，铼的掺杂提高了 $MoSe_2$ 和 WSe_2 的光电流响应。

5.7.3.2　铼的环境风险与毒性损害表现

铼（Re）具有放射性，在土壤中含量很低。铼的生产原料主要来自钼冶炼过程的副产品，其他产物进入土壤造成污染，且 Re 易进入植物，造成危害。Re 与 Tc 化学性质相似，在核研究废液排放中会造成很严重的水体污染。

铼的制备过程中会产生有害气体造成大气污染。在硫化铜矿石的提炼过程中，铼可以从含有钼元素的焙烧烟气中提取出来。要制成铼金属，需在高温下用氢气还原高铼酸铵。现在铼冶炼行业扩铼原料来源少，铼在钼、铜等冶炼过程中的回收率低，闪速焙烧炉和循环流态化焙烧方法不完善，不能有效地将铼回收。现代制备 Re 技术产生的烟雾对人体和环境造成影响。

5.8 第八副族元素及其化合物的应用、环境风险与毒性损害表现

5.8.1 铁及其化合物

5.8.1.1 铁及其化合物的应用

亚铁化合物有氧化亚铁、氯化亚铁、硫酸亚铁、氢氧化亚铁等；正铁化合物有三氧化二铁、三氯化铁、硫酸铁、氢氧化铁等。

铁的氧化物有氧化亚铁（FeO）、二氧化铁（FeO_2）、三氧化二铁（Fe_2O_3）、四氧化三铁（Fe_3O_4）。三氧化二铁是棕红或黑色粉末，俗称铁红。四氧化三铁为黑色晶体，具有很好的磁性，故又称为“磁性氧化铁”。

Fe_3O_4 是一种常用的磁性材料，硬度很大，可以作磨料。特制的纯净四氧化三铁可用作录音磁带和电讯器材的原材料。天然磁铁矿是炼铁的原料。四氧化三铁还可作颜料和抛光剂，用于制底漆和面漆。我们还可以通过某些化学反应，比如使用亚硝酸钠等等，使钢铁表面生成一层致密的四氧化三铁，用来防止或减慢钢铁的锈蚀，例如枪械、锯条等表面的发蓝、发黑。

纯铁可以用于制发电机和电动机的铁芯，还原铁粉可用于粉末冶金，钢铁可用于制造机器和工具。

5.8.1.2 铁的环境风险与毒性损害表现

单质铁在水中难溶，且不具备吸附作用，因此即使存在于水环境中，不仅自身不会产生污染，而且也无法吸附其他难溶的污染物形成易溶或者可溶的污染物，对水环境形成污染风险。而氢氧化铁不一样，作为一种难溶的晶体物质，其表面、边和角的构晶离子，因电荷不完全等衡而携带一定量的正或负电荷，从而可能吸附溶液中带有相反电荷的离子形成共沉淀。当水环境中的铁含量超过氢氧化铁的溶度积时，在氧化条件下会产生铁的水解和聚合，形成比表面积大并带有较多正电荷的红色氢氧化铁沉淀。降水可以将大量泥沙、枯枝败叶带入水体中，这些有机质与水体中溶解性铁、锰化合物络合形成稳定的胶体体系，不易沉淀，致使水体中铁、锰浓度长时间偏高。与水库、湖泊等相比，河流、山川更具有流动性，水体中的铁、锰更难沉淀到河底。因此河流中铁、锰浓度超标样本数往往多于水库、湖泊。

铁是人类不可或缺的元素，人体内正常约含有 1g 铁元素。当人体摄入过多铁元素时，往往会产生中毒症状。目前在日常生活生产最易接触到可导致中毒的铁化合物主要是硫酸亚铁和羰基铁，中毒则分为急性与慢性中毒。摄入过量硫酸亚铁后的中毒机理是处于自由状态的铁离子通过催化氧化还原反应和脂质过氧化以及自由基形成来破坏多种细胞。服用硫酸亚铁后，首先对口腔、胃肠等消化道黏膜产生腐蚀作用，多表现为金属异味、胃肠多次出血、呕吐以及低血压等。约 12 小时后，经过吸收和循环，开始作用于肝脏、肾脏、心肌以及脑部，导致胃肠再次出血，并伴有多脏器功能衰竭和精神症状。严重患者死亡原因多为多脏器

功能损害。过量铁剂能产生类似血色沉着病的综合征，可引起肝纤维变性。

5.8.2 钌及其化合物

钌是铂族金属中研究和应用都较少的元素，常与其他铂族金属伴生。由于地壳中的含量十分稀少且矿石品位很低，导致钌资源成本高，使其成为严格控制的战略资源，应用范围受到限制。然而，随着科学技术的迅速发展，钌的各种优异性能不断被发现，如高硬度、高强度、优异的催化活性、高导电性等，广泛应用于电子、化工、电化学、航空航天等领域，使得市场对钌的需求量迅速增加。

5.8.2.1 钌及其化合物的应用

三氯化钌（$RuCl_3$）为带有光泽的晶体颗粒。三氯化钌可用于亚硫酸盐的测定、氯钌酸盐的制备，可用作干燥剂、吸附剂、催化剂载体（多用于多相催化或均相催化）以及作为电镀、电解阳极与氧化剂发生氧化反应的催化剂。

水合二氧化钌（$RuO_2 \cdot xH_2O$）具有极高的比电容（比活性炭大1倍以上）和金属一般的导电性。因此，在军事航天等国防和特定领域具有重要应用，特别是阳极为五氧化二钽、阴极为水合二氧化钌构成的混合型超级电容器，因具有优异的频率响应特性和高低温稳定性而在国防领域应用广泛。而无水氧化钌是一种化工催化剂，是制作电阻和电容器的重要原料。

醋酸钌（$C_6H_9O_6Ru$）是一种黑色晶体，主要用途是作为多种化学反应如加氢、异构化、羰基化等的催化剂或者助催化剂。

铑钌合金是以铑为基含钌的二元合金。钌在铑中的最大溶解度＞20%，铑钌合金用高频感应加热炉氩气保护熔炼，铸锭经热轧和少量的冷加工成材，常用作催化剂。

钌系电阻浆料是由电导电材料（二氧化钌、钌酸铋、钌酸铅等）、玻璃黏结剂、有机载体等组成的使用广泛的一种电阻浆料，具有阻值范围宽、电阻温度系数低、阻值重现性好、环境稳定的性好等优点，用于制作高性能电阻和高可靠精密电阻网络。

钌基厚膜电阻浆料是由二氧化钌粉、钌酸盐、无机添加物和有机载体组成的一种满足于印制或涂敷的膏状物，用于厚膜混合集成电路、电阻网络。

5.8.2.2 钌的环境风险与毒性损害表现

通常情况下，钌在土壤中相比于其他裂变产物更容易扩散，放射性的钌在土壤中容易迁移，从而容易对土壤产生范围较广的污染。^{106}钌是核裂变产物中主要的核素之一，核爆炸与核动力设施都会有一定量的^{106}钌进入环境，造成不同程度的污染。和在土壤中的情况一样，钌在水中的扩散迁移能力同样大于其他裂变产物，且钌容易被水环境中的藻类吸收、富集，因此存在造成对水环境的破坏及其中的生物污染的风险。

据文献介绍，在核燃料后处理工厂周围的地下水中，放射性钌可能形成亚硝酰钌的复杂络合物，通过一些监测资料的分析，证实了这些络合物不易被土壤所吸附，在地下水中活动力很强，移动距离很远，因此被用来监测地下水源是否遭到污染和确定污染范围。

钌由于其放射性和易于在肿瘤处富集的特点，其化合物常作为抗肿瘤药物使用。但也由于其放射性，许多钌化合物对环境和人体会造成放射性损害。人经口摄入放射性钌后，胃肠道对难溶性钌化合物的吸收率较低。急性损伤主要是胃肠道多处出血和坏死性结肠炎。放射性钌慢性作用主要表现为骨髓细胞增生性病变，并出现异型细胞。此外，还有肠黏膜变性，溃疡性大肠炎，盲肠、乙状结肠或直肠息肉，以肾小球和肾血管硬化为主的肾硬化症。

5.8.3 锇及其化合物

锇存在于锇铱矿中。将含锇的固体在空气中焙烧，利用醇碱溶液吸收挥发出的四氧化锇，得到锇酸盐后用氢气还原制得金属锇。金属锇在空气中十分稳定，粉末状的锇易氧化，浓硝酸、浓硫酸、次氯酸钠溶液都可以使其氧化，在室温下易与氧气反应生成氧化锇（OsO_2），加热可生成易挥发且有剧毒的四氧化锇（OsO_4）。

5.8.3.1 锇及其化合物的应用

锇在很多工业中可以用作催化剂。合成氨或进行加氢反应时用锇做催化剂，就可以在不太高的温度下获得较高的转化率。如果在铂里掺进一点锇，就可做成硬度大且锋利的锇铂合金手术刀。利用锇与一定量的铱可制成锇铱合金，锇铱合金坚硬耐磨，可以用做钟表和重要仪器的轴承，某些高级金笔的笔尖上那颗银白色的小圆点即为锇铱合金。

四氧化锇（OsO_4）为白色或淡黄色结晶，有类似氯的气味，微溶于水，溶于乙醇、乙醚、四氯化碳、氨水，是一种强氧化剂，主要用作催化剂、氧化剂、化学试剂，还用于医药和制造白热气灯的纱罩、电子显微镜等。

5.8.3.2 锇的环境风险与毒性损害表现

锇元素普遍存在于各类矿石中，如锇铱矿，矿石经过风化作用容易变成土壤，因此锇就会被带入土壤及水环境中，在空气中会自然氧化且具有很难散去的难闻气味。

在锇的化合物中，具有代表性毒性的便是四氧化锇。四氧化锇对人体组织有极强的氧化性，多见于科研工作与职业暴露中，眼睛暴露可能会引起严重的烧伤，吸入或摄入后会对呼吸道或胃肠道造成损害。科研工作者在进行相关工作时应当做好防护措施。这也体现了对废物进行资源综合利用的必要性。

5.8.4 钴及其化合物

钴在地壳中的平均含量为 0.001%(质量)，海洋中钴总量约 23 亿吨，自然界已知含钴矿物近百种，但没有单独的钴矿物，大多伴生于镍、铜、铁、铅、锌、银、锰、等硫化物矿床中，且含钴量较低。自然界中已发现的钴矿物和含钴矿物分属于单质、碳化物、氮化物、磷化物和硅磷化物、砷化物和硫砷化物、锑化物和硫锑化物、碲化物和硒碲化物、硫化物、硒化物、氧化物、氢氧化物和含水氧化物氢氧化物、砷酸盐、碳酸盐以及硅酸盐等 14 大类。其中以硫化物、砷化物和硫砷化物最多。

5.8.4.1 钴及其化合物的应用

钴是重要的磁性材料，钴在磁性材料领域 70%用于 Alnico 永磁合金，20%用于 Smco 合金，10%用于其他稀土永磁材料，在电子工业和高科技领域起着非常重要的作用。含有一定量钴的刀具钢可以显著提高钢耐磨性和切削性能。钴可将合金中其他金属碳化物晶粒结合在一起，使合金具更高的韧性，并减少对冲击的敏感性能，这种合金熔焊在零件表面，可使零件的寿命提高 3～7 倍。含钴 50%以上的司太立特硬质合金即使加热到 1000℃也不会失去其原有的硬度。此外温度在 1038℃以上时，钴基合金的优越性就显露无遗，特别适合用于制作高效率的高温发动机和汽轮机等，因此钴基合金被广泛地应用在航空航天和现代军事领域中。在航空涡轮发动机的结构材料中使用含 20%～27%铬的钴基合金可在不使用任何保护涂层的条件下达到很高的抗氧化性。核反应堆供热工作室热介质涡轮发动机可以不检修而连续运转一年以上。

氧化钴（CoO）为黑灰色六方晶系粉末，易被一氧化碳还原成金属钴，高温时易与二氧化硅、氧化铝或氧化锌反应生成多种不同颜色的化合物。氧化钴可作为油漆添加剂，在制造各种油漆时加入氧化钴，可使生产的油漆性能有所提高；氧化钴在油漆中还起着催干剂的作用，使油漆易于快速晾干，以提高应用速率，这对油漆的快速施工大有益处。在搪瓷材料中加入氧化钴后，可提高耐腐蚀和耐磨度。在各种建材和日用陶瓷中，用氧化钴制成蓝色的颜料或釉料涂于陶瓷制品，经焙烧后得到的陶瓷品颜色鲜艳，更具有艺术性。钴制品在石油炼制中作为催化剂有着较长的历史，在促进炼油的发展中起着重要作用。此外氧化钴也可用作其他产品原料。如在一定温度下用氢还原氧化钴生产金属钴粉，用于制造硬质合金；用酸溶解氧化钴制成水溶液进行电解获得金属钴锭，作为高温高强度合金钢添加剂；将氧化钴制成酸性钴溶液，经不同的化学加工后可生产钴盐，此外，氧化钴在电气工业如荧光粉的添加剂及其他化工方面的使用也在迅速地发展。

氢氧化钴［$Co(OH)_2$］为玫瑰红色单斜或六方晶系结晶体，不溶于水，难溶于强碱，但能溶于酸及铵盐溶液，为两性氢氧化物。化工生产中用于制造钴盐、含钴催化剂、蓄电池电极的浸透溶液及电解法生产双氧水分解剂；涂料工业用作油漆催干剂；玻搪工业用作着色剂等。

氯化钴（$CoCl_2$）为粉红色至红色结晶，无水物为蓝色。在仪器制造中用于生产气压计、比重计、干湿指示剂等；陶瓷工业中用作着色剂；涂料工业中用于制造油漆催干剂；畜牧业中用于配置复合饲料；酿造工业中用作啤酒泡沫稳定剂；国防工业中用于制造毒气罩；化学反应中用作催化剂；此外，还可用于制造隐显墨水、氯化钴试纸、变色硅胶等，还可用作氨的吸收剂。

硫酸钴（$CoSO_4$）为玫瑰红色结晶。在涂料工业中用作油漆催干剂；陶瓷工业中用作彩色瓷器釉药；化学工业中用于制造含钴的颜料和作为生产各种钴盐的原料；电池工业中用作碱性电池和立德粉的添加剂。此外，还可用作催化剂和分析试剂等。

5.8.4.2　钴的环境风险与毒性损害表现

在自然界中，钴的含量不大。据测算，土壤中含钴量为 0.05～65.00mg/kg，中值为 8mg/kg。即使是在岩石风化的土壤中，钴的浓度依旧变化不大，如含钴量为 59mg/kg 的玄武岩风化后含钴 81mg/kg，略有富集。钴污染主要来源于核武器试验废物、原子能工业废物、矿藏开采、医疗和科研等行业，其中很大一部分为放射性废物。

土壤中含有一定量的钴，对植物生长有好处，但是，当土壤被钴严重污染，钴浓度超过 10mg/L 时，可使农作物死亡。而适量的钴对环境有益处。钴是固氮菌固定大气中氮所必需的元素。因此在豆科及在固氮藻类中均需要钴。诸如根瘤菌等共生微生物、自生固氮菌和蓝绿藻的生长中必须有钴；钴在维生素 B_{12} 形成中起作用，能改善生长、蒸腾和光合作用，使叶绿素含量得以提高。

钴过量对水生生物有一定的毒害作用。钴在天然水中常以水合氧化钴、碳酸钴的形式存在，或者沉淀在水底，或者被底质吸附，很少溶解于水中。淡水中钴的平均含量为0.2μg/L。钴对鱼类和水生动物的毒性比对温血动物大。钴的毒性作用临界浓度为0.5mg/L，浓度达到10mg/L时，可使鲫鱼死亡。

金属钴以及钴的碳酸盐、草酸盐、硬脂酸盐和氧化物属低毒类化合物，硝酸钴、氯化钴、硫酸钴、氟硼酸钴和四羰基钴属中等毒类化合物。经呼吸道注入较大剂量的钴及其化合物后，动物肺脏可出现出血、水肿、血管周围弥漫性细胞浸润、小动脉痉挛、局部细支气管阻塞及周围纤维化，并有局部腺上皮增生和钴积聚。工人在职业接触钴后，危害程度较大又较常见的是以呼吸系统症状为主的“硬质合金病”。钴对眼和皮肤的影响一般认为是一种过敏反应，针对皮肤的影响主要是产生过敏性或刺激性皮炎。皮肤损害一般可分两种类型，第一类是丘疹型，患者可出现轻微瘙痒性红斑疹，发病季节主要在夏季，病变常见于手、腕、前臂等部位和皮肤皱褶处，患者多为接触钴时间不长的新工人；第二类是湿疹型，病变处常伴有轻微的角化过度症和裂口，患者接触钴时间较长，常在数年以上，一般人群中对钴过敏的人数极少。

5.8.5 铑及其化合物

铑在地壳中的含量为1×10^{-7}，常与其他铂系元素一起分散于冲积矿床和砂积矿床的多种矿物（如原铂矿、镍黄铁矿、硫化镍铜矿、磁铁矿等）中，还以游离状态存在于自然合金（如锇铱合金）中。铑可在铂系金属精炼过程中集取而制得，也可由镍生产的副产品获得。独立矿物有硫砷钌铑矿。

5.8.5.1 铑及其化合物的应用

铑除了制造合金外，还可用作其他金属光亮而坚硬的镀膜，例如，镀在银器或照相机零件上。将铑蒸发至玻璃表面上，形成一层薄蜡，便造成一种特别优良的反射镜面。铑的催化活性和选择性高，寿命长。铑及其合金、含铑化合物、络合物催化剂可用于制醛类和醋酸、汽车废气净化、燃料电池电极、硝酸生产的氨氧化以及塑料、人造纤维、药物、农药等有机化工合成。铑对可见光反射率高而稳定，常用于特殊工业用镜、探照灯、雷达等反射面的镀层。铑的熔点高，抗氧化，耐腐蚀，是化学性质最稳定的金属之一，可做耐腐蚀容器，大气中可在1850℃高温下使用。纯铑坩埚可用于生产钨酸钙和铌酸锂单晶。铑镀层硬度高（7500～9000MPa），耐磨，耐腐蚀，接触电阻稳定，可用于饰品和其他工业仪器、气敏元件的镀层，镀铑复合材料是优良的电接触材料。

氯化铑（$RhCl_3$）是一种红棕色粉末，易潮解、有毒，70℃时可被氢气还原，不溶于水、酸、王水，溶于甲醇和氰化物溶液，在浓酸中（硝酸、硫酸）加热分解，加热时能与钠、铝、镁、铁等金属作用，可用于光谱标准、电子、仪表、冶金工业等领域。氯化铑能够实现烯烃和具有环张力环化物的异构化反应，还能作为催化剂前体实现还原反应，此外高价铑试剂也能实现氧化反应。

氧化铑（Rh_2O_3）即三氧化二铑，是灰色晶体或无定形粉末，不溶于水、酸、王水及碱，在1100～1500℃时分解为金属铑和氧气，能被氢气、二氧化硫等还原剂还原为铑。其五水合物为柠檬黄色粉末，不溶于水，可溶于多种酸，新鲜沉淀可溶于浓碱，受热失水并分解放出氧气，分解产物是不溶性黑色的四氧化三铑。氧化铑主要用于加氢醛化、甲酰化和羟基化作用。

5.8.5.2　铑的环境风险与毒性损害表现

铑对大气的影响主要体现在汽车尾气净化器的颗粒堆积上。从汽车尾气催化净化器中释放出含有铑的灰尘颗粒大部分会直接沉积在道路两旁。研究显示，交通量大的主要道路土壤样品中铑金属含量高于交通量小的道路。已有的研究表明，铂族金属（包括铂、钯、铑等）已普遍存在于包括灰尘、土壤、空气等各种环境介质中，增加了其对人类的暴露风险。

铑的一些化合物具有致癌作用，但几乎没有报告称人类受到这种元素的任何影响，这可能是因为铑化合物很少被发现。对植物的测试表明，铑是铂族金属中最有害的成员，虽然铑通常被认为是无毒的，但它的一些化合物是有毒的和致癌的。自然存在的铑只有一种稳定的同位素^{103}Rh。

5.8.6　铱及其化合物

铱和铂一样呈白色，另带少许黄色。铱坚硬易碎，熔点也非常高，所以很难铸造。铱是抗腐蚀性最强的金属之一，能够在高温下抵御几乎所有酸、王水、熔融金属，甚至是硅酸盐。但是某些熔融盐，如氰化钠和氰化钾，以及氧气和卤素单质（特别是氟气）在高温下还是可以侵蚀铱的。铱在地壳中含量仅有 $9\times10^{-9}\%$，主要存在于锇铱矿中，可用锌与在提炼铂时所得的锇铱合金中分离制得。铱铑合金多用于制作科学仪器、热电偶、电阻线等。

5.8.6.1　铱及其化合物的应用

铱的应用大部分基于其高熔点、高硬度和抗腐蚀性质。铱金属以及铱-铂合金和锇-铱合金的耗损很低，可用来制造多孔喷丝板，喷丝板用于把塑料聚合物挤压成纤维，例如人造丝。锇-铱合金也可以用于指南针轴承和计重秤。铱的耐腐蚀、耐高温性质很强，所以非常适合用作合金添加物。飞机引擎中的一些长期使用部件是由铱合金组成的，铱-钛合金也被用作水底管道材料。加入铱可提升铂合金的硬度。铱也常被用于须承受高温的仪器当中。比如，柴可拉斯基法使用铱制高温坩埚生产单个氧化物晶体，如蓝宝石、钆镓石榴石和钇铝石榴石等。铱还被用于 X 射线望远镜中。

氧化铱（IrO_2）为褐色或黑色固体，其晶格为金红石结构，其中有六配位的铱及三配位的氧。氧化铱和其他稀有金属的氧化物可用作工业电解的阳极电极，以及电生理学研究中用到的微电极。三氧化二铱是一种黑蓝色粉末，在硝酸中会氧化成 IrO_2。

六氯铱酸（H_2IrCl_6）为褐色溶液或黑色固体，易吸潮，溶于水、盐酸、醇类，受强热失去结晶水而分解，可催化聚苯胺在非贵金属电极表面上的电化学合成。还可通过重新填充缺位前体的空位，形成铱取代的 Dawson 型和 Keggin 型多金属氧酸盐。

十二羰基四铱（Na_3IrCl_6）为黄色挥发性固体，熔点 210℃（分解），溶于乙醚。由六氯化铱三钠（Na_3IrCl_6）与一氧化碳反应，或一氯化二羰基铱在对苯甲胺溶剂中与锌和一氧化碳反应制得。用于制备高纯铱粉，费-托合成中用于催化合成甲烷、乙烷和丙烷，制备相应有机金属化合物等。

5.8.6.2 铱的环境风险与毒性损害表现

铱一般存在于河流的沉积物中，目前未发现铱对水体有不良影响。商业上将其作为镍精炼的副产品回收。但是其放射性同位素有害，必须采取放射源所需的适当保障措施。

成块的铱金属没有生物用途亦无害，因为它不与生物组织反应。和大部分金属一样，铱的金属细粉具有危险性，会刺激组织，且容易在空气中燃烧。由于铱化合物的处理量一般都很低，所以人们对其毒性所知甚少。大部分铱化合物都不可溶，所以很难被人体吸收。铱的可溶盐，如各种卤化铱，则含有毒性。可溶性铱化合物，如三溴化铱和四溴和三氯化铱可能同时呈现铱或卤素的毒性效应，但关于其慢性毒性的数据尚不清楚。三氯化铱是一种轻微的皮肤刺激物，在眼睛刺激试验中呈阳性反应。吸入金属铱气溶胶沉积在大鼠上呼吸道，然后通过胃肠道迅速去除金属，大约95%的铱可以在粪便中找到。

5.8.7 镍及其化合物

镍是一种银白色金属，在空气中很容易被氧化，表面会形成有些发乌的氧化膜，因此人们见到的镍常颜色发乌。镍质坚硬，有很好的延展性、磁性和抗腐蚀性，且能高度磨光。镍在地壳中含量也非常丰富。在自然界中以硅酸镍矿或硫、砷、镍化合物形式存在。

5.8.7.1 镍及其化合物的应用

镍常被用于制造不锈钢、合金结构钢等钢铁领域以及电镀、高镍基合金和电池等领域，广泛用于飞机、雷达等各种军工制造业、民用机械制造业等。镍在不锈钢应用中消耗量最大，全球2/3的初级镍矿都用于不锈钢的生产。含镍的不锈钢既能抵抗大气、蒸汽和水的腐蚀，又能耐酸、碱、盐的腐蚀，故被广泛地应用于化工、冶金、建筑等行业，如制作石油化工、纺织、轻工、核能等工业中要求焊接的容器、塔、槽、管道等；制造尿素生产中的合成塔、洗涤塔、冷凝塔、汽提塔等耐蚀高压设备。镍还被应用到电池领域，主要有镍-氢电池、镉-镍电池还和镍-锰电池等。

镍基合金是指在650～1000℃高温下有较高的强度与一定的抗氧化腐蚀能力等综合性能的一类合金，按照主要性能可细分为镍基耐热合金、镍基耐蚀合金、镍基耐磨合金、镍基精密合金与镍基形状记忆合金等。

镀镍是指在钢材和其他金属基体上覆盖一层耐用、耐腐蚀的镀层，其防腐蚀性比镀锌层高20%～25%。镀镍的物品美观、干净、又不易锈蚀。电镀镍的加工量仅次于电镀锌居第二位，其消耗量占到镍总产量的10%左右。

氧化镍（NiO）不溶于水，易溶于酸。纯的无水氧化镍还未得到证实，但β-NiO(OH)是存在的，是在低于298K用次溴酸钾的碱性溶液与硝酸镍溶液反应得到的黑色沉淀，易溶于酸。用NaOCl氧化碱性硫酸镍溶液可得到黑色的$NiO_2 \cdot nH_2O$，不稳定，对有机化合物是一个有用的氧化剂。

镍催化乙炔羰基生产丙烯酸早已在工业规模生产，具有重要的经济效益，至今仍在工业上应用。烯烃的羰基化反应比炔烃要求更为强烈的条件。丙烯和其他不对称取代烯烃在反应中生成混合产物；烯丙基卤化物在水溶液中羰基化生成酸，在乙炔或乙烯的存在下，由于同时发生炔或烯的插入，生成六碳酸；芳基卤化物的羰基化因介质不同，可分别生成酸、酯或酸胺；烷基卤化物很难进行羰基化。

5.8.7.2　镍的环境风险与毒性损害表现

镍可以在土壤中富集，土壤中的镍主要来源于岩石风化、大气降尘、灌溉用水（包括含镍废水）、农田施肥、植物和动物残体的腐烂等。植物的生长和农田排水可以从土壤中带走镍。镍含量最高的植物是绿色蔬菜和烟草，为 1.5～3mg/L；谷物、水果和马铃薯中含量很低。土壤中含镍量如高于 0.5mg/L，对亚麻生长不利；浓度高达到 15.9～29.4mg/L，可使糖用甜菜、番茄、马铃薯和燕麦生长减缓；镍对水稻产生毒性的临界浓度是 20mg/L。

天然水中的镍常以卤化物、硝酸盐、硫酸盐以某些有机和无机络合物的形式溶解于水。水中的可溶性镍离子能与水结合形成水合离子，当遇到 Fe^{3+}、Mn^{4+} 的氢氧化物、黏土或絮状的有机物时会被吸附，也会和硫离子（S^{2-}）反应生成硫化镍而沉淀。工业上用于镀镍的原料是镍的硫酸盐（$NiSO_4 \cdot 6H_2O$，$NiSO_4 \cdot 7H_2O$）或氯化镍（$NiCl_2$），随废水排出的可溶性镍离子在酸性介质中稳定，在碱性介质中生成氢氧化镍 $Ni(OH)_2$ 沉淀。不同工业的废水中镍浓度差别很大，如镀镍工业废水为 2～900mg/L，机器制造业废水为 5～35mg/L，金属加工业废水为 17～51mg/L。

石油中镍的含量为 1.4～64mg/L，大部分煤也含有微量镍，通过燃烧过程被释放出来，这是大气中镍的主要来源。在冶炼镍矿石及其他含镍金属矿石（特别是冶炼钢铁）时，部分矿粉会随气流进入大气，在焙烧过程中也有镍及其化合物排出，主要为不溶于水的硫化镍（NiS）、氧化镍（NiO）、金属镍粉尘等，成为大气中的飘尘。燃烧生成的镍粉尘遇到热的一氧化碳，会生成易挥发、毒性很大且有致癌性的羰基镍 $Ni(CO)_4$，但它在空气中容易分解。汽车等内燃机的废气中含一氧化碳，可与镍反应，因此有的国家已禁止使用含镍的汽油添加剂。

镍是人体必需的微量元素，可以组成血纤维蛋白溶酶，也可以作为人体多种酶的活化剂。同时，由于细胞核酸中也含有一定的镍，所以人体缺乏镍时，肝细胞吸氧量降低。然而，摄入镍过多对人体造成的危害更大。镍对人体最大的危害是皮肤，外在影响皮肤的颜色，内在甚至会引发接触性皮炎。值得注意的是，镍是一种潜在的致敏元素，含镍首饰引起过敏反应已成为饰品行业较为普遍的问题。佩戴的首饰、手表、眼镜以及使用的日用化妆品都可能造成人体镍过敏。除此之外，镍对人体免疫功能、造血功能、生殖功能和脏器都有影响。镍的毒性还与镍的形态有关，金属镍几乎没有急性毒性（纳米级镍尘除外），一般的镍盐毒性也较低，但胶体镍、氯化镍、硫化镍和羰基镍毒性较大，是导致中枢性循环紊乱和呼吸紊乱的原因之一，还会使心肌、脑、肺和肾出现水肿、出血和变性。

5.8.8　钯及其化合物

钯（Pd）是银白色过渡金属，质软，有良好的延展性和可塑性，能锻造、压延和拉丝。块状金属钯能吸收大量氢气，使体积显著胀大，变脆乃至破裂成碎片。钯在 1803 年由英国化学家武拉斯顿从铂矿中发现。

5.8.8.1　钯及其化合物的应用

钯主要应用于航空航天、化工、电子和首饰等领域，是航天、航空、航海、兵器和核能等高科技领域以及汽车制造业不可缺少的关键材料。钯金可制作电子及牙科医疗器具，可与钌、铱等形成合金，提高电阻率、硬度和强度，用于制造精密电阻等。钯化学工程中主要用作催化剂，氧化钯（PdO）和氢氧化钯［$Pd(OH)_2$］是钯催化剂的来源；氯化钯、四硝基钯酸钠［$Na_2Pd(NO_3)_4$］和其他络盐用于电镀行业。

5.8.8.2 钯的环境风险与毒性损害表现

钯是汽车催化转换器中的主要成分，在有效治理汽车尾气污染的同时，不断排放并在环境中累积增加，随着元素的迁移、转化及地下水的循环，可能成为一种新的环境污染问题。公路两旁表层土壤样品铂族元素的非残渣态中Pd的含量最高，研究认为Pd更易进入生物圈，更易被生物吸收并在生物体内积累。钯在环境中的积累量不断增多，尤其是在水生生态系统中，高剂量的钯暴露会抑制部分鱼类鱼胚胎发育，主要表现为胚胎孵化率降低，幼鱼体长变短、发育畸形（包括心脏畸形、心率减慢、发育迟缓和黑色素减少等），甚至导致胚胎存活率降低、胚胎死亡。在低浓度的暴露研究发现，钯对植物的生理生化过程、生长发育过程和遗传物质均可产生毒害。

5.8.9 铂及其化合物

铂是一种过渡金属，其单质俗称白金，属于铂系元素，色泽银白有金属光泽，较软，有良好的延展性、导热性和导电性。海绵铂为灰色海绵状物质，有很大的比表面积，对气体（特别是氢气、氧气和一氧化碳）有较强的吸收能力。粉末状的铂黑能吸收大量氢气。纯铂具有良好的高温抗氧化性和化学稳定性，易加工成形。

5.8.9.1 铂及其化合物的应用

铂由于有很高的化学稳定性（除王水外不溶于任何酸，碱）和催化活性，因此，应用很广。可与钴合制强磁体，多用来制造耐腐蚀的化学仪器，如各种反应器皿、蒸发皿、坩埚、电极、铂网等。铂和铂铑合金常用作热电偶，来测定1200～1750℃的温度。铂还可用于制造首饰。铂在氢化、脱氢、异构化、环化、脱水、脱卤、氧化、裂解等化学反应中均可作催化剂。

H_2PtCl_6、$Pt(NH_3)_2(NO_2)_2$用于制作防护、装饰、电接触、电极、电子管栅极的铂镀层；顺铂和卡铂是广谱抗癌药物，用于治疗睾丸肿瘤、卵巢癌、前列腺癌、肺癌等；曾用Ba［Pt（CN）$_4$］制造X射线荧光屏；许多可溶性铂化合物是制造石油重整、燃料电池、汽车废气处理铂催化剂的原料。

5.8.9.2 铂的环境风险与毒性损害表现

铂元素对环境的污染主要来源于汽车尾气的排放，例如汽车催化转化器的劣化和表面磨损，使铂元素以微小气雾颗粒的形式散布在空气中。气雾颗粒的尺寸范围在5～20nm之间，其中大部分在0.1～10nm之间，十分细小而难以测定。铂对土壤的污染主要集中于马路边缘处，汽车催化转化器所产生铂元素的微小颗粒中，大于10μm的悬浮颗粒迅速沉降，小于10μm的颗粒仍然停留在大气中约10～30天，如果颗粒尺寸小于0.3μm将通过扩散沉淀稳定下来，根据气团循环规律，悬浮气雾颗粒可能传播上千公里，铂释放到大气中，由于比重大飘浮距离较短，最终沉降到交通线路附近。另外，作为重金属，铂不可生物降解，容易吸附在土壤上。水环境中的铂在一定条件下可以溶于水并产生迁移，而且研究表明人为活动富集能明显影响近海铂含量，铂可以从水体进入动物体，人类和其他动物会因食物链传递而面临健康风险。

铂一方面可以作为治疗癌症的药物，另一方面却是毒物。铂类药物会引起不同程度的神经损害，主要表现有外周神经毒性、听力下降、中枢神经毒性。铂类药物的显著毒性与其化学结构有着很大关联。环丁基双羧酸基团的引入能降低卡铂的水化速率，所以卡铂的毒性低于顺铂。奥沙利铂结构中的二氨基环己烷配体是其产生抗耐药性的主要基团，而草酸基的引入可能影响神经毒性的出现。药物中的顺铂（顺式-二氯二氨合铂）抗菌谱广，抑菌作用强，抗肿瘤活性可达 60%以上，为一线化疗药物。但顺铂在抗肿瘤细胞的同时，会明显降低机体免疫功能，对生物体产生毒副作用。顺铂在人体中的代谢可产生重金属铂离子，其毒性反应可诱导多个脏器组织产生损伤，主要包括肾、肝、耳、心脏和神经系统。

思考题

1. 铜是生物体中所必需的元素，当生物体缺铜时会造成什么危害？
2. 铬及其化合物在土壤中的污染有何特点？
3. 有关重金属在水体中的存在形态方面有何共性？重金属在水体中迁移的主要因素有哪些？
4. 重金属元素在土壤污染中的污染有何特点？其在土壤中的化学行为包括哪些？
5. 镉的矿物在自然界与什么矿物共生？镉对人体有何生物效应？
6. 被钛污染的水体和大气会有怎样的表现？

延伸阅读

【资源综合利用】

《国务院批转国家经委〈关于开展资源综合利用若干问题的暂行规定〉的通知》（国发〔1985〕117 号）下发以来，在国家政策的鼓励和引导下，我国资源综合利用取得一定的成绩。

党的十九届五中全会通过的《中共中央关于制定国民经济和社会发展第十四个五年规划和二〇三五年远景目标的建议》提出，“十四五”时期要“推动绿色发展，促进人与自然和谐共生”，强调“全面提高资源利用效率”。这既是破解保护与发展突出矛盾的迫切需要、促进人与自然和谐共生的必然要求，更是事关中华民族永续发展和伟大复兴的重大战略问题。

对生态环境造成破坏的原因，大都来自对资源的过度开发、粗放使用。必须从资源利用这个源头抓起，着眼中华民族永续发展和伟大复兴，站在统筹推进“五位一体”总体布局高度，正确处理保护与发展关系，正确处理人与自然关系，全面提高资源利用效率。既要考虑资源利用与发展的关系，坚持节约优先，不断提高资源本身的节约集约利用水平，满足经济社会发展合理需求；更要考虑资源利用涉及的人与自然关系，坚持生态保护优先，为资源开发利用划定边界和底线，控制人类向自然无度索取的不合理欲望，限制人们过度利用自然的不合理行为。

【量变引起质变】

量变引起质变是指当事物的量变发展到一定程度，其内部的主要矛盾运动形式发生了改变，就会引发质变。所以勿以恶小而为之、勿以善小而不为。

我国生态文明建设进入了以降碳为重点的战略方向，推动减污降碳协同增效，促进经济社会发展全面绿色转型，实现生态环境质量由量变到质变的关键时期。固废污染防治一头连着减污，一头连着降碳，是生态文明建设的重要内容。《中华人民共和国固体废物污染环境防治法》明确规定，固废污染防治坚持减量化、资源化、无害化原则。目前我国固体废物污染防治取得了积极成效，但法律实施还有一些不到位的地方，固体废物污染防治形势依然严峻。

第6章

有机物资源综合利用

6.1 环境中有机物概述

随着科学技术的不断发展以及人类创造力的迅速提高，有机化学逐渐发展成为一门丰富、广泛、动态的学科，对人类生活和社会的进步产生了重要而深远的影响。有机化合物特别是人工合成的有机化合物无处不在。与此同时，大量有害的化学物质被排入环境中，它们正在或已经对环境造成了破坏，局部已经波及人类的正常生活，是人类健康和生态系统稳定的重大隐患。

有机污染物是指进入并污染环境的有机化合物。按照其来源可分为天然有机污染物和人工合成有机污染物；按照其依存状态可分为大气、水以及土壤环境的有机污染物；按照化学结构则可以分为烃类、卤代物、含氧衍生物等各种有机污染物。此外，还可以被按照其他特性划分为不同类型（例如用途、污染源头、环境风险等）。

相比较无机污染物而言，有机污染物进入环境会产生更加严重的环境污染。例如某些具有急性毒性的有机污染物（如戊醇、腈类）在短时间内大量进入气体环境，可使暴露其中的人群在较短时间内出现不良反应、急性中毒甚至死亡。此外，环境中有害物质以低浓度、长时间反复作用于机体会产生慢性危害，例如诱发肿瘤与癌症、致畸致不孕等。臭名昭著的“橙剂”事件（主要危害物质是二噁英）、水俣病等，都是有机污染物污染致畸的典型案例。

一些有机污染物可以直接破坏土壤的正常功能，并可通过植物的吸收和食物链的积累被人体摄入，甚至可能在体内积累，影响人体生化和生理反应，从而影响新陈代谢、发育和生殖功能，甚至影响人的智力发育水平，破坏神经系统和内分泌系统。一旦有机污染物进入人体，极有可能促进肿瘤细胞的生长，导致癌症发病率增加。同时，有机污染物对土壤环境中动植物的生长发育、新陈代谢和遗传特性也有影响，这会极大地破坏生态环境稳定性，从而间接地危害人类健康。更为严重的是，土壤环境中的有机污染物可能还会影响动物在自然界的分布，造成某些动物的生存环境恶化，迫使物种大规模迁徙甚至灭绝，破坏基因库多样性。

此外，水环境中的有机污染物问题也非常尖锐。它们通常以直接的方式对人类的健康造成隐患，例如使婴儿的出生体重降低、发育不良、骨骼发育障碍和代谢的紊乱。严重的还会对生殖系统造成危害，导致男性的睾丸癌、精子数降低、生殖功能异常，新生儿性别比例失调，女性的乳腺癌、青春期提前等。不仅对个体产生危害，而且还会对其后代造成永久性的影响。

6.1.1 气体环境中的有机物

气体环境是人类生存环境的重要组成部分，不仅提供了地球万物呼吸所需的 O_2，也为各种物质传输与交换提供了介质。按照国际标准化组织（International Organization for Standardization，ISO）定义，气体有机污染通常是指由于人类活动或自然过程引起有机化合物进入气体环境中，呈现出足够的浓度，达到足够的时间，并因此危害了人体的舒适和健康的环境污染现象。据此，气体有机污染的形成及危害，不仅取决于空气中是否存在某种有害物质，还需考虑其作用的浓度和时间等因素。

气体环境中的有机污染物主要来自于生产生活过程中直接排放或固/液体环境中有机物的挥发。其中最直接的来源是工业生产中产生的各种有机废气，包括各种烃类、醇类、醛类、酮类和胺类等。这些废气来自包括石化行业尾气排放、有机合成反应设备排气、印刷行业印墨中有机溶剂挥发、机械行业机械喷漆和金属制品产生的气体、五金和家具厂喷涂设备排气等方方面面。此外，诸如焚烧垃圾时直接或间接排放的有机污染物（如二噁英）、农业生产释放的催熟剂（如乙烯利）以及挥发性农药（如 DDT）等，甚至包括家具产生的室内有机污染物（如甲醛和苯系物）等也是气体环境中有机污染物的主要来源。

6.1.1.1 大气环境中持久性有机污染

持久性有机污染物（POPs）是指人类合成的能持久存在于环境中、通过食物链累积，并对人类健康和环境造成有害影响的有机化学物质。

目前，大气中持久性有机污染物有 1000 多种，它们通常是具有某些特殊化学结构的同系物或异构体。主要来源于设备拆卸排放和泄漏、工业污染和机动车辆尾气的排放以及垃圾焚烧等。《斯德哥尔摩公约》中首批控制的 12 种物质中，9 种属于氯代农药：艾氏剂、狄氏剂、异狄氏剂、滴滴涕、氯丹、六氯苯、灭蚁灵、毒杀芬、七氯；另外 3 种是精细化学品多氯联苯及其杂质衍生物以及含氯废物焚烧所产生的次生污染物二噁英和呋喃。这 12 种污染物大多具有高急性毒性和水生生物毒性，其中 1 种被国际癌症研究机构确认为人体致癌物，7 种为可能人体致癌物。

持久性有机污染物在自然环境中极难降解，极难溶于水、不易分解，不与酸、碱、氧化剂等化学物质反应，但对脂肪有极强的亲和性，极易在生物体的脂肪内富集，并经过食物链进人体。持久性有机污染物的毒性具有潜在性和不可逆转性。潜在性是指 POPs 在人体或环境中累积到一定程度才表现出毒性；不可逆转性是指毒性作用一旦出现便无法逆转。如果人体摄入量达到 0.5～2.0g 时即可能出现中毒症状。持久性有机污染物的毒性包括致癌性、致突变性、致畸性、神经毒性、内分泌干扰特性、致免疫功能减退性等，严重危害生物体的健康与安全。

由于持久性有机污染物大多数具有较高的蒸气压，因此可以挥发逸散，能够在大气环境中长距离远程迁移，并通过所谓“全球蒸馏效应”和“蚱蜢跳效应”沉积到地球的偏远极地寒冷地区，从而导致全球范围的污染传播。在距离人类活动较远的南北极地区和青藏高原地区已经检测到有机氯农药、多氯联苯的分布。

6.1.1.2　室内环境中挥发性有机污染

不同机构和组织出于不同的管理、控制或研究需要，对挥发性有机物的定义不尽相同。美国标准 ASTM D3960-98 将挥发性有机物定义为：任何能参加大气光化学反应的有机化合物。美国国家环保局将挥发性有机物定义为：除一氧化碳、二氧化碳、碳酸、金属碳化物、金属碳酸盐和碳酸铵外，任何参加大气光化学反应的碳化合物。世界卫生组织对总挥发性有机化合物的定义为：熔点低于室温而沸点在 50～260℃之间的挥发性有机化合物的总称。我国《合成树脂工业污染物排放标准》（GB 31572—2015）、《石油化工工业污染物排放标准》（GB 31571—2015）、《石油炼制工业污染物排放标准》（GB 31570—2015）将挥发性有机物定义为：参与大气光化学反应的有机化合物，或者根据规定的方法测量或核算确定的有机化合物。按照化学结构，可将挥发性有机物分为烷烃类（如正己烷、正戊烷）、芳香烃类（如苯、甲苯、邻二甲苯、间二甲苯、对二甲苯、苯乙烯）、烯烃类（如异丁烯、1,3-丁二烯）、卤代烃类（如三氯甲烷、溴甲烷、三氯乙烯）、酯类（如乙酸戊酯、醋酸甲酯）、醛类（如甲醛、糠醛）、酮类（如丙酮、环己酮）等类别。

室内环境是指天然材料或人工材料围隔而成的小空间，是与外界大环境相对分隔而成的小环境。据调查，人的一生大约有 70%～90%的时间是在室内度过的。室内有机污染物的检测基本上以挥发性有机物代表有机物的污染状况。甲醛、苯及其同系物是最常见的室内有机污染物。甲醛是一种无色、具有刺激性且易溶于水的气体，也是当前最常见以及最受关注的室内挥发性有机物污染源。室内环境中的甲醛从其来源来看大致可分为以下两大类。

① 来自室外空气的污染：工业废气、汽车尾气、光化学烟雾等在一定程度上均可排放或产生一定量的甲醛，但是这一部分含量很少。有关报道显示城市空气中甲醛的年平均浓度为 0.005～0.01mg/m^3，一般不超过 0.03mg/m^3，这部分气体在一些时候可进入室内，是构成室内甲醛污染的一个来源。

②来自室内本身的污染：人造木板、装修材料及新的组合家具是甲醛污染的主要来源。装修材料及家具中的胶合板、细木工板、中纤板、刨花板（碎料板）的黏合剂（各类胶水）遇热、潮解时甲醛就释放出来，是室内最主要的甲醛释放源；作为房屋防热、御寒的绝缘材料的脲醛（UF）泡沫，在光和热的作用下泡沫老化以及用甲醛做防腐剂的涂料、化纤地毯、化妆品等产品均会产生一定量的甲醛。

此外，具有芳香性的苯及其同系物也是最常见的室内有机污染物。工业上常把苯、甲苯、二甲苯统称为三苯，在这三种物质当中以苯的毒性最大。室内环境中苯及其同系物的来源主要是燃烧烟草的烟雾、溶剂、油漆、染色剂、图文传真机、电脑终端机和打印机、黏合剂、墙纸、地毯、合成纤维和清洁剂等。

一般新装修房子中甲醛的含量可超标 6 倍以上，个别则有可能超标达 40 倍以上。经研究表明甲醛在室内环境中的含量和房屋的使用时间、温度、湿度及房屋的通风状况有密切的关系。同时，甲醛也是世界上公认的潜在致癌物，会刺激眼睛和呼吸道黏膜等，最终造成免疫功能异常、肝损伤、肺损伤及神经中枢系统受到影响，而且还能致使胎儿畸形。此外，苯及其同系物也是强烈的致癌物。人在短时间内吸入高浓度的苯，会出现中枢神经系统麻醉的症状，轻者头晕、头痛、恶心、乏力、意识模糊，重者会出现昏迷甚至呼吸循环衰竭而死亡。

6.1.2 水环境中的有机物

水是自然界重要的物质，是保证生物体生命活动的重要资源。我国的水资源短缺，人均水量较低，仅为世界人均量的四分之一。随着化学工业的飞速发展，以及我国工业重复用水率较低，工业废水的排放量也在不断增加，水污染较严重。

有机污染是我国水环境面临的最大威胁。有机污染物包含天然和人工合成两大类。对水环境造成污染的有机化合物主要来源于人类活动的排放，包括生活污水、畜禽养殖废水和各类工业废水。主要污染物质有酚类、石油类、芳烃类、多环芳烃类、硝基苯类、农药、表面活性剂等。此外还包括一些非挥发性的有机物质，如腐殖质、多糖类、蛋白质和多肽类等。很多有机污染物对人体和生物有毒害作用，在生物降解时还会消耗水中的溶解氧，使水质恶化，破坏生态平衡。

人工合成的有机污染物作为化工生产过程中的原始材料和中间产物被大量生产应用，因而进入水环境中的种类和数量也急剧增加。这些有机污染物大部分有毒并且容易生物积累，部分有机物还有致畸、致癌、致突变的“三致”作用，对人类和环境的潜在危害特别大。另外，尽管天然有机污染物由于天然存在的原因相对较容易被环境消纳，然而其对水质本身以及水生生态系统的破坏以及对人类健康的威胁较人工合成的有机污染物不遑多让。以蓝藻毒素为例，接触含蓝藻毒素水体可引起人眼睛和皮肤过敏，喝少量含蓝藻毒素的水即可引发急性肠胃炎，长期饮用则可能引发肝癌；家畜及野生动物饮用了含蓝藻毒素的水后，会出现腹泻、乏力、呕吐、嗜睡等症状，甚至死亡。

在我国《地表水环境质量标准》(GB 3838—2002) 中，依据水域环境功能和保护目标，按功能高低将地表水依次分为五类：Ⅰ类水质主要适用于源头水、国家自然保护区；Ⅱ类水质主要适用于集中式生活饮用水地表水源地一级保护区、珍稀水生生物栖息地、鱼虾类产卵场、仔稚幼鱼的索饵场等；Ⅲ类水质适用于集中式生活饮用水地表水源地二级保护区、鱼虾类越冬场、洄游通道、水产养殖区等渔业水域及游泳区；Ⅳ类水质适用于一般工业用水区及人体非直接接触的娱乐用水区；Ⅴ类水质适用于农业用水区及一般景观要求水域。超过Ⅴ类水质标准的水体基本上已无使用功能。根据这种规范的等级划分，使水体环境的污染状况能够清楚地呈现出来。

6.1.2.1 饮用水源水的有机污染

饮用水源水主要是指《地表水环境质量标准》规定的Ⅲ类及以上标准的水。水源水中的有机物大致可分为两类：一类是天然有机物，包括腐殖质、微生物分泌物、溶解的植物组织和动物的废弃物；另一类是人工合成的有机物，包括农药、商业用途的合成物及一些工业废弃物。

天然有机物主要是指动植物在自然循环过程中经腐烂分解所产生的大分子有机物，其中腐殖质在地表水源中含量最高，是影响水体色度的主要成分，占有机物总量的60%～90%，是饮用水处理中的主要去除对象。腐殖质是一类含酚羟基、羧基、醇羟基等多种官能团的大分子聚合物，分子量在102～106kDa范围内，其中50%～60%是碳水化合物及其关联物质，10%～30%是木质素及其衍生物，1%～3%是蛋白质及其衍生物。腐殖质在水中的形态可分为酸不溶但碱溶的腐质酸、酸溶但碱不溶的富里酸、既不溶于酸也不溶于碱的胡敏酸，三种组分在结构上相似，但在分子量和官能团含量上有较大的区别。

随着工业的发展，人工合成的有机物呈现越来越多的趋势，目前已知的有机物种类达400多万种，其中人工合成的有机物在10万种以上，且以每年2000种的速度递增。它们在生产、运输、使用过程中以各种途径进入环境。工业污染源主要来自化学化工、石油加工、制药、酿造、造纸等行业，例如淮河蚌埠段，造纸废水占每日排放总量的52%，酿造（酿酒和味精）废水及化肥分别占17.54%和11.24%。农业中使用的杀虫剂、肥料也是水体中人工合成有机物的另一个主要来源。

水源水中的有机污染物给公众的健康带来了较大的危害，主要集中表现在有机污染物进入管网后，会被管壁上附着的微生物所利用，这些微生物在氯化消毒之后仍然存活，比起一般的微生物有更大的危害。它们能够腐蚀管壁，从而使铁屑和重金属离子溶入水中，减少了管网的使用寿命，增加了输水能耗，致使爆管事件经常发生。更为令人担心的是从毒理学上的考虑，因为这种反应能够形成非生物稳定性的水，具有三致特性。

6.1.2.2　城市河流有机污染

我国水源水中有机物污染状况的调查表明，全国1200条监测河流中有800条以上已受到不同程度的污染，并且局势还在继续恶化。在我国多条内流河、外流河等的469个国家监测控制区中，水质的Ⅰ～Ⅲ、Ⅳ～Ⅴ和Ⅴ污染等级分别占61%、25.3%和13.7%。主要污染指标为化学需氧量、五氧化二氮和总磷等物质。

一般的河流有机污染物包括酚类、醛类、糖类和多糖类以及蛋白质和油类等，它们主要来自城市生活污水和工业生产的废水等。城市生活污水主要是人类的排泄物以及各类有机清洁剂等，而工业污染源则来自于印染、制革、食品、造纸等高污染企业。这些有机污染物在河流水体中进行生物氧化分解需要消耗大量的溶解氧，一旦水体中的含氧量不足，将会引起有机物厌氧发酵，甚至散发恶臭，毒害水生生物。长此以往水体中的水生生物会逐渐消亡，破坏生态系统的平衡。

6.1.2.3　湖泊的有机污染

湖泊是地球上重要的淡水蓄积库，地表上可利用的淡水资源90%都蓄积在湖泊里。因此湖泊与人类的生产、生活密切相关，具有很重要的社会、生态功能，如调水防洪，生产、生活水源地、水产养殖、观光旅游等。同时，一些湖泊还是生物多样性最为丰富的湿地生态系统的一部分，为各种生物提供了宝贵的栖息地。湖泊可分为自然湖泊、人工湖泊（水库）。由于湖泊特定的水文条件，如流速缓慢、水面开阔等，使湖泊在水环境性质、物质循环、生物作用等方面与河流等水环境有不同的特征。

根据全国水资源综合规划评价结果，湖泊水体污染特征主要呈现为富营养化，全国84个代表性湖泊有44个湖泊全年呈富营养化状态，占评价湖泊总数的52.4%，其余湖泊均为中营养状态。主要污染指标为高锰酸盐指数、石油类和氨氮等。污染来源包括城市生活污水、工业废水、污水处理厂排放物、地表径流、农业生产排水、大气干湿沉降等。湖泊富营养化是湖泊污染最常出现的一种状况。富营养化是由于湖泊水体接纳过多的氮、磷等植物营养盐物质、使湖泊生产力水平异常提高的过程，表现为藻类及其他生物异常繁殖，水体透明度和溶解氧含量下降，导致水质恶化，影响湖泊的供水、养殖和娱乐等功能。水生植物的大量繁殖，还会加速湖泊的淤积、沼泽化过程。

6.1.2.4 地下水的有机污染

地下水是指赋存于地面以下岩石空隙中的水，狭义上是指地下水面以下饱和含水层中的水。地下水是水资源的重要组成部分。地下水水量稳定，水质良好，是农业灌溉、工业、矿业和城市饮用水的重要水源之一。

地下水的有机污染物主要来源包括工业污染、生活污染和农业污染。以石油化工产生的废水为典型代表的工业废水主要包括各种硝基、氨基化合物、油类、苯酚类、醇类以及芳烃衍生物在内的有机化合物，经过渗滤进入地下水，会使地下水的化学需氧量严重超标。另外，由于生活垃圾采用填埋法进行处理，使得大量垃圾渗滤液被释放到地下水系统中，也会引起地下水的严重有机污染。农业中广泛应用的农药化肥等人工合成有机物，使用不规范时，也会渗入地下水，造成潜在风险很大的有机污染。

地下水中的有机污染通常是由人工合成的有机污染物造成的，较易引起“三致”效应(致癌、致畸、致突变)。例如挥发性有机污染物（如苯、卤代烃等）的急性中毒可作用于人体神经系统，慢性中毒可作用于造血组织和神经系统，如果长时间较高浓度接触，会引起恶心、头疼、眩晕等症状。持久性有机污染物会导致婴儿的出生体重降低、发育不良、骨骼发育的障碍和代谢的紊乱；危害神经系统，造成注意力的紊乱、免疫系统的抑制；影响人体生殖系统和内分泌系统；增加癌症发病率。

6.1.3 土壤环境中的有机物

土壤环境是指岩石经过物理、化学、生物的侵蚀和风化作用，以及地貌、气候等诸多因素长期作用下形成的生态环境。土壤中有机污染物主要包括挥发性有机污染物和半挥发性有机污染物。我国土壤有机污染物的主要种类包括石油烃类污染物、卤代烃类污染物，农药类污染物、多环芳烃、多氯联苯、二噁英、邻苯二甲酸酯等。

目前虽然我国土壤的有机物污染没有重金属污染普遍，但对农产品和人体健康的影响已经凸显。同时，随着城市化和工业化进程的加快，城市和工业区附近的土壤有机污染日益加剧，多环芳烃、农药、多氯联苯、邻苯二甲酸酯等有机污染物在工业区周围的土壤中超过国家标准多倍。由于土壤有机物污染引起的疾病和环境公害事件屡见不鲜。如 20 世纪 80 年代，我国东部沿海一带村民拆解含有多氯联苯的电器和电子设备，多氯联苯对当地土壤环境造成了严重污染，导致农产品质量和人体健康受到严重影响。

土壤有机污染物可直接被人体摄入，甚至可能在体内积累，影响人体生化和生理反应，从而影响新陈代谢、发育和生殖功能，还可能影响人的智力发育水平，破坏神经系统和内分泌系统。人体内的有机污染物可能促进肿瘤的生长，使癌症发病率增加。土壤有机污染物可直接破坏土壤的正常功能，并可通过植物的吸收和食物链的积累，进而危害人类健康。土壤有机污染物会影响土壤中动物的新陈代谢、遗传特性，并对植物的生长发育产生影响，破坏生态环境，从而间接危害人类健康。土壤有机物污染与大气污染、水污染等环境问题密切相关。土壤有机污染物容易在风力和水力的作用下进入到大气和水体中，导致大气污染、水体污染和生态系统退化等其他次生生态问题。

6.1.4　固体废物中的有机物

固体废物是指在生产、生活和其他活动中产生的产品边角废料，已报废新产品，丧失实际利用价值或虽未丧失利用价值但为所有人抛弃的呈固态或半固态状态的物品、物质。固体废物主要来源于人类的生产和消费活动。

固体废物的露天堆放和填埋处置，需占用大量宝贵土地。固体废物及其淋洗和渗滤液中所含有害物质会改变土壤的性质和土壤结构，并会对土壤中微生物的活动产生影响。进入土壤中的有害物质还会阻碍植物根系的发育和生长，同时会在植物有机体内积蓄，通过食物链危及动物及人体健康。

固体废物长期露天堆放时，其中有害的有机污染成分在地表径流和雨水的淋溶、渗透作用下通过土壤孔隙向四周和纵深的土壤迁移。在迁移过程中，有害成分要经受土壤的吸附和其他作用。通常，由于土壤的吸附能力和吸附容量很大，随着渗滤水的迁移，使有害成分在土壤固相中呈现不同程度的积累，导致土壤成分和结构的改变，从而间接污染了植物和耕地。

此外，大宗的石油化工厂油渣露天堆置，则会有一定数量的多环芳烃生成且挥发进入大气中。填埋在地下的有机废物分解会产生二氧化碳、甲烷（填埋场气体）等气体排入气体环境中，如果任其聚集会发生危险，如引发火灾，甚至发生爆炸。此外，长期的固废堆放和掩埋还会由于渗滤液的原因污染地下水，造成地下水中有机污染物超标，尤其是难以降解的人工合成有机污染物（农药、微塑料等），造成非常严重的潜在环境风险。

6.2　典型有机物的应用、环境风险与毒性损害表现

6.2.1　链状烃类

链状烃是一类最简单的有机化合物，仅包含碳氢两种元素，其理化性质主要随着碳原子数目的变化而变化。从结构上来看，链状烃可以分为直链烷烃和支链烷烃；从不饱和度上来看，链状烃也可以分为饱和烷烃和不饱和烃，包括烯烃、炔烃等。

链状烃的主要来源是石油工业以及与石油共存的天然气开采。腐烂以及数百万年地质应力使曾经是有生命的动植物从复杂的有机化合物变成了复杂的烃类混合物，链状烃类的大小从一个碳到30或40个碳。

链状烃类物质造成的环境污染来源可分为自然来源和人为排放两类。天然来源主要是甲烷（CH_4），人为排放的烃类物质绝大部分为非甲烷总烃，来自油类燃烧、各类有机物质的焚烧、溶剂蒸发、石油及石油制品的储存和运输损耗、废物提炼、汽车废气等方面。

一般认为，甲烷在空气中即使达到高浓度也不会对健康造成危害，除非是造成窒息或爆炸燃烧，所以一般以非甲烷总烃来衡量环境污染的程度。非甲烷总烃对人体健康的直接影响主要是对中枢神经系统的麻醉作用和对皮肤黏膜有一定的刺激作用，严重的可引起皮炎湿疹，非甲烷总烃引起的急性中毒很少见。此外，非甲烷总烃的环境危害性主要是它与二氧化氮在阳光作用下，经过一系列复杂的反应可生成包含臭氧、过氧乙酰硝酸酯、醛类等被称为

光化学烟雾的物质。

6.2.1.1 烷烃类

烷烃的主要用途是用作燃料，其氧化反应可释放出用于发电、移动车辆甚至做饭的能量。甲烷、乙烷、丙烷和丁烷等短链烷烃呈气态，可以从天然气田中提取；由于碳和氧之间的偶极矩非常低，烷烃没有键极性，因此可以很好地用作非极性溶剂；戊烷、己烷、异己烷和庚烷等化合物在实验室和工业中可用作非极性介质中反应的溶剂；具有17个或更多碳原子的烷烃，具有疏水性，适合用作润滑剂和防腐剂。烷烃还是重要的能源物质，如甲烷是天然气的主要成分，常见的汽油则是$C_8 \sim C_{12}$的烷烃混合物。

表6-1列出了常见的烷烃污染物，烷烃污染物是伴随着油气产品的开发与应用而出现的。水上原油运输过程中的漏油和溢油可造成水体污染或因挥发造成空气污染。在土壤中，烷烃污染主要来自于采油、炼油以及其他的石油生产过程。

表6-1 常见的烷烃污染物

污染物	来源	用途	危害
甲烷	天然气、页岩气、沼气等	能源物质	基本无毒，高浓度会损伤DNA等
丁烷	工业原料	能源物质	头晕、头痛、嗜睡和酒醉状态等
正己烷	汽油等	能源物质	瘙痒、心悸、呕吐、出现幻觉等

烷烃虽然是有机化合物中最不活泼的一类物质，但却也是一类强烈的麻醉剂。某些小型化工厂的工作场地通风不好，使得烷烃类有机溶剂无法及时从车间或其他工作环境中消散，会直接造成相关工作人员因长期吸入而产生疾患。当甲烷浓度达到10%时，可使人呕吐、头痛、血压降低，表现出明显的中毒症状。

烷烃对神经系统和皮肤有损害，尤其是正己烷，会引起周围神经病。烷烃对人体的影响表现为急性中毒、吸入性肺炎、慢性中毒。临床表现为头晕、头痛、心悸、四肢无力、恶心、呕吐、视物模糊、酩酊感、易激动、步态不稳、短暂意识丧失等和上呼吸道刺激症状。吸入高浓度汽油蒸气引起重度中毒，表现为中毒性脑病，少数可产生脑水肿，出现颈项强直、面色潮红、脉搏波动和呼吸浅快。吸入极高浓度汽油后可引起突然意识丧失，反射性呼吸停止而死亡；部分患者可出现中毒性精神病症状，如惊恐不安、欣快感、幻觉、哭笑无常等。急性经口中毒可出现口腔、咽及胸骨后烧灼感，恶心、呕吐、腹痛以及肝、肾损害等。液态汽油直接吸入呼吸道，可引起支气管炎、肺水肿。慢性中毒主要表现为神经衰弱综合征、自主神经功能紊乱以及肢端麻木、感觉减退、跟腱反射减弱或消失等，严重者肢体远端肌肉可萎缩。皮肤接触可发生急性皮炎，出现红斑、水疱及瘙痒。

6.2.1.2 烯烃类

烯烃是有机合成中的重要基础原料，被广泛应用于制聚烯烃（塑料）和合成橡胶。乙烯是最简单的单烯烃，是世界上产量最大的化学产品之一。乙烯工业是石油化工产业的核心，乙烯产品占石化产品的75%以上，在国民经济中占有重要的地位。世界上已将乙烯产量作为衡量一个国家石油化工发展水平的重要标志之一。作为基本的化工原料，乙烯被应用于合成纤维、合成橡胶、合成塑料（聚乙烯及聚氯乙烯）、合成乙醇（酒精），也被用于制造氯乙烯、苯乙烯、环氧乙烷、醋酸、乙醛、乙醇和炸药等，同时乙烯也可用作水果和蔬菜的催熟剂，是一种已证实的植物激素，常用的乙烯催熟试剂是乙烯利。

表 6-2 列出了常见的烯烃污染物。和烷烃类似，烯烃污染物主要来自石油工业的发展。烯烃主要污染大气环境，可造成严重的光化学烟雾。汽车尾气中的烯烃类碳氢化合物和二氧化氮（NO_2）被排放到大气中后，在强烈的阳光紫外线照射下，会吸收太阳光所具有的能量。这些物质的分子在吸收了太阳光的能量后，会变得不稳定，原有的化学链遭到破坏，形成新的物质，最明显的危害是对人眼的刺激作用，会使眼流泪、发红（俗称红眼病）。除眼外，还对鼻、咽、气管和肺均有明显的刺激作用，对老人、儿童和病弱者尤为严重。受害严重者会呼吸困难、胸痛、头晕、发烧、呕吐，甚至血压下降、昏迷不醒。长期慢性伤害可引起肺机能衰退、支气管炎，甚至发展成肺癌等。

表 6-2　常见的烯烃污染物

污染物	来源	用途	危害
乙烯	石油化工裂解	制塑料、基础工业原料、催熟剂等	可引起神经麻痹、意识丧失等
1,3-丁二烯	石油化工	溶剂、制塑料等	轻者有头痛、恶心，重者呈现酒醉状态、呼吸困难等
丙烯	石油化工等	合成纤维、乳胶等	引起胃肠道功能发生紊乱、意识丧失等

6.2.1.3　炔烃类

简单炔烃的熔点、沸点、密度均比具有相同碳原子数的烷烃或烯烃高一些，不易溶于水，易溶于乙醚、苯、四氯化碳等有机溶剂。炔烃可以和卤素、氢、卤化氢、水发生加成反应，也可发生聚合反应。

乙炔是最简单的炔烃，纯的乙炔是有麻醉作用并带有乙醚气味的无色气体。燃烧时火焰明亮，可用于照明。与乙烯、乙烷不同，乙炔在水中有一定的溶解度，且易溶于丙酮。液化乙炔经碰撞、加热可发生剧烈爆炸。乙炔与空气混合，当它的含量达到 3%～70%时，会剧烈爆炸。在商业上为了保证安全通常把乙炔装入钢瓶中（1.2～2MPa），瓶内装有多孔材料，如硅藻土、浮石或木炭，再装入丙酮。丙酮在常压下和 25℃时，约可溶解其体积 25 倍的乙炔，而在 1.2MPa 可溶解相当其体积 300 倍的乙炔。乙炔和氧气混合燃烧，可产生 2800℃的高温，用以焊接或切割钢铁及其他金属。

表 6-3 列出了常见的炔烃污染物。炔烃对人体的危害主要是对中枢神经系统起抑制、麻醉作用，高浓度接触对个别人可能出现肝、肾和胰腺的损害。炔烃毒性低、代谢解毒快，生产条件下急性中毒较为少见。急性中毒时可发生呕吐、气急、痉挛甚至昏迷。口服后，口唇、咽喉烧灼感，经数小时的潜伏期后可发生口干、呕吐、昏睡、酸中毒和酮症，甚至暂时性意识障碍。乙炔对人体的长期损害，表现为对眼的刺激症状，如流泪、畏光和角膜上皮浸润等，还可表现为眩晕、灼热感、咽喉刺激、咳嗽等。

表 6-3　常见的炔烃污染物

污染物	来源	用途	危害
乙炔	石油化工裂解	焊接、基础工业原料等	可引起头疼、头晕、全身无力等
丙炔	石油化工等	焊接气、基础化工原料等	对皮肤和眼睛有严重的刺激作用等

6.2.2 苯系物和苯的衍生物

6.2.2.1 苯和苯的同系物

煤和石油是制备一些简单芳香烃如苯、甲苯等的原料。而这些简单芳香烃又是制备其他高级芳香族化合物的基本原料。当煤在无氧条件下加热至1000℃时，煤分子通过热分馏产生煤焦油。而从煤焦油中可以产生苯、甲苯、二甲苯、萘和其他芳香化合物。与煤不同，石油中含有大量的烷烃和少量芳香化合物。石油馏分中主要含有环烷烃和链烃，将它们转化为芳香烃的主要方法是重整和芳构化。芳构化是指含六元环的脂环族化合物在铂、钯、镍等催化剂存在下，加热脱氢，生成芳香族化合物的过程。

苯是一种应用广泛的有机溶剂，是黏合剂、油性涂料、油墨等的溶剂。表6-4列出了常见的苯系物污染物。短时间内吸入大量苯蒸气可引起急性中毒。急性苯中毒主要表现为中枢神经系统麻醉，甚至会导致呼吸心跳停止。长期反复接触低浓度的苯可引起慢性中毒，主要是对神经系统、造血系统的损害，表现为头痛、头晕、失眠，白细胞、血小板持续减少而出现出血倾向，甚至诱发白血病。我国规定操作车间内空气中苯的浓度不得超过40mg/m³，居室内空气中苯含量平均每小时不得超过0.09mg/m³。制鞋、皮革加工、箱包、家具制造中使用的黏胶剂、喷漆、油漆及其溶剂都含有苯或苯的同系物，因此从事上述职业的人群要加强防范，避免苯中毒。

表6-4 常见的苯系物污染物

污染物	来源	用途	危害
苯	石油化工等	染料、塑料、合成橡胶、合成树脂、合成纤维、合成药物和农药等	上呼吸道明显刺激症状、眼结膜及咽充血、头晕、头痛、恶心、胸闷、四肢无力、意识模糊等
甲苯	木地板、板式家具、墙刷涂料	化工原料、农药、制作染料、合成树脂等	过敏性皮炎、喉头水肿、支气管炎及血小板下降等
二甲苯	木地板、板式家具、墙刷涂料	涂料、树脂、染料、油墨等行业做溶剂；用于医药、炸药、农药等行业做合成单体或溶剂；也可作为高辛烷值汽油组分	强烈刺激食道和胃，并引起呕吐，还可能引起血性肺炎等

人若长期接触或吸入稠环芳烃如萘（俗称卫生球，过去用来驱蚊防霉）等则会致癌。许多稠环芳烃是强烈的致癌物质，如苯并芘等。秸秆、树叶等物质不完全燃烧形成的烟雾中含有较多的稠环芳烃，我国有些省市已经禁止焚烧树叶和秸秆。香烟的烟雾中也存在多种稠环芳烃，我们应珍视生命，远离香烟烟雾的危害。

6.2.2.2 苯的衍生物

简单的苯衍生物包括苯酚、苯甲醛、苯甲酸和苯胺等。苯酚有毒，具有特殊气味的针状晶体，是生产某些树脂和药物的重要原料。常温下微溶于水，易溶于有机溶剂，随着温度的升高可以与水任意比互溶。与环己醇的不同在于苯酚中的氧原子和苯在一个平面上，苯酚分子中含有大π键，大π键加强了烯醇的酸性，羟基的推电子效应又加强了O—H键的极性，因此苯酚中羟基的氢可以电离出来。苯酚由于结构中有苯环，可以在环上发生类似苯的亲电取代反应，如硝化、卤代等。对比苯的相应反应可以发现，苯酚环上的取代比苯容易得多，这是因为羟基有给电子效应，使苯环电子云密度增加。

表6-5列出了常见的苯的衍生物污染物。苯酚对皮肤、黏膜有强烈的腐蚀作用，可抑制中枢神经或损害肝、肾功能。吸入高浓度蒸气可致头痛、头晕、乏力、视物模糊、肺水肿等。误服可引起消化道灼伤，出现烧灼痛，呼出气带酚味，呕吐物或大便可带血液，有胃肠穿孔的可能，可出现休克、肺水肿、肝或肾损害，出现急性肾功能衰竭，可死于呼吸衰竭。眼睛接触可致灼伤。可经灼伤皮肤吸收经一定潜伏期后引起急性肾功能衰竭。苯酚慢性中毒可引起头痛、头晕、咳嗽、食欲减退、恶心、呕吐、皮炎，严重者可引起蛋白尿。同时还会对环境和大气造成严重危害。

表6-5 常见的苯的衍生物污染物

污染物	来源	用途	危害
苯酚	煤化工、医疗废水等	制取酚醛塑料(电木)、合成纤维(锦纶)、医药、染料、农药等	对皮肤、黏膜有强烈的腐蚀作用，可抑制中枢神经或损害肝、肾功能等
苯胺	制药等	制造染料、药物、树脂，还可以用作橡胶硫化促进剂等	破坏血液造成溶血性贫血，损害肝脏引起中毒性肝炎，甚至导致各种癌症
苯甲酸	植物提取、工业原料	用作食品、饲料、乳胶、牙膏的防腐剂等	头痛、头晕、记忆力减退、失眠、乏力、白细胞减少等

苯甲醛是最简单的、工业上最常使用的芳香醛，在室温下为无色液体，具有特殊的杏仁气味。苯甲醛为苦扁桃油提取物中的主要成分，也可从杏、樱桃、月桂树叶、桃核中提取得到。苯甲醛的化学性质与脂肪醛类似，可与酰胺类物质反应生产医药中间体；还可进行亲电取代反应，主要生成间位取代产物；空气中极易被氧化，生成白色苯甲酸。苯甲酸是最简单的芳香酸，最初由安息香胶制得，故称安息香酸，外观为白色针状或鳞片状结晶，100℃以上时会升华，微溶于冷水、己烷，溶于热水等。苯甲酸具有芳香性，也具有羧酸的性质，因此可发生两大类化学反应，一是苯环上的取代反应，二是羧基的反应。同时苯甲酸的苯环上可发生亲电取代反应，主要得到间位取代产物。两者都会对呼吸道和眼睛产生刺激，且易燃有毒，会对大气和环境造成破坏。

苯胺为无色或微黄色油状液体，具有强烈气味，稍溶于水，易溶于乙醇、乙醚等有机溶剂。苯胺容易被人体皮肤吸收，可引起湿疹。同时，还会引起高铁血红蛋白血症、溶血性贫血和肝、肾的损害。急性中毒伴有头痛、恶心、手指发麻、精神恍惚等。重度中毒时，皮肤、黏膜严重青紫，呼吸困难，抽搐，甚至昏迷、休克。

6.2.3 醇、酚、醛、酮、酸、酯类

6.2.3.1 醇酚类

自然界有许多种醇，在发酵液中有乙醇及其同系列的其他醇；植物香精油中有多种萜醇和芳香醇，它们以游离状态或以酯、缩醛的形式存在；还有许多醇以酯的形式存在于动植物油、脂、蜡中。低分子醇常用作溶剂、抗冻剂、萃取剂等；高级醇如正十六烷醇可用作消泡剂、水库的蒸发阻滞剂。

有些醇如乙醇（酒精）不会对人体有什么危害，但是有些醇如异丙醇就有很大危害。

表 6-6 列出了常见的醇类污染物。异丙醇是危险的有害物质。吸入过量异丙醇蒸气会对人体健康造成危害，低浓度会刺激眼睛及上呼吸道，高浓度可能造成头痛、恶心症状，大量暴露时会造成意识丧失及死亡。异丙醇遇到高温会分解产生毒气，容易传播到远处，遇到火源可能会造成回火，密闭空间的蒸气浓度达 2%～12%就会引起爆炸，属于危险物质。

表 6-6　常见的醇类污染物

污染物	来源	用途	危害
乙醇	煤化工、医疗废水等	制造醋酸、饮料、香精、染料、燃料等	抑制脑的呼吸中枢，造成呼吸停止、血糖下降甚至死亡；导致多种神经系统伤害、肝脏脂肪堆积等
甲醇	合成溶剂等	生产丙烯酸甲酯、对苯二甲酸二甲酯、甲胺、甲基苯胺、甲烷氯化物等	头疼、恶心、胃痛、疲倦、视力模糊甚至失明，继而呼吸困难，最终导致呼吸中枢麻痹而死亡
丙三醇	动物脂肪、合成等	用于水溶液的分析、溶剂、气量计和水压机缓震液、软化剂、干燥剂、润滑剂、化妆品配制、有机合成、塑化剂等	对眼睛、皮肤有刺激作用。接触时间长能引起头痛、恶心和呕吐等

异丙醇挥发后产生的醇蒸气有毒，有不良的气味，会对人体健康造成有害的影响，许多发达国家规定异丙醇在工作场地的阈限值仅为 200～400mL/m^3；异丙醇是一种光化学氧化剂，与地面附近的其他痕量气体一样，受阳光照射会形成臭氧，从而导致所谓“夏季烟雾”现象。光化学烟雾会刺激人的眼睛和呼吸系统，危害人们的身体健康和植物的生长，因此，异丙醇是一种对环境、人体均有害的化学品，减少其用量是一种必然的趋势。

酚类化合物是芳香烃苯环上的氢被羟基（—OH）取代的一类芳香族化合物，通式为 Ar-OH，是医药上常用的防腐杀菌剂。最简单的酚为苯酚。

酚类化合物种类繁多，有苯酚、甲酚、氨基酚、硝基酚、萘酚、氯酚等，以苯酚、甲酚污染最突出。苯酚简称酚，又名石炭酸，微酸性（腐蚀性），常温下能挥发，放出一种特殊的刺激性臭味，在空气中变为粉红色。

酚类化合物是一种原型质污染物，对一切生活个体都有毒杀作用。能使蛋白质凝固，所以有强烈的杀菌作用。其水溶液很易通过皮肤引起全身中毒；其蒸气由呼吸道吸入，对神经系统损害更大。长期吸入低浓度酚蒸气或饮用酚污染了的水可引起慢性积累性中毒；吸入高浓度酚蒸气、酚液或被大量酚液溅到皮肤上可引起急性中毒。

大多数酚是无色针状结晶或白色结晶，少数烷基酚为高沸点液体；有特殊气味，遇空气和光变红，遇碱变色更快。易溶于乙醇、氯仿、乙醚、丙三醇、二硫化碳、凡士林、碱金属氢氧化物水溶液，几乎不溶于石油醚。水溶液 pH 值约为 6.0。低级酚都有特殊的刺激性气味，对眼睛、呼吸道黏膜、皮肤等有强烈的刺激和腐蚀作用，有的酚具有较强的杀菌能力。

酚比醇的酸性强，是由于酚式羟基的 O—H 易断裂，生成的苯氧基负离子比较稳定，使苯酚的离解平衡趋向右侧，而表现弱酸性。酚式羟基的氢除了能被金属取代外，还能与强碱溶液生成盐（如酚钠）和水。

表 6-7 列出了常见的酚类污染物。低浓度酚能使蛋白变性，高浓度能使蛋白沉淀。水溶

液比纯酚易被皮肤吸收，而乳剂更易吸收。吸入的酚大部分滞留在肺内，停止接触很快排出体外。吸收的酚大部分以原形或与硫酸、葡萄糖醛酸或其他酸结合随尿排出，小部分经氧化变为邻苯二酚和对苯二酚随尿排出，使尿呈棕黑色（酚尿）。人口服致死量报道不一，LD为2～15g，或MLD为140mg/kg、14g/kg。国外报道酚液污染皮肤面积为25%，10min死亡，血酚为0.74mmol/L。

表6-7 常见的酚类污染物及其危害

污染物	来源	用途	危害
硝基酚	合成等	用作农药、医药、染料等精细化学品的中间体。用于制造非那西丁、扑热息痛、农药1605、显影剂米妥尔、硫化还原蓝RNX基碱金属化合物等	中毒表现为开始头痛、颜面潮红、呼吸急促，有时伴有恶心、呕吐，之后肌肉无力、发绀、脉搏频弱及呼吸急促
双氯酚	合成等	用于制药等	引起头痛、头昏、皮疹、水肿、荨麻疹、瘙痒、耳鸣、心悸、疲劳、感觉异常、失眠、抑郁、夜尿及味觉紊乱等
壬基酚	合成等	生产非离子表面活性剂、润滑油添加剂、油溶性酚醛树脂及绝缘材料，纺织印染、造纸助剂，橡胶、塑胶的防老抗氧剂TNP，抗静电AB-PS，油田及炼厂化学品，石油制品洁净分散剂和铜矿及稀有金属浮选择剂等	具有内分泌干扰效应，可促进乳腺癌细胞增殖，属于内分泌干扰物、致癌物等

6.2.3.2 醛酮类

醛可分为脂肪醛、酯环醛、芳香醛和萜烯醛。脂肪醛是指分子中碳原子连接呈开链状的一种醛。酯环醛是指分子中碳原子连接成闭合碳环的醛。芳香醛的羰基直接连在芳香环上。萜烯醛是萜类化合物的一个分支。常温下，除甲醛为气体外，分子中含有12个以下碳原子的脂肪醛为液体，高级的醛为固体；而芳香醛为液体或固体。低级的脂肪醛具有强烈的刺激性气味。分子中含有9个和10个碳原子的醛具有花果香味，因此常用于香料工业。

醛的用途很广，如甲醛蒸气可消毒空气，甲醛溶液可用于生物标本的防腐等。在一些服装的面料生产中，为了达到防皱、防缩、阻燃等作用，或为了保持印花、染色的耐久性，或为了改善手感，就需在助剂中添加甲醛。脂肪醛类一般具有麻醉、催眠作用，如水合氯醛是早期的合成催眠药。

表6-8列出了常见的醛酮类污染物。醛有毒，能使蛋白质变性，有强还原性，是工农业生产和实验室原料和试剂，可作农药、香料、染料等，其中甲醛使用量最多。醛对人与环境的危害巨大，可造成室内空气污染，诱发多种疾病。含有甲醛的纺织品，在人们穿着和使用过程中，会逐渐释放出游离的甲醛，通过人体呼吸道及皮肤接触引发呼吸道炎症和皮肤炎症，还会对眼睛产生刺激。甲醛还能引发过敏，甚至还可诱发癌症。

表6-8 常见的醛酮类污染物

污染物	来源	用途	危害
甲醛	家具和织物、木制品填料、建筑来源、清洁剂、化妆品和个人用品等	制胶水、防腐、布艺固色、增鲜、阻燃等	能与蛋白质结合、高浓度吸入时出现呼吸道严重的刺激和水肿、眼刺激、头痛等

续表

污染物	来源	用途	危害
丙酮	合成等	作为溶剂用于塑料、橡胶、纤维、制革、油脂、喷漆等行业中，也可作为合成烯酮、醋酐、碘仿、聚异戊二烯橡胶、甲基丙烯酸、甲酯、氯仿、环氧树脂等物质的重要原料。在精密铜管制造行业中，丙酮经常被用于擦拭铜管上面的黑色墨水等	对中枢神经系统的麻醉作用，出现乏力、恶心、头痛、头晕、易激动。重者发生呕吐、气急、痉挛等

酮主要应用于医学与化工原料。酮多数属于易燃易爆危险化学品，会对环境造成一定的危害，对大气造成污染，也会对人体造成巨大的伤害。例如，2-己酮经过呼吸道进入人体，会损害人的神经系统。急性中毒会有黏膜刺激和麻醉作用，也有引起眼和上呼吸道的刺激作用。慢性作用会使人出现肢端麻木、刺痛、寒冷感、上下肢无力等周围神经炎的表现。

6.2.3.3 酸酯类

低级脂肪酸是重要的化工原料，例如纯乙酸可制造人造纤维、塑料、香精、药物等。高级脂肪酸是油脂工业的基础。二元羧酸广泛用于纤维和塑料工业。某些芳香酸如苯甲酸、水杨酸等都具有多种重要的工业用途。

酸（羧酸或无机含氧酸）与醇反应生成的一类有机化合物叫做酯，分子通式为 R—COO—R′(R 可以是烃基，也可以是氢原子，R′不能为氢原子，否则就是羧基)，酯的官能团是—COO—，饱和一元酯的通式为 $C_nH_{2n}O_2$($n \geqslant 2$，n 为正整数)。几种高级的酯是脂肪的主要成分。

酯类都难溶于水，易溶于乙醇和乙醚等有机溶剂，密度一般比水小。低级酯是具有芳香气味的液体。低分子量酯是无色、易挥发的芳香液体，高级饱和脂肪酸单酯常为无色无味的固体，高级脂肪酸与高级脂肪醇形成的酯为蜡状固体。酯的熔点和沸点要比相应的羧酸低。酯一般不溶于水，能溶于各种有机溶剂。低分子量的酯是许多有机化合物的溶剂，也是清漆的溶剂。

表 6-9 列出了常见的酸酯类污染物。

表 6-9 常见的酸酯类污染物

污染物	来源	用途	危害
乙酸	发酵、工业合成等	用作农药、医药和染料等工业的溶剂和原料，用于照相、药品制造、织物印染和橡胶工业等	对眼睛、皮肤、黏膜和上呼吸道有刺激作用，吸入后出现头痛、头晕、恶心、呕吐、嗜睡、上呼吸道刺激、神志丧失等症状，可引起死亡等
甲酸	工业合成等	用于农药、皮革、染料、医药和橡胶等工业	引起皮肤、黏膜的刺激症状。接触后可引起结膜炎、眼睑水肿、鼻炎、支气管炎，重者可引起急性化学性肺炎。
乙酸乙酯	动物脂肪、合成等	工业溶剂，用于涂料、黏合剂、乙基纤维素、人造革、油毡着色剂、人造纤维等；作为黏合剂，用于印刷油墨、人造珍珠的生产；作为提取剂，用于医药、有机酸等产品的生产；作为香料原料等	对眼、鼻、咽喉有刺激作用。高浓度吸入可引起进行性麻醉作用、急性肺水肿，肝、肾损害。持续大量吸入，可致呼吸麻痹。误服者可产生恶心、呕吐、腹痛、腹痛、腹泻等

6.2.4　含卤有机化合物

含卤化合物的系统合成是在19世纪随着有机化学的发展和对烷烃结构的理解而发展起来的。选择性形成碳卤键的方法包括向烯烃中添加卤素、烯烃氢卤化和将醇转化为卤代烷。这些方法是简便可靠的，因此卤代烷烃可廉价地用于工业化学，并可被其他官能团进一步取代。

最常见的含卤有机化合物是卤代烃，可看作是烃分子中的氢原子部分被卤素取代的化合物。卤代烃的同分异构体比相应烃的异构体多得多。卤代烃除了碳链异构以外，卤原子在碳链上的位置不同，也会引起同分异构体的现象。卤代烃与$AgNO_3$的乙醇溶液作用生成硝酸酯和卤化银沉淀，也是亲核取代反应之一，可以用来鉴别不同烃基结构及不同的卤素原子。

卤代烃都有毒，尽量避免与皮肤直接接触，表6-10列出了常见的含卤类污染物。其中氟利昂类气体是最常用的制冷剂，具有加压容易液化、汽化热大、安全性高、不燃、不爆、无嗅、无毒等优良性能。常见的制冷剂除了F_{12}外主要还有F_{11}（CCl_3F）、F_{22}（$CHClF_2$）和F_{114}等。利用它们不同的沸点用于不同的致冷设备，如家用冰箱用F_{12}，冷库里用F_{13}（$CClF_3$）和F_{23}（CHF_3），空调器用F_{114}等。氟利昂的另一大用处是作气溶剂。将杀虫剂和除草剂与适当的氟利昂组成混合物加压溶解灌装，使用时氟利昂在大气压下膨胀蒸发，其中杀虫剂等溶质形成极为分散的细小粒子，使用效果极佳。但对臭氧层的破坏也最强，故已于1994年禁止生产使用。

表6-10　常见的含卤类污染物

污染物	来源	用途	危害
四氯化碳	工业合成等	用作溶剂、灭火剂、有机物的氯化剂、香料的浸出剂、纤维的脱脂剂、粮食的蒸煮剂、药物的萃取剂、织物的干洗剂	对黏膜有轻度刺激作用，对中枢神经系统有麻醉作用，对肝、肾有严重损害
四氟乙烯	工业合成等	可作为塑料、橡胶、涂料、油墨、润滑油、润滑脂等的添加剂，可推压成型制成薄壁管、细棒材、异型棒材、电线电缆绝缘层	急性中毒：轻者有咳嗽、胸闷、头晕、乏力、恶心等；较重者出现化学性肺炎或间质型肺水肿；严重者出现肺水肿及心肌损害。吸入有机氟聚合物热解物后，可引起氟聚合物烟尘热。
三氯化苯	合成等	农药	通过食物链在人体蓄积，具有慢性和潜在性的毒性作用

此外，随着膨松聚氨酯塑料的普及使用，氟利昂发泡剂的使用也在不断增加，占总量的25%。而利用氟利昂的溶解性和化学惰性作干清洗剂的用量也占到20%左右。氟利昂的优良性能使其生产和使用量自20世纪30年代以来已经超过1000万吨，90年代初全世界的年产量达100万吨以上。由于氟利昂具有高化学稳定性，不易分解，在大气中残留，并不断上升，故引起了人们对其最终去向的注意。1985年的一份研究报告指出，地球表面臭氧浓度正以每年1%以上的速度降低，到1987年，南极上空则已经出现了臭氧空洞。1999年9月，南极上空臭氧层的浓度只有往年的2/3，截至2021年，根据美国宇航局（National Aeronautics and Space Administration，NASA）的消息，南极臭氧空洞于10月7日达到其最大面积。

6.2.5 杂环化合物

环状有机化合物中，构成环的原子除碳原子外还有其他原子时，这类环状有机化合物叫做杂环化合物。非碳原子称为杂原子。最常见的杂原子是氧、硫和氮，杂环上可以有一个杂原子，也可以有两个或更多个杂原子，杂原子可以是一种原子，也可以是两种不同的原子。和环烷烃一样，杂环也可以分为脂杂环和芳杂环两大类。一般来说，芳杂环的环系都有一定程度的稳定性和芳香性，在一般化学反应中，环不易破裂。

杂环化合物是数量最庞大的一类有机物。杂环化合物广泛存在于自然界，与生物学有关的重要化合物多数为杂环化合物，例如核酸、某些维生素、抗生素、激素、色素和生物碱等。此外，还合成了多种多样具有各种性能的杂环化合物，其中有些可用作药物、杀虫剂、除草剂、染料、塑料等。

对于亲电取代反应来说，杂原子都分别使环上碳原子的电子云密度升高并使环活化，它们都比苯活泼，其活泼性同苯酚、苯胺相似。它们都可以进行通常的亲电取代反应，如硝化、磺化、卤化和 Friedel-Crafts 反应。由于它们的高度活泼性以及对于无机强酸的敏感性，其亲电取代反应需要比较温和的条件。例如，呋喃和吡咯进行磺化时要用吡啶-三氧化硫加成物。

表 6-11 列出了常见的杂环类污染物。杂环胺类化合物主要能引起致突变和致癌。Ames 试验表明杂环胺在 S9 代谢活化系统中有较强的致突变性，其中 TA98 比 TA100 更敏感，提示杂环胺是移码突变物。除诱导细菌基因突变外，还可经 S9 活化系统诱导哺乳动物细胞的 DNA 损害，包括基因突变、染色体畸变、姊妹染色体交换、DNA 断裂、DNAI 复合成和癌基因活化。杂环胺在哺乳动物细胞体系中致突变性较细菌体系弱，需代谢活化才具有致突变性，Ames 试验中杂环胺的活性代谢物是 *N*-羟基化合物，细胞色素 P450 IA2 将杂环胺进行 N-氧化，其后 *O*-乙酰转移酶和硫转移酶将 *N*-羟基代谢物转变成终致突变物。

表 6-11 常见的杂环类污染物

污染物	来源	用途	危害
四氢呋喃	合成等	广泛应用于树脂溶剂(磁带涂层、PVC 表面涂层、清洗 PVC 反应器、脱除 PVC 薄膜、玻璃纸涂层、塑料印刷油墨、热塑性聚氨酯涂层)、反应溶剂(格式试剂、烷基碱金属化合物和芳基碱金属化合物)等	吸入后可出现头晕、头痛、胸闷、胸痛、咳嗽、乏力、胃痛、口干、恶心、呕吐等症状，可伴有眼刺激症状
己内酰胺	合成等	生产合成纤维，即卡普隆，也用作塑料，用于制造齿轮、轴承、管材、医疗器械及电气、绝缘材料等。也用于涂料、塑料剂及少量地用于合成赖氨酸等	引起皮肤、黏膜的刺激症状。接触后可引起结膜炎、眼睑水肿、鼻炎、支气管炎，重者可引起急性化学性肺炎。
磺胺甲恶唑	合成等	抗生素类药物等	过敏反应可表现为药疹，严重者可发生渗出性多形红斑、剥脱性皮炎和大疱表皮松解萎缩性皮炎等；也有表现为光敏反应、药物热、关节及肌肉疼痛、发热等血清病样反应。偶见过敏性休克等

杂环胺对啮齿动物均具不同程度的致癌性，致癌的主要靶器官为肝脏，有些可诱导小鼠

肩胛间及腹腔中褐色脂肪组织的血管内皮肉瘤及大鼠结肠癌。最近发现 2-氨基-3-甲基咪唑[4,5-f] 喹啉（IQ）对灵长类也具有致癌性。

6.2.6　全氟化合物

全氟化合物（perfluorochemicals，PFCs）系指化合物分子中与碳原子连接的氢原子，全部被氟原子所取代的一类有机化合物，其化学通式为 $F(CF_2)n—R$，其中 R 为亲水性官能团。由于氟原子的强电负性使 C—F 键具有强极性，C—F 键键能很大，使得 PFCs 特别稳定，在大气、水体、土壤等介质中难以降解，易于在颗粒物和沉积物中吸附以及在生物体中累积并可以在环境中长距离迁移。

全氟化合物是指化合物分子中与碳原子链接的氢原子全部被氟原子所取代的一类新型有机化合物，主要包括全氟羧酸类、全氟磺酸类、全氟磺酰胺类、全氟辛酸类、全氟调聚醇类等。这些化合物被广泛应用于纺织、润滑剂生产、表面活性剂生产、食品包装、电子产品、灭火泡沫、不粘锅涂层等领域。但这类物质在环境及人体内具有持久累积性，难以自然降解，是一种新型的持久性有机污染物。全氟化合物已在各种环境介质和生物体如大气、水体、鱼类、鸟类及人体中检出，并且含量逐渐上升。

全氟化合物的毒理研究已经非常广泛，并且以全氟辛酸类和全氟辛烷磺酸盐对啮齿类动物的毒性研究为主，其毒性主要表现为诱发肝中毒、发育毒性、免疫毒性、内分泌干扰及潜在的致癌性。多数研究主要集中在全氟辛烷磺酸盐和全氟辛酸类暴露对于体重、肝脏、致癌性、死亡率和发育等方面的影响。对于大鼠产前暴露全氟辛烷磺酸盐显示会导致新生鼠体重下降、腭裂，降低新生鼠的存活率，推迟其眼睛睁开的时间，甲状腺荷尔蒙失调（主要表现在对血清 T4 和 T3 的抑制），婴儿生长发育迟缓。

对于全氟化合物来源而言，可以划分为两大类，即直接来源和间接来源。其中，直接来源主要包括全氟化合物的生产和使用、含氟聚合物的生产和处理（如生产聚四氟乙烯和聚偏氟乙烯时使用全氟磺酰胺类作为处理酸）、含氟聚合物的渗出、水成膜灭火泡沫的使用、全氟化合物在个人消费品及工业产品中的应用等；间接来源主要包括全氟化合物前体物的生产和使用等。

虽然使用全氟化合物已经有半个多世纪，但是对于其迁移到偏远地区的途径等到目前为止知之甚少。例如，全氟辛烷磺酸盐的蒸气压非常低，并且几乎全部以离子的形式存在，但是却可以在南极、北极等地区检出。有研究证明全氟羧酸类的挥发性前体物氟调聚醇具有足够的稳定性以到达北极圈，并且在偏远北极地区存在的低 NO_x 条件下，氟调聚醇通过大气氧化可以生成全氟羧酸类。除了大气输送以外，洋流输送也可能是 PFCs 向偏远地区迁移的主要途径之一。Armitage 等利用全球分布模型研究全氟辛酸类的迁移和归宿，结果表明 2005 年通过洋流输送到北极圈内的全氟辛酸类量为 8～23t，至少比大气输送和前体物降解生成的量高一个数量级。

大量研究工作审查评估了血液中全氟黄酰胺类物质浓度水平与人体健康的有害影响之间可能存在的相关性。与人类相关的研究表明，接触高浓度的某些全氟黄酰胺类物质可能导致下列健康危害：胆固醇水平升高；降低儿童对疫苗接种反应；肝酶发生变化；增加孕妇高血压或者子痫前期的风险；婴儿的出生体重略为减少；肾癌或睾丸癌的风险增加。

6.3 有机农药类化合物的应用、环境风险与毒性损害表现

农药广义的定义是指用于预防、消灭或者控制危害农业、林业的病、虫、草和其他有害生物以及有目的地调节、控制、影响植物和有害生物代谢、生长、发育、繁殖过程的化学合成或者来源于生物、其他天然产物及应用生物技术产生的一种物质或者几种物质的混合物及其制剂。狭义上是指在农业生产中，为保障、促进植物和农作物的成长，所施用的杀虫、杀菌、杀灭有害动物（或杂草）的一类药物统称，特指在农业上用于防治病虫以及调节植物生长、除草等药剂。

6.3.1 有机农药的分类及应用

常用的有机农药包括有机磷、有机氮、有机氯、有机硫、有机砷、有机汞和氨基甲酸酯化合物，其中使用最广泛的有以下几种。

6.3.1.1 有机磷农药

有机磷农药是现有农药中品种最多的一类，约100多种，为杀虫剂和杀菌剂。有些有机磷农药易溶于水，如敌百虫、磷胺、甲草胺等。因此，这些农药易于淋洗流失。有机磷农药分子结构一般具有容易断裂的化学键，例如，羧基、酰胺基、醚基等，易水解。

有机磷农药一般在自然环境中会迅速降解。在土壤中的降解速率随土壤含水量、温度和pH值的增高而加快。在水体中的降解随水温、pH值的增高，以及微生物数量、光照的增加而加快。因此，大多数有机磷农药不像有机氯农药那样稳定，它们在土中的残留时间仅数天或数周。

少数有机磷农药的特性则不同。如一硫代磷酸酯类和二硫代磷酸酯类中的内吸磷类型农药，亲体分子毒性大，进入生物体后能继续氧化为毒性也大的亚砜和砜化合物，这类农药毒性的残存期较长，在生长期短的作物（如蔬菜）上不宜使用。曾有报道，有机磷农药直接注射到鸡胚胎卵黄中或喂给小白鼠，表现出有致畸作用。

6.3.1.2 有机氮农药

有机氮农药主要是氨基甲酸酯类，也包括脒类、硫脲类、取代脲类和酰胺类等化合物。氨基甲酸酯类农药中有 *N*-甲基氨基甲酸酯类、*N*,*N*-二甲基氨基甲酸酯类、苯基氨基甲酸酯类和硫代氨基甲酸酯类等化合物。*N*-甲基氨基甲酸酯类农药有很强的杀虫活性，如属于芳基 *N*-甲基氨基甲酸酯类的西维因、速灭威、害扑威、残杀威、呋喃丹等，属于烷基 *N*-甲基氨基甲酸酯类的涕灭威、灭多虫等。*N*,*N*-二甲基氨基甲酸酯类农药主要也是一些杀虫剂，如异索威等。代森类杀菌剂属于二硫代氨基甲酸盐类农药。

脒类化合物用作农药的品种不多，主要是杀虫脒。硫脲类化合物用作农药的有杀虫剂螟岭畏。

有机氮农药有下述特性：

① 大多数品种，尤其是氨基甲酸酯类农药，在碱性条件下不是很稳定。

② 水溶性一般比有机氯农药大。

③ 氨基甲酸酯类农药中和氮原子相连的甲基能在羟化后脱去，脒类、硫脲类农药中和

氯原子相连的碳原子能发生酰化。

④ 一般有机氮农药在土壤中残留时间不长，半衰期多数仅数周。

有机氮农药对环境的污染不像有机氯农药那样严重，但近年来也出现了有机氮农药残毒问题。例如，长期低剂量地用杀虫脒饲喂小白鼠，能使小白鼠的结缔组织产生恶性血管内皮瘤。动物实验还证明杀虫脒的代谢产物也有致癌作用。氨基甲酸藻类经酶系代谢产生的 *N*-羟基氨基甲酸酯化合物能抑制脱氧核糖核酸（DNA）碱基对的交换，有致畸和致癌的潜在危险性。

6.3.1.3　有机氯农药

滴滴涕、六六六、狄氏剂、七氯等农药的使用面广，用量大，化学性质稳定，不易被分解，易被土壤吸附。滴滴涕在土壤中消失需 10 年左右，六六六需 5～6 年。它们的脂溶性强，可通过某些生物食物链浓缩富集、传递，最后在人体内长期蓄积。对人体肝脏、中枢神经系统和后代的生长发育产生不良影响。现在多数国家已先后禁止使用。

滴滴涕是人们比较熟悉的一种有机化学品，其化学名称为二氯二苯基三氯乙烷，也是典型的有机氯化物农药。滴滴涕纯品为白色晶体，奥地利化学家蔡德勒在 1874 年最初合成了滴滴涕。1928 年，瑞士嘉基公司的马勒发现其杀虫性质。这是第一个被发现的杀虫广谱且效力强的合成有机杀虫剂。

在 20 世纪 40～60 年代，滴滴涕在全世界大量生产和广泛使用。它的药效持久，属于高残留农药，在除灭农作物或林业病虫的同时，飞鸟、河鱼等动物也被杀害。许多国家已停止使用。我国于 1983 年停止生产。

六六六是另外一种人们熟悉的有机氯化物农药。因分子中含碳、氢和氯原子各 6 个而得名。它的学名为六氯代环己烷，也叫做六氮苯。看起来，六六六的化学结构对称简单，实际上它有 4 种相同成分的异构体。其中两种异构体（γ 异构体）具有强烈杀虫作用。六六六的工业品中 γ 异构体的含量为 10%～18%。六六六的性质稳定，但遇碱易分解，在水中溶解度极微，可溶于有机溶剂，一般加工成粉剂或可湿性粉剂使用。

六六六是在 1825 年由英国化学家法拉第首次合成，然而直到 1945 年才由英国卜内门化学工业公司开始投产。六六六是作用于昆虫神经的广谱杀虫剂，兼有消毒、触杀、熏蒸作用。与滴滴涕不同，六六六非常容易蒸发。据报道，农田施用六六六以后的两周后，90%以上的六六六已挥发到大气里了。

由于六六六用途广，制造容易，价格便宜，20 世纪 50～60 年代在全世界广泛生产和应用，在中国也曾是产量最大的杀虫剂，肥田长期大量使用后使害虫产生抗药性，又因其不易降解，造成残留积累。20 世纪 70 年代以来，许多国家已相继停止使用。

6.3.1.4　多氯联苯

多氯联苯构成了一组氯代烃化合物，它们是在适当催化剂存在下，由联苯经过逐渐氯化而生成的。多氯联苯的分子结构中不含氧，是由两个苯环直接连接起来形成的结构。

多氯联苯的化学性质相当稳定，抗水、酸和碱的浸蚀，也不容易被生物降解。根据氯化的情况不同可能形成 200 多种化合物。相应地，可呈无色油状液体或黑色树脂状多种外观形态。沸点在 278～475 ℃，微溶于水（100～1000μg/L）。

1968 年日本的“米糠油事件”就是多氯联苯污染造成的。日本在 1972 年已停止生产，但至今在母乳中仍可检测出多氯联苯。从南极的企鹅到北冰洋的鲸鱼体内都检出有多氯联苯，其污染面之广，涉及水域、土壤、大气、海洋生物、农作物、食品等范围。多氯联苯异构体已检出的就有100多种，组分复杂，毒性亦显著不同。含氯原子愈多的组分愈易在人体脂肪中蓄积，愈不易排泄，毒性亦愈大，能严重破坏人体肝肾组织，甚至造成死亡。

6.3.1.5 2,4-二氯苯氧乙酸和2,4,5-三氯苯乙酸

2,4-二氯苯氧乙酸的熔点为140.5℃，20℃时水中可溶解540×10^{-6}mg/L，是第二次世界大战以后最早使用的有机除草剂，具有植物生长调节性能和除草性能。至今在市场上仍然有一定地位。

2,4,5-三氯苯乙酸的熔点为154～155℃。20℃时水中可达的浓度为238mg/L。2,4-二氯苯氧乙酸和2,4,5-三氯苯乙酸的混合物就是美军在越南战争中曾经使用过的橙色枯叶剂。

1996年开始发现它们具有致畸作用。除草剂2,4,5-三氯苯基和2,4-二氯苯基经鼠类动物试验证明，确有致畸作用，但对人的影响还有待研究。

6.3.2 有机农药的环境风险

农药是所有化学物质中对环境质影响最大的一类化学物质。与别的化学物质不同，农药是人为地撒在土坡和大气中的。因此，研究农药在环境中的应用、环境风险与毒性损害变化对进行农药的安全评价是十分重要的一环。农药在环境中所具有的危害程度与其浓度、作用时间、环境状况、温度、湿度、化学反应速率等因素有关。当在空中喷洒、气温较高或其挥发性较大时，农药进入大气的量会增多，农药的蒸气和气溶胶随气流带到很远的地方，进入大气的农药，其中一部分随蒸汽冷凝而落入土坡和水体，一部分受到空气中的氧和臭氧的氧化而分解。因此，进入大气的大部分农药的氧化、分解是相当快的，只有滴滴涕、环二烯类农药等特大型化合物分解较慢。含重金属汞、铅、银和砷的农药分解后，这些重金属将从大气进入土壤和水体，并有可能在食物链中积累。

我国微生物农药的应用相对广泛，苏云金杆菌、球孢白僵菌、金龟子绿僵菌、木霉菌、淡紫拟青霉、厚孢轮枝菌、昆虫核型多角体病毒和昆虫颗粒体病毒等被用于防治鳞翅目害虫（如棉铃虫、玉米螟、松毛虫、草地夜贪蛾等）、鞘翅目害虫（如金龟子、天牛等）、直翅目害虫（如蝗虫等）等害虫和植物病害。蝗虫微孢子虫、苦参碱和印楝素亦是重要的蝗虫防治药剂。天敌生物在农林害虫治理中发挥着重要作用。进入21世纪，我国农作物病虫害生物防治的面积、农作物生物防治占防治总面积的比例、生物农药应用的面积逐年增长。

农药是水体的重要污染物，有少量农药从地表渗入深层地下水中，农药在水中的溶解度愈大，则向土壤下层移动的速度愈快，因而进入地下水的可能性愈大。然而，在大多数情况下，农药在土壤中是不易移动的。如滴滴涕能被黏土很好地吸附，有些黏土可吸附水体中98%的滴滴涕。农药在水中的行为与其溶解度、化学反应性、光化学稳定性、底泥性质、动植物、气候（温度和光照）等有密切关系。在大多数情况下，农药在水中的含量大大低于其在水中的溶解度。在水中，大部分农药可发生水解、光解和微生物分解。水生生物易于富集农药，一些高等植物的浓缩系数高达10^6。不同生物的浓缩系数有

很大不同，生物体内的农药浓度一般与水中的农药含量成正比。当水体的农药含量为零时，经过一段时间，生物体内的农药可全部排出。由此可见，农药在水中的浓度与水体生物的种群和数量密切相关。

生物降解主要影响土壤中农药的行为和归宿，土壤微生物受 pH、有机质、土壤水分含量、温度、充气条件和阳离子交换量的影响。阻止土壤微生物降解农药的原因，主要是化学农药进入土壤后，在某些环境要素的影响和相互作用下，微生物对农药的降解能力失效，例如除草剂百草枯在水中容易降解，当它被吸附到黏土矿物上时，则不易降解。

微生物降解农药的反应主要有烷化作用、脱烷化作用、酸胺或脂的水解作用、脱卤作用、脱氢作用、脱氯化氢作用、氧化作用、还原作用、羟基化作用、环的破裂、醚的解离、缩合作用和共轭作用。

农药中毒既能引起急性症状，也引起慢性症状。这在世界上某些地区已成为重要问题，尤其在中美和南美。世界卫生组织估计，在发展中国家，每年有 50 多万人受农用化学品的危害，主要是农药中毒，有 5000 多人死亡，这个数字不包括目前很多已受到影响，但没有统计和报告或没有接受医疗的病人的真实情况，因此，全世界每年农药中毒和死亡的人数将远远大于这个统计数。

农药对人体健康的影响很大，可产生急性、亚急性和慢性中毒，因农药的毒性而异。急性中毒可能导致死亡。农药中毒不限于直接接触农药的人，如生产工人、喷雾工人或处置农药的人，很多不直接从事农业生产的人也有中毒危险，例如农业工人的家属等。

6.3.3 有机农药的毒性损害表现

根据农业生产上常用农药（原药）的毒性综合评价（急性口服、经皮毒性、慢性毒性等），分为高毒、中等毒、低毒三类。

① 高毒农药（LD_{50}＜50mg/kg）：有久效磷、磷胺、甲胺磷、异丙磷、三硫磷、氧化乐果、磷化锌、磷化铝、氰化物、呋喃丹、氟乙酰胺、砒霜等。

② 中等毒农药（LD_{50}在 50～500mg/kg 之间）：有杀螟松、乐果、稻丰散、乙硫磷、亚胺硫磷、皮蝇磷、六六六、高丙体六六六、毒杀芬、氯丹、滴滴涕等。

③ 低毒农药（LD_{50}＞500mg/kg）：有敌百虫、马拉松、乙酰甲胺磷、辛硫磷、三氯杀螨醇、多菌灵等。

农药中毒轻者表现为头痛、头昏、恶心、倦怠、腹痛等，重者出现痉挛、呼吸困难、昏迷、大小便失禁，甚至死亡。人体摄入的硝酸盐有 81.2%来自受污染的蔬菜，而硝酸盐是国内外公认的三大致癌物亚硝胺的前体物。城市垃圾、污水和化学磷肥中的汞、砷、铅、镉等重金属元素是神经系统、呼吸系统、排泄系统重要的致癌因子；有机氯农药在人体脂肪中蓄积，诱导肝脏的酶类，是肝硬化肿大原因之一；习惯性头痛、头晕、乏力、多汗、抑郁、记忆力减退、脱发、体弱等均是有毒蔬菜的隐性作用，是引发各种癌症等疾病的预兆；长期食用受污染蔬菜，是导致癌症、动脉硬化、心血管病、胎儿畸形、死胎、早夭、早衰等疾病的重要原因。

6.4 药品及个人护理品类化合物的应用、环境风险与毒性损害表现

6.4.1 药品及个人护理品的分类及应用

药品与个人护理用品（PPCPs）作为一类新兴环境微污染物，自 1999 年由 Christian G. Daughton 在 *Environmental Health Perspectives* 中首次报道以来逐渐受到科学界和公众的广泛关注。药品与个人护理用品种类繁多，其中医药品大约有 4500 种，广泛用于人类或动物的疾病预防与治疗等领域，主要包括各种处方药和非处方药（如 X 射线显影剂、咖啡因、抗生素、抗癌药、镇静剂、抗癫痫药、显影剂、止痛药、降压药、避孕药、D-阻滞剂、激素、类固醇、消炎药、催眠药、减肥药、利尿剂等）；日常个人护理用品主要包括防晒霜、香料、遮光剂、染发剂、发型定型剂、洗发水、洗涤剂、消毒剂、香皂等一系列化妆品。

药品与个人护理用品种类繁多，结构多样，各组分没有共性结构，如激素和活性类固醇没有特异性可对几乎所有生命体产生生物学效应。

6.4.2 药品及个人护理品的环境风险

在日常生活中使用的药品和个人护理用品，主要经过污水收集系统进入污水处理厂，在污水处理厂内通过各种工艺被降解和转化，经过污水处理厂处理后，未降解完全的药品与个人护理用品有机会进入地下水；剩余污泥中的药品与个人护理用品也可以通过污泥施肥的方式进入环境中。而环境水体中的药品与个人护理用品又可以通过饮用水取水口进入给水厂，经给水厂的处理工艺净化后，未被去除的药品与个人护理用品有可能随城市供水进入日常生活。

药品与个人护理用品的种类繁多，使用广泛，所以进入水体的途径很多。污水处理厂出水是环境中药品与个人护理用品的重要来源之一，因药品与个人护理用品的理化性质和浓度水平，常规污水处理技术对药品与个人护理用品的去除十分有限，这部分未被去除的药品与个人护理用品随着污水厂出水直接进入水体中。除了随着出水排出，经污水厂去除的 PPCPs 中的一部分会通过吸附作用和沉淀作用而富集于污泥中，这些药品与个人护理用品随着污泥资源化处理而进入环境，对农田等造成二次污染，并会随着地表径流和雨水渗透进入水环境，这部分药品与个人护理用品的浓度变化很大，受环境因素影响程度大。此外，在我国很多农村地区没有污水处理厂，这些地区产生的生活污水和工业废水直接排入水体，药品与个人护理用品随着这些污水直接进入水环境，增加了河流湖泊中的药品与个人护理用品浓度。

畜牧业和水产养殖业也是环境中药品与个人护理用品的重要来源之一，药品与个人护理用品作为常规的药物和添加剂，在治疗禽畜和水产养殖生物的疾病过程中和在日常投加的养殖饲料中经常使用。早在 1999 年，就有学者研究了禽畜体内的抗生素残留，并在猪的肾脏中发现了大量的土霉素残留；垃圾填埋场也是药品与个人护理用品进入环境的又一重要来源，但是随着对垃圾填埋场处理工艺的提升，以及垃圾填埋处理在固废处理中所占比例的降低，从垃圾填埋场进入环境中的药品与个人护理用品也越来越少。此外，药品与个人护理用品进入环境的方式还有随意丢弃的药物、化肥农药的使用等途径。

药品与个人护理用品进入环境后，在不同的介质中有不同的迁移转化途径，主要途径包

括微生物分解、氧化剂氧化、吸附剂吸附以及挥发进入大气。药品与个人护理用品的转化迁移和其理化性质密切相关，大部分都有很稳定的芳香结构或共轭结构，不同的结构决定了它们不同的转化途径，如布洛芬在污水处理中降解率在 50%～90%，在污泥中也很少检测出残留的布洛芬，这说明布洛芬具有良好的可生物降解性；咖啡因的正辛醇-水分配系数较低，不易被吸附或被沉降。

6.4.3　药品及个人护理品的毒性损害表现

药品与个人护理用品具有较强的环境持留性、生物活性和生物累积性等特征，其长期暴露对环境甚至人体健康可造成一定的潜在危害。例如，三氯生可以干扰硅藻的光合作用和细菌的繁殖；双氯芬酸能够影响虹鳟鱼（*Oncorhynchus mykiss*）的生物化学功能，导致其生物组织的损害；氟喹诺酮类抗生素可引起 *O. mykiss* 突变和癌变，表现出很强的遗传毒性。多种药品与个人护理用品共存条件下其毒性还可产生叠加效应，每种化合物的毒理效应也可能会得到不同程度的放大。此外，有研究指出，抗生素的缓慢生物降解性和持久性，可使细菌产生耐药性基因甚至变异为耐药性极强的“超级细菌”。

一般药物具有多种药理作用，其中有的用于治疗，其余的作用便成为副作用。副作用是指在正常剂量下，伴随药物的治疗作用而同时发生的非治疗所需的药理作用，属于药物的固有效应。大多数药物都有一定的毒性，有的可引起组织或器官的生理功能和结构的改变，如心脏、肝脏、肾脏、中枢神经系统、造血系统的变化。有些药物在体内停留时间较长，长期服药者可造成药物在体内蓄积，出现慢性毒性反应。毒性反应往往与剂量有关，增加药物剂量则毒性作用亦增强。因此，企图用加大药物剂量的方法，来增加药物疗效，其效果是有限的，有时，后果是极其危险的。

个人护理产品包括洗发水、香水、乳液和肥皂等。如今研究人员越来越多地发现某些化学物质或许会以多种方式对机体带来害处。很多个人护理产品中包含的邻苯二甲酸盐是一种用于个人护理产品配方中的化学物质，能够锁住颜色和气味；研究人员发现，孕期机体中邻苯二甲酸盐水平较高的女性所生育的后代更容易出现语言、行为方面的问题以及生殖发育方面的问题，同时女性孕期接触高水平的邻苯二甲酸盐还与妊娠期糖尿病、高血压甚至早产风险有关。此外，种族之间也存在一些明显的差异：研究者发现，使用染发剂的黑人女性患乳腺癌的风险会明显增加，尤其是染发剂颜色越深，患癌风险就越高；使用化学松弛剂或头发拉直器的白人女性患乳腺癌的风险也相对较高。

6.5　有机嗅味物质类的应用、环境风险与毒性损害表现

6.5.1　有机嗅味物质的分类及应用

嗅味（异味）是由水中各种有机与无机物质综合作用而表现出来的，包括土壤颗粒、腐烂的植物、微生物（浮游生物、细菌、真菌等）及各种无机盐（如氯根、硫化物、钙、铁和锰）、有机物和一些气体等。水中植物在某些微生物（如放线菌、蓝绿藻等）作用下所产生的微量有机物（如二甲基异莰醇、土臭素等）也是嗅味的主要来源。

而挥发性有机物则大多具有气味，有机物分子的嗅感与其含有的官能团类型、数目以及分子的立体结构有关。常见的官能团有羟基、醛基、酮基、羧基、酯基、内酯基、烃基、苯

基、氨基、硝基、亚硝基、酰氨基、巯基、硫醚基、二巯基、杂环等；一般来说，化合物的分子量越小、官能团在整个分子中所占的比重越大，官能团对嗅觉的影响越明显。主要的气味物质分为脂肪烃含氧衍生物（醇类、醛类、酮类、羧酸类、酯类）、芳香族化合物、含氮化合物和含硫化合物等。脂肪烃含氧衍生物通常随分子碳链的增长，其气味由果实香型→清香型→脂肪臭型方向变化。芳香族化合物一般都有特殊嗅感，苯的气味一般不受人欢迎。低分子胺类大多具有不愉快的嗅感，许多化合物还有一定的毒性。低级的硫醇和硫醚大都具有难闻的臭气或令人不快的嗅感。

6.5.2 有机嗅味物质的环境风险

湖泊、河流等水源中常见的嗅味物质主要是土霉味的土臭素和二甲基异莰醇（MIB）。此类物质在很低的浓度水平下即可令人感知到相关嗅味的存在（二甲基异莰醇为5～10ng/L，土臭素为1～10ng/L）。随着生活水平的不断提高，人们对饮用水、水产品质量的要求越来越高。据相关统计，嗅味已成为自来水消费者投诉比例最高的一类问题。国外从20世纪50年代就开始对水体异嗅的研究，已成为当今世界水环境研究热点之一。

有机污染物在水环境中一般通过生物降解作用、挥发作用、光解作用、吸附作用等过程进行迁移转化。

6.5.3 有机嗅味物质的毒性损害表现

一般来说，无机物中NO_2、NH_3、SO_2、H_2S等少数气体具有强烈气味，其余大多没有明显的嗅感。硫化氢（H_2S）是一种无色、具有臭鸡蛋味的气体，有剧毒，不仅刺激眼睛和呼吸道，而且还与各种血红蛋白中的铁结合，抑制其活性，阻碍物质和能量代谢，空气中如含有0.1%的硫化氢就会迅速引起头痛晕眩等症状，进而导致昏迷或死亡。当水中H_2S浓度达到0.1mg/L时，就会显著影响鱼苗的生长和鱼卵的存活，H_2S对高等植物根的毒害作用也很大。

水体中的嗅味物质会使饮用水带有不良味道，使饮用者怀疑饮用水的安全，影响水的可饮性，降低饮用水的质量，但一般情况下，水中的嗅味不会对人体健康造成威胁，也有报道居民饮用异嗅异味的水后出现腹痛、腹泻等消化道症状病例。

6.6 内分泌干扰物的应用、环境风险与毒性损害表现

6.6.1 内分泌干扰物的分类及应用

内分泌干扰物是指在人类生活和生产过程中产生并释放到环境中，能干扰人类或动物内分泌系统各环节并导致异常效应，严重时可能会造成“三致”的物质。内分泌干扰物质种类繁多，结构复杂多变。一般来说，内分泌干扰物可分为四大类：天然雌激素、植物性雌激素和真菌性雌激素、人工合成雌激素、环境化学污染物。

6.6.2 内分泌干扰物的环境风险

内分泌干扰物广泛存在于生物圈，空气中的灰尘含有较高浓度的环境污染物，已被证明

是人体暴露于多种有毒物质的重要来源。垃圾焚烧产生的二噁英和多氯联苯、汽车尾气、烹饪油烟等均可产生内分泌干扰物；此外，农药的喷洒及化工生产过程也可产生空气的类激素污染。农药、化肥的大量使用，工业固体废弃物的随意堆放以及垃圾场填埋物的渗滤液中的内分泌干扰物导致内分泌干扰物借助水的淋溶作用渗入水环境；有机废水的随意排放造成水体内分泌干扰物污染；自然环境系统中原有的内分泌干扰物，如天然的植物碱、动物激素和微生物代谢物也是内分泌干扰物的重要来源。

水体途径是内分泌干扰物重要的迁移转化途径。含有内分泌干扰物的废水经地表径流或污水处理厂处理后进入河流等天然水体部分被微生物分解，或由鱼类、藻类等生物体吸收，经食物链传递最终进入人体。进入水体的部分则经沉淀后富集在沉积物中或被胶体物质和悬浮颗粒物吸附，经处理后以城市用水的形态参与人类活动。内分泌干扰物在水环境中的迁移转化机制包括吸附/解吸、富集/降解，主要在水相-悬浮颗粒物-沉积物界面之间进行迁移转化。一般情况下悬浮颗粒物中内分泌干扰物含量最高、沉积物次之、水相最低。

6.6.3 内分泌干扰物的毒性损害表现

内分泌干扰物可干扰动物或人体内天然激素的合成、分泌、运输、结合、反应和代谢等过程，对动物或人体的生殖、神经和免疫系统等功能产生影响。大量实验证据以及流行病学的调查表明，内分泌干扰物对雌激素、睾酮、甲状腺素、儿茶酚胺等呈现显著的干扰效应，是生殖障碍、出生缺陷、发育异常、代谢紊乱以及某些恶性肿瘤发病率增加的原因之一。

越来越多的研究表明，在发育过程中接触内分泌干扰物特别危险。早年接触内分泌干扰物可能导致晚年出现癌症。比如怀孕期间接触雌激素己烯雌酚可能导致阴道癌；二噁英能够影响乳房组织的发育，并可能导致癌症。最容易受内分泌干扰物影响的器官是甲状腺和神经系统。甲状腺的发育较早，始于胚胎的形成（妊娠期）。甲状腺素为大脑正常发育所必需的激素，能影响脑细胞的生长、迁移、细胞之间的连接和一般脑功能的发育。甲状腺素的分泌减少，会给大脑发育带来不利影响。干扰甲状腺素的化学物质主要包括二硫代氨基甲酸酯类以及多卤芳烃。此外，早年接触内分泌干扰物会引起神经发育障碍，导致孤独症、智商下降、多动症等疾病。

思考题

1. 请描述一下内分泌干扰物在环境中的迁移和变化是怎么样的？
2. 全氟化合物的概念是什么？有什么主要用途？
3. 有机农药的分类是如何划分的？
4. 嗅味物质对人体有着怎样的危害？
5. 根据你的理解，你认为有机物与环境资源利用的关系是怎样的？
6. 结合生活，你对有机物资源综合利用有着怎样的深入理解？

第7章

资源综合利用与环境保护技术

7.1 化学沉淀技术

7.1.1 技术原理

化学沉淀法是向污水中投加某种化学物质，使这种物质与污水中的污染物质发生化学反应，生成难溶于水的沉淀物从而将污染物质从水中分离出来的方法。水中难溶解盐类服从溶度积原则，即在一定温度下，在含有难溶盐的饱和溶液中，各种离子浓度的乘积为一常数，也就是溶度积常数。为去除废水中的某种离子，可以向水中投加能生成难溶解盐类的另一种离子，并使两种离子的乘积大于该难溶解盐的溶度积，形成沉淀，从而降低废水中这种离子的含量。

7.1.2 对主族元素的资源综合利用

7.1.2.1 处理主族元素的种类

(1) 锂

沉淀法回收废水中的锂是最早研究并已在工业上应用的方法，对锂含量高、钙镁含量低的含锂溶液，可直接用碳酸钠分步沉淀法制取碳酸锂，如张家坝化工厂和美国银峰盐湖等均采用此法。但是对溶液的含锂要求较高，而且该法要求 Ca^{2+}、Mg^{2+} 含量不能太高，尤其是 Mg^{2+} 不能太高，不然易导致 Li^{+} 的大量损失。由于 Mg^{2+}、Li^{+} 性质相似，使各分段中 Li^{+} 损失率巨大，同时，Mg^{2+} 含量过高，会耗用大量碱，使成本难以承受。为克服该法 Li^{+} 回收率低、不适合高镁卤水提钾的根本缺点，研究人员提出硼镁共沉的锂镁分离新技术，大大减少了传统沉淀法工艺复杂、Li^{+} 损失大的缺点，Li^{+} 回收率可达 70% 以上。青海东台吉乃尔盐湖锂钾硼工业性中试取得了极为显著的成果，初步解决了高镁锂比下镁锂分离技术难题。美国在西尔斯盐湖利用盐湖卤水所含有的 PO_4^{3-}，采用磷酸盐形式沉淀 Li^{+}，然后用 HCl 溶解该沉淀物，经脱 PO_4^{3-}、浓缩、沉淀，生产 $LiCO_3$ 产品。该法从原卤得到碳酸锂的 Li^{+} 收率约 75%，但仅适合于某些 Ca^{2+}、Mg^{2+} 含量极低的盐湖卤水提锂。

（2）铍

我国《生活饮用水卫生标准》中规定，铍在饮用水中的限值为0.002mg/L。氢氧化铍在碱性溶液中常以黄色沉淀的形式析出，目前的化学沉淀法主要通过向含铍废污水中投加石灰，将铍转化为氢氧化铍沉淀物去除，适用于含铍废水的预处理。为减少药剂的用量，并取得较优的效果，在去除含铍废水时最佳pH为8.5。

（3）镁

通过化学沉淀法向废水中投加化学药剂使钙镁离子生成沉淀的方法来降低硬度。该方法的优点是可以同时实现脱氮和降低硬度。常用的化学沉淀法有苛性钠软化法、石灰软化法、石灰-纯碱联合软化法。石灰-纯碱法是通过向废水中加入石灰［$Ca(OH)_2$］和纯碱（$NaCO_3$）使之与废水中的钙镁离子反应生成沉淀。还有通过向硬度较高的水体中加入富含氮和磷的水除镁垢，主要原理是PO_4^{3-}、Mg^{2+}、NH_4^+在碱性水溶液中生成$NH_4MgPO_4 \cdot 6H_2O$沉淀，脱镁后过滤出来的磷酸镁铵作为缓释肥料使用，不但不会污染环境，还为企业带来了利润。

（4）硼

化学沉淀法除硼的原理是利用沉淀剂将溶液中的硼转为硼酸盐沉淀或溶解度低的硼酸，其中沉淀剂分为有机沉淀剂（聚乙烯醇、羟基羧酸等）和无机沉淀剂（含钙镁铁铝等元素的矿石、氧化物、氢氧化物等）。该法可分为加酸沉淀法和加碱沉淀法。

加酸沉淀法是利用H_3BO_3在无机酸中溶解度小的原理，在溶液中加入盐酸或硫酸将硼转化为溶解度更低的硼酸。肖景波等在卤水中，以盐酸为pH调节剂，经酸化（盐酸浓度为0.6%、pH为0.5）、冷却、结晶（结晶温度为0℃、结晶时间为60min）、分离后形成溶解度更小的硼酸进行初步除硼。加碱沉淀法是指在弱碱性条件下，金属氧化物与溶液中的硼反应生成难溶的硼酸盐沉淀。

（5）铊

因为Tl^+及其化合物大多是可溶的，虽然通过添加硫化物可以沉淀Tl^+，但会产生H_2S造成二次污染，且出水含盐量过高。因此，投加过氧化氢、高锰酸钾、次氯酸钠（钙）、硫酸铁/氯化铁等氧化剂，对废水进行氧化破络预处理，将Tl^+预氧化为Tl^{3+}，进而生成水中溶解度较低的$Tl(OH)_3$是处理含钝废水的有效方法之一。

（6）硅

钙和镁的硅酸盐溶解度都很小，因此通过向含硅废液中加入钙盐或镁盐，钙离子和镁离子与硅酸根结合形成难溶物来除去硅。该化学沉淀法需要保持溶液的pH处于9～11之间，除硅效果才好。

（7）铅

氢氧化铅的沉淀在化学沉淀法中起主导作用。随着污水中pH的增加，水溶液中氢氧根离子浓度的增加，水中的Pb^{2+}与OH^-结合生成$Pb(OH)_2$沉淀，且随着OH^-数量的增加，反应平衡向沉淀方向移动。对于40mg/L模拟铅溶液，其最佳pH为10.0～11.5，对于实际废水，其最佳pH为7.5～11.5。经沉淀处理，铅离子的去除率达到97%。

在铅酸废水的原溶液中本身存在有Cl、S、Br等元素，因此铅酸废液中可能存在有Cl^-、S^{2-}、SO_4^{2-}、Br^-等阴离子，而$PbCl_2$、PbS、$PbSO_4$、$PbBr_2$均为铅的难溶盐，而这些难溶盐可能在浓硝酸或者强碱环境中溶解，因此在pH接近中性时游离的铅离子可能与上述离子发生反应生成铅的难溶盐。

铅酸废水中还存在着Fe、Al、Si、Ca元素，因此在缓慢加入沉淀剂NaOH的过程中，可能会产生铝盐、铁盐、钙盐或者硅酸盐絮凝剂，这也有助于提高铅的去除效果。在实际铅酸废水的铅去除机理中，OH^- 与 Pb^{2+} 结合形成 $Pb(OH)_2$ 沉淀起主导作用，而其他铅难溶盐的生成、絮凝剂的形成、固体悬浮物的吸附作用、共沉淀作用都有可能是实际铅酸废水中铅离子去除率升高的原因。

（8）磷

通过投加化学沉淀剂与废水中的磷酸盐生成难溶沉淀物，可把磷分离出去，同时形成的絮凝体对磷也有吸附去除作用。常用的混凝沉淀剂有石灰、明矾、氯化铁、石灰与氯化铁的混合物等。为了降低废水的处理成本，提高处理效果，学者们在研制开发新型廉价高效化学沉淀剂方面做了大量工作。研究发现，原水含磷 10mg/L 时，投加 300mg/L 的 $Al_2(SO_4)_3$ 或 90mg/L 的 $FeCl_3$，可除磷 70%左右，而在初沉时加入过量石灰，一般总磷可去除 80%左右。根据化学凝聚能增加可沉淀物质的沉降速度，投加新型净水剂碱式氯化铝，沉降效果达 80%～85%，很好地解决了生产用水的磷污染。该方法具有简便易行、处理效果好的优点。但是长期的运行结果表明，化学沉淀剂的投加会引起废水 pH 值上升，在池子及水管中形成坚硬的垢片，还会产生一定量的污泥。

（9）砷

化肥、农药、冶金工业中经常用到砷化物，会造成砷污染，废水中常以亚砷酸根和砷酸根两种价态存在，一般以亚砷酸根为主。化学沉淀法利用砷酸和亚砷酸与部分金属氧化物或硫化物生成沉淀去除废水中的砷化物，通常有三种处理方法，即中和沉淀法、硫化法、絮凝共沉法。中和沉淀法相对于其他方法来说处理成本较低，工艺简单。其作用机理主要是砷在高 pH 环境下，容易形成盐类沉淀。往废水中添加廉价易得的氢氧化钙或氢氧化钠，使废水中+5 价 As 形成砷酸钙盐类沉淀，但因颗粒较小，泥渣沉淀缓慢，难以将废水中的砷净化到排放标准，通常辅以其他方法，才能使得废水达到相应排放标准。中和沉淀法一般可作为高含砷废水的预处理，大大降低处理成本。化学原理如下：

$$3Ca^{2+} + 2AsO_4^{3-} = Ca_3(AsO_4)_2 \downarrow$$

$$3Ca^{2+} + 2AsO_3^{3-} = Ca_3(AsO_3)_2 \downarrow$$

硫化法一般采用 NaHS、NaS、FeS 等廉价试剂作为硫化剂，因工艺简单、反应迅速、可大批量处理而被广泛应用。使用 NaOH 浸取硫化沉淀，可分离有色金属和砷，便于有色金属的回收再利用；经脱硫处理的产物还可做农药、杀虫剂等产品的原料，具有较高的经济价值。

（10）氮

过量的氨氮排入水中会造成水体富营养化，降低水体的观赏价值。同时，被氧化生成的硝酸盐和亚硝酸盐还会影响水生生物甚至人类的健康。通过向含有氨氮的废水中加入沉淀剂 $MgCl_2$（或 $MgSO_4$）和 Na_2HPO_4，使其与 NH_4^+ 发生化学反应，生成磷酸铵镁（$MgNH_4PO_4 \cdot 6H_2O$）沉淀，然后分离沉淀以去除废水中的氨氮。该方法称为 MAP 沉淀法。化学反应方程式可表示为 $Mg^{2+} + NH_4^+ + PO_4^{3-} = MgNH_4PO_4$。反应生成的磷酸铵镁沉淀可作为土壤的添加剂和建筑材料上的阻火剂，也可加工成医用药剂。

（11）硫

化学沉淀法主要是采用金属离子做沉淀剂，使 S^{2-} 转化成不溶性的硫化物沉淀，然后通过固液分离加以去除。常用的沉淀剂有 Fe^{2+}、Fe^{3+}、Ca^{2+}、Cu^{2+} 等，由于生成的沉淀颗粒细小难以沉降，容易穿过滤层导致出水处理效果不理想，故在实际应用中通常使用如硫酸铝、聚合氯化铝以及聚合硫酸铁等混凝剂强化沉淀性能。此法处理速度快、脱硫效率高、操作简单，但是对于含硫量较高的废水沉淀剂消耗大，处理后产生大量污泥染。因此，沉淀法更适于含硫量低，废水量小的情况。

（12）硒

共沉淀是通过投加药剂，在特定环境下沉淀在溶液中析出时，溶液中的某些可溶性杂质会与该沉淀结合，从而达到除去杂质的目的。水铁矿（铁氢氧化物）具有极大的比表面积和高表面活性，可以通过吸附和共沉淀与水中的污染物结合。水铁矿去除硒包括两个过程，一是铁盐（三氯化铁）的投加，调节pH值到适当的值，搅拌产生水铁矿沉淀；二是硒被吸附于水铁矿表面。该法处理成本低，操作比较简单，已经在工业上广泛应用。

（13）氟

《污水综合排放标准》中规定氟离子浓度应该小于10mg/L。通常采用钙盐沉淀法，即通过向废水中投加钙盐等，使钙离子与氟离子反应生成沉淀CaF_2，以达到除去废水中氟元素的目的。此方法主要适用于高浓度含氟废水处理，具体步骤为：首先加入碱性药剂调节废水pH值；其后加入钙盐等化学反应剂，通过Ca^{2+}与废水中的F^-离子发生化学反应最终生成氟化钙沉淀，使F^-得到去除。常用的反应剂有石灰、电石渣和可溶性钙盐等。沉淀法除氟效果好，操作简单，费用低，需要注意的是氟化钙的溶解性和二次污染问题。

（14）氯

沉淀法主要是去除水中的氯离子，利用Cl^-与处理剂形成难溶化合物，使Cl^-以沉淀的形式从体系中去除。运用超高石灰铝法，在石灰、铝盐与初始Cl^-摩尔浓度比例为5∶2∶1时，循环冷却水中氯离子的有效去除率可达90%以上。

7.1.2.2 处理主族元素的典型案例

（1）磷

含磷废水pH一般在2左右，一级反应池的pH调整到5～6左右，二级反应池pH调整到8.5～9，三级反应池pH调整到9～9.5(确保完全生成羟基磷酸钙)，加入的过量的$CaCl_2$和适量的絮凝剂，形成$Ca_5(PO_4)_3OH$沉淀，部分污泥循环成为载体，促进絮凝效果，在沉淀池通过重力沉降实现泥水分离。此工艺流程比较简单，费用也比较低，但是要求系统调整及时，处理水含磷波动比较大时会影响处理水的排放，对于半导体行业方面的含磷废水处理还是具有很大的适用性，典型的工艺流程如图7-1所示。

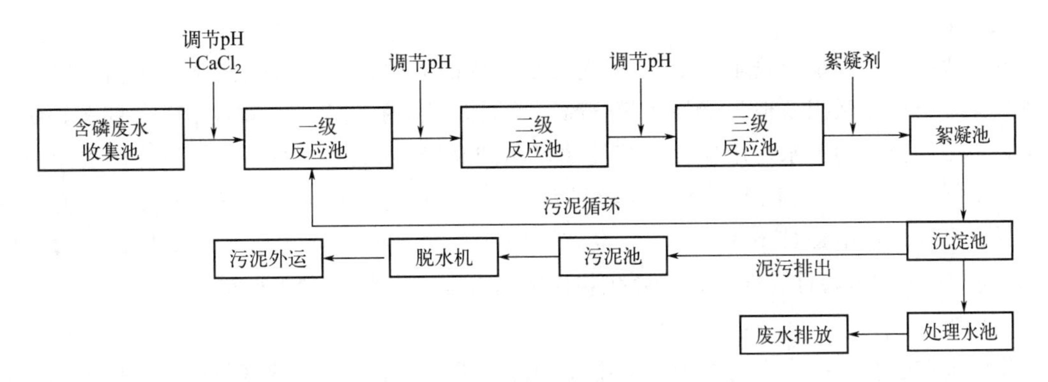

图7-1 含磷废水处理工艺流程

（2）镁

首先，用含钙碱性物质作为中和剂将含硫酸镁冶炼废水的 pH 调节至 10.0～12.5，得到含氢氧化镁和硫酸钙的浆液。其次，向含氢氧化镁和硫酸钙的浆液中通入二氧化碳气体进行碳化，并对碳化后的浆液进行固液分离，得到固体渣和碳酸氢镁溶液。最后，对固体渣进行酸化处理，最终得到硫酸钙产品。典型的工艺流程如图 7-2 所示。

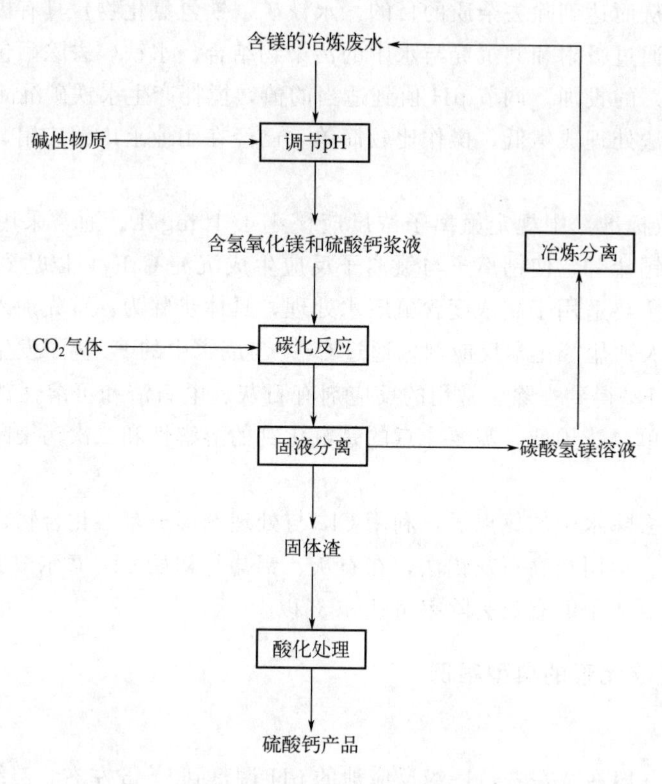

图 7-2 含镁废水处理工艺流程

7.1.3 对副族元素的资源综合利用

7.1.3.1 处理副族元素的种类

（1）汞

沉淀法中以加入硫化物生成 HgS 沉淀为最常用的方法，这种方法还常与重力沉降、过滤或气浮等分离法联用，但只能加速相分离，不能提高除汞效率。在碱性 pH 条件下，对原始含汞浓度相当高的废水，用硫化物沉淀法可达到高于 99.9%的去除率，但流出液中最低含汞量不能降到 20μg/L 以下。为减少药剂用量，可在接近中性条件下进行沉淀，具有较好的效果；也有人提出最佳 pH 为 8.5。本方法的缺点是：①硫化物用量较难控制，过量的 S^{2-} 能与 Hg 生成可溶性配合物；②硫化物残渣仍有很大毒性，较难处置。

（2）镉

化学沉淀法在含镉废水的处理中应用较多，特别适用于镉离子浓度较高的水体中镉的去除。依据沉淀剂的不同，化学沉淀法可以分为氢氧化物沉淀法、硫化镉沉淀法、碳酸镉沉淀法、磷酸镉沉淀法、铁氧体共沉淀法及综合沉淀法。

① 氢氧化物沉淀法。氢氧根离子与镉离子结合可产生氢氧化镉沉淀。含镉废水的氢氧化物沉淀法大多是采用价廉高效的石灰中和沉淀法，该法 pH 的控制非常关键。张荣良采用底泥回流、石灰中和、提高 pH 的方法处理硫酸生产过程中产生的含镉、砷废水，当 pH=10 时，镉的去除率可达 99.25%。程振华等采用调节-混凝-沉淀-过滤工艺处理电池生产过程中产生的高镍、镉废水。采用强阴离子型聚丙烯酰胺作混凝剂、氢氧化钠或氢氧化钙作 pH 调节剂，当 pH>10 时，可直接从废水中沉淀除去镍、镉，具有较高的经济性和可操作性。周淑珍采用泥浆循环-石灰中和提高 pH 的方法对冶炼厂废酸废水中镉的去除进行了研究，研究表明控制一次中和槽 pH=9～10，适当提高二次中和槽的 pH 可达到较高的镉去除率。

② 碳酸镉沉淀法。碳酸镉的溶度积为 5.2×10^{-12}，难溶于水。沈华分析颜料工业废水中镉的含量为 40mg/L，利用工艺过程漂洗水中的 Na_2CO_3 和 NaOH 为沉淀剂，不加其他的沉淀剂，控制 pH 为 8～9，自然沉降 6～8h，出水 Cd^{2+} 的浓度低于 0.1mg/L，实现了镉的沉淀，达到了固液分离的目的。

③ 硫化镉沉淀法。硫化镉溶度积为 3.6×10^{-23}，属难溶硫化物。根据溶度积原理，向含镉废水中加入硫化钠等，使硫离子与游离态的镉离子反应结合，生成难溶的硫化镉沉淀，镉的去除率一般可到 99%以上。该法与其他方法联用效果较好。

④ 磷酸镉沉淀法。$Cd_3(PO_4)_2$ 的溶度积为 3.6×10^{-32}，比 CdS 的溶度积小，理论上 $Cd_3(PO_4)_2$ 的沉淀效果要比 CdS 好。陈阳等用 Na_3PO_4、Na_2S 和 NaOH 作沉淀剂对电镀镉废水的处理进行了工艺对比实验，结果表明，用 Na_3PO_4 沉淀法处理电镀镉废水效果最明显，处理后废水中镉的质量浓度低于 0.008mg/L，达到国家排放标准。他们还提出以磷矿石代替 Na_3PO_4 来处理电镀镉废水可降低处理成本，处理产生的 $Cd_3(PO_4)_2$ 还可以作为一种好的建筑材料得到二次利用，有好的应用前景。目前该法处理含镉废水还没有得到广泛应用，值得进一步探索和研究。

⑤ 综合沉淀法。综合沉淀法就是将几种化学沉淀法结合起来，分步除去废水中的镉。王建明利用综合沉淀法处理锌、镉废水，用硫化物沉淀法进行废水的一级处理，石灰乳沉淀法进行二级处理，处理后的废水水质达到国家排放标准。张玉梅向含镉废水中先加入硫化钠，使镉沉淀出来，然后加入聚合硫酸铁，生成硫化铁和氢氧化铁，利用它们的凝聚和共沉淀作用，既强化了硫化镉的沉淀分离过程，又清除了水中多余的硫离子。实验表明利用该法处理含镉废水，水质可达国家污水综合排放一级标准，其中 Cd^{2+} 浓度低于 0.1mg/L，魏星做了类似的实验，镉去除率在 99.5%以上。

铁氧体共沉淀法分为氧化法和中和法两种。将 $FeSO_4$ 加入含镉的废水中，用 NaOH 调节溶液的 pH 到 9～10，加热并通入压缩空气进行氧化，从而形成铁氧体晶体，此为氧化法；将二价和三价的铁盐加入到待处理的废水中，用碱中和到适宜的条件而形成铁氧体晶体，此为中和法。镉离子进入铁氧体晶格中，在共沉淀作用下从溶液相进入固相。方云如等用铁氧体法处理了含铬和镉的废水，在适宜的操作条件下得到了磁性较强的铁氧体，同时，处理后的废水中镉含量降至 0.041mg/L，达到国家排放标准。卢莲英等对铁氧体和镉共沉淀进行了实验研究，并探讨了主要的技术参数。在合适的条件下，Cd^{2+} 的去除率达 99%以上，出水 Cd^{2+} 含量低于 0.1mg/L，达到排放标准。刘淑泉等采用铁氧体-磁流体法净化含重金属的废水（含镉），以磁流体形式回收其中重金属。用此法净化的废水中 Cd^{2+} 的浓度由净化前的 0.412mg/L 降至 0.0002mg/L，且由于磁流体具有一定的磁性能，与其他净化废水的方法相比最大的优点是无废渣产生，避免了二次污染，且能在常温下进行，该法面临的最主要的问题是含镉铁氧体固体如何解决。

(3) 铬

化学沉淀法是治理含铬废水最典型也是最为主要的方法，按其沉淀机理可以分为两类：直接沉淀法和还原沉淀法。

直接沉淀法原理是利用 Ba^{2+} 直接将 CrO_4^{2-} 以铬酸钡（$BaCrO_4$）沉淀，不改变 CrO_4^{2-} 的氧化还原形态。此种方法由于容易堵塞装置，且钡盐来源困难，已逐渐被淘汰。

还原沉淀法的原理是首先在酸性条件下向废水中添加还原剂，废水中的 Cr^{6+} 被还原成 Cr^{3+}；其次，调节溶液为碱性（通过添加氢氧化钠或石灰），Cr^{3+} 与 OH^- 形成 $Cr(OH)_3$ 沉淀被去除。常用的还原剂有硫酸亚铁、亚硫酸盐、废铁屑、二氧化硫等。

(4) 锰

溶解性锰离子在碱性条件下可转化为不溶解性的锰的沉淀物，将 pH 调至 9.5 以上，使锰沉淀，从而将锰离子从水中分离出来的方式。化学沉淀法除锰有多种沉淀途径，如氢氧化物沉淀、碳酸盐沉淀、氧化物沉淀等。氢氧化物沉淀通过加入 NaOH、$Mg(OH)_2$ 和 $Ca(OH)_2$ 等，使水中锰离子与氢氧根结合，生成 $Mn(OH)_2$ 沉淀。碳酸盐沉淀、氧化物沉淀是通过向水中投入碳酸盐，或利用氧气或二氧化硫生成 MnOOH、MnO_2 等沉淀从而实现锰离子的去除。

(5) 铜

化学沉淀法除铜是向含铜废水中加入某些沉淀剂，使该物质与废水中的重金属铜离子发生化学反应，生成难溶于水的沉淀物，以降低废水中铜离子的含量。化学沉淀法因其工艺简单、操作方便、经济实用在去除废水中铜的领域应用比较广泛。例如，Kanggen Zhou 等开发了一种从实际工业锰铜氯化物浸出液中选择性沉淀铜的新方法，在 pH＝2.80～4.71 的最佳pH 值范围内，利用 $MnCO_3$ 作为沉淀剂，铜的沉积效率可达 90%以上，其他离子的沉积效率低于 10%。熊英禹等利用化学沉淀法对葫芦岛锌厂实际酸性含铜废水进行处理，处理结果表明平均去除率可达 99.48%，去除之后水中含铜量为 0.8675mg/L。虽然化学沉淀法可高效去除废水中的铜离子，但是在实际操作过程中需要使用大量沉淀剂并严格控制 pH 值，并且极易产生含重金属的污泥及沉淀残渣，由于沉淀不完全，还易造成二次污染等问题。因此，化学沉淀法仍然面临如何既能满足废水处理的需要，又能实现废水中重金属的回收和处理的难题。

(6) 镍

巢猛等采用了氢氧化物沉淀和强化混凝联用技术对水源水中的镍去除处理，调节源水 pH 值为 9.0，聚合氯化铝投加量为 1.8mg/L，可将原水中 0.04mg/L 的镍降至 0.02mg/L 以下，达到《生活饮用水卫生标准》(GB 5749—2022) 对镍的限值。

常军霞等通过实验研究了铁氧体法处理含镍废水的工艺条件，结果表明，在 pH＝9.0、$n(Fe^{2+}):n(Ni^{2+})=2$、温度为 70℃的最佳条件下，镍的转化率可达 99%以上，废水中的 Ni^{2+} 可从 100mg/L 左右降至 0.47mg/L，达到排放标准。

(7) 钌

可用锍试金结合 Te 共沉淀富集、等离子体质谱法测定地质样品中的铂族元素，回收率大于 94%，Ru 的检出限达到 0.024ng/g。也可用过氧化钠熔融分解地质样品，用碲共沉淀富集铂族元素和金，用同位素稀释-等离子体质谱法测定 Ru、Pd、Ir 和 Pt，内标法测定 Rh 和 Au。

7.1.3.2　处理副族元素的典型案例

（1）铬

图 7-3 为沉淀法处理含铬废水的工艺流程。其中硫酸亚铁法主要利用 Fe^{2+} 的还原性将六价铬还原成三价铬，再添加碱性物质生成氢氧化铬沉淀。

pH＝2.5～3.0 时：$Cr_2O_7^- + 6Fe^{2+} 14H^+ \longrightarrow 4He^{3+} + 7H_2O + 6Fe^{3+}$

pH＝6.5～8.0 时：$Cr^{3+} + 3OH^- \longrightarrow 3Cr(OH)_3 \downarrow$

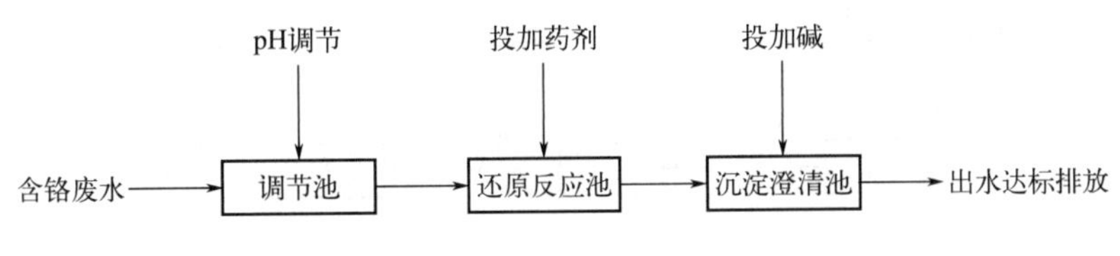

图 7-3　沉淀法处理含铬废水工艺流程图

（2）汞

在 pH 值为 6.0～7.0、Na_2S 投放量不超过理论值 12 倍、混凝剂 $FeSO_4$ 投加浓度为 150mg/L、絮凝剂聚合氯化铝投加浓度为 200mg/L、沉降时间大于 24h 的操作条件下，应用硫化汞沉淀法处理含汞废水可获得理想效果，能实现达标排放。沉淀法与絮凝、重力沉降、过滤、吸附等分离过程相结合，可增强硫化汞沉淀的去除效果。在处理过程中，通过部分清液的回用可实现含汞废水减量排放，通过硫化汞沉淀固液分离可回收含汞废渣，减少汞资源的消耗，且沉渣体积小，化学性质稳定，不易造成二次污染。该工艺简单快捷，易于操作，处理效果理想，具有一定的推广价值，典型的工艺流程如图 7-4 所示。

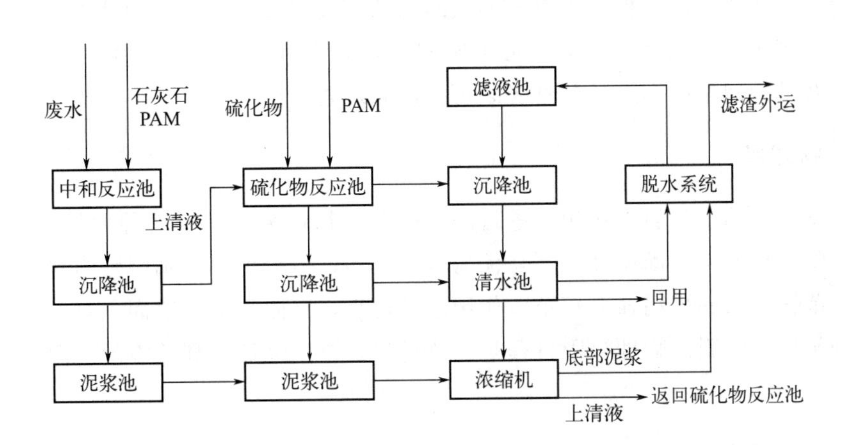

图 7-4　沉淀法出处理含汞废水工艺流程

（3）钪

我国生产的 Sc_2O_3 绝大部分来自钛白粉厂。由于原矿中 Sc 含量较低，其质量分数一般只有 80～120g，因此在钛白废液中的含量也很低，其质量浓度一般不超过 20mg/L。而其他杂质元素的含量远高于 Sc 的，如 Fe 的含量为 Sc 的 3000 倍，Ti、Mn 的含量为 Sc 的 100 倍。目前，国内主要采用溶剂萃取分离、草酸沉淀的工艺路线从钛白废液中回收 Sc，典型的工艺流程如图 7-5 所示。

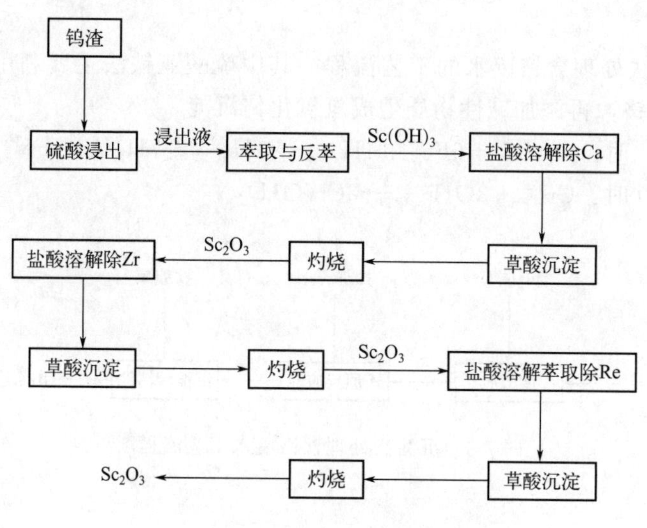

图 7-5 沉淀法回收和提取钪工艺流程

7.2 吸附技术

7.2.1 技术原理

吸附法是利用多孔性固体吸附废水中某种或几种污染物，以回收或去除某些污染物，从而使废水得到净化的方法。根据固体表面吸附力的不同，吸附可分为物理吸附和化学吸附等两种类型。在废水处理过程中，大部分的吸附往往是几种吸附综合作用的结果。由于吸附质、吸附剂及其他因素的影响，某种吸附可能起到主要作用。

7.2.1.1 物理吸附

在范德华力或静电吸引力作用下进行的吸附称为物理吸附。这两种力是没有选择性的，因而物理吸附可以发生在固体吸附剂与任何溶质之间，但吸附强度则因吸附对象的不同而有很大差别。范德华力的作用强度较小，作用范围也小，因而吸附不牢固，具有可逆性，并可以形成多分子层的吸附。物理吸附过程是放热过程，温度降低有利于吸附，温度升高有利于解吸。

7.2.1.2 化学吸附

在化学键力或氢键力作用下进行的吸附称为化学吸附，图 7-6 展示了吸附装置的简易图。化学键力只存在于特定的各原子之间，所以化学吸附是有选择性的。化学键力的强度较大，其作用力范围不超过分子大小，因而化学吸附可逆性较差，只形成单分子层吸附。化学吸附是吸热过程，温度升高有利于吸附。

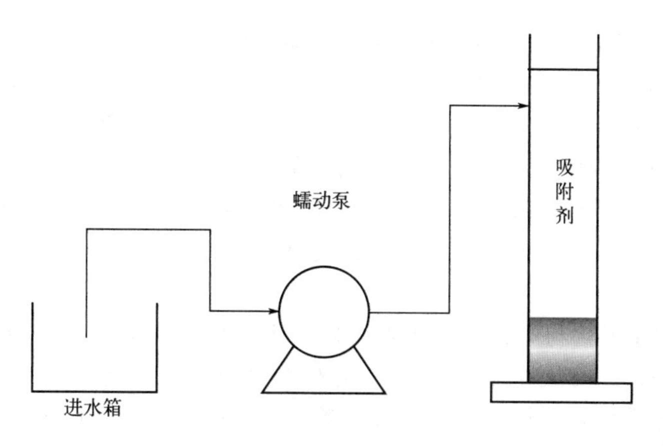

图 7-6 吸附装置简易图

7.2.2 对主族元素的资源综合利用

(1) 锂

近几年来，吸附提锂研究十分活跃，对于在含锂量较低的水相中此法比较有前途。吸附法关键是研制性能良好的吸附剂，要求吸附剂对锂有良好的选择性吸附，以便能排除溶液中大量共存的碱金属。此外，要求吸附剂吸附洗脱性能稳定，适合较大规模操作使用。有机离子交换树脂对锂离子的选择性很差，没有实用价值。一般来说，无机离子吸附剂对锂有较高的选择性。自二十世纪七十年代以来，国内外学者就开始研究，试图找到对锂具有特殊选择性和高交换容量的无机离子交换剂。锂的无机离子交换剂有金属氧化物及金属水合氧化物、无定性氢氧化物吸附剂、铝盐吸附剂、层状多价金属酸性盐、锑酸盐吸附剂等。

(2) 钙

吸附法实质上是利用吸附剂活性表面对钙离子的吸引，使其富集在吸附剂的表面，从而达到脱除钙离子的目的。常用脱除钙的吸附剂有活性污泥、沸石分子筛和一些低成本的吸附剂。活性污泥价格便宜，有很好的吸附性能，可以明显降低水中 Ca^{2+} 和 Mg^{2+} 的浓度。沸石分子筛是一种比表面积较大的微孔材料，具有优良的离子交换、催化和吸附性能，并且价格低廉，有利于吸附金属离子。吸附了钙离子的沸石还可以完全再生而得以循环利用。近年来，科学家们还开发和研制了一些脱除钙离子的低成本吸附剂，例如廉价、可生物降解和可再生的淀粉衍生物、改性壳聚糖等。吸附法具有操作简单、选择性强、净化度高等优点。但是吸附剂的容量有限，且吸附剂的再生问题一直是一个难点。

(3) 镁

阳离子交换树脂常被用来去除水中阳离子，原理是水经过阳离子交换树脂时，使交换树脂上的钠离子或氢离子与水中的钙镁离子进行交换，钠或氢离子被钙镁离子替换后附着在离子交换树脂上，从而达到去除钙镁离子的目的。沸石也常被用作吸附剂来吸附水中的镁离子。

(4) 硼

离子交换法属于吸附法的一种，通过采用强碱性阴离子树脂或带有多羟基基团的螯合树脂从废液中提取硼，通过碱溶液洗脱，洗脱液加酸酸化、冷冻结晶即可得到硼酸。离子交换法提取卤水中的硼酸已经被应用，可以借鉴应用于含硼废液的处理中。处理含硼废水时采用特效选择性离子交换树脂，其中螯合树脂对特定的离子有较强的选择吸附作用，经螯合树脂离子交换后，硼含量可降至 lmg/L 以下，可满足处理要求。此外，最近开发的一种硼固定剂 UML-9000 已在市场供应，据介绍其降硼率达 90%以上。

(5) 铊

吸附法除铊的原理是利用具有高比表面积、蓬松结构或者特殊功能基团的吸附材料，通过库仑引力、范德华力或化学键相互作用对水中的铊离子进行物理吸附或化学吸附。目前吸附处理铊的研究大多数采用金属氧化物（MnO_2 或纳米 Al_2O_3）、活性炭、树脂及复合材料。

陈韬利用分子筛、活性氧化铝及螯合树脂等吸附材料联合铁絮凝处理湖南株洲某电解锌废水，经研究发现：螯合树脂的吸附效果远优于分子筛和活性氧化铝，废水经树脂吸附和絮凝沉淀处理后，铊去除率高达 95.68%。

吸附剂对铊离子具有较强的选择性、快速吸附能力和较高的吸附容量，机械强度和化学稳定性高，在水中不易溶解，不会造成二次污染；吸附剂原料成本较低，合成方法简单，容易洗脱和再生，重复利用性好，但处理深度不高，容易产生较大的流体阻力，易吸附沉淀。

(6) 铅

吸附法是废水深度处理中常用的方法，含 Pb^{2+} 废水处理也不例外，如用活性炭或脱乙酰甲壳质作为一种天然阳离子交换树脂，其分子中的游离—NH_2 可以与很多重金属离子形成配合物，吸附很多金属离子和小分子化合物。

(7) 磷

20 世纪 80 年代，多孔隙物质作为吸附剂和离子交换剂就已应用在水的净化和控制污染方面。虽然使用的材料及方法不尽相同，但是除磷机理都是一致的，都是使用吸附剂上丰富的孔道对磷进行物理吸附，然后通过吸附剂本身丰富的官能团与其产生离子交换。最典型的就是利用强碱性阴离子交换树脂，与废水中的磷酸根阴离子进行交换反应，将磷酸根阴离子置换到树脂上予以去除。离子交换树脂对于磷酸根的吸附较为稳定，其再生后交换容量也比较稳定。但离子交换树脂的价格较高，树脂再生时需用酸、碱浸泡，对于磷酸根的选择性较弱，容易受到水环境中 pH 或者其他干扰离子的影响。所以通过对于除磷方法的探究，科学家们发现金属氧化物对于磷酸盐的选择性较好，而且 Ca、Fe、A1 等金属的水合氧化物可以和磷酸根生成不溶或直溶性沉淀，因此在普通吸附剂如树脂、活性炭、壳聚糖等上负载金属水合氧化物的方法被广泛使用。

(8) 砷

吸附法是用于处理含砷污水的主要方法，具有生产成本低、工艺简单、吸附材料来源广泛等优点。近年来，随着环境纳米技术的发展，利用纳米材料作为除砷吸附剂用以解决环境砷污染问题逐渐成为研究的热点，其中，以 Fe_3O_4 为代表的铁系纳米材料因表现出独特的理化性质和较高的砷吸附容量而成为研究的重点。纳米级 Fe_3O_4 粒子具有极大的砷吸附容量，其吸附性能与粒子的分散程度有关。然而，细小的纳米粒子因较高的表面能，容易发生团聚形成大粒径的粒子沉淀，使得除砷效果下降。

（9）硒

许多研究者对氧化物矿物吸附Se(Ⅵ)和Se(Ⅳ)进行了较多的研究，已有证据表明，氧化物矿物对Se(Ⅳ)吸附主要是通过形成内球络合，而对Se(Ⅵ)的吸附则是外球络合。

（10）氮

选择对NH_4^+具有很强选择性的沸石作为交换树脂可达到去除氨氮的目的。天然沸石是一种骨架状铝硅酸盐，与合成的沸石分子筛一样，能够选择性吸附气体，进行催化作用，在水溶液中具有离子交换能力，对去除生活污水、工业废水中的氨氮有较好的效果。斜发沸石可以作为低浓度至中等浓度废水选择性去除氨氮的离子交换介质。

7.2.3 对副族元素的资源综合利用

7.2.3.1 处理副族元素的种类

（1）汞

去除汞最常用的吸附剂是活性炭，其有效性取决于废水中汞的初始形态和浓度、吸附剂用量、处理时间等。增大吸附剂用量和延长吸附时间有利于提高对有机汞和无机汞的去除效率。一般有机汞的去除率优于无机汞。某些浓度颇高的含汞废水经活性炭吸附处理后，去除率可达85%～99%。但对于含汞浓度较低的废水，虽然处理后流出液中含汞水平相当低，但其去除率却很小。除了以活性炭作吸附剂外，近年来还常用一些具有强螯合能力的天然高分子化合物来吸附处理含汞废水，如用腐殖酸含量高的风化烟煤和造纸废液制成的吸附剂；又如用甲壳素（甲壳类动物外壳中提取加工得到的聚氨基葡萄糖）经再加工制得的名为Chitosan的高分子化合物，也可作为含汞废水处理的吸附剂。

（2）镉

吸附法是利用多孔性固体物质，使废水中的Cd吸附在固体吸附剂表面而除去的一种方法。近年来，围绕低廉而高效的镉吸附剂的开发，人们做了大量的工作，也取得了一定成果。可用于废水除镉的吸附剂有活性炭、矿渣、壳聚糖、改性甲壳素、硅藻土、沸石、氢氧化镁、无定形氢氧化铁、催化裂化催化剂、合成羟基磷灰石、磷矿石、硅基磷酸盐、改性聚丙烯腈纤维、海泡石、活性氧化铝、蛋壳、膨润土、泥煤等。陈芳艳等对活性炭纤维吸附水中的镉离子进行了研究，结果表明活性炭纤维对镉离子的吸附为单分子层吸附，容易进行，且吸附效果良好。施文康对巯基棉吸附废水中的镉进行了实验，并对镉的脱附及巯基棉的再生进行了研究，结果表明巯基棉对镉有强烈的吸附作用，其吸附率大于99%。陈晋阳等利用低成本的黏土矿物吸附水中的镉离子，结果表明，Langmuir吸附等温方程式与吸附实验相符；溶液的pH越大，越有利于吸附；吸附剂的粒径越小，吸附效果越好；离子强度对吸附过程的影响很小。

（3）铬

吸附法是通过在废水中加入吸附剂，利用吸附剂比表面积大、表面活性高、孔隙率高等特点与废水中的Cr^{6+}发生吸附而达到去除水中六价铬的方法。常用的吸附剂有活性炭，其原理为在酸性条件下，活性炭对Cr^{6+}具有良好的吸附和还原作用。当pH=3～4时，活性炭表面具有较大的静电引力，能吸附重铬酸根离子；在pH=2时，活性炭起还原作用，将吸附在表面的Cr^{6+}还原为Cr^{3+}。

(4) 铜

Xianjiang Shen 等首先从铝上矿中合成沸石 4A，然后用于解吸 EDTA-2Na 溶液中的 Cu^{2+}，经过 3 次循环后，Cu^{2+} 的去除率高达 78.9%，沸石回收率为 46.9%，这表明合成的沸石 4A 具有良好的吸附能力，可重复吸附 Cu^{2+}。Rachid Slimani 等采用低成本的吸附剂-锻烧的动物骨粉（ABM)，去除水溶液中的重金属铜离子和锌离子，并证明该吸附剂可自发地吸附 Cu^{2+}。Loris Pietrelli 等从初榨橄榄油和橄榄油废水中提取出了羟基酪醇（HTy)，并且发现 HTy 是一种具有强抗氧化性和强金属螯合能力的天然多酚化合物，于是他们采用羟基酪醇作为前体，利用自由基聚合反应合成了一种新型聚丙烯酸酯聚合物材料（pAcHTy)，在 pH=6 的条件下，该新型吸附剂对铜表现出了超强的络合能力，吸附量高达 146mg/g，在医学领域和废水处理方面得到重要应用。

(5) 镍

近年来，某些新型吸附剂如生物吸附剂也在水体中重金属的处理中取得了不错的效果。邱兆富等研究了利用颗粒状蟹壳作为生物吸附剂去除水体中 Ni^{2+} 的效果。结果表明，在溶液初始 pH 控制在 4.0～7.0 的情况下，蟹壳生物吸附剂可有效去除水中的 Ni^{2+}。吸附剂中应用最为广泛的是活性炭，活性炭比表面积巨大、孔隙结构发达且可以吸附多种重金属离子。Kang Y. 和 Sun Y. Y. 等人利用活性炭对 Ni^{2+} 进行吸附，均取得较好的吸附效果。

7.2.3.2 处理副族元素的典型案例

(1) 汞

氯乙烯合成过程中产生的废酸、废碱和盐酸解吸过程产生的废水在中和池经过初步中和后，控制 pH 值在 5～7，将中和后的废水打入处理系统的原水箱，在原水箱内的废水经过检测 pH 值在 5～7 后用泵送入系统，若不合格则需要再加入相应的酸或碱进行调节，pH 值合格的废水经过多介质过滤器和超滤，除去废水中的悬浮物、胶体和有机大分子物质，过滤后的废水进入中间水箱，然后利用中间水泵输送至滤芯过滤器过滤再进入三级吸附塔进行吸附，吸附后的水进入产水箱，合格的水外排或部分回用，不合格的水可以继续返回系统进行处理。产水箱内部分水用于系统多介质过滤器和超滤的反洗水，反洗水回收到反洗水装置经过滤后进入原水箱重新处理。当吸附塔内的吸附剂吸附饱和后，采用脱附剂进行脱附，脱附下来的汞再资源化利用，典型的工艺流程如图 7-7 所示。

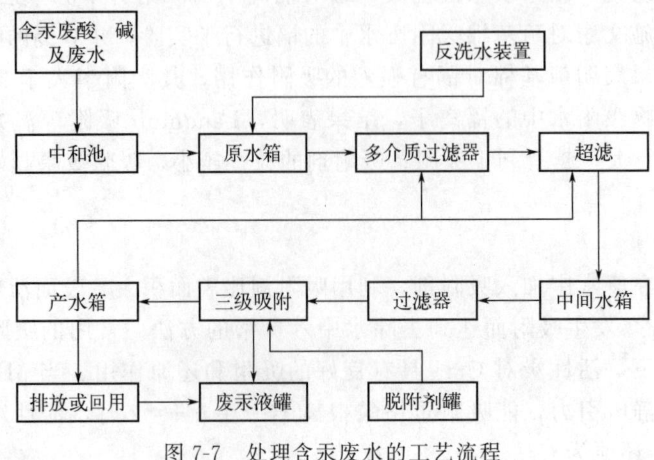

图 7-7 处理含汞废水的工艺流程

（2）镉

由科创重金属博士公司联合各知名大学及国外大学研发的一种药剂能有效对污染物质的重金属吸附、氧化还原、拮抗或沉淀作用，能有效降低重金属的生物有效性，使重金属颗粒矿化，失去与外界反应的条件，从而降低土壤重金属浓度。该技术也广泛使用在污泥回用、工业废渣等重金属污染领域，图 7-8 展示了稳定剂的原理。

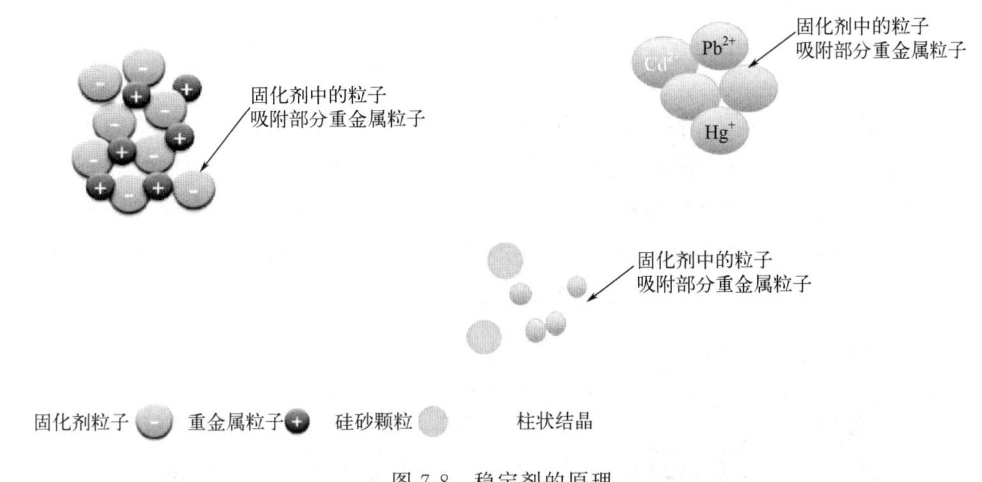

图 7-8　稳定剂的原理

（3）镍

采用吸附工艺处理酸性含镍废水时，将废水预先过滤去除其中的悬浮和颗粒物质，然后进入吸附塔吸附，吸附塔中填充的特种吸附材料能将废水中的重金属吸附在材料表面，使出水重金属持续达标排放。吸附饱和后，再利用特定的脱附剂对吸附材料进行脱附处理，使吸附材料得以再生，如此不断循环进行。酸性含镍废水吸附处理工艺流程见图 7-9。

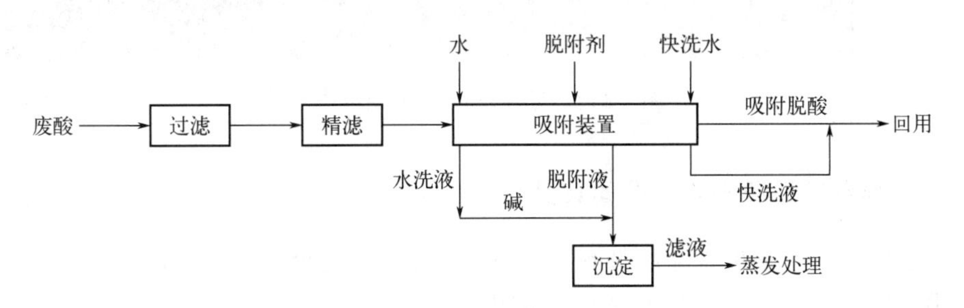

图 7-9　处理酸性含镍废水工艺流程

（4）铬

活性炭吸附法由于工艺简单、设备制造便宜而被广泛应用，目前对吸附剂的改性已经成为处理含铬废水的研究热点，含铬废水工艺处理流程见图 7-10。

7.2.4　对有机物的资源综合利用

7.2.4.1　太湖流域水禽养殖废水

南京师范大学研究团队针对太湖流域水禽养殖废水中难生化处理特征污染物（抗生素、

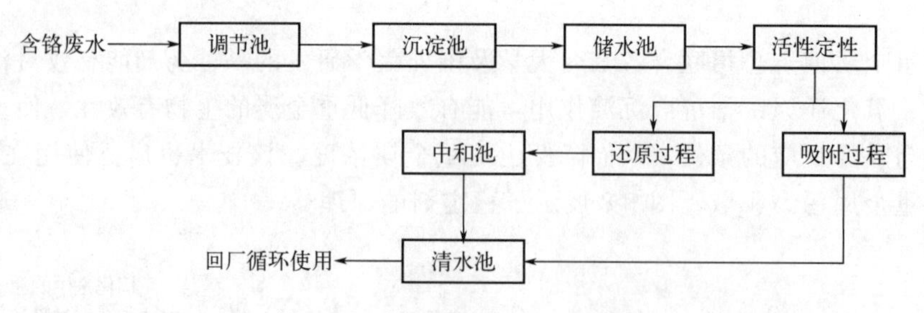

图 7-10　处理含铬废水工艺流程

重金属）开展高效凝聚-吸附脱除工作，获得了一批能高效脱除难生化处理特征污染物的改性生物质填料，采用“厌氧水解酸化池-三层塔式生态滤池-人工湿地生态塘”联合工艺，在宜兴市滆湖野鸭人工养殖专业合作社养殖场内，建立水禽养殖废水处理示范工程设施。示范工程日处理数量 100t，吨水处理耗电量低于 2kW·h，出水 COD_{Cr}、TN、TP 脱除率均达到 95%以上，图 7-11 为三层塔式生态滤池结构。

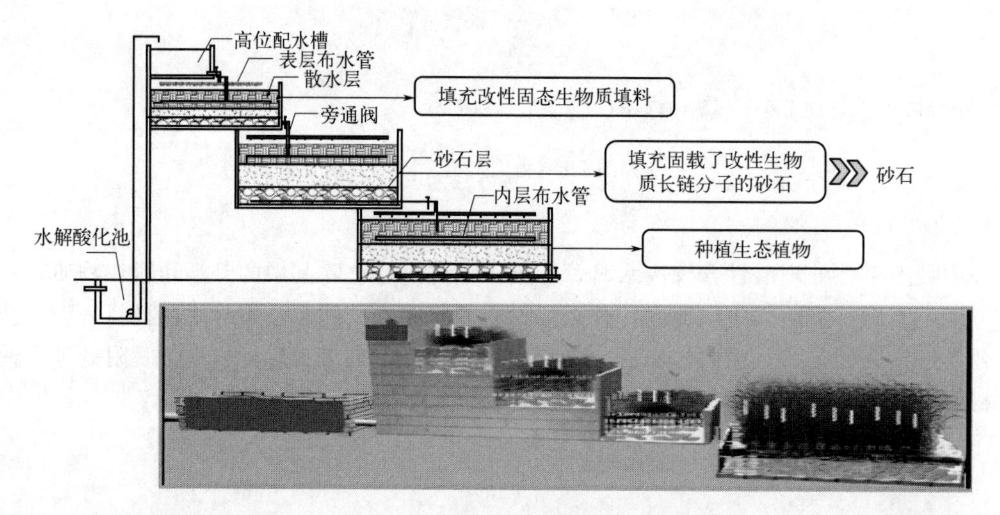

图 7-11　三层塔式生态滤池结构

7.2.4.2　万华聚氨酯股份有限公司废盐水

对于位于烟台的万华聚氨酯股份有限公司的废盐水进行处理时，采用活性炭吸附法脱除含盐废水中的胺类有机物，工艺流程设计如图 7-12 所示，将活性炭用 10%的稀硫酸溶液浸泡、煮沸，然后水洗至中性，在 120℃下烘干，放在干燥器备用；废盐水溶液取自公司生产现场，外观有少许不溶物，颜色微黄基本澄清，苯胺 13.15mg/L(液相色谱分析)，丙二醛 60.38mg/L(液相色谱分析)，pH=13；吸附剂进行吸附平衡实验，测定吸附等温线，得到吸附平衡常数；采用溶剂再生法，对达到吸附平衡的活性炭进行再生实验，溶剂为水（虽然再生效率不高，但廉价易得可以降低成本）。

活性炭对苯胺、丙二醛的吸附等温线是典型的“S”形，属于第五种类型的等温线。这种“S”形的出现是吸附质在较大的孔径内发生了多层吸附，由于第一层吸附的吸附热大于其后各层的吸附热，导致多层吸附开始阶段速率较慢，因而出现了一段平坦部分，随后随着浓度的增加，在第二、三层开始吸附，吸附量又迅速增加。

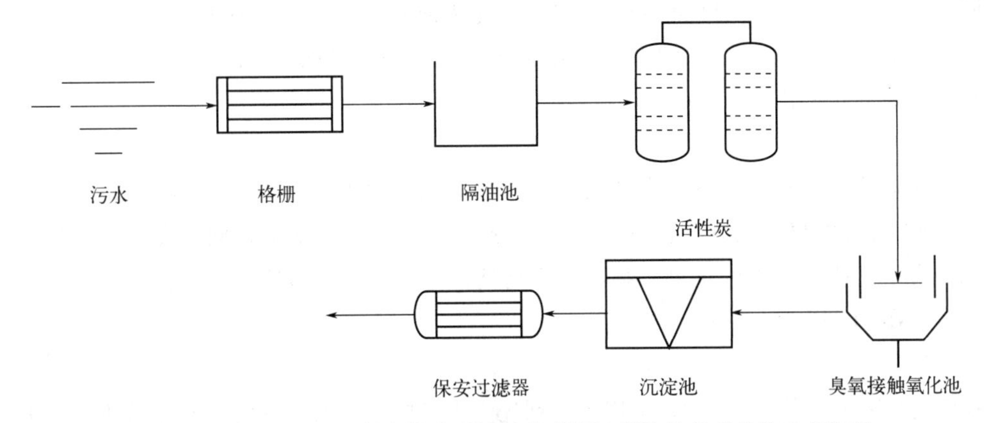

图 7-12 万华聚氨酯股份有限公司活性炭吸附法脱除胺类有机物工艺流程

7.3 絮凝技术

7.3.1 技术原理

絮凝是指使水或液体中悬浮微粒集聚变大，或形成絮团，从而加快粒子的聚沉，达到固-液分离的目的。通常絮凝的实施需要添加适当的絮凝剂，其作用是吸附微粒，在微粒间“架桥”，从而促进集聚，图 7-13 展示了 $Fe(OH)_3$ 絮凝剂絮凝原理。

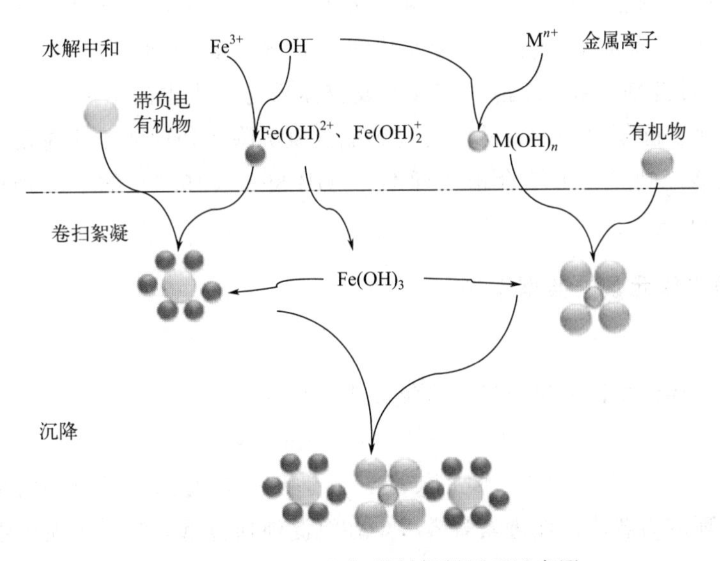

图 7-13 $Fe(OH)_3$ 絮凝剂絮凝原理示意图

7.3.2 对主族元素的资源综合利用

7.3.2.1 处理主族元素的种类

（1）铍

采用化学沉淀和强化混凝联用技术去除水源水中的铍，投加 5mg/L 三氯化铁或聚合硫酸铁，调节原水 pH≥7.5，或投加 5mg/L 聚合氯化铝或硫酸铝，调节原水 pH≥7.0，均可将原水中质量浓度为《生活饮用水卫生标准》限值 5 倍左右的铍降低至标准限值（0.002mg/L）以下，除铍效果十分明显。

（2）硅

使用铁盐除去碱性含钒溶液中硅的方法与铝盐法原理基本一样：铁盐在水里溶解之后，一部分 Fe^{3+} 与硅酸根生成硅酸盐沉淀，一部分 Fe^{3+} 发生剧烈水解，同时发生多种聚合反应而形成具有一定吸附能力的氢氧化物，从而将溶液中的硅一起吸附沉淀，达到除硅目的。铁盐法一般适用的 pH 为 8 左右。

（3）铅

在四烷基铅生产废水处理中，常用沉淀剂先除去其中无机铅，再用 $FeSO_4$ 或 $Fe_2(SO_4)_3$ 作混凝剂将有机铅除去。由此得到的含铅泥渣，可送至冶炼厂精炼回收铅。混凝法也适用于城市供水的处理。

（4）磷

混凝沉淀法是向废水中投加一定量金属盐或某种聚合物，使废水中溶解性磷形成难溶性盐沉淀，从而去除污染物。有研究表明，钙、铁和铝盐沉积水体中的磷，在适当条件下磷的去除率最高均在 90%以上。采用两级化学沉淀法处理超高浓度含磷废水，磷浓度可降至 10mg/L 以下，总磷去除率高达 99.9%。

（5）氟

絮凝沉淀法除氟的基本原理是利用含氟废水在一定的 pH 条件下会与多价金属的氧化物共沉淀析出的特点。通常步骤为：在废水中加入离子型混凝剂诸如 Fe^{2+}、Fe^{3+}、Al^{3+}、Mg^{2+} 等，并用碱性药剂调节 pH 值，使其形成胶体后与废水中的氟离子发生反应生成氟化钙沉淀，从而达到去除氟离子的目的。通过钙盐混凝沉降法处理强酸性高氟废水，可以使其排放浓度完全能够达到《污水综合排放标准》（GB 8978—1996）的一级排放标准 10mg/L 以下，去除率为 99.8%。

7.3.2.2 处理主族元素的典型案例

（1）氟

化学沉淀法主要依据以下反应进行含氟废水的处理：

$$Ca^{2+} + 2F^{-} = CaF_2 \downarrow$$

调整 pH 为 6～7 左右，加入过量的 $CaCl_2$ 和适量的絮凝剂，形成的沉淀 CaF_2 成为矾花，部分污泥循环成为载体，促进絮凝效果，在沉淀池通过重力沉降实现泥水分离，一级反应能够去除 80%的氟，二级絮凝添加 PAC 进一步处理氟，氟化钙及其他形态沉淀通过污泥泵输送到污泥沉淀池，用板框式脱水机压成泥饼外运，产生的压滤液进入其他的系统进一步处理。图 7-14 为典型沉淀-絮凝法处理含氟废水工艺流程。

（2）铍

含铍废水根据其含铍浓度进行清污分流，分别处理，共有三个大的工序：硅铁渣废液中和过滤分离、其他含铍废水中和沉降、生物处理沉降。硅铁渣废液含铍高，先经一段中和、过滤分离进行预处理，固渣外运至渣场，滤液与低浓度的其他含铍废水一起进入二段中和；

二段中和后的废水进入斜板浓缩机内沉淀分离，底流回流至一段中和，上清液进入生物处理池进行处理，处理后进入斜板浓缩池内沉淀分离，底流回流至一段中和，上清液经硫酸反调后外排。控制一段中和、二段中和的终点 pH 为 8～11。中和与生物处理后混合液沉降时间较长，不利于工业处理，因此在其他含铍废水中和沉淀、生物处理沉淀等过程中添加絮凝剂以加速沉降，典型的含铍废水处理工艺流程如图 7-15 所示。

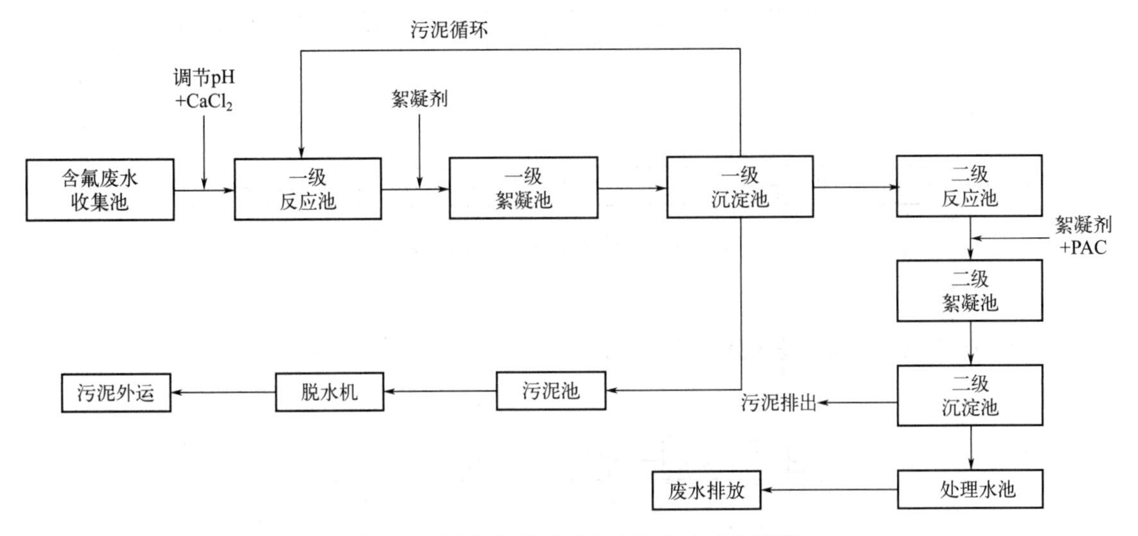

图 7-14　沉淀-絮凝法处理含氟废水工艺流程

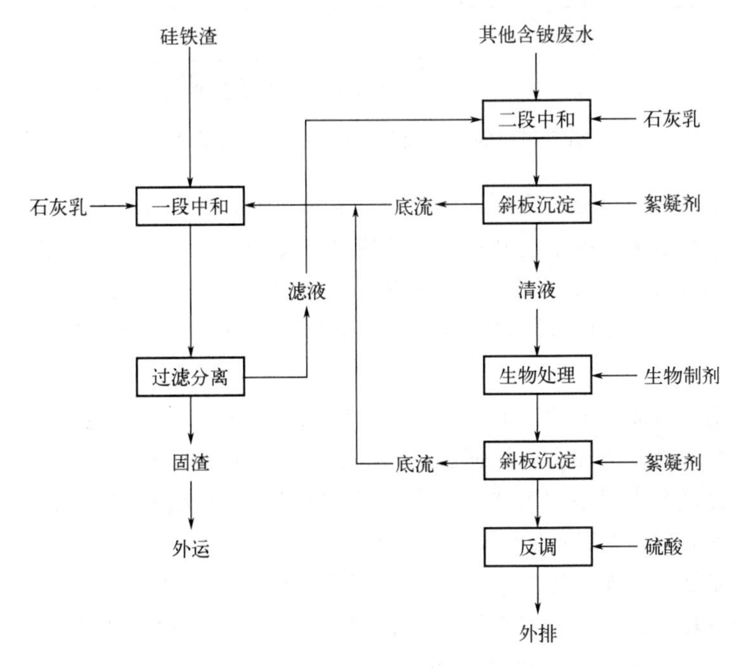

图 7-15　含铍废水处理工艺流程

(3) 磷

典型的含磷废水处理工艺流程如图 7-16 所示。进水通过调节池进行水质水量的调节后，提升进入铁碳微电解装置进行电解氧化处理。去除废水中的色度、COD和TP（总磷）。出水在中和池调节pH至8左右。在絮凝沉淀池进行除磷处理后进入中间池，然后提升通过石英砂过滤器和活性炭处理器过滤后达到排放标准后排放。

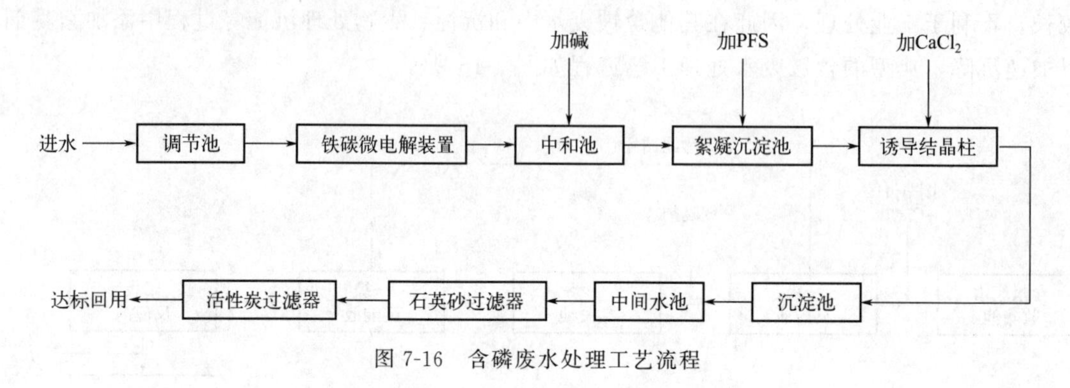

图7-16　含磷废水处理工艺流程

（4）铅

混凝反应＋斜板沉淀工艺处理含铅废水的具体流程如图7-17所示。

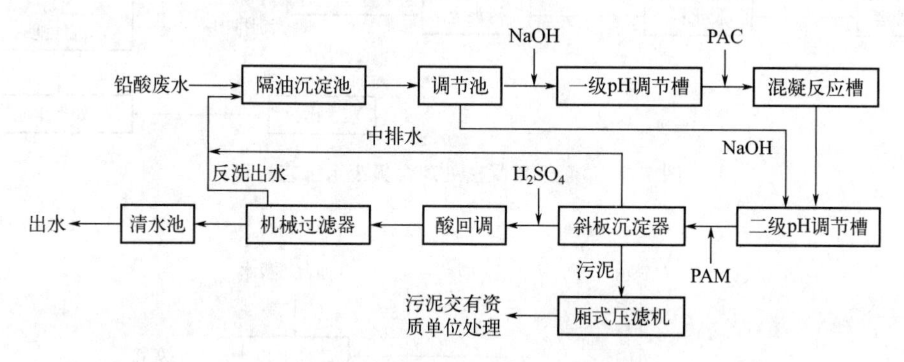

图7-17　混凝法处理含铅废水的工艺流程

铅酸废水从车间通过自流进入隔油沉淀池，隔油沉淀池采用平流结构，污水中粒径较大的粒状物质和漂浮在水面上的油得到去除。往隔油沉淀池中投入一定量的碳酸钙石，可以使废水中的无机酸类物质与投入的碳酸钙石发生化学沉淀反应，生成钙镁盐类沉淀物质和CO_2，废水的pH将会大大升高，减轻后续处理负担，后续pH调节槽氢氧化钠的投入量会大幅度减少。

隔油沉淀池出水自流进入调节池，调节池主要用于调节水质、稳定水量，能有效缓解水量不均、浓度不均所带来的冲击，保证后续的处理工序能连续、稳定、有效地运行。

调节池中的含铅废水由泵提升进入一级pH调节槽，由碱液泵自动计量氢氧化钠投加量，向pH调节槽中泵入氢氧化钠，调节废水的pH在5.0左右。一级调节槽的出水溢流入混凝反应槽，絮凝剂采用聚合氯化铝（PAC），由计量泵投加，使水中难以沉淀的颗粒脱凝结、集聚，絮凝成较大的颗粒而沉淀保证出水Pb浓度达标。混凝反应槽出水溢流进入二级调节槽，由碱液泵自动计量氢氧化钠投加量，向pH调节槽中泵入氢氧化钠，调节废水的pH在9.5～10.5之间。三槽均设计了搅拌机。如若调节后pH不合格，二级pH调节槽出水回流至调节池。

二级pH调节槽出水溢流至斜板沉淀器，同时由计量泵控制投加高分子助凝剂

PAM，使废水中难以沉淀的颗粒脱凝结、集聚，成为较易沉降的絮凝物，改善污泥的脱水性能，加强污泥的沉降能力。

斜板沉淀器出水通过自流进入回调槽，由自动控制投药计量泵投加硫酸将出水 pH 调节在 6～9 之间。酸回调后的出水通过机械过滤器，主要功能是去除尾水夹带的悬浮固体物，深度处理，减小出水中铅的浓度。

该工艺的出水回用设备采用了先进的变频供水控制技术，当水泵的流量变小时，水泵转速降低，流量增大时转速增大。变频具有手动和自动两种切换功能，提高运行稳定性的同时节约能耗。

7.3.3　对副族元素的资源综合利用

(1) 汞

本方法适用于从废水中除去无机汞，有时还能去除有机汞。常用的混凝剂有明矾、铁盐和石灰等。某些中间试验工厂的研究结果表明，铁盐对去除废水中所含的无机汞有较好效果；对于甲基汞来说，铝盐和铁盐都不显效。

(2) 锰

肖伟民等对地下水中投加混凝剂去除水中铁锰的研究中认为投加无机盐硫酸铝混凝剂后，水解形成的产物 $Al(OH)_3$ 胶体具有很强的吸附架桥作用，能将带正电荷的锰氧化物胶体通过吸附裹挟等作用形成大颗粒絮体，从而达到去除锰的目的。D. ZOGO 等人在研究预氯化对硫酸铝混凝-絮凝去除地表水铁锰效率的影响时列举了不同 pH 条件下混凝法去除污染物过程的不同机理，当 pH 为 4.5～5.5 时，主要以电荷中和为主要机理；当 pH＞5.5 时，中和混凝的作用逐渐减小，以吸附捕获和共沉淀的混凝机理占主导地位；pH 升高至 6.0～6.5 时，主要混凝机理为吸附作用。

(3) 铜

刁静茹等将黄原酸基接到淀粉-丙烯酰胺接枝共聚物的大分子淀粉基上，制备出可溶性高分子重金属絮凝剂 SSXA，该产品与硫酸铝复配使用可获得很好的除浊、除 Cu^{2+} 效果。

(4) 镍

于明泉等采用二硫化碳和高分子絮凝剂聚乙烯亚胺（polyethyleneimine，PEI）在碱性介质中反应制得聚乙烯亚胺黄原酸钠（MHMF），研究了其除汞、除镍的性能及影响因素。研究表明，重金属离子与浊度共存时二者有相互协同去除的作用，且在酸性条件下 MHMF 捕集重金属能力非常强。汪玉庭等在碱性条件下，将壳聚糖 CTS-7 与环氧氯丙烷交联制得不溶性交联壳聚糖（crosslinked chitosan，CCTS），产物在酸性水溶液中不溶，在 pH 为7～8 时，对 Cu^{2+}、Zn^{2+}、Cd^{2+}、Cr^{3+}、Pb^{2+}、Ni^{2+}、Hg^{+} 均有很好的吸附效果。

7.3.4　对有机物的资源综合利用

2021 年 1 月南京师范大学研究团队基于自主研发的絮凝剂构建的絮凝工艺成功应用于南京仙林湖（水域面积约 18 万平方米）冬季水华应急处理项目，快速有效地抑制了浮丝藻冬季异常爆发，为服务于仙林湖地区 3.5 万人口的城市景观水体水质保障提供了技术支撑。经絮凝、脱水后的蓝藻可后续用于沼气发酵、堆肥等。

南京师范大学研究团队基于自主研发的絮凝剂构建的组合工艺在“水专项”太湖流域重

点示范项目——江苏武进新康村农村地表径流（含药物、农药等）污染拦截示范工程中成功应用，服务面积 80000m²，出水达地表水Ⅳ类标准。

江苏太湖水环境治理项目——疏浚淤泥-蓝藻建材化制陶粒（100t/d）示范工程（江苏建华陶粒有限公司）中，复配特种絮凝剂对高含水淤泥进行絮凝浓缩，阻断了淤泥中高风险有机物释放入水，使其留存在浓缩的淤泥中并在陶粒烧结过程中无害化转化。

在合肥市经开区的煤化工厂，生产过程中产生大量的废水，含有大量有机物。煤化工厂废水的成分极其复杂，其中酚类、多环芳香族化合物及氨氮、轻质油等物质大部分进入水中，形成了有机污染物浓度高、难降解工业废水。该废水中含有大量的细小颗粒，会对后续水处理单元造成一定的影响，容易堵塞装置，因此，需要进行预处理以降低其对后续单元的影响。

针对废水中悬浮物及细小颗粒的去除，一般采用絮凝沉淀法，加入商业絮凝剂明矾使固液分离，去除废水中悬浮胶体颗粒。絮凝的过程为 300r/min 条件下快搅 1min，50r/min 条件下慢搅 15min，搅拌结束后体系静置 30min。采用活性炭进行脱色，得到澄清透明的液体。对液体再进行后续处理，回收利用废水中的酚类。图 7-18 展示了合肥市经开区的煤化工厂处理含酚废水工艺流程设计图。

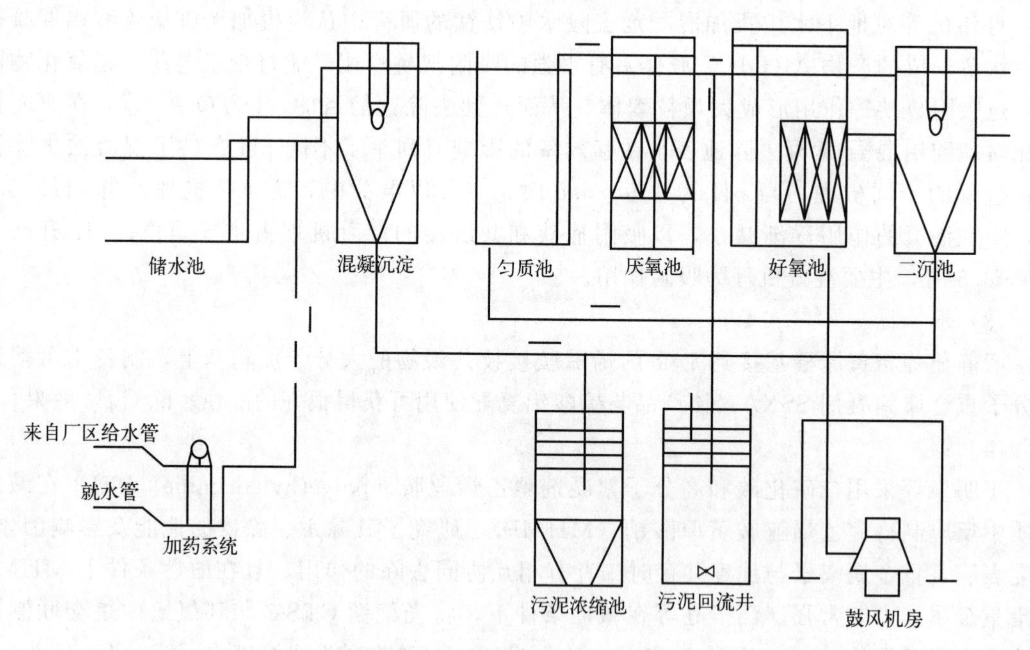

图 7-18　合肥市经开区的煤化工厂处理含酚废水工艺流程

7.4 氧化还原技术

7.4.1 技术原理

氧化还原技术是通过氧化还原反应将废水中的溶解性污染物质去除的方法。化学反应中，失去电子的过程叫氧化，失去电子的物质称还原剂，在反应中被氧化；得到电子的过程叫还原，而得到电子的物质叫氧化剂，在反应中被还原。每个物质都有各自的氧化态和还原态，氧化还原电位的高低决定了该物质的氧化还原能力。

废水的氧化还原处理法又可分为氧化法和还原法两类。常用的氧化剂有空气中的氧、纯氧、臭氧、氯气、漂白粉、次氯酸钠、二氧化氯、三氯化铁、过氧化氢和电解槽的阳极等，氧化还原法装置如图 7-19 所示。

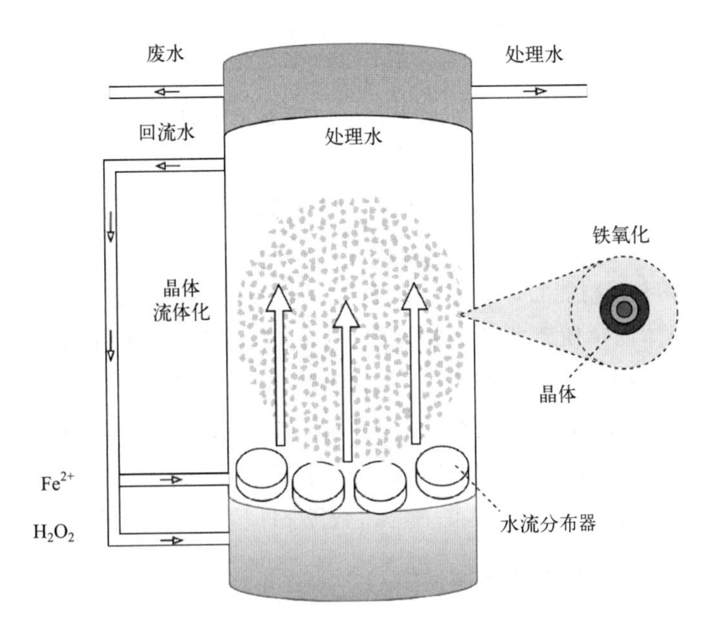

图 7-19　氧化还原法装置图

7.4.2　对主族元素的资源综合利用

7.4.2.1　处理主族元素的种类

（1）砷

传统技术处理含砷废水时对砷的去除效果较差，鉴于此，在利用传统技术处理含砷污水之前需要进行预氧化处理，将 As(Ⅰ) 氧化转化成 As(Ⅴ)，以达到彻底将砷离子从水体中脱除的目的。目前，较为常见的 As(Ⅲ) 预氧化技术，主要有化学氧化法、光催化/化学氧化法以及其他一些高级氧化技术等。目前为止，尽管已有采用高级氧化法（AOPs）氧化 As(Ⅱ)的研究，但是在这些反应过程中需要添加大量化学试剂或输入能量，这就限制了其大规模应用的可行性，同时这些技术只是实现了 As(Ⅱ) 向 As(Ⅴ) 的氧化转化，并未彻底将砷污染物从水体中脱除，尚需后续处理工艺。因此，研发出能同时实现 As(Ⅲ) 的氧化和固定脱出的高效、环保、低能的方法仍是目前的亟待解决的关键。

（2）硫

氧化还原法通常用于 H_2S 的去除，将 H_2S 氧化成为 SO_2，以达到降低其毒性的效果。

氧化法净化硫化氢尾气一般是把 H_2S 氧化为单质硫。在气相中进行的过程叫干法氧化，在液相中进行的过程叫湿法氧化。

目前有液相催化分解、湿式吸收-电解再生和超声波辐射氧化等技术，可以把湿法氧化分为水溶液湿法氧化和非水溶液湿法氧化。液相催化分解是我国近期研究最活跃的领域之一。各种液相催化分解法的工艺流程大致相同，均由脱硫和再生两部分组成。

湿式吸收-电解再生技术是以 $FeCl_3$ 溶液为 H_2S 的吸收液，吸收后的溶液通过电解再生，再生后的吸收液循环使用。吸收 H_2S 及电解再生吸收液的反应如下：

吸收：

$$H_2S + 2FeCl_3 = 2FeCl_2 + 2HCl + S\downarrow$$

再生：

$$2FeCl_2 + 2HCl \longrightarrow 2FeCl_3 + H_2$$

总反应：

$$H_2S \longrightarrow S\downarrow + H_2$$

（3）硒

一些矿物不仅具有吸附能力，而且因为 Fe^{2+} 的存在具有还原能力，能将吸附后的 Se(Ⅵ) 或 Se(Ⅳ) 还原成固体的单质硒或硒化物，较好地阻滞硒污染物的迁移。一些硫化矿物也对 Se(Ⅳ)有吸附和还原作用。另外，大多数的氧化矿物和硫化矿物对 Se(Ⅵ) 的去除没有 Se(Ⅳ) 去除效果好。零价铁可以有效地降低废水中 Se(Ⅵ) 和 Se(Ⅳ) 的含量。有科学家进行了纳米零价铁去除地下水中 Se(Ⅳ) 的动力学及机理研究，结果表明，纳米零价铁在厌氧条件下，能够在短时间内将 Se(Ⅳ) 完全去除，且去除速率常数随 pH 值升高而降低。

7.4.2.2 处理主族元素的典型案例

用氧化还原法除硫，典型的为克劳斯法和选择性氧化法。

克劳斯法根据气体流量的高低可分为直流克劳斯法、分流克劳斯法、直接氧化克劳斯法。每个克劳斯单元包括管道燃烧器（再燃炉）、克劳斯反应器和冷凝器（废热锅炉）三个部分。

先用燃烧空气将 1/3 的进气氧化为 SO_2，然后在 2～3 个催化剂床中进行克劳斯反应：

$$2H_2S + SO_2 = 3/x\,S_x + 2H_2O$$

克劳斯反应过程中，一要保持 $H_2S : SO_2$(摩尔比)=2∶1；二要控制适当温度以防系统中有液相凝结（凝结的液相会强烈腐蚀设备）；三要安装除雾器脱除气流中的硫并提高硫回收量，典型的克劳斯法工艺流程如图 7-20 所示。

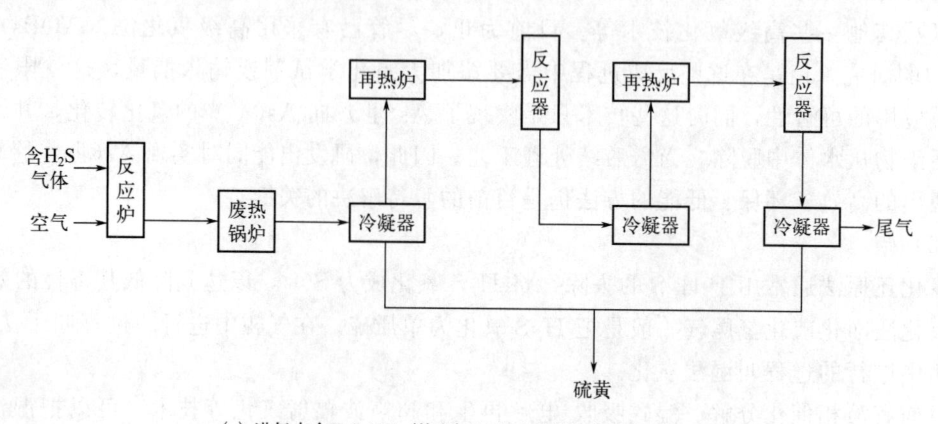

(a) 进气中含H_2S 50%（体积）以上时采用的直接克劳斯法

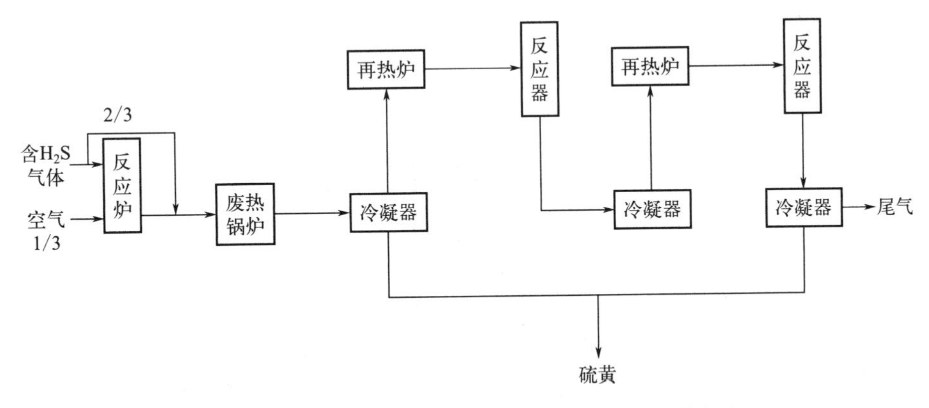

(b) 进气中含H_2S 10%～50%(体积)以上时采用的分流克劳斯法

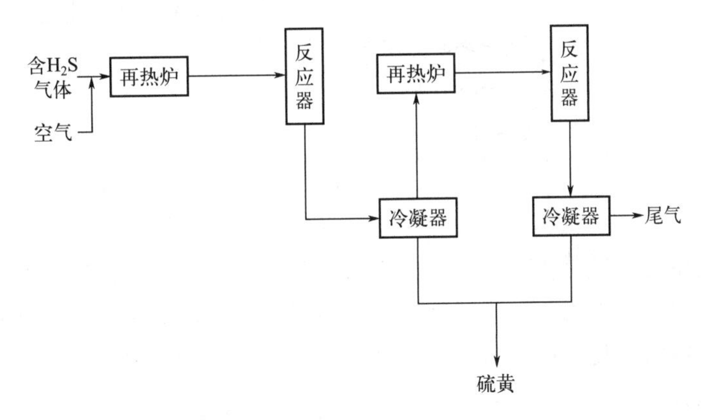

(c) 直接氧化克劳斯法

图 7-20 克劳斯法工艺流程

选择性氧化法是在催化剂的作用下用空气中的氧把 H_2S 直接氧化为硫，空气氧化脱硫工艺可以在各种密封塔里（筛板塔、填料塔等）中进行。含硫废水和蒸汽及空气通过射流混合器后，进入氧化塔脱硫。塔分四段，每段进口处有喷嘴，使废水、蒸汽和段内废水充分混合，促使塔内反应的加速进行。典型的氧化还原法脱硫装置图 7-21 所示。

7.4.3 对副族元素的资源综合利用

7.4.3.1 处理副族元素的种类

（1）锰

利用氧化剂将水中的二价锰氧化成高价态锰的沉淀物，经过过滤之后将水中锰与水体分离。其中高锰酸钾、液氯、二氧化氯、臭氧等为最常见的氧化剂。以高锰酸钾为例，高锰酸钾氧化锰的反应为：

$$3Mn+2KMnO_4+4H_2O \xlongequal{} 5MnO_2+2KOH+3H_2$$

王文东等研究发现高锰酸盐作为预氧化剂时，可提高总锰含量，并促进后续工艺流程的进行，可有效提高饮用水质。在稍偏碱性条件下（pH=7.5～8.0），$KMnO_4$ 可以在 5min 内将锰快速氧化为 MnO_2，但若水体中存在铁，$KMnO_4$ 首先被铁消耗。

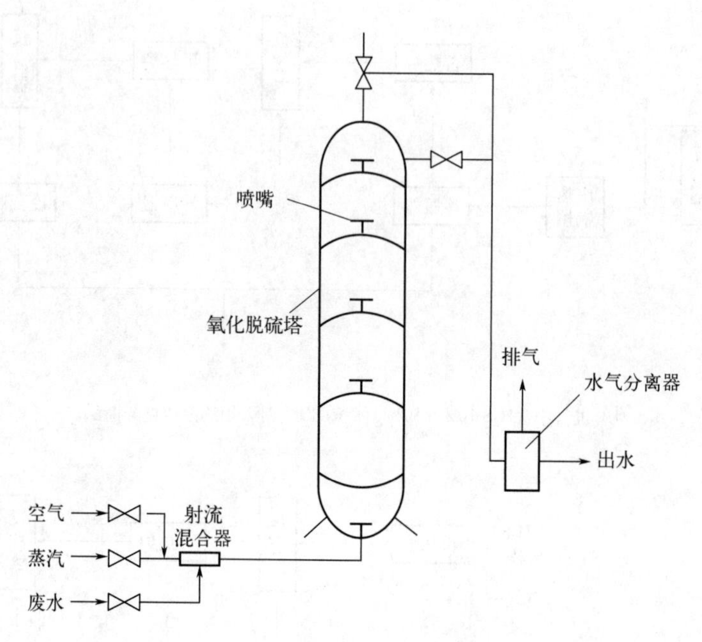

图 7-21　氧化还原法脱硫装置图

当使用氯氧化 Mn 时，对反应条件要求较高，只有在氯浓度达到特定范围内时，才能较为高效地与水中的 Mn 进行反应。采用氯氧化时，水体中若含有氨氮，则先形成氯氨，会减弱氯对锰的氧化，同时氯投加量加大后会产生大量的卤代化合物，会影响水质并对人体健康造成危害。

使用臭氧作为氧化剂时，一方面臭氧与锰反应，将锰氧化为高价态锰；另一方面，臭氧继续氧化锰，产生高锰酸盐，高锰酸盐具有高溶解性，因此能进入管网，并还原为二氧化锰，导致饮用水二次污染。二氧化锰在水体中可增加水的色度，引起水质安全问题，而采用臭氧氧化处理时，水中易出现细菌滋生的风险。另外氧化剂的运输与储存、系统设备的腐蚀等也是实际工程需要面临的巨大困难。

（2）铬

先用稀硫酸（pH＝3～4）将废水酸化，加入 10％的硫酸亚铁作为还原剂，将废水中的 Cr^{6+} 还原为 Cr^{3+}，加入石灰，调节 pH 为 8～9，Cr^{3+} 结合成难溶于水的氢氧化铬，然后在污水中自然沉降分离。

徐海英针对彩管行业含铬废水处理工艺存在的不足，分别从还原剂和混凝剂两个方面进行改进。通过比较和分析，最终提出了采用 $FeSO_4$ 作为还原剂处理含铬废水，氧化还原反应 pH 调节范围扩大，运行安全系数提高。利用新型高效混凝剂配合泥回流工艺，化学药品用量大幅下降，出水 COD 和 SS 含量显著减少。

（3）银

液相化学还原法采用的还原剂也有很多，如水合肼、甲醛、甲酸、葡萄糖、抗坏血酸、双氧水、硼氢化钠等，结合铁粉、锌粉、铝粉等金属置换，最终将银提纯。这种方法可以处理电子工业和电镀含银废液，一般用于处理银浓度较高的废液，虽然回收率高，方法简单，但是容易产生大量的次生废物造成二次污染。

7.4.3.2　处理副族元素的典型案例

（1）铬

图7-22展示了氧化还原法与混凝法联用去除含铬废水的工艺流程。生产车间产生的含铬废水由专门管道输送到中继槽暂时储存，槽容量为20m^3，然后由中继泵提升至废水处理站含铬废水原水槽。原水槽出水由原水泵加压经管道输送至第一反应槽，在第一反应槽投加浓硫酸使pH控制在2.0～2.5，同时投加16% Na_2SO_3 将 Cr^{6+} 还原为 Cr^{3+}。反应液进入第二反应槽，在第二反应槽投加碱式氯化铝和1% $Ca(OH)_2$ 溶液，pH值控制在7～10，使Cr凝聚生成矾花。反应液进入絮凝槽，向絮凝槽投加有机高分子絮凝剂——0.5%的PAM，使已经生成的细小矾花絮凝成大颗粒的矾花。整个废水处理过程的酸碱投加均通过在线pH计自动控制，靠机械搅拌进行混合反应。反应液进入沉淀槽，上清水进入pH调整槽，达到排放标准后经管道排放至市政污水管网中。含铬污泥则进入污泥浓缩槽进行浓缩，由污泥泵送至板框式压滤机脱水成泥饼后移交当地工业废物处理站做填埋处理。

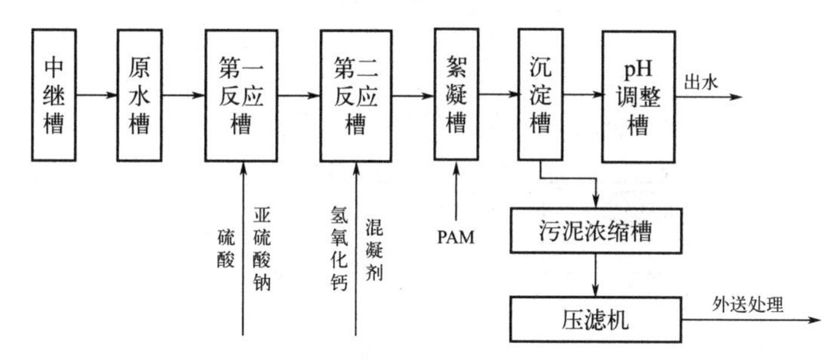

图7-22　氧化还原法与混凝法联用去除含铬废水的工艺流程

（2）铂

高温下铂族金属容易与铁形成固溶体，使铁成为一种低成本和高效的捕集剂。将废催化剂与铁矿石（或者金属铁粉）、还原剂（焦炭）、助溶剂（如氧化钙）在电炉或等离子熔炼炉中熔炼，得到铁基铂族金属合金。图7-23展示了去除铁基铂族金属合金的工艺流程。

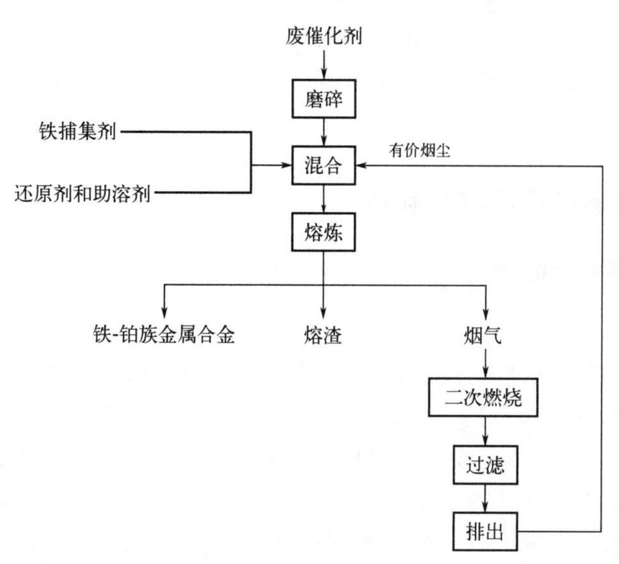

图7-23　去除铁基铂族金属合金的工艺流程

7.5 膜分离技术

7.5.1 技术原理

膜是具有选择性分离功能的材料。利用膜的选择性分离实现料液不同组分的分离、纯化、浓缩的过程称作膜分离。膜分离与传统过滤的不同在于，膜可以在分子范围内进行分离，并且这一过程是物理过程，不发生相的变化也不需要添加助剂，因此膜分离技术是一项十分清洁环保的技术，同时也对材料提出了较高的要求。图 7-24 为膜分离法示意图。

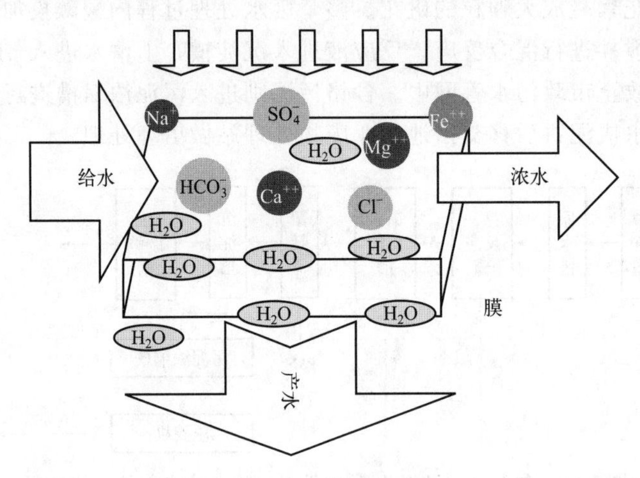

图 7-24 膜分离法示意图

膜的孔径一般为微米级，依据其孔径的不同（或称为截留分子量），可将膜分为微滤膜（MF）、超滤膜（UF）、纳滤膜（NF）和反渗透膜（RO）等；根据材料的不同，可分为无机膜和有机膜：无机膜主要是微滤级别的膜，如陶瓷膜和金属膜，有机膜是由高分子材料做成的，如醋酸纤维素、芳香族聚酰胺、聚醚砜、聚氟聚合物等。

膜可以是固相、液相，甚至是气相的。用各种天然或人工材料制造出来的膜品种繁多，在物理、化学和生物性质上各不相同，可以对双组分或多组分体系进行分离、分级、提纯或浓缩。

7.5.2 对主族元素的资源综合利用

7.5.2.1 处理主族元素的种类

（1）钙、镁

纳滤是在反渗透膜的基础上发展起来的，介于反渗透和超滤之间的新型膜分离技术，在海水预处理中具有重要地位，可去除海水中的 Ca^{2+}、Mg^{2+}、SO_4^{2-} 等易结垢的二价离子，降低结垢与污染的可能性，节约成本。比利时采用纳滤膜对沿海地区地下水进行降低硬度试验，结果表明纳滤膜对钙离子的截留率可达到 94%。英国选用美国陶氏化学公司纳滤膜（NF200）净化深井水，去除了其中约 50%的硬度钙，另一半的矿物质可以透过膜。纳滤膜法分离物质具有不涉及相变、无二次污染、结构紧凑、设备简单、高效节能、易于自动化操作等诸多优点，但纳滤膜易污染，需要经常对膜进行反冲和清洗，从而增加了膜过程的操作及维护费用，限制了纳滤膜技术的应用。

（2）硅

随着反渗透膜的研究发展，一些新型的反渗透膜用于海水淡化及污水处理的效果越来越好，用于含硅废水的处理效果，还有待于进一步研究（目前多处于实验室研究阶段）。

（3）磷

膜分离法研发和维护费用高昂，因此膜技术回收磷盐主要应用于特定的废水，可回收有经济价值的纯净磷盐，如五氧化二磷、次亚磷酸等。膜技术用于废水处理除磷主要是与生物法相组合，组成膜生物反应器。

（4）硫

采用微孔膜进行分离某种废气中的二氧化硫气体，膜上微孔只允许废气一侧的二氧化硫气体分子在一定压力下穿过微孔到另一侧，以达到分离的目的。根据膜的另一侧所加吸收液的特性，通常有化学吸收或物理吸收两种作用力。如选用中空纤维膜［如聚丙烯（PP）、聚丙烯腈（PAN）、聚乙烯（PE）、聚偏氟乙烯（PVDF）等］，通过一侧是二氧化硫气体，一侧选用 2%的 NaOH 水溶液作为吸收液从而达到压差，分离二氧化硫气体。

（5）硒

膜处理技术是一种对 Se(Ⅳ) 和 Se(Ⅵ) 都能有很好处理效果的技术。膜分离技术按膜孔径从大到小可分为微滤（MF）、超滤（UF）、纳滤（NF）和反渗透（RO）。根据 Se(Ⅳ) 和 Se(Ⅵ) 的分子量和离子大小，只有反渗透（RO）和部分纳滤（NF）可以有效地去除。

7.5.2.2　处理主族元素的典型案例

图 7-25 展示了混合工艺除硅的工艺流程。一级除盐反渗透浓水可通过一级浓水反渗透系统进一步浓缩，此过程产生的浓水必须经过软化和除硅处理后，才能进入下一步的浓缩系统。通过设计高效一体化澄清装置，采用“氢氧化钠＋碳酸钠”法去除总碱度及硬度，同时投加氧化镁药剂强化除硅，不但运行成本、系统投资低，且运行稳定、可靠。经过上述处理后，硅含量降到足够低，水中绝大部分硬度也被去除。此时水中浊度较大，且残余的硬度需要进一步去除，需通过多介质过滤器和超滤组合去除悬浮物及部分有机物，钠床去除残余硬度，此时水中的有害物质基本去除，变成低浊软化高离子废水，具备浓缩系统的进水条件。通过二级浓水反渗透及反渗透膜系统处理，浓水被浓缩到足够浓度后，进入蒸发结晶系统处理。

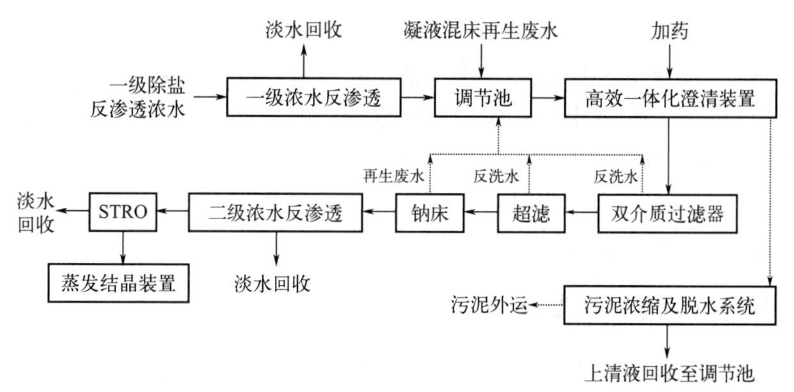

图 7-25　混合工艺除硅工艺流程

7.5.3 对副族元素的资源综合利用

7.5.3.1 处理副族元素的种类

(1) 镉

膜分离法作为一种新型镉膜分离技术在废水深度处理、饮用水精制和海水淡化等领域受到重视，并已在工程实践中使用。在处理含重金属离子的废水时，可选用不同的载体，一般处理含镉废水时，需要在液膜中加入氯化甲基三辛胺。经过膜分离技术处理的废水，可以实现重金属的零排放或微排放，使生产成本大大降低。戴汉光对微孔过滤处理含镉废水进行了研究，结果表明用PA-7微孔管过滤含镉废水，出水清澈透明且镉离子的含量远低于国家规定标准。高以烜等以B-9型中空纤维膜对含镉废水进行了反渗透处理，镉的分离率可达78%～99%。王志忠等用醋酸纤维素（cellulose acetate，CA）和聚砜酰胺（PSA）作反渗透膜，对硫酸镉进行了处理，镉分离率可达97.72%～99.67%。近年来，膜萃取技术迅速发展，在含镉废水的处理方面已有报道。黄炳辉等对膜技术提取镉进行了研究，研究显示，由P_2O_4、Span80和煤油组成的液膜用于低浓度100mg/L左右含镉废水处理，分离效率可达99%，出水浓度可达到国家标准。何鼎胜等对三正辛胺-二甲苯液膜迁移镉进行了研究。许振良等对水溶液中重金属离子镉和铅脱除进行了胶束超滤研究，胶束强化超滤（micellar enhanced ultrafiltration，MEUF）后镉的截留率可达99.0%以上。

(2) 铜

膜分离法是以选择性透膜为分离介质，通过膜两侧压力差或浓度差产生的推动力，使铜离子选择性地透过膜，实现去除铜离子的目的。

国内外有很多对膜分离法去除铜离子的研究。Kumar等人制备了新型聚乙烯四唑-聚丙烯氰复合超滤膜处理含铜废水，在铜离子初始浓度为10mg/L，溶液pH为5.0、温度为23.0℃和反应时间为24h等条件下，对铜离子的吸附量为44.3mg/g。Hayrynen等人采用胶团强化超滤法处理含有多种重金属离子如锌、镍、镉和铜的化工废水，在错流速度为0.24m/s的条件下，2h内对多种重金属离子的截留率在80%以上。田晓媛采用NF-RO二级膜串级联用去除含铜离子的高浓度酸性废水，在铜离子初始浓度为30mg/L、溶液pH为3.5和操作压力为1.05MPa等实验条件下，对铜离子的截留率超过了97%。研究表明，与传统的分离技术相比，膜分离法具有可在常温下进行、无相态变化、选择性好等优势。

(3) 铂

膜蒸馏（membrane distillation，MD）采用疏水微孔膜作为分隔介质，在膜两侧的蒸汽压力差驱动下，原料液中的水分子在高温侧蒸发，以气态方式通过膜后在低温侧冷凝富集，而原料液中的离子、大分子、胶体等物质皆不能从疏水膜穿过，从而达到废水中水分子与污染物质分离的目的。可采用直接接触膜蒸馏（direct contact membrane distillation，DCMD）工艺对铂废水进行浓缩回收处理。

7.5.3.2 处理副族元素的典型案例

采用高效膜处理装置，将还原沉淀法与超滤膜处理方法联用处理含铬废水，减少了膜的污染，具体工艺流程如图7-26所示。

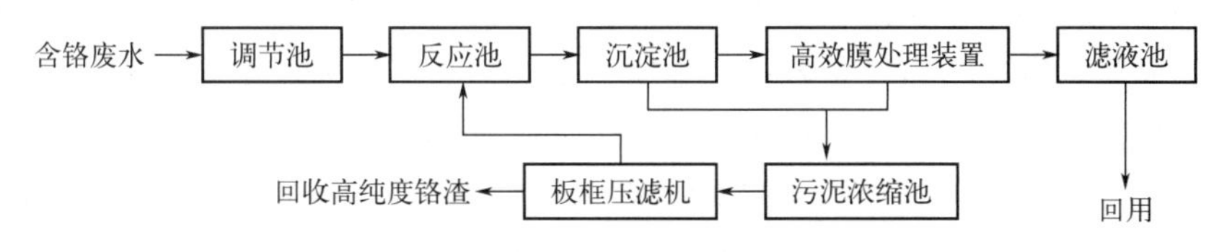

图 7-26　膜分离技术处理含铬废水工艺流程

7.5.4　对有机物的资源综合利用

在浙江省东立生物有限公司处理生物发酵液采取就是膜分离技术，图 7-27 展示了其工艺流程。生化产品的特点主要为：目的产物在初始物料中的含量低，初始物料成分相当复杂；生物活性物质稳定性差，易失活；产品种类繁多，应用面广，对纯度和含量要求高。而膜分离技术条件温和，能保持生物活性，选择性好；分离系数高，活性产物的含量和收率较高；分离步骤明显减少，分离快速，生产能力显著提高。

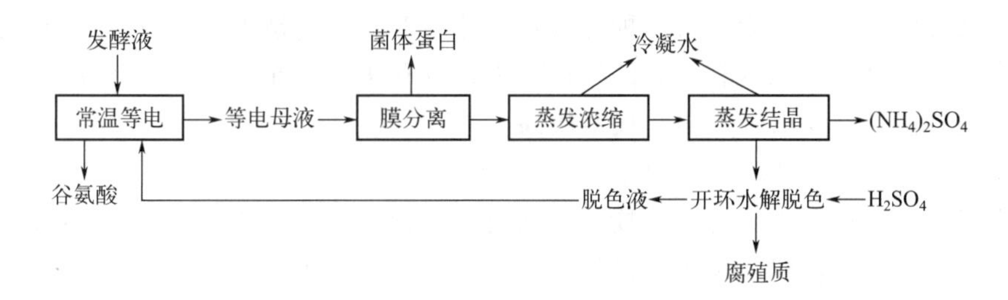

图 7-27　浙江省东立生物有限公司处理生物发酵液工艺流程

经过膜分离技术处理之后，谷氨酸发酵液得到澄清，细菌的含量明显降低。

7.6　生物技术

7.6.1　技术原理

图 7-28 为生物法处理废水装置图。生物法处理废水是通过微生物与其代谢产物和重金

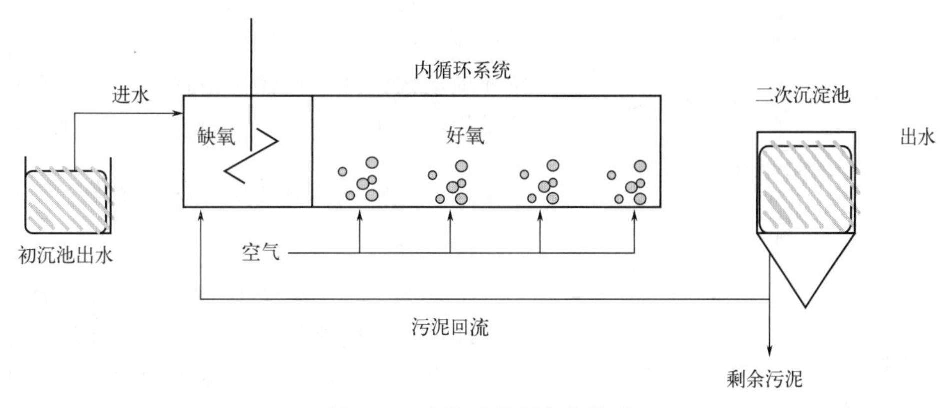

图 7-28　生物法处理废水装置

属离子之间的相互作用来达到净化废水的目的，重点是两种不同的生化过程：生物吸附与生物转化。虽然微生物的生长需要依赖一些金属元素，但是当菌体内金属离子含量过高时会产生毒性，对菌体有害。微生物在一定条件下，可通过细胞的表面富集与细胞膜成分的改变，减少毒性的损坏。生物处理法的优点主要体现在去除效果好、运行费用少、无二次污染风险及易于管理等方面，缺点是应用时受到环境条件的制约。

7.6.2 对主族元素的资源综合利用

7.6.2.1 处理主族元素的种类

（1）磷

20世纪70年代美国的Spector发现，微生物在好氧状态下能摄取磷，而在有机物存在的厌氧状态下放出磷。含磷废水的生物处理方法便是在此基础上逐步形成和完善起来的。国外常用的生物脱磷技术主要有三种：第一，向曝气储水池中添加混凝剂脱磷；第二，利用土壤处理，正磷酸根离子会与土壤中Fe和Al的氧化物反应或与黏土中的OH^-或SiO_3^{2-}进行置换，生成难溶性磷酸化合物；第三种方法是活性污泥法，这是国内外应用最为广泛的一类生物脱磷技术。生物除磷法具有良好的处理效果，没有化学沉淀法污泥难处理的缺点，且不需投加沉淀剂。但管理要求较严格，成本较高。

（2）硫

生物脱硫法是一种可再生的脱硫技术，利用微生物对无机硫化物所具有的还原作用，对废气中的二氧化硫进行代谢，来去除二氧化硫。硫酸盐还原法是利用硫酸盐还原菌的还原作用，一方面把硫酸盐还原成硫化物固定到蛋白质中，另一方面在厌氧条件下把硫酸盐还原成硫化氢。而脱硫菌获取方法较多，如用城市污水处理厂氧化微生物菌液，经低浓度二氧化硫诱导驯化而成的脱硫菌，可以有效去除二氧化硫。

（3）铊

生物制剂法的机理是一种富含羟基、羧基、酰胺基、巯基等基团的生物药剂，与废水中重金属离子配位结合形成生物配合物，压缩水中重金属胶体、中小颗粒双电层进而形成非晶态化合物，经架桥和卷扫作用聚集成大矾花而迅速沉降，实现重金属离子深度脱除。在以往对铅锌冶炼废水处理重金属的研究中，刘富强采用生物制剂法使废水中铅、砷、镉的去除效率均在90%以上。闫虎祥采用生物制剂协同脱铊处理工艺处理某铅锌矿山选矿废水，废水铊离子质量浓度由22～32μg/L降为3.1～4.5μg/L。

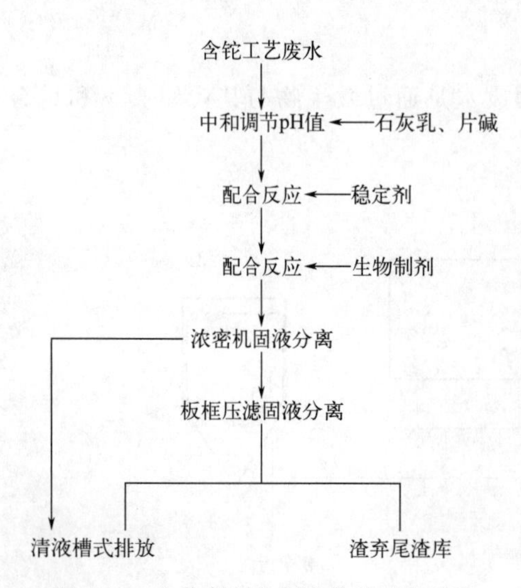

图7-29 生物制剂法深度除铊工艺流程

7.6.2.2 处理主族元素的典型案例

（1）铊

图7-29为生物制剂法深度除铊工艺流程，用NaOH溶液在搅拌条件下将废水pH值调节至11，投入稳定剂后，再投入除铊生物制剂，过滤后取清液分析，检测金属铊含量。

（2）磷

图7-30为生物法除磷的工艺流程，A/O法工艺中，含有某些微生物种群的污水先进入AO法的A段，处于厌氧环境中，吸收甲酸、乙酸及乙醇等，作为营养源，将积存于体内的多聚磷酸盐分解成单磷酸盐释放到水体中，从而将体内磷排出。污水进入A/O法的O段，此时处于好氧环境，可将微生物体内储存的有机物氧化分解，大量吸收污水中可溶性磷酸盐，并在体内合成多聚磷酸盐积累起来。最后，携带含有大量磷的活性污泥的污水进入二沉池沉降，底部的含磷污泥一部分以剩余污泥排出作为肥料，另一部分回流至A段，进入新一轮放磷与聚磷的生理循环过程。AO法中A段水力停留时间（HRT）为0.5～1h（≤2），O段HRT为2.5～6h。A段pH值控制在8.0～8.4，O段pH为6.5～8.0，$T=20\sim30$℃，混合液回流比RN=20%～500%，污泥回流比$R=50\sim100\%$。A/O工艺处理城市废水时除磷效率大约为60%左右。

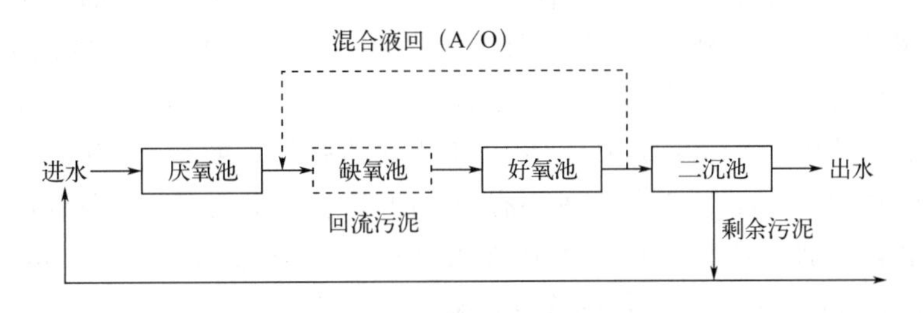

图7-30　生物法除磷的工艺流程

（3）氮

图7-31为生物法脱氮工艺流程。污水生物脱氮的基本原理就是在将有机氮转化为氨态氮的基础上，先利用好氧段的硝化作用，由硝化细菌和亚硝化细菌协同作用，将氨氮转化为亚硝态氮、硝态氮。在缺氧条件下通过反硝化作用将硝氮转化为氮气，逸出水面释放到大气，参与自然界氮的循环。水中含氮物质大量减少，降低了出水的潜在危险性，达到从废水中脱氮的目的。反硝化作用是反硝化菌（大多数是异养型兼性厌氧菌）在缺氧的条件下，以硝酸盐氮为电子受体，以有机物为电子供体进行厌氧呼吸，将硝酸盐氮还原为N_2或NO_2^-，同时降解有机物。

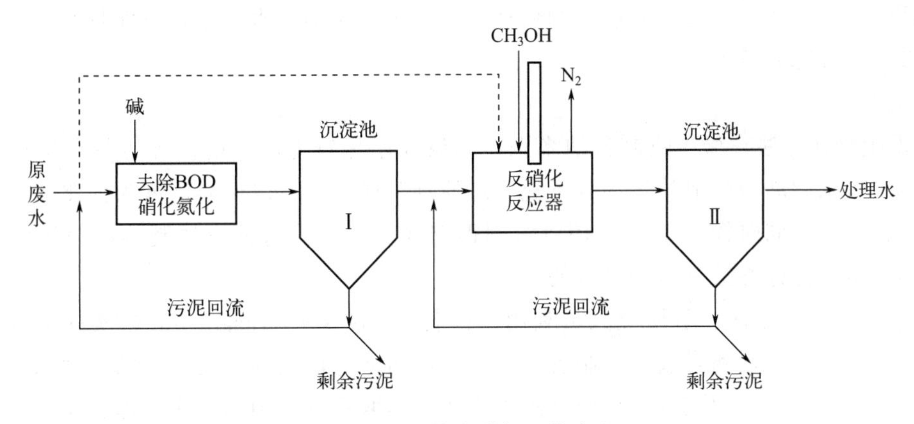

图7-31　生物法脱氮工艺流程

7.6.3 对副族元素的资源综合利用

7.6.3.1 处理副族元素的种类

(1) 汞

生物修复包括微生物和植物修复。一些微生物，如假单胞菌、变形杆菌，虽然可将甲基汞还原为元素汞，但还是无法将汞从土壤中取出，该方面研究也很少。所以，汞的生物修复主要利用一些金属积累植物（如柳树、白杨、豆科类等）生长过程中对汞有很强的耐受性，经过转基因或人工诱导，从根系吸收汞而不受其毒害，再将其储存汞的部位（茎或叶）收割，就可减轻土壤汞污染。

(2) 镉

有研究表明，在引起环境污染的几种重金属中，灌木型柳树对Cd的吸收积累能力最为突出，利用柳树的速生、生物量高及适应性强等特点，栽培柳树实施短轮伐林对Cd污染土壤进行修复，已成为植物修复技术应用研究的热点之一。李华等通过溶液培养，研究了剑兰、台湾水韭、尖叶皇冠等水生植物对Cd污染水体的修复效果及Cd对这三种水生植物的生长、Cd积累的影响得出，剑兰是一种很有潜力的可用于Cd污染水体修复的耐性植物。申华等研究了斯必兰、羽毛草和水芹三种观赏水草对Cd^{2+}浓度分别为0.5mg/L、1.0mg/L、5.0mg/L、10.0mg/L的镉污染水体的修复效果以及镉对这三种观赏水草生长的影响。结果表明，三种观赏水草均对水体镉污染有一定程度的抗性，并能不同程度地去除水体中的镉，三种观赏水草对镉的富集能力为斯必兰＞水芹＞羽毛草。在三种观赏水草中斯必兰对水体镉污染的耐性最高、修复能力最强。

微生物强化法是在传统的生物处理体系中投加具有特定功能的微生物或某些基质，增强对特定污染物的降解能力，从而改善整个污水处理体系的处理效果，具体可分为微生物的固定化和投菌活性污泥法。许华夏等对微生物法固定重金属离子镉和铅进行了研究，结果表明，真菌比其他菌株对镉的固定能力强，且到达平衡的时间短。投菌活性污泥法是将从自然界分离获得的强活力菌种添加到活性污泥中，以活性污泥为载体，利用活性污泥自身的絮凝作用，培养出优势菌种并絮凝，从而达到驯化活性污泥进而降解污染物的目的。自然界存在的菌种耐镉能力有限，仅能处理低镉废水，所以其实际应用存在局限性，而生物强化法特别是投菌活性污泥法将是一种很有前途的处理方法，将在含镉废水的处理方面具有广阔的发展空间和较好的实际效益。

(3) 银

① 微生物还原法：微生物制备纳米颗粒的研究还是较为广泛的。孙道华利用气单胞菌的一部分结构水解断裂生成的生物分子充当还原剂和保护剂，以银氨溶液为前驱体，制备出了稳定的银溶胶，同时探究了酸碱环境对制得产物的影响，这种方法制得的银溶胶热稳定性、化学稳定性比柠檬酸三钠法制得的要强。

② 天然材料还原法：有研究人员利用一种名为 Ribes khorasanicum 果实的提取物进行生物合成，用作还原剂和封端剂，制备出了对致病菌金黄色葡萄球菌、大肠杆菌和铜绿假单胞菌等具有高抗菌作用的银纳米粒子。这种果实的提取物可以用作很多物理、化学方法的环保替代物，在医学、工业应用大规模制备纳米材料方面具有应用价值。

7.6.3.2 处理副族元素的典型案例

通过特定生物主要是藻类、细菌、真菌等微生物，利用微生物的静电吸附作用、酶的催化作用、络合作用、絮凝作用、共沉淀作用来去除废水中的 Cr^{6+}，典型的利用生物技术处理含铬废水的工艺流程如7-32所示。

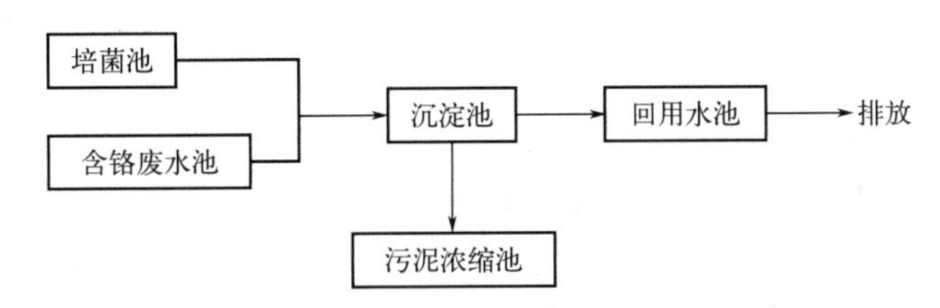

图7-32 生物技术处理含铬废水的工艺流程

7.7 离子交换技术

7.7.1 技术原理

图7-33为离子交换技术示意图。离子交换技术是液相中的离子和固相中离子间所进行的一种可逆性化学反应，当液相中的某些离子可以被离子交换固体吸附，为维持水溶液的电中性，所以离子交换固体必须释出等价离子回溶液中。

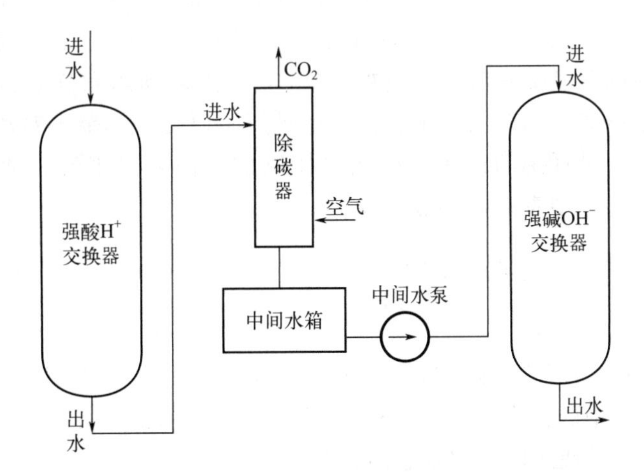

图7-33 离子交换技术示意图

7.7.2 对副族元素的资源综合利用

7.7.2.1 处理副族元素的种类

（1）汞

采用离子交换树脂（强酸型阳离子交换树脂，强碱型阴离子交换树脂）研究实验室含汞废水的处理方法，讨论了废水pH、氯离子、EDTA对离子态汞去除作用的影响，得出以下结论：

① 氯离子的存在会抑制强酸型阳离子交换树脂对废水中汞离子的吸附作用，会改善强碱性阴离子交换树脂对汞离子的吸附作用；

② EDTA 能与汞离子结合形成稳定的配合物，在 pH=6～10 的情况下，配合物能被强酸型阳离子交换树脂彻底吸附，出水中的总汞浓度远低于废水中汞的排放标准限值；

③ 当模拟废水中 EDTA 与氯离子共存时，EDTA 能与汞离子优先结合形成配合物，该配合物能被强酸型阳离子交换树脂彻底吸附，出水中的总汞浓度远低于废水中汞的排放标准限值；

④ 废水中汞的最佳去除方法为：将废水的 pH 调节至 6～10，在足量的 EDTA 存在下，采用强酸型阳离子交换树脂可以完全去除废水中的汞，从而实现出水的达标排放。

(2) 镉

离子交换法选择性地去除废水中的镉离子，因其操作工艺简单、易于再生、除杂效果好等优点已广泛应用于工业废水处理。镉离子选择性树脂种类繁多，且对废水中镉离子的去除率较高。近年来人们围绕寻找高效低廉的树脂开展的研究也较多。俞善信等对碱性聚苯乙烯三乙醇胺树脂吸附水中的镉离子进行了研究，取得了良好的吸附效果。杨莉丽等用动态法对 201×7 型强碱性阴离子树脂吸附氯盐体系中的镉进行了动力学研究，确定了离子交换行为的控制步骤为颗粒扩散，并推算出离子交换过程的表观活化能、反应级数、速率常数和总反应方程式。陈立高用 001×7 强酸性阳离子交换树脂处理了某工厂含镉废水，镉的回收率在 90%以上，水的回收率在 85%以上，排出水的镉含量低于 0.1mg/L，有资料指出，强酸性阳离子交换剂 KY-Z 净化含镉 20～70mg/L 的废水时，在 pH 为 6 时，除镉率达 99%。张淑媛等用不溶性的淀粉黄原酸酯作离子交换剂，除镉率大于 99.8%，镉残余量低于 0.1mg/L，且该法 pH 适用范围广，无二次污染。周国平等用自合成的水不溶性的羧基淀粉枝接聚合物（ISC）分别以动态和静态两种方式对电镀废水的除镉效果进行了研究，同时对 pH 的影响也进行了研究。车荣睿对离子交换法在治理含镉废水中的应用进行了详细的论述，该法受树脂的吸附容量限制，适用于处理含镉浓度低的废水，且树脂易于中毒，处理成本偏高。

7.7.2.2 处理副族元素的典型案例

(1) 镉

天津某化工厂在生产硬脂酸镉时，排出了含镉 20～160mg/L 的废水。该厂选用 D-152 树脂处理，可将废水中的镉降低到 0.06mg/L，取得了显著的经济效益。图 7-34 展示了利用离子交换技术处理含镉废水的工程示意图。

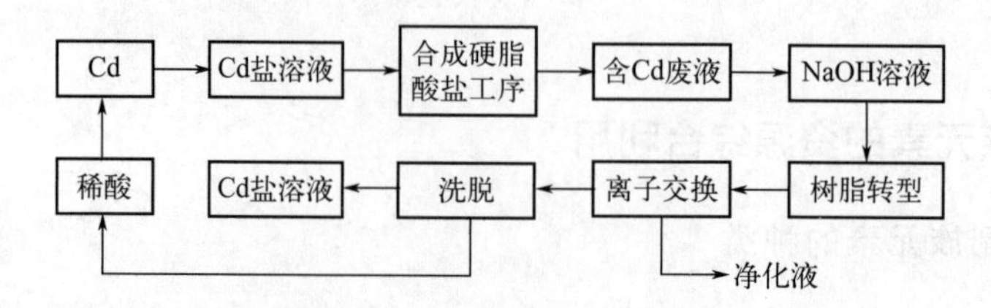

图 7-34 离子交换技术处理含镉废水工程示意图

(2) 铬

离子交换技术利用离子交换剂上的离子和水中的离子进行交换而去除水中的铬离子。离子交换树脂法是离子交换、物理吸附和电荷中和共同作用的结果。利用阴离子交换树脂可以有效去除废水中的 Cr^{6+}，阳离子交换树脂可以处理水中 Cr^{3+} 及其他金属离子，图 7-35 为离子交换技术处理含铬废水工程示意图。

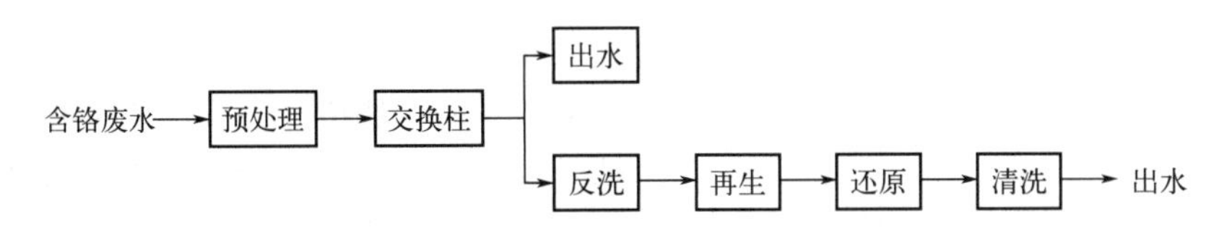

图 7-35　离子交换技术处理含铬废水工程示意图

（3）钌

阳离子交换树脂用于分离在酸性条件下以阳离子形态存在的钌，这方面的研究已有很多报道，且钌的回收率一般在 90%～98%之间，其交换原理如图 7-36 所示。

图 7-36　阳离子交换法分离原理

阴离子交换树脂用于分离在碱性条件下以阴离子形态存在的钌，相关研究的吸附率均在 95%以上。有关于离子交换树脂 IRN 78 和 Dowex 1×8 在模拟废液中对钌吸附性能的研究，表明季铵盐类树脂 Dowex 1×8 比胺基 IRN 78 吸附性更好。

采用阴离子交换树脂（Dowex 1×8）从碱性介质中回收钌，其流程如图 7-38 所示，通过紫外和 X 射线吸收研究了不同条件下钌的形态。由于黑色 RuO_2 在树脂表面沉淀阻碍了树脂的反萃，经优化条件可知，在循环萃取的不同阶段，使用碱性次氯酸和硝酸溶液从树脂中萃取钌，Ru 回收率为 80%～90%，此法可用于从碱性介质中萃取钌，典型的阴离子树脂在碱性介质中回收钌流程如图 7-37 所示。

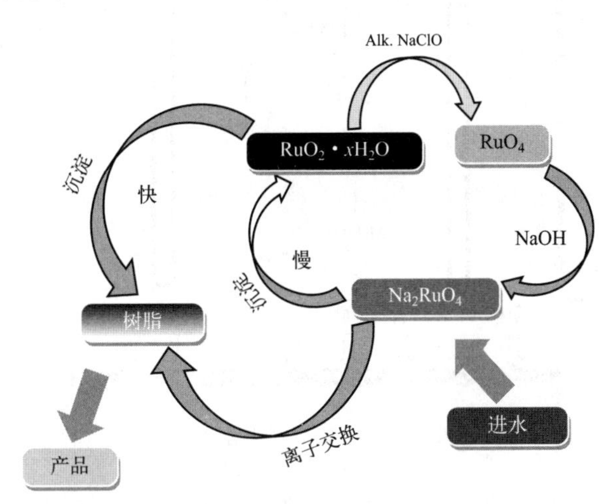

图 7-37　阴离子树脂在碱性介质中回收钌流程

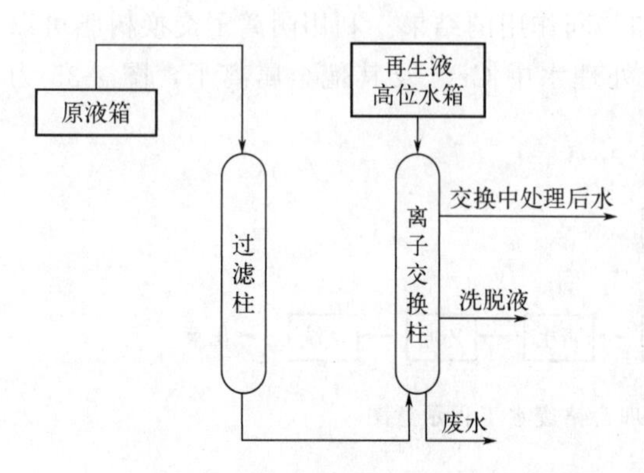

图 7-38　离子交换富集实验装置图

(4) 镍

离子交换法除镍是通过离子扩散的方式来进行交换的，交换过程中的动力主要依靠离子间的浓度差和交换剂对需要交换离子的亲和力。操作过程有静态和动态，动态法中，水样是运动着的，使用一定流速让水均匀通过交换柱来交换、再生以及洗脱富集，典型的离子交换富集实验装置图如图 7-38 所示。

将调过 pH 的含镍废水先经过过滤柱，从过滤柱底部流出，然后进入离子交换柱进行交换。随着交换的进行，交换柱内的树脂由淡黄色逐步变为绿色，当交换柱内的树脂达到饱和时，就会看到柱内出现一条浅绿色的带状接近顶部，即可停止交换。

7.8　电化学技术

7.8.1　技术原理

电化学法又称电解法，是利用电解的基本原理，使废水中的重金属在阳极和阴极发生氧化反应使重金属富集的方法，主要包括电絮凝法、电浮选法、电沉淀法等技术。其中电絮凝法是去除水中重金属离子最常用的方法，其装置如图 7-39 所示。电絮凝时金属阳极在电流作用下溶解并水解在水中形成有效的絮凝剂，此时反应器中去除重金属污染物主要有三种机制：①阳极上的氧化作用，阴极上的还原作用；②絮凝作用；③气浮作用。

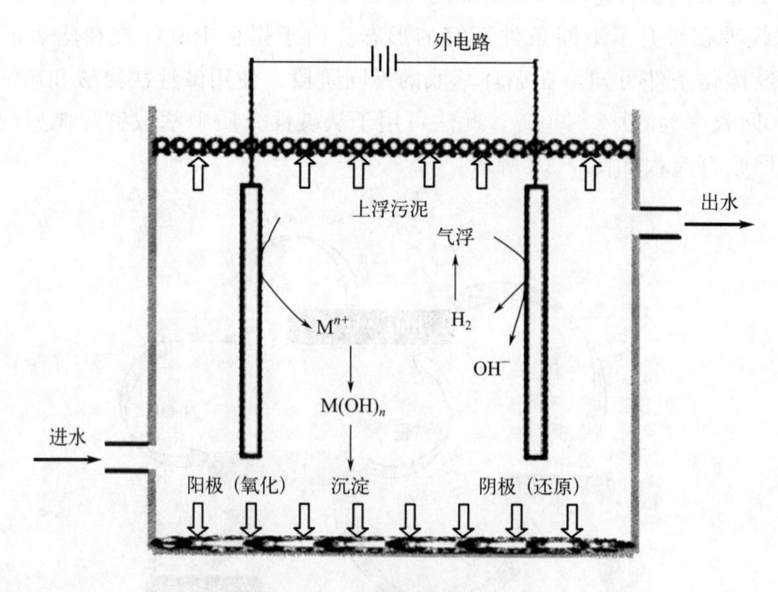

图 7-39　电絮凝装置示意图

电化学法具有的可回收重金属、无二次污染、占地面积小等优点使其在处理工业废水

（电镀废水、矿业废水等）方面的应用备受国外学者青睐，并且有比较成熟的工艺，但是电化学法耗电量大、废水处理量小、不适合处理低浓度重金属废水等缺点限制了其在低浓度重金属废水和水源水处理的应用。

7.8.2　对副族元素的资源综合利用

7.8.2.1　处理副族元素的种类

（1）铜

国内外有很多对电化学法去除铜离子的研究。Giannopoulou 等人采用电化学法处理含铜的电镀废水成功回收重金属铜。Emiliy 等人采用电渗析法处理含铜废水，在电流强度为 4060mA 的条件下，运行 14 天后铜离子的去除率可达到 84%左右。侯筱凡采用电絮凝法处理含铜废水，在 pH 值为 5.0、电流密度为 $6mA/cm^2$、电极间距为 1cm 和处理时间为 30min 等实验条件下，铜离子去除率在 98%以上。黄海金等分别以不锈钢和钛基二氧化铅作阴极和阳极，采用阴极还原法处理含 Cu^{2+}（3.18g/L）废水，发现 120min 就可去除 91.37%的 Cu^{2+}，即使是低浓度（0.00165g/L），仍可达到 95.28%的去除率。郝学奎等发现三维电极法可以有效处理含铜废水，对于低于 1000mg/L 的含 Cu^{2+} 废水，可获得 99.48%的去除率。相对于二维电极法，三维电极法的效率提高了 38%，能耗降低了 20%。Cheng 等联合化学沉淀和电凝聚处理冷冻剂中的 Cu(Ⅱ)，发现(Ⅱ)的去除率要大于 98.5%。

（2）锌

朱小梅等发现高压脉冲电絮凝技术处理含 Cr(Ⅲ)、Cr(Ⅵ)和 Zn^{2+} 电镀废水的效果要高于直流电絮凝技术。废水先用高压脉冲电絮凝处理后，再用 NaOH 来沉淀重金属离子，发现出水中重金属的浓度均达到国家规定的排放标准。

（3）银

电解法常用于处理由矿渣转化而来的含银、金及其他金属的废液。电解法中，电解槽以不锈钢作阴极，石墨为阳极。在电解过程中可适当搅拌来增加电解速度。电解过程结束后，将阴极板用水冲洗，除去表面胶状物，然后晒干或烘干，利用不同金属的膨胀系数不同，遇热后，银胀裂脱落，分离出来。电解法回收操作方便简明、对环境友好、回收的银纯度高，故广泛用于影像业和电镀厂。

7.8.2.2　处理副族元素的典型案例

（1）铬

电絮凝工艺以铁为极板，通过施加外部电场，在反应器内产生一系列的氧化还原反应从而达到处理含铬废水中污染物的目的，具体工艺流程图如图 7-40。

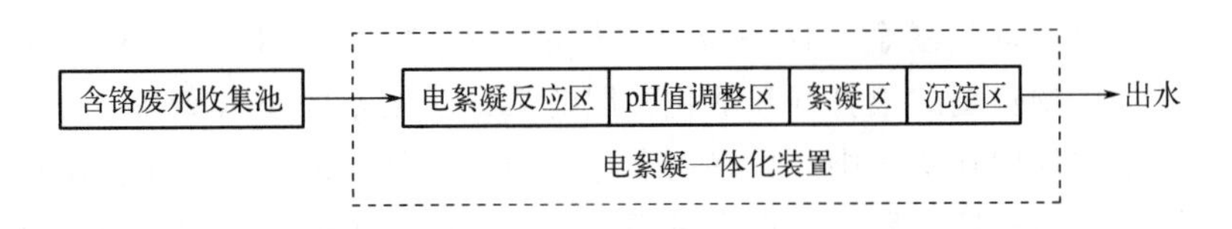

图 7-40　电絮凝技术处理含铬废水的工艺流程

工艺原理如下：

① 阳极主要反应：

$$Fe-2e^- \longrightarrow Fe^{2+}$$

$$Cr_2O_7{}^{2-}+6Fe^{2+}+14H^+ \longrightarrow 6Fe^{3+}+7H_2O+2Cr^{3+}$$

$$CrO_4^{2-}+3Fe^{2+}+8H^+ \longrightarrow 8H^{3+}+4H_2O+3Fe^{3+}+Cr^{3+}$$

② 阴极主要反应：

$$2H^++2e^- \longrightarrow 2H_2\uparrow$$

$$Cr_2O_7{}^{2-}+6e^-+14H^+ \longrightarrow 2Cr^{3+}+7H_2O$$

$$CrO_4^{2-}+3e^-+8H^+ \longrightarrow Cr^{3+}+4H_2O$$

③ 通过铁极板电解产生的 Fe^{2+} 来还原废水中的 Cr^{6+}，使之变为 Cr^{3+}。废水中 H^+ 不断减少，使废水的碱性增强，OH^- 与废水中的 Cr^{3+}、Fe^{3+} 产生氢氧化物沉淀：

$$Cr^{3+}+3OH^- \longrightarrow Cr(OH)_3\downarrow$$

$$Fe^{3+}+3OH^- \longrightarrow Fe(OH)_3\downarrow$$

含铬废水汇集到含铬废水收集池，然后通过水泵泵入电絮凝一体化装置。废水在电絮凝一体化装置内依次经过电絮凝反应区、pH 值调整区、絮凝区、沉淀区后排放。

(2) 铜或锌

铜阳极泥是在电解精炼过程中，比铜电位更正的元素和不溶于电解液的各种物质组成，其成分主要取决于铜阳极的组成、铸造质量和电解的技术条件，其产率一般为 0.2%～0.8%。典型的银渣中铜或锌的回收工艺流程如图 7-41 所示。

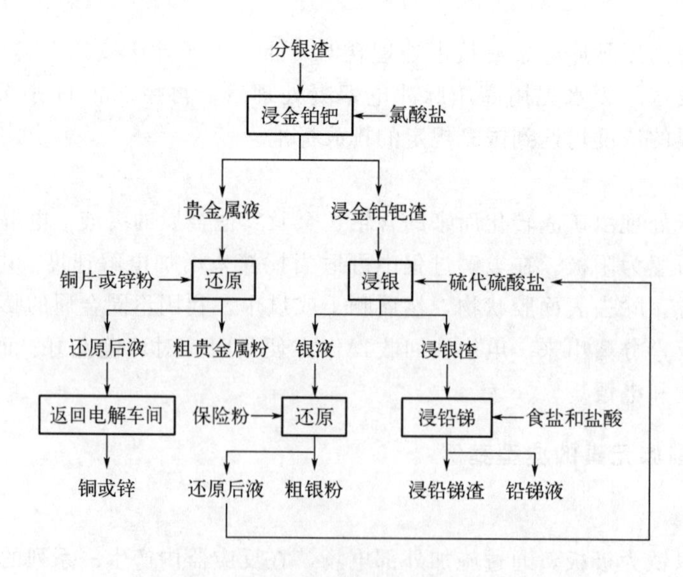

图 7-41 银渣中铜或锌的回收工艺流程

此工艺是将分银渣首先浸金，这一步可以使部分在浸银中难以被浸出剂浸出的物相转化，还能使部分被矿物包裹的银打开和活化，因此第二步浸银的浸出率高；在前两步过后大部分的贱金属如铅锑都留在滤渣中，再采用食盐盐酸浸出剂提取铅锑。用保险粉还原后的银液可以再一次返回前面浸银工段，补充少量浸出剂后可以获得较好的浸出率，这样大大降低了原料成本，并实现了分银渣中有价金属能够最大化地回收利用。

7.9 萃取技术

7.9.1 技术原理

萃取是利用化合物在两种互不相溶（或微溶）的溶剂中溶解度或分配系数的不同，使化合物从一种溶剂内转移到另外一种溶剂中。

萃取技术尤其适用于普通化学方法难以处理或处理成本较高的污水。在萃取技术中，可以通过增大两相接触面积、增大传质系数和增大传质动力的方法提高萃取速度。萃取剂的选择主要从萃取分配系数（萃取能力）、理化性质、来源、成本、是否易于回收和再生等方面综合考虑。按萃取工艺中两相接触方式划分，萃取法又可分为间歇萃取和连续萃取。按照反应类型，萃取技术可分为物理萃取和化学萃取。

通常，提取亲水性强的皂苷多选用正丁醇、异戊醇和水作两相萃取。一般有机溶剂亲水性越大，与水作两相萃取的效果就越不好，因为能使较多的亲水性杂质伴随而出，对有效成分进一步精制影响很大。物理萃取的理论基础是分配定律，而化学萃取服从相律及化学反应的平衡定律。

7.9.2 对有机物的资源综合利用

在安徽省芜湖市农村地区，许多农户种植玉米、甘蔗等农作物。而在丰收之后，大量的玉米秸秆、甘蔗渣丢弃在路边田地，近些年秸秆禁烧，没有较好的处理办法，造成很大的资源浪费。玉米芯和甘蔗渣水解可以产生大量的糠醛（一种重要的化工产品），此外还生成醋酸等副产品。

图 7-42 为芜湖市从糠醛废水中回收醋酸工艺流程设计图。农户把大量的玉米秸秆、甘

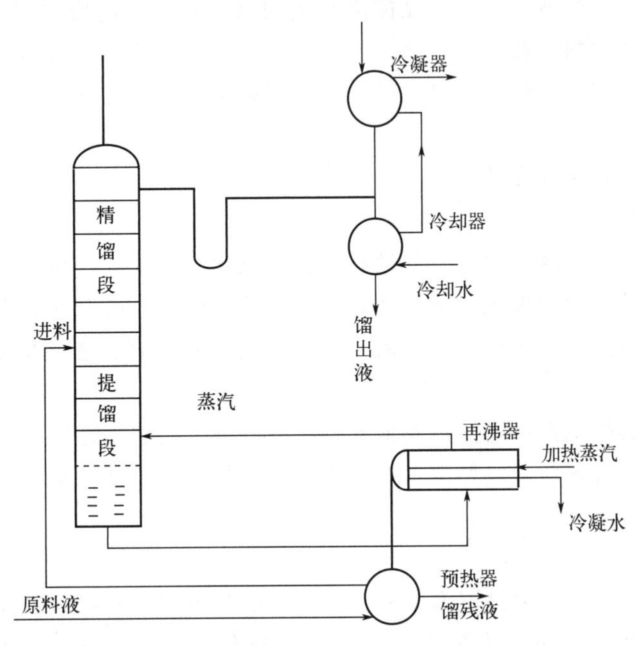

图 7-42　芜湖市从糠醛废水中回收醋酸工艺流程

蔗渣进行集中堆放，政府安排将其送入生活污水厂。将玉米秸秆、甘蔗渣浸泡过后的废水进行过滤，除去不溶于水的固体，再经过滤滤出悬浮物。经沉降和过滤处理后，废水为黄色透明液体，废水中悬浮物的脱除率大于99%，将残渣埋入土壤作农作物肥料。采用活性炭进行脱色，防止萃取剂在反复萃取时，颜色加深。脱色后的废水为无色透明液体。乙酸乙酯作为萃取剂，通过精馏使萃取相进入恒沸脱水塔，在72℃时乙酸乙酯-水恒沸混合物馏出。控制回滴速度与流出速度相当为2～3滴/s。测得混合物中乙酸的浓度小于0.2%，恒沸混合物占总萃取相34%，其中含水4%，温度升高至77～82℃时，乙酸乙酯被蒸出，恒沸混合物与脱水后的乙酸乙酯可直接作为萃取剂循环使用，恒沸脱水塔底剩余的粗乙酸进入乙酸精馏塔，控制流出速度3～6滴/s，收集112～118℃馏分，即得到99%工业一级乙酸，其中乙酸的回收率大于91%。

7.10 沼气发酵技术

7.10.1 技术原理

沼气发酵又称为厌氧消化、厌氧发酵，是指有机物质（如人畜家禽粪便、秸秆、杂草等）在一定的水分、温度和厌氧条件下，通过各类微生物的分解代谢，最终形成甲烷和二氧化碳等可燃性混合气体（沼气）的过程，是一种典型的以能量回收为主题的废弃物资源化利用技术。

沼气发酵是利用微生物在缺乏氧气的状态下生活和繁殖时，为了获得呼吸作用所需要的能量，而将高能量有机质分解转化为简单的低能量成分，从而释放出能量以供代谢之用，实质上是微生物的物质代谢和能量代谢的过程。

沼气发酵的应用范围十分广泛，日常生活中的农作物秸秆、杂草、树叶等，猪、牛、羊、鸡等畜禽的粪便，农业、工业产品的废水废物（如豆制品的废水、酒糟）、污泥等均可作为沼气发酵的基本原料。此外，沼渣是沼气发酵后残留在沼气池底部的半固体物质，含有丰富的有机质、腐质酸、粗蛋白、氮、磷、钾和多种微量元素等，是一种缓速兼备的优质有机肥。

本节详细介绍秸秆沼气发酵技术。

（1）秸秆预处理

由于秸秆中的木质纤维素含量一般较高，厌氧消化产气率低，经济性差，通常要对原料进行预处理，破坏秸秆的物理化学结构并降解成简单化合物，进而提高厌氧消化效率和产气量。常见的预处理方法有机械粉碎、真菌、酶解和酸、碱化学处理、曝气等。

（2）接种物

当发酵起动时必须把大量活性污泥加入发酵罐内进行接种，这是厌氧发酵起动阶段成功的关键。在厌氧发酵过程中，各种微生物需要不断地分解有机物，从中吸收营养以获得生命活动所需的能量。

（3）温度控制

温度是影响厌氧发酵的关键因素之一。厌氧发酵微生物对温度的要求范围较宽，一般在10～60℃之内都能生长。根据发酵温度，厌氧发酵分为高温发酵（50～55℃）、中温发酵（30～38℃）和常温发酵（温度随季节气温变化而变化）三大类型。

（4）pH 值调节

在沼气产生的过程中产甲烷菌要求中性的环境条件。厌氧发酵的适宜 pH 值为 6.8～7.4，6.4 以下或 7.6 以上都对产气有抑制作用。

（5）搅拌

发酵罐内的发酵液通常自然地分成四层，从上到下依次为浮渣层、上清液层、活性层和沉渣层。而厌氧微生物活动较为旺盛的场所主要在活性层内，其他各层或因原料缺乏，或因不适宜微生物的活动，使厌氧消化难以进行。所以对发酵液进行搅拌，可使微生物与发酵原料充分接触，打破分层现象，使活性层扩大到全部发酵液内，增加原料的分解速度，提高产气率。

7.10.2　对有机物的资源综合利用

靖边县位于陕西省榆林市西部，是个典型的农业大县，全县每年农作物播种面积达 130 万亩（15 亩=1 公顷），仅玉米种植面积达 45.2 万亩，农作物秸秆资源特别丰富，每年焚烧和废弃量达 50 多万吨，造成浪费和污染十分严重。

为了解决农作物秸秆资源随意抛弃和就地焚烧造成的农业面源污染，以及农村庭院面貌“脏、乱、差”的问题，同时为了广开沼气发酵原料。靖边县农村能源技术推广站根据当地实际情况，选择在张家畔镇寨山村，设立试验项目户 30 个，沼气池为新建池子，装料前进行了严格的试水试压，确定不漏水不漏气，开始装料比较试验。进行试验的 30 个沼气池，建设材料、施工、试压完全相同，试验设计严格按照三元二次回归正交组合设计。在本设计范围内，利用秸秆、牲畜粪便、人粪尿三者混合发酵，最佳混合比例是：$8m^3$ 的新建沼气池，利用 439kg 秸秆、871kg 牲畜粪便、50kg 左右的人粪尿，产气时间长达 106 天、产气量可达 $110m^3$。图 7-43 为靖边县垃圾制沼气工艺流程设计图。

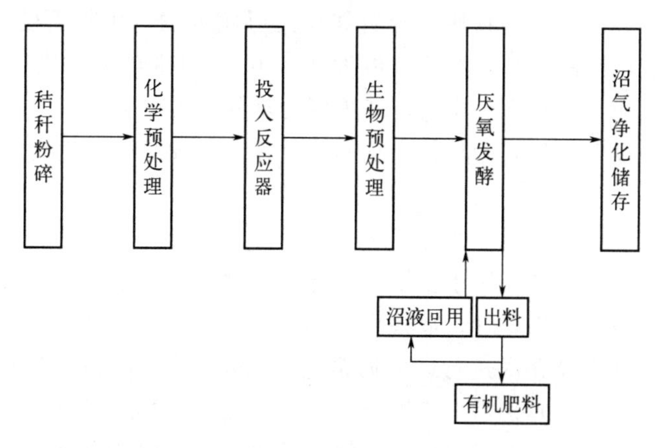

图 7-43　靖边县垃圾制沼气工艺流程

全县两个县级服务公司利用三个区域站，每站建立 $300m^3$ 的秸秆堆沤处理池和 $200m^3$ 的畜粪预处理池，配套 2 台粉碎机、3 台运输车辆等设备，每年处理玉米秸秆 2800t，为区域站周边沼气农户提供发酵预料达 4500 多户，其中，张家畔区域站服务 3 乡镇 11 个行政村 860 户，海则滩区域站服务 3 个乡镇 22 个村 1240 户，东坑区域站服务 2 个乡镇 16 个村 2130 户，秸秆沼气利用率达到 90%以上。

7.11 堆肥技术

7.11.1 技术原理

堆肥技术是利用含有机组分（主要是天然有机物）的动植物遗体和排泄物，加上泥土和矿物质混合堆积，在高温、多湿的条件下，经过发酵腐熟、微生物分解制成有机肥料的技术，是一种典型的有利物质再循环的资源化利用途径。

堆肥可以分为一般堆肥和高温堆肥两种，前一种的发酵温度较低，后一种的前期发酵温度较高，后期一般采用压紧的措施。高温堆肥对于促进农作物茎秆、人畜粪尿、杂草、垃圾污泥等堆积物的腐熟，以及杀灭其中的病菌、虫卵和杂草种子等，具有一定的作用。

生活垃圾好氧堆肥化是在有氧条件下，以好氧微生物为主降解、稳定有机物的无害化处理方法。由于具有发酵周期短、无害化程度高、卫生条件好和易于机械化操作等特点，好氧堆肥法在国内外得到广泛应用。好氧堆肥工艺由前处理、主发酵（亦可称一次发酵、一级发酵或初级发酵）、后发酵（亦可称二次发酵、二级发酵或次级发酵）、后处理、脱臭及储存等工序组成。

（1）前处理

生活垃圾中往往含有粗大垃圾和不可堆肥化物质，这些物质会影响垃圾处理机械的正常运行，降低发酵仓容积的有效使用，使堆温难以达到无害化要求，从而影响堆肥产品的质量。前处理的主要任务是破碎和分选，去除不可堆肥化物质，将垃圾破碎在12～60mm的适宜粒径范围。

（2）主发酵

主发酵可在露天或发酵仓内进行，通过翻堆搅拌或强制通风来供给氧气，供给空气的方式随发酵仓种类而异。发酵初期物质的分解作用是靠嗜温菌（生长繁殖最适宜温度为30～40℃）进行的。随着堆温的升高，最适宜温度45～65℃的嗜热菌取代了嗜温菌，能进行高效率的分解，氧的供应情况与保温床的良好程度对堆料的温度上升有很大影响。然后将进入降温阶段，通常将温度升高到开始降低为止的阶段称为主发酵期。生活垃圾好氧堆肥化的主发酵期约为4～12d。

（3）后发酵

碳氮比过高的未腐熟堆肥施用于土壤，会导致土壤呈氮饥饿状态。碳氮比过低的未腐熟堆肥施用于土壤，会分解产生氨气，危害农作物的生长。因此，经过主发酵的半成品必须进行后发酵。后发酵可在专设仓内进行，但通常把物料堆积到1～2m高度，进行敞开式后发酵。为提高后发酵效率，有时仍需进行翻堆或通风。在主发酵工序尚未分解及较难分解的有机物在此阶段可能全部分解，变成腐殖酸、氨基酸等比较稳定的有机物，得到完全成熟的堆肥成品。后发酵时间通常在20～30d以上。

（4）后处理

经过二次发酵后的物料中，几乎所有的有机物都被稳定化和减量化。但在前处理工序中还没有完全去除的塑料、玻璃、陶瓷、金属、小石块等杂物还要经过一道分选工序去除。可以用回转式振动筛、磁选机、风选机等预处理设备分离去除上述杂质，并根据需要进行再破碎（如生产精制堆肥）。也可以根据土壤的情况，将散装堆肥中加入N、P、K添加剂后生产复合肥。

（5）脱臭

在堆肥化工艺过程中，会有氨、硫化氢、甲基硫醇、胺类等物质在各个工序中产生，必须进行脱臭处理。去除臭气的方法主要有化学除臭及吸附剂吸附法等。经济实用的方法是熟堆肥氧化吸附的生物除臭法：将源于堆肥产品的腐熟堆肥置入脱臭器，堆高约 0.8～1.2m，将臭气通入系统，使之与生物分解和吸附及时作用，该法氨、硫化氢去除效率均可达 98%以上。

（6）储存

堆肥一般在春秋两季使用，在夏冬两季就需积存，因此，一般的堆肥化工厂有必要设置至少能容纳 6 个月产量的储藏设施，以保证生产的连续进行。

生活垃圾堆肥技术可以将生活垃圾中的生物质经无害化处理后返回到生态系统中去，是一种符合生态学原理的处理技术。这种技术具有处理彻底、可以直接参与自然界物质循环的特点，其产品具有一定的改善土壤作用。但是在人造合成材料大量进入家庭生活中的今天，这一技术受到各种限制，应用范围在不断萎缩。

7.11.2　对有机物的资源综合利用

太滆运河流域地处长三角地区，流域水体富营养化、蓝藻滋生现象时有发生。以江苏武进新康村为例，该地区蓝藻治理以打捞为主，藻泥露天堆放会产生强烈恶臭，且易造成藻毒素释放。同时，该地区畜禽养殖粪污和农作物种植产生的秸秆也缺乏有效的处理处置技术，粪污处理处置不当造成的氮磷流失已成为该流域河网水体氮磷污染的主要来源之一；秸秆的无序处置也可能造成碳的不当排放。

南京师范大学科研人员综合考虑蓝藻泥和畜禽养殖粪污高有机质、高氮磷养分等特点，突破了多元混合物料协同发酵、氮源养分高效利用、藻毒素深度去除等关键技术，解决了混合物料物性差异性大、发酵过程不同步、氮源养分流失比高、藻毒素及发酵副产物毒性高等问题，在江苏武进新康村开展了多元生物质废弃物生产高品质有机肥示范项目，产品各项指标连续稳定达到中国农业有机肥料行业标准，并已在全国 30 余家农村合作社/养殖农户推广应用。图 7-44 为多元农业废弃物高温好氧发酵设备。

图 7-44　多元农业废弃物高温好氧发酵设备

1—进料输送机；2—主要发酵舱体；3—废气喷淋塔；4—出料输送机；5—生物滤池

高温好氧共堆肥是在堆肥过程中提供外源加热源，保持堆体温度大于 70℃，从而使嗜热型微生物快速繁殖，成为优势群落，有效杀死致病细菌，增强生物转化效率，提高堆肥效率。秸秆的纤维结构增强了物料结构支撑，粪便中的粗蛋白和磷调节了物料营养元素，从而获得高效的堆肥产品。图 7-45 为高温好氧共堆肥技术流程。

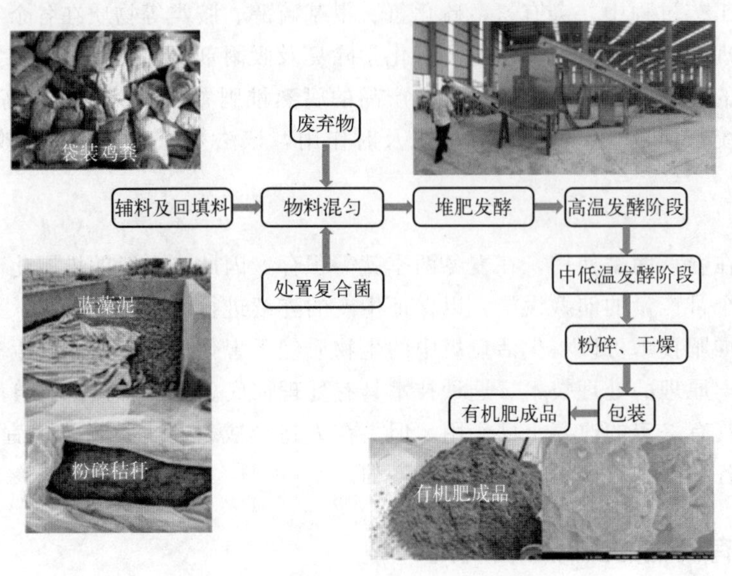

图 7-45　高温好氧共堆肥技术流程

浙江省杭州市桐庐县春江村垃圾资源化处理站所生产的肥料完全符合堆肥产品相关指标要求。图 7-46 为桐庐县春江村堆肥垃圾处理站堆肥工艺流程，堆肥处理的最终 pH 为 8.06，呈弱碱性，表明其产品含盐量不超标，可放心安全施用；含水率为 32%，C/N 在 15∶1 上下浮动，表明产品最后达到完全腐熟，且其种子发芽率高达 117.9%，说明肥效高、毒性低。不足之处在于取样过程中，该处理站的蚊蝇及虫卵较多，操作过程中，1 周至少要进行 1～2 次的药物杀虫，这无疑是让使用该堆肥产品的个人及单位在心理上造成一定的影响；另外，处理站产生的气味有待于进一步降低。同时，由于一次发酵过程未进行取样，会对试验结果产生一定的影响，使分析不够准确。

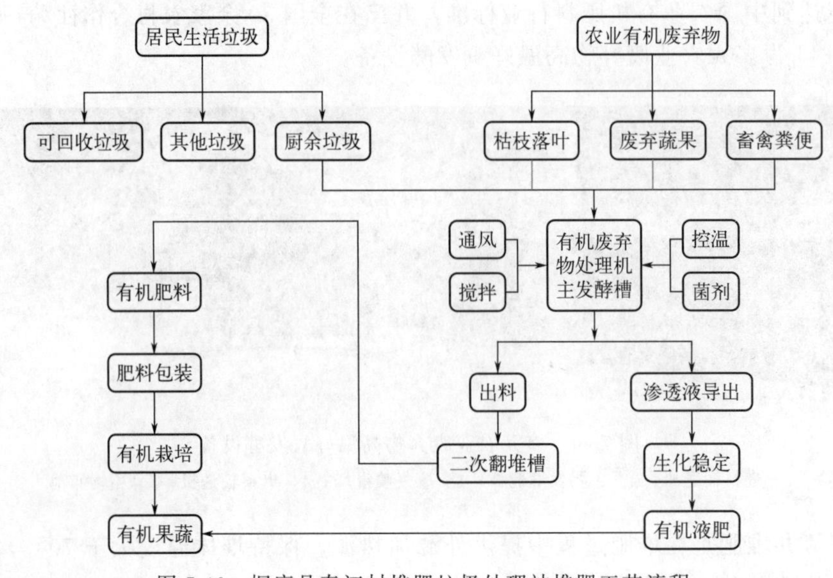

图 7-46　桐庐县春江村堆肥垃圾处理站堆肥工艺流程

7.12　建材化技术

7.12.1　技术原理

污泥的建材利用是采用污泥作为建筑材料的主料或者是辅料，可以直接利用脱水污泥和干化后的污泥，也能利用污泥经过热处理后的灰渣。最常见的污泥制备建筑材料的技术是利用污泥制砖、水泥和陶粒等，然后将其制作成混凝土或直接应用到路面、墙体作为保温隔热材料使用。如果使用热处理后的污泥渣进行建材利用，不仅能燃烧利用其中的有机物，也能充分利用污泥中的无机成分，可以完全稳定污泥、固定重金属，安全性高，是污泥利用的未来发展方向。

利用固体废物生产建筑材料是解决建材资源短缺的一条有效途径，这对保护环境和加速经济建设具有十分重要的意义。利用工业固体废物生产建材的优点是：①原材料省，生产效率高，例如，利用高炉渣和钢渣生产水泥可节约1/3石灰石和1/2燃料，生产效率提高一倍；②耗能低，例如，用矿渣代替水泥熟料生产水泥，每吨原料的燃料消耗可减少80%；③综合利用产品的品种多，可满足多方面的需要，例如，用固体废物可生产水泥、骨料、砖、玻璃和陶瓷等多种建筑材料；④综合利用的产品数量大，可满足市场的部分需要，假如我国每年利用4000万吨的工业固体废物生产水泥或作混凝土掺合料，则可弥补目前一年800万吨的水泥缺口；⑤环境效益高，可最大限度地减少需处置的固体废物数量，在生产过程中一般不产生二次污染。

7.12.2　对有机物的资源综合利用

太湖蓝藻水华在夏季时常爆发，打捞后的蓝藻所形成的藻泥含水率仍很高，而且会释放藻毒素和臭气，亟须对其进行深度脱水处理，同时固定过的蓝藻泥含大量藻毒素，具有很高的环境风险。太湖底泥蓄积量达19.15×10^{8}万立方米，富含很高的硅铝元素赋存量，具有很高的资源化利用价值。淤泥中含有大量的重金属，存在浸出风险。可通过深度脱水处理淤泥和藻泥，并利用其高有机物含量和硅铝元素赋存的特点对其进行资源化利用生产轻质陶粒。

南京师范大学研究团队基于自主研发的絮凝调理剂调理淤泥和蓝藻泥，经板框压滤深度脱水。该调理剂能有效破坏淤泥和蓝藻泥的结构，使之脱水性能大幅提升。同时，该调理剂对于蓝藻泥的藻毒素和淤泥的重金属具有良好的稳定化作用。另外，采用粉煤灰、高岭土和氧化钙作为调理剂，结合脱水后的淤泥和藻泥，可在无需二次添加水的条件下直接进行混料和造粒、预升温和烧结、冷却，最终生产轻质陶粒，图7-47展示了烧制轻质陶粒流程。

此调理剂具有明显的脱水优势，主要表现在用量低、调理脱水效果明显，调理后的淤泥和蓝藻泥的含水率可降至低于60%。淤泥减量化可达90%。相比于传统的陶粒烧结方案，本项目开发的陶粒生产技术不仅可以生产完全符合国家标准的轻质陶粒，而且能有效避免重金属的二次浸出，藻毒素在高温条件下被完全消纳，同时由于蓝藻泥有机质和热值高，烧结过程不需要外加致孔剂，能源消耗减少，成本也相应减少，每生产1立方米的轻质陶粒净利润可达90元。

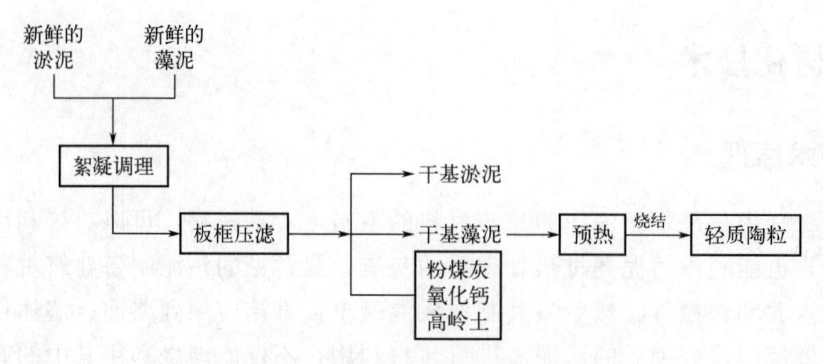

图 7-47　烧制轻质陶粒流程示意图

思考题

1. 对废水、气体和固废的处理有哪些方法技术？
2. 简述絮凝原理以及常见絮凝工艺的组成单元。
3. 除了本章中提到的技术，想想还有那些资源综合利用技术？

延伸阅读

【理论与假设】

理论与假设是研究社会科学时提取问题变量的一种方法，用来帮助剔除理论模型中不必要的变量，保留问题的本质和研究重点，方便人们通过数学模型表达一个事物，进行研究。一个好的理论不仅要准确，还要简单，例如絮凝技术中的自由沉降理论、理想沉淀池；吸附技术的等温吸附模型、吸附动力学模型，这就体现科学发展的本质是建模定量描述现象，从而挖掘出自然界隐藏的奥秘。

例如膜过滤技术中的迁移机理和黏附机理以及絮凝中的脱稳机理，在得到实验确认之前表现为假说，这些科学假说对科学问题的研究起着一种纲领的作用。

【清洁生产】

清洁生产指既可满足人们的需要又可合理使用自然资源和能源并保护环境的实用生产方法和措施，其实质是一种物料和能耗最少的人类生产活动的规划和管理，将废物减量化、资源化和无害化，或消灭于生产过程之中。对人体和环境无害的绿色产品的生产亦将随着可持续发展进程的深入而日益成为今后产品生产的主导方向。清洁生产包含了两个全过程控制：生产全过程和产品整个生命周期全过程。对生产过程而言，清洁生产包括节约原材料与能源，尽可能不用有毒原材料并在生产过程中就减少它们的数量和毒性；对产品而言，则是从原材料获取到产品最终处置过程中，尽可能将对环境的影响降到最低。

总之，清洁生产就是对生产过程与产品采取整体预防性的环境策略，以减少其对人类及环境可能的危害。

【矛盾的普遍性与特殊性】

矛盾的普遍性和特殊性相互联结。普遍性寓于特殊性之中，并通过特殊性表现出来，没有特殊性就没有普遍性。特殊性离不开普遍性，世界上的事物无论怎样特殊，它总是和同类事物中的其他事物有共同之处，不包含普遍性的事物是没有的。由于事物范围的极其广大和发展的无限性，在一定场合为普遍性的东西，在另一场合可能是特殊性的。反之，在一定场合是特殊性的东西，在另一场合则可能是普遍性的。矛盾的普遍性和特殊性辩证关系的原理要求我们要在矛盾普遍性原理的指导下，具体分析矛盾的特殊性，不断实现矛盾的普遍性与特殊性、共性和个性的具体的、历史的统一。

资源综合利用技术有各自的适用性，选用何种技术要看“水质”如何，“对症下药”。本章中不同的污染物有对应不同技术的处理方法，这就是矛盾的特殊性的体现，而这些污染物在其他领域又有着其不同的重要作用，这就是矛盾的普遍性的体现。

参 考 文 献

[1] 薛联青，白青月，刘远洪．人类活动影响下塔里木河流域气象干旱向水文干旱传播的规律［J］. 水资源保护，2023，39（01）：57-62，72.

[2] 许彩艳，何爱平，安梦天．自然灾害如何影响农户人力资本投资［J/OL］．农业技术经济，2023：1-21.

[3] 王国法，刘合，王丹丹，等．新形势下我国能源高质量发展与能源安全［J］. 中国科学院院刊，2023，38（01）：23-37.

[4] 唐葆君，王崇州，邹颖，等．中国能源经济指数演进及趋势预测［J］. 北京理工大学学报（社会科学版），2023，25（02）：28-35.

[5] 陈前，唐文忠，许妍，等．基于溶解氧和耗氧污染物变化的长江流域水质改善过程分析［J］. 环境工程学报，2023，17（01）：279-287.

[6] 庞加兰，王薇，袁翠翠．双碳目标下绿色金融的能源结构优化效应研究［J］. 金融经济学研究，2023，38（01）：129-145.

[7] 孙即宝，孙即才，刘峻铭．我国矿产资源产权交易制度研究：政府职能界定与市场机制构建［J］. 中国矿业，2023，32（03）：20-26.

[8] 马梦阳，赵勇，王庆明，等．海河流域不同等级降水对水资源衰减影响研究［J］. 中国农村水利水电，2023：1-16.

[9] 徐向梅．推进生物质能多元化开发［N］．经济日报，2023-01-11（011）.

[10] 党丽娟．黄河流域工业用水效率提升策略研究［J］. 人民黄河，2023，45（01）：76-81.

[11] 郭冀川．政策引导使用未利用地建设光伏项目 加速企业“光伏＋”进程［N］．证券日报，2023-01-10（A02）.

[12] 寇江泽，李晓晴．荒漠化和沙化土地面积持续减少［N］．人民日报，2023-01-04（014）.

[13] 刘堃．中国应对气候变化政策热点研究［J］. 河南大学学报（社会科学版），2023，63（01）：27-32，153.

[14] 徐扬帆．碳排放在新能源开发中的应用探讨［J］. 新能源科技，2022（12）：37-40.

[15] 姚亚军．太阳能光伏发电技术的应用研究［J］. 科技创新与应用，2022，12（36）：181-184.

[16] 林凌，胡冰川，孙艳华．全球经济政策不确定性对中国经济增长的时变性影响效应研究——基于时域与频域视角分析［J］. 中国软科学，2022（12）：1-12.

[17] 付瑶，封千喜，张昌圣，等．基于“移行-靶点-网络”策略探究红花心脑轴协同起效的物质基础及作用机制［J］. 中国医院药学杂志，2023，43（03）：252-259.

[18] 胡宇霞，龚吉蕊，朱趁趁，等．基于生态系统服务簇的内蒙古荒漠草原生态系统服务的空间分布特征［J］. 草业学报，2023，32（04）：1-14.

[19] 刘镇杭，刘大海，池源，等．基于自然的海岸带蓝碳增汇措施及其技术体系研究［J］. 海岸工程，2023，42（01）：13-24.

[20] 吕佳乐，王振辉，徐学农．农业生态系统天敌资源的调查与保藏方法［J］. 农业大数据学报，2022，4（04）：5-15，4.

[21] 党玉萍．农业灌溉用水管理存在的问题及对策［J］. 新农业，2022（24）：89-90.

[22] 茹秋实，米雪峰，宋志刚，等．含可控光伏的主动配电网多时间尺度鲁棒优化调度［J］. 广东电力，2022，35（12）：11-21.

[23] 林伟涛．新形势下土地资源管理与土地利用转型初探［J］. 大众标准化，2022（24）：73-75.

[24] 张楠．降雨量对城市内河径流污染控制的影响［J］. 城市道桥与防洪，2022（12）：143-146，21.

[25] 张丽媛，易帅莹，胡广．中国森林生态系统文化服务研究进展：基于文献计量分析［J］. 浙江理工大学学报（社会科学版），2022，48（06）：713-723.

[26] 吴佳文，胡祥云，黄国疏，等．地热资源电磁法勘探现状及展望［J］. 地球学报，2023，44（01）：191-199.

[27] 曾庆嘉，严璇．水土流失治理中林业技术措施应用策略分析［J］. 现代园艺，2022，45（22）：165-166.

[28] 李志伟．联合国：世界人口达到80亿［N］. 人民日报，2022-11-23（014）.

[29] 黄佳金，李敏乐，王培力．上海农村集体建设用地建设租赁住房问题研究［J］. 科学发展，2022（11）：98-105.

[30] 宋博文．低碳政策、服务业发展与制造业企业创新能力［J］. 合作经济与科技，2022（23）：4-7.

[31] 王瑜，陈华文，高雅．七十年，在地质报国的征途上［N］．中国自然资源报，2022-10-31（001）.

[32] 官庆松，许慧豪，杨黎君，等．自然生态系统中铁-氮耦合研究进展［J］. 绿色科技，2022，24（20）：20-25.

[33] 张水昌，王晓梅，王华建，等．早期真核生物多样性演化的限制性环境因素是什么？[J]．地球科学，2022，47（10）：3856-3857.

[34] 王军，杨崇曜．土地生态保护修复的现状与思考 [J]．中国土地，2022（10）：25-28.

[35] 张振东，张文婧，巴明皓，等．全面建成小康社会进程中河南省休闲体育发展策略研究 [J]．河南教育学院学报（自然科学版），2022，31（03）：62-72.

[36] 陈二烈．全球淡水资源危机愈演愈烈 [J]．生态经济，2022，38（10）：5-8.

[37] 彭珏，陈家赢，王军光，等．中国典型地带性土壤团聚体稳定性与孔隙特征的定量关系 [J]．农业工程学报，2022，38（18）：113-121.

[38] 赵玉玲．农田灌溉用水管理体制和运行机制改革势在必行 [J]．农村实用技术，2022（09）：121-122.

[39] 戴敏．沙漠化治理的发展现状及对策建议 [J]．山西农经，2022（13）：130-132.

[40] 周贤．考虑跨流域调水的全国水资源短缺评价研究 [D]．大连理工大学，2022.

[41] 万凌琳，陈芷凡，郭佳，等．生物共现网络原理及其在淡水生态系统评估中的应用 [J]．湖泊科学，2022，34（06）：1765-1789.

[42] 张瑶．中国水资源利用与经济发展的匹配性研究：基于农业虚拟水量与水质足迹的测算 [D]．西北农林科技大学，2022.

[43] 曹则煜，李大鹏，陈娅奇，等．城市绿道植物群落结构对小气候影响研究进展 [J]．山西建筑，2022，48（06）：173-177.

[44] 尹方平，赵文仪．我国农业人口、农业用地和水资源匹配系数分布研究 [J]．南方农业，2021，15（24）：199-204.

[45] 李慧．气候变化影响下全球河流径流量极值和平均值变化趋势研究 [J]．水利水电快报，2021，42（07）：4.

[46] 高静．长三角区域生态系统服务时空格局及对城市群空间结构的响应 [D]．华东师范大学，2021.

[47] 中国最大淡水湖鄱阳湖水质下降 [J]．中国水能及电气化，2007（08）：67.

[48] 郭辉，郇志坚．丝绸之路经济带沿线国家外债风险评估和偿债能力分析 [J]．西伯利亚研究，2017，44（03）：45-57.

[49] 刘扬，吴炎，蓝闽波．实验教学中心基本资源配置通用核算模式初探 [J]．实验室研究与探索，2016，35（10）：158-161.

[50] 潘静震．“生态系统的自我调节功能”一节的教学设计与感悟 [J]．生物学教学，2014，39（05）：35-36.

[51] 沈斌．降尘量自动监测系统设计 [J]．自动化仪表，2023，44（01）：72-75，80.

[52] 李桂花，杨雪．乡村振兴进程中中国农村生态环境治理问题探究 [J]．哈尔滨工业大学学报（社会科学版），2023，25（01）：120-127.

[53] 罗明忠，曾雪銮．环境污染感知、环保意愿与农民生活满意度 [J]．新疆农垦经济，2023（02）：1-12，48.

[54] 张楠，殷进，高润，等．生物质炭对水环境中有机污染物去除的研究进展 [J]．化工新型材料，2023，51（05）：61-67.

[55] 季晴．树立生态文明理念保护茶区自然环境研究 [J]．福建茶叶，2023，45（01）：7-8.

[56] 韩鑫．工业废水高效循环利用成效显著 [N]．人民日报，2023-01-10（004）.

[57] 左其亭，王鹏抗，张志卓，等．黄河流域水资源利用水平及提升途径 [J]．郑州大学学报（工学版），2023，44（03）：12-19.

[58] 刘帅．环境监测在大气污染治理中的作用与应用策略 [J]．清洗世界，2022，38（12）：164-166.

[59] 邢建伟，宋金明．中国近海大气颗粒物来源解析研究进展 [J]．环境化学，2023，42（03）：942-962.

[60] 吴潘，南栋琪，饶承龙，等．病原微生物核调控机制研究进展 [J]．中国病原生物学杂志，2022，17（12）：1484-1488.

[61] 张琰，李好管．挥发性有机物（VOCs）治理：技术进展及政策探析 [J]．煤化工，2022，50（06）：1-10，15.

[62] 陈正飞．企业资源对财务总监有效履职支持不足的对策建议 [J]．中国总会计师，2022（12）：84-87.

[63] 范育鹏，方创琳．城市可持续发展新型定量研究方法进展 [J]．生态学报，2023，43（08）：3020-3031.

[64] 鲍娇．农村生活污水治理现状与对策研究——以甘肃省临夏县为列 [J]．农业科技与信息，2022（23）：33-35.

[65] 张亚宁，朱维晃，董颖，等．氧化还原和微生物作用对沉积物中重金属迁移转化的影响 [J/OL]．环境工程，2023，41（6）：1-11.

[66] 林黎，杨梦雷．长江经济带水污染协同治理测度及优化对策研究［J］．重庆工商大学学报（社会科学版），2023，40（04）：55-64.
[67] 隋书才，冯帅鑫，刘文宇．自然资源利用、生态补偿与经济高质量发展［J］．中国市场，2022（33）：4-6，16.
[68] 林莉莉．生态文明背景下高校生态教育人文环境建设初探［J］．环境工程，2022，40（11）：269.
[69] 万庆，罗翔，潘方杰，等．中国城市群空气质量时空演化及收敛趋势［J］．地理科学，2022，42（11）：1943-1953.
[70] 胡晨雪．城市经济聚集区水环境污染负荷模拟方法研究［J］．环境科学与管理，2022，47（11）：49-54.
[71] 骆翠红，王思璇，宋亚雄．污染源普查质量控制方法［J］．皮革制作与环保科技，2022，3（21）：183-185.
[72] 陈丹丹，万建春，连琦，等．中药材农药残留研究进展［J］．中国农学通报，2022，38（31）：125-135.
[73] 张红要．微滤去除悬浮物和天然有机物的试验研究［J］．水利科学与寒区工程，2022，5（10）：12-15.
[74] 葛林科，王子宇，曹胜凯，等．新污染物多环芳烃衍生物的来源、分布与光化学行为［J］．环境科学，2023，44（7）：1-21.
[75] 马向东，朱焰，杨冠东，等．空气净化器去除气态污染物能力评价方法研究［J］．建筑科学，2022，38（10）：222-228.
[76] 放射性物质运输包装设计安全报告的格式与内容［J］．辐射防护，2022，42（05）：394.
[77] 陆昕雨，彭模，周超凡，等．江苏近岸海域富营养化特征研究［J］．海洋环境科学，2022，41（05）：745-752.
[78] 李东光．一种基于大气气态污染物参数检测的模块电路与气路设计［J］．集成电路应用，2022，39（08）：6-8.
[79] 张辉．农业经济基础稳 乡村振兴动力足［N］．福建日报，2022-08-02（002）.
[80] 汪媛媛，郑刘根，吴盾，等．小尺度矸石堆场及其周边土壤中放射性元素特征分析及风险评价［J］．环境化学，2022，41（11）：3640-3649.
[81] 全海芹，高彦峰．室内空气污染及净化方法综述［J］．环境科学与技术，2022，45（S1）：254-262.
[82] 张娜．天然源和生物质燃烧对二次污染物的影响［D］．南京信息工程大学，2022.
[83] 孙梦琪．生物滞留设施对城市雨水径流热污染的削减实验及监测模拟［D］．北京建筑大学，2022.
[84] 杨席席．片段化森林中粗木质残体分解和土壤呼吸及其影响因子［D］．浙江大学，2022.
[85] 王梦南．孔隙水酸碱污染对黄土—混凝土界面摩擦特征影响试验研究［D］．西安建筑科技大学，2022.
[86] 吴晓华．城市生活废水处理及环境保护的影响［J］．当代化工研究，2022（06）：78-80.
[87] 朱建龙，徐伟杰，郭硕铖，等．水体重金属污染危害及治理技术［J］．现代农业科技，2022（06）：129-132.
[88] 王炜罡，王哲，唐明金．大气活性卤素化合物反应机制及其对大气氧化性和二次污染物的影响［Z］．北京：中国科学院化学研究所，2021.
[89] 陈怡．有毒有害化学品环境污染及安全管控［J］．化工管理，2021（28）：61-62.
[90] 杜子银，蔡延江，张斌，等．牲畜排泄物返还对草地土壤氮转化和氧化亚氮（N_2O）排放的影响研究进展［J］．生态学报，2022，42（01）：45-57.
[91] 杜红梅．大气光化学烟雾污染、监测及防治研究［J］．资源节约与环保，2021（07）：55-56.
[92] 吴丽燕，王秀丽，白鹤．固体废弃物预处理中药制药废水的实验分析［J］．绿色环保建材，2021（05）：197-198.
[93] 张玉群，葛长字，刘丽晓．沉积物表面磷的等温吸附/解吸行为对耗氧有机物的响应［J］．中国农学通报，2020，36（20）：59-64.
[94] 胡晓昕．持久性有机物污染土壤的热脱附修复技术［C］．中国土木工程学会2019年学术年会论文集，2019：547-553.
[95] 韩婕妤．中国近岸海域环境质量演变及驱动因素研究［J］．资源开发与市场，2019，35（09）：1133-1137，1144.
[96] 刘丰旋．基于城市化水平的经济发展与环境污染关系研究［D］．西安：长安大学，2019.
[97] 柳昭，龙亮，禹莲玲，等．氢化物发生-原子荧光光谱法测定大气沉降物中砷含量［J］．中国无机分析化学，2018，8（04）：9-12.
[98] 王彦杰，李琳，许光素，等．微生物气溶胶采集技术的特点及应用［J］．微生物学通报，2017，44（03）：701-709.
[99] 王元洪，阴法东，关景颖．谈森工林区造林的本质与造林技术［J］．农村实用科技信息，2015（01）：40.
[100] 洪棉棉，王菲凤．酸沉降污染的生态足迹研究——以福建省为例［J］．环境科学与管理，2009，34（03）：41-45.
[101] 刘洪翠．斑马鱼模型评价溴氰菊酯的潜在健康风险［D］．浙江：浙江大学，2020.

[102] 黄河海，陈传影，邢秀梅，等．铅暴露靶器官及其毒性通路研究：基于生物信息学分析方法 [C]. 中国毒理学会第九次全国毒理学大会论文集．[出版者不详]，2019：266-267.

[103] 孙晓倩，黄娜娜，尹立顺，等．醇沉对益母草水提物的小鼠急性毒性及毒靶器官的影响 [J]. 中国药物警戒，2015，12（12）：717-721.

[104] 傅蒙．混合物毒性等级的分类方法及选型 [J]. 化工管理，2021（23）：67-68.

[105] 刘兴东．混合物毒性等级分类方法的探讨 [J]. 化工设计，2020，30（05）：3-4，36，1.

[106] 龙耀庭．有毒化学物质对 DNA 的损伤——生成 DNA 加成物 [J]. 环境科学进展，1993（04）：24-40.

[107] 于慧瑛，王建华，李新．中国北黄海地区海洋污损生物膜的微生物群落结构 [J]. 生物技术，2022，32（05）：551-557.

[108] 李保胜．D-精氨酸增强 α-淀粉酶对种植体表面生物膜清除作用的研究 [D]. 吉林：吉林大学，2022.

[109] 杨婧娟．膜生物膜反应器微生物层理化特征与反硝化性能优化策略 [D]. 桂林：桂林电子科技大学，2022.

[110] 王章铁．磷脂对骨骼肌损伤修复的影响及南极磷虾油的应用研究 [D]. 无锡：江南大学，2022.

[111] 田博．应用 ABEEMσπ/MM 研究磷脂分子的结构和性质 [D]. 辽宁：辽宁师范大学，2019.

[112] 齐彤辉．光系统Ⅱ外周蛋白在集胞藻耐受氨毒害中的功能研究 [D]. 武汉：华中师范大学，2015.

[113] C N K，T M，B H F W，et al. 家族性多代显性遗传中心性晕轮状脉络膜营养不良与外周蛋白/RDS 基因上的精氨酸 195 亮氨酸突变相关的临床所见 [J]. 世界核心医学期刊文摘．眼科学分册，2006（12）：16-17.

[114] 巫承洲．典型有机污染物的皮肤吸收、气—水界面迁移及人工碎屑的介导效应 [D]. 广州：中国科学院研究生院（广州地球化学研究所），2016.

[115] 方梦祥，狄闻韬，易宁彤，等．CO_2 化学吸收系统污染物排放与控制研究进展 [J]. 洁净煤技术，2021，27（02）：8-16.

[116] 吴攀．典型下垫面雨水径流颗粒污染物粒径分布特征研究 [D]. 重庆：重庆交通大学，2022.

[117] 任博．基于 MAX-DOAS 的长三角典型城市大气污染物时空分布、来源及相互作用研究 [D]. 合肥：中国科学技术大学，2022.

[118] 李志博，宋登慧，谢辉．地下水中污染物的迁移传输及排泄通量研究 [J]. 环境科学与管理，2014，39（03）：46-49.

[119] 程鹏．北京地区典型奶牛场污染物排泄系数的测算 [D]. 北京：中国农业科学院，2008.

[120] 包诗玉．京津冀地下水优控污染物筛选及其清单构建研究 [D]. 上海：上海海洋大学，2021.

[121] 季力．有机污染物的生物转化反应机制解析 [C]. 中国化学会．中国化学会环境计算化学与预测毒理学高端论坛摘要集．[出版者不详]，2018：11.

[122] 隋红．生物通风和共代谢生物通风去除有机污染物及数学模拟研究 [D]. 天津：天津大学，2004.

[123] 李春璐．雾霾天气下体育运动对呼吸系统的损害程度分析 [J]. 科技通报，2014，30（01）：62-65.

[124] 范洁琳，徐丽伟，王慧，等．金属污染物对神经系统损害及毒性机制研究进展 [J]. 生态毒理学报，2012，7（03）：234-240.

[125] 常会云．石家庄市主城区 $PM_{2.5}$ 浓度与小儿神经系统疾病的相关性分析及其对神经干细胞增殖的影响 [D]. 唐山：华北理工大学，2021.

[126] 郭琳．PM_{10} 及其代表性多环芳烃诱导中枢神经系统损伤及其分子机制 [D]. 太原：山西大学，2015.

[127] 王希燕．空气污染对儿童呼吸系统门诊量影响的大数据分析与研究 [D]. 青岛：青岛大学，2022.

[128] 马月玲．甘肃农村地区室内空气污染对大学生呼吸系统的短期影响 [D]. 兰州：兰州大学，2020.

[129] 刘晓莉，陈平，胡琰茹，等．SO_2 污染对运动大鼠血液动力学影响及 RAS 系统的调节作用 [C]//. 2015 年中国生理学会运动生理学专业委员会会议暨“运动与心血管保护”学术研讨会论文摘要汇编．[出版者不详]，2015：161-162.

[130] 司马菁珂．污染土壤铅在模拟人体消化系统内的形态转化与生物可利用性研究 [D]. 上海：上海交通大学，2018.

[131] 陈晓东，林萍，吕永生，等．饮用水源藻类及其毒素污染与消化系统肿瘤的关系 [J]. 中国公共卫生，2003（05）：44-46.

[132] 刘超．沈阳市大气 $PM_{2.5}$ 对因循环系统疾病死亡的影响 [D]. 唐山：华北理工大学，2020.

[133] 鲍玉星．乌鲁木齐大气污染物浓度与呼吸、循环系统疾病日住院人数的时间序列分析 [D]. 乌鲁木齐：新疆医科

大学，2013.
[134] 王爱华．三聚氰胺污染奶粉致儿科泌尿系统结石的分析［J］．中国卫生产业，2013，10（18）：147，149.
[135] 王江敏，臧桐华．二噁英污染及其对生殖和内分泌系统的影响［J］．疾病控制杂志，2003（05）：454-456.
[136] 徐永俊，王超．环境重点污染物的致突变致癌机理研究进展及方法前沿［C］．中国环境诱变剂学会毒性测试与替代方法专业委员会，中国毒理学会毒理学替代法与转化毒理学专业委员会．2016（第二届）毒性测试替代方法与转化毒理学（国际）学术研讨会暨有害结局路径（AOP）与风险评估培训会议论文集．［出版者不详］，2016：161-162.
[137] 陈律，易义珍，唐明德．交通性污染物对小鼠致突变与生殖毒性的研究［J］．中国公共卫生，2001（09）：49-50.
[138] 朱惠刚．我国饮水中致突变污染物现状及其对人体健康影响的研究．上海：复旦大学上海医学院，2001.
[139] 朱静敏．三苯基锡与维甲酸X受体抑制剂UVI3003对爪蟾胚胎的致畸机制［D］．上海：华东师范大学，2017.
[140] 吴玲玲．长江口水体中典型有机污染物的分布及其对鱼类的毒性效应［D］．上海：同济大学，2007.
[141] 李艳．基于p53、GADD45a基因表达的可疑致癌性高通量筛选系统的建立及在食品相关化学污染物的初步应用［D］．福州：福建医科大学，2017.
[142] 梁晓军，施健，孙强，等．昆山市生活饮用水金属污染物的致癌性风险评价［J］．江苏预防医学，2017，28（04）：376-378.
[143] 周荷益，刘红梅，刘娟，等．空气污染对人体皮肤影响研究概述［J］．香料香精化妆品，2017（04）：59-62.
[144] 李丽娜．上海市多介质环境中持久性毒害污染物的健康风险评价［D］．上海：华东师范大学，2007.
[145] 夏元睿．2015—2019年合肥市大气污染物对银屑病日门诊人数影响的时间序列研究［D］．合肥：安徽医科大学，2021.
[146] 朱元正．空气污染物颗粒通过芳香烃受体干扰皮肤屏障修复的机制与预防措施研究［D］．南昌：南昌大学，2018.
[147] 邓兴明．光污染对眼睛的危害［J］．中国眼镜科技杂志，2005（07）：47.
[148] 韩天龙，王敏．工业氟污染对小尾寒羊牙齿和骨骼中氟含量的影响［J］．中国畜牧兽医，2010，37（10）：226-228.
[149] 于秋颖，高冰．水环境污染对人体健康影响［J］．包头医学院学报，2014，30（06）：173-174.
[150] 刘景荣．城市大气污染对人体的危害与影响［J］．科技传播，2011（14）：93，91.
[151] 焦金虎，封根泉．放射性污染对人体的危害和防治［J］．环境科学与技术，1988（01）：2-7，33.
[152] 刘博睿，黄擎，苏岳锋，等．废旧锂离子电池正极材料的环境影响减缓——土壤环境风险调控及湿法资源化利用［J］．环境生态学，2019，1（01）：1-12.
[153] 王荣东，朴君，韩新梅，等．钠气溶胶环境风险评价标准的探讨［J］．产业与科技论坛，2020，19（06）：40-42.
[154] 刘晓燕，金继运，任天志，等．中国有机肥料养分资源潜力和环境风险分析［J］．应用生态学报，2010，21（08）：2092-2098.
[155] 王茜，刘永侠，庄文，等．南四湖表层沉积物中铍、锑、铊的地球化学特征与环境风险［J］．环境科学学报，2018，38（05）：1968-1982.
[156] 金艳．有色金属工业持久性有机污染物风险评价与管理对策研究［D］．长沙：中南大学，2007.
[157] 梁淑荣．缺钙对人体的危害及预防［J］．广东微量元素科学，2002（04）：39-40.
[158] 张加玲，刘桂英．铝对人体的危害、铝的来源及测定方法研究进展［J］．临床医药实践，2005（01）：3-6.
[159] 姜辉，叶庆春．部分金属污染物质对人体的危害［J］．齐鲁医学杂志，2003（04）：497-498.
[160] 段富良，王梅，达刘生．PCB上化学镀锡工艺的应用研究进展［J］．云南化工，2018，45（10）：29-30.
[161] 韦友欢，黄秋婵．铅对人体健康的危害效应及其防治途径［J］．微量元素与健康研究，2008，106（04）：62-64.
[162] 华玲玲，张富林，翟丽梅，等．江汉平原水稻季灌排单元沟渠中氮磷变化特征及其环境风险［J］．环境科学，2018，39（06）：2715-2723.
[163] 刘钦普．农田氮磷面源污染环境风险研究评述［J］．土壤通报，2016，47（06）：1506-1513.
[164] 白爱梅，李跃，范中学．砷对人体健康的危害［J］．微量元素与健康研究，2007，No.97（01）：61-62.
[165] 陈娟，崔淑卿．空气中二氧化硫对人体的危害及相关问题探讨［J］．内蒙古水利，2012，139（03）：174-175.
[166] 叶园园，蔡杰，李楠，等．纳米硒在食品领域中的应用研究进展［J］．食品科技，2020，45（10）：11-18.
[167] 连国奇，胡继伟，秦樊鑫，等．氟对人体的危害及检测方法研究进展［J］．地方病通报，2008（05）：125-127.

[168] 翁述贤，薄采颖，贾普友，等．二氧化氯的制备及应用进展 [J]. 纤维素科学与技术，2022，30 (03)：62-71.

[169] 杨彬，宋学英，唐伟．工业溴素项目的环境风险评价 [J]. 沧州师范专科学校学报，2008 (02)：50-52.

[170] 杨柳，许国贺，马晶军，等．原位生成的高价碘试剂在有机合成中的应用进展 [J]. 有机化学，2020，40 (01)：28-39.

[171] 杜琦．化学沉淀—离子交换法处理电镀含镍废水研究 [D]. 兰州：兰州大学，2020.

[172] 孟顺龙，裘丽萍，陈家长，等．污水化学沉淀法除磷研究进展 [J]. 中国农学通报，2012，28 (35)：264-268.

[173] 李姣．化学沉淀法处理电镀废水的实验研究 [D]. 长沙：湖南大学，2011.

[174] 刘显清，吴海珍，李国保，等．化学沉淀结合 Fenton 法预处理脱硫废液的原理与效果分析 [J]. 环境化学，2012，31 (10)：1527-1534.

[175] 刘勇，穆虹列．化学沉淀法去除垃圾渗滤液中的氨氮 [J]. 化工设计通讯，2016，42 (09)：72.

[176] 李晴晴，杨彦，席欢，等．化学沉淀法处理高盐含磷废水 [J]. 环境工程，2022，40 (05)：31-36.

[177] 梁培瑜，张世金，邓觅，等．化学沉淀法去除含硫废水 COD 的试验研究 [J]. 应用化工，2022，51 (04)：1060-1063+1076.

[178] 张伟．新型复合铁钛锰吸附剂的研制及其除砷效能与机制研究 [D]. 哈尔滨：哈尔滨工业大学，2019.

[179] 许乃才，史丹丹，黎四霞，等．利用吸附技术提取盐湖卤水中锂的研究进展 [J]. 材料导报，2017，31 (17)：116-121.

[180] 崔金燕．有机—无机杂化型高分子絮凝剂的合成、表征及其絮凝行为研究 [D]. 大连：大连理工大学，2011.

[181] 张焕祯，王振川，赵韵琪，等．石灰——$CaCl_2$ 絮凝法处理酸性高氟废水的试验研究 [J]. 环境工程，1995 (01)：8-10.

[182] 张彦，徐祺辉，白晓龙，等．电絮凝法处理含铬电镀废水的研究 [J]. 电镀与环保，2017，37 (05)：59-61.

[183] 于洪森，王超，凌威，等．化学絮凝法处理海产品加工中高浓度含磷废水 [J]. 水资源与水工程学报，2019，30 (01)：21-26.

[184] 李欢．膜分离技术及其应用 [J]. 化工管理，2022 (33)：50-53.

[185] 荆波湧，史元腾，陈哲．膜分离技术在高盐矿井水深度处理中的应用 [J]. 煤炭工程，2019，51 (06)：47-51.

[186] 陈蕊，刘春，杨旭，等．臭氧氧化法预处理工业废水研究进展 [J]. 应用化工，2022，51 (04)：1168-1173.

[187] 赵文得，陈丽萍，车力木格，等．Fe/AC 湿式催化过氧化氢氧化法处理印染废水的研究 [J]. 内蒙古石油化工，2022，48 (02)：10-12，76.

[188] 陈伟生．湿式氧化法处理含氰废水实验研究 [J]. 科技与创新，2020 (16)：40-41.

[189] 冀刚．克劳斯硫磺回收过程工艺的研究 [D]. 青岛：青岛科技大学，2009.

[190] 陈昌介，李一平，李金金，等．天然气净化厂硫磺回收直流法与分流法克劳斯工艺探讨 [J]. 硫酸工业，2020 (08)：23-26.

[191] 曹文全，韩晓兰，周家伟，等．常规克劳斯非常规分流法硫磺回收工艺在天然气净化厂的应用 [J]. 石油与天然气化工，2016，45 (05)：11-16.

[192] 陈赓良．氧化还原法脱硫工艺技术评述 [J]. 天然气与石油，2017，35 (01)：36-41，8-9.

[193] 宋俊红．浅谈生物法在废水处理中的应用 [J]. 科技信息，2011 (05)：789，803.

[194] 孙怡．高级氧化技术的阳极强化及耦合生物法处理难降解有机废水 [D]. 浙江大学，2020.

[195] 陈桂兰．生物制剂在铀水冶废水中深度除铊的应用 [J]. 中国资源综合利用，2017，35 (05)：115-117，119.

[196] 刘堃，汪苹，徐鹏飞．废水生物法除磷技术的新发展 [J]. 绿色科技，2013 (11)：183-187.

[197] 杜丽飞，陈礼，任慧波，等．废水生物脱氮除磷工艺研究进展 [J]. 湖南畜牧兽医，2019 (01)：7-9.

[198] 孙伟．生物法脱氮技术在污水处理厂废水处理中的作用研究 [J]. 环境科学与管理，2021，46 (04)：125-130.

[199] 吴彬，黄坤荣，刘子健．化学吸收法捕集二氧化碳研究进展 [J]. 广州化工，2017，45 (11)：11-14.

[200] 周旭健，李清毅，陈瑶姬，等．化学吸收法在燃后区 CO_2 捕集分离中的研究和应用 [J]. 能源工程，2019 (03)：58-66.

[201] 闫灏．基于碱化学吸收法的沼气化学与生物组合脱硫技术研究 [D]. 北京化工大学，2020.

[202] 陈威．氯气吸收工艺过程改造与设计 [D]. 大连理工大学，2015.

[203] 田彪，卿黎，罗晶晶，等．重金属铜和铅的生态毒性归一化及土壤环境基准研究 [J]. 环境科学学报，2022，42 (03)：431-440.

[204] 符志友，冯承莲，赵晓丽，等．我国流域水环境中铜、锌的生态风险及管理对策 [J]. 环境工程，2019，37 (11)：70-74.

[205] 梅承芳，梁慧君，周小翠，等．国产防污漆中铜的海洋环境风险评估 [J]. 生态毒理学报，2016，11 (01)：182-193.

[206] 杨菊清，雒秋江，杨开伦，等．新疆伊犁夏牧场铁、铜、锰、锌、硒营养生态环境的研究（Ⅰ）[J]. 中国畜牧兽医，2015，42 (08)：2048-2057.

[207] 徐明，王哲，刘思金．纳米银生物过程及影响的研究进展 [J]. 中国材料进展，2016，35 (01)：28-35+48.

[208] 刘纯新，周红，王波，等．废弃感光化学品的环境风险分析 [J]. 化学通报，2007 (11)：874-879.

[209] 杨晓秋，倪吾钟．浙江古代铜、银矿采冶记录的考证及其资源意义与环境风险 [J]. 科技通报，2006 (05)：704-707，724.

[210] 王菲，吴泉源，吕建树，等．山东省典型金矿区土壤重金属空间特征分析与环境风险评估 [J]. 环境科学，2016，37 (08)：3144-3150.

[211] 张小卫，王伯铎，蒋立荣．金选矿厂含氰废水中氰化物降解及其环境风险评价 [J]. 地下水，2010，32 (03)：87-89.

[212] 刘紫薇，范书凯，张萌．典型铅锌矿山周边土壤和地下水环境风险分析 [J]. 有色金属（冶炼部分），2023 (01)：88-91.

[213] 王锦亮，李理，陈钢，等．锌铟冶炼企业环境风险分析评估及防控对策 [J]. 昆明冶金高等专科学校学报，2020，36 (05)：66-72.

[214] 解利平．电镀污泥中重金属的测定及生态环境风险评价 [J]. 电镀与涂饰，2018，37 (13)：589-591.

[215] 吕保玉，李世龙，白海强，等．锌冶炼行业环境风险分级评价指标体系研究 [J]. 广州化学，2016，41 (01)：25-29.

[216] 田葳，高海林，张洪林．锌冶炼企业环境风险及防范措施 [J]. 环境保护与循环经济，2008 (09)：26-28.

[217] 刘意章，陈梓杰，叶太平，等．重庆巫山地区上二叠统黑色岩系中镉等有害元素赋存状态及环境意义 [J]. 矿物岩石地球化学通报，2021，40 (04)：938-945.

[218] 王亚婷，党媛，杜焰玲，等．不同污染源稻作土壤镉赋存形态及成因分析 [J]. 环境科学与技术，2018，41 (S2)：20-24.

[219] 黄青青，刘星，张倩，等．磷肥中镉的环境风险及生物有效性分析 [J]. 环境科学与技术，2016，39 (02)：156-161.

[220] 郝莹．燃煤副产物脱硫石膏中重金属富集的地球化学特征及其环境风险 [D]. 上海大学，2017.

[221] 李长华，常林，余学海，等．不同粒径脱硫污泥中汞分布特性及其环境影响 [J]. 洁净煤技术，2021，27 (06)：180-185.

[222] 杨文静，孙玥，叶丹，等．废弃荧光灯汞污染及其环境健康风险管理对策 [J]. 环境与健康杂志，2017，34 (12)：1100-1102.

[223] 赵汉杰．氧化钪生命周期成本与环境影响综合评价研究 [D]. 内蒙古科技大学，2020.

[224] 王帅．稀土元素钇对雄性大鼠的生殖毒性评价 [D]. 赣南医学院，2022.

[225] 陈小攀，冯秀娟，孙峰．稀土元素钇对土壤微生物活性的影响 [J]. 环境科学与技术，2013，36 (08)：41-44，64.

[226] 杜召梅．稀土元素的环境效应及其污染土壤的修复措施 [J]. 山东化工，2017，46 (14)：197-199.

[227] 付永阳．钇 (Y) 在高等水生植物体内的亚细胞分布、赋存形态及其毒理学效应研究 [D]. 南京师范大学，2014.

[228] 李晓亮，林爱军，葛察忠．中国钛白粉行业环境污染现状分析与环境风险预测 [J]. 中国人口·资源与环境，2011，21 (S2)：393-397.

[229] 苏维．海绵钛项目的环境影响评价 [J]. 有色金属加工，2008 (03)：58-60.

[230] 张大伟．基于 ALOHA 软件的四氯化钛泄漏风险评估 [J]. 安徽化工，2020，46 (03)：98-101，104.

[231] 王素芳，贺铭．我国土壤中钛、锆、铪和钽的环境背景值及分布规律 [J]. 干旱环境监测，1991 (03)：135-139，196.

[232] 曾昭华，曾雪萍．癌症与土壤环境中锆元素的关系 [J]. 江苏环境科技，2003 (02)：26-27.

[233] 曾昭华，雷万荣，唐春梅，等．中国癌症与土壤环境中铪元素的关系 [J]. 吉林地质，2003 (03)：74-78.

[234] 成玉彤．钒基复合污染环境的微生物修复研究 [D]. 中国地质大学（北京），2019.
[235] 林海，李真，董颖博，等．修复钒镉复合污染水体的菌株分离及性能 [J]. 中南大学学报（自然科学版），2021，52（05）：1418-1426.
[236] 钟昕，崔文刚，周明忠，等．贵州省遵义市富多金属黑色页岩区土壤钒污染评价 [J]. 济南大学学报（自然科学版），2021，35（03）：211-216.
[237] 沈仕沐．广东某铌钽矿山对周边地下水环境影响评价 [J]. 西部资源，2017（05）：125-126.
[238] 张林．新时代钽铌产业发展 [J]. 中国有色金属，2019（10）：44-46.
[239] 刘林林．钽基纳米晶涂层在模拟生物环境下的性能研究 [D]. 南京航空航天大学，2017.
[240] 罗词安．水环境中镉对水生动物毒性的研究进展 [J]. 农业技术与装备，2022（08）：155-156，159.
[241] 徐飞飞，李跃麒，林珺，等．典型环境高镉地区常见蔬菜中镉的生物可及性及健康风险评估 [J]. 食品工业科技，2022，43（14）：293-300.
[242] 冯天朕．土壤环境中微塑料对镉吸附解吸特性及生态效应的影响 [D]. 沈阳大学，2021.
[243] 龙宣霖，孔鹏飞，秦先进，等．贵州遵义松林地区土壤地球化学特征及其生态环境评价 [J]. 矿产勘查，2020，11（12）：2628-2636.
[244] 肖景榕，周衍，陈增春，等．环境及居民体内钼含量与胃癌的相关性 [J]. 世界华人消化杂志，2011，19（09）：946-949.
[245] 于常武，周立岱，陈国伟．钼污染物的产生及在环境中的迁移 [J]. 化工环保，2008，28（05）：413-417.
[246] 袁秀娟，肖婷，黄祈栋，等．钨的环境毒理性及其污染防治技术研究进展 [J]. 环境污染与防治，2022，44（09）：1248-1253.
[247] 杜辉辉，刘新，李杨，等．土壤中钨的环境行为与潜在风险：研究进展与展望 [J]. 土壤学报，2022，59（03）：655-666.
[248] 罗黎．腾冲典型地热水环境中钨的来源、迁移、形态转化及其去除 [D]. 中国地质大学，2021.
[249] 马东升．钨的地球化学研究进展 [J]. 高校地质学报，2009，15（01）：19-34.
[250] 朱晓星．泉州市沿海地区地下水锰环境背景值研究 [J]. 黑龙江环境通报，2022，35（03）：17-22.
[251] 薛莉娉，唐玉朝，李圭白，等．水环境中锰的迁移转化机理及其研究进展 [J]. 给水排水，2022，58（04）：21-28＋34.
[252] 周磊．基于菌种优选的地下水铁锰复合污染去除技术及应用研究 [D]. 哈尔滨工业大学，2019.
[253] 黄婷．D314 树脂分离富集环境样品中的铼 [J]. 安康学院学报，2012，24（05）：83-86.
[254] 赵永哲，黄昌丽，李林娜，等．含铁废水排入环境水体后的迁移转化规律 [J]. 黑龙江环境通报，2016，40（01）：32-34.
[255] 朱维琴，林咸永，章永松．铁、锰等金属元素的微生物还原及其在环境生物修复中的意义 [J]. 应用生态学报，2002（03）：369-372.
[256] 李康博，肖发新，孙树臣，等．含钌废料回收钌工艺概况 [J]. 贵金属，2020，41（03）：78-84.
[257] 朱微娜，刘寿长．废催化剂中贵金属钌的回收 [J]. 河南化工，2007（04）：31-34.
[258] 符亚洲，彭建堂，石学法．海洋环境中的锇同位素研究现状 [J]. 地球科学进展，2004（02）：237-244.
[259] 陈亮．PTA 生产中废钴锰催化剂的回收处置与环境保护 [J]. 福建轻纺，2020（05）：52-54.
[260] 孟奇．废旧钴酸锂材料中钴回收及机理研究 [D]. 昆明理工大学，2018.
[261] 兰青，陈英．城市环境铂族金属分布特性及生态健康风险研究进展 [J]. 生态环境学报，2013，22（05）：894-900.
[262] 李一冉，姚力筝，董梓凝，等．“铑”有所“铱” [J]. 大学化学，2021，36（10）：23-27.
[263] 刘志斌．贵金属铑、铱的分离与富集 [D]. 昆明理工大学，2006.
[264] 何珊，郭渊，王琛，等．镍的环境生物地球化学与毒性效应研究进展 [J]. 中国环境科学，2022，42（05）：2339-2351.
[265] 陈秋杏，赵乐，孟宪梅，等．镍工作环境对机体健康状况的影响 [J]. 护理研究，2014，28（23）：2817-2819.
[266] 杨静．环境中痕量铜、钴、镍的检测新方法研究 [D]. 南华大学，2007.
[267] 钱春燕．环境中铂族元素钯含量测定方法的研究 [D]. 首都师范大学，2003.
[268] 梅小红，张艳芳，林怡然，等．医护人员职业接触抗肿瘤药物的环境暴露评估 [J]. 中国预防医学杂志，2022，

23 (11): 845-850.
[269] 李建波. 化学沉淀法与电凝聚法去除煤化工污水重金属的对比研究 [J]. 山东化工，2022，51 (17): 215-217.
[270] 楼江鹏. 探究化学沉淀法处理含重金属废水 [J]. 冶金与材料，2019，39 (05): 40，42.
[271] 马健伟，任淑鹏，初阳，等. 化学沉淀法处理重金属废水的研究进展 [J]. 化学工程师，2018，32 (08): 57-59，41.
[272] 黄凤祥，满瑞林，刘小勤，等. 耦合技术处理重金属废水的研究进展 [J]. 有色金属（冶炼部分），2014 (01): 66-70.
[273] 王彬彬，吴宇珠，王小凤. 农业废弃物吸附水中重金属离子的研究进展 [J]. 山东化工，2022，51 (21): 80-82.
[274] 王炜祺，孙亚威，缪玲玲，等. 活性炭纤维布对重金属 Ni^{2+} 的吸附性能 [J]. 印染，2022，48 (10): 17-23.
[275] 池年平，王译绅. 电絮凝预处理重金属-有机物复合废水影响因素及效能研究 [J]. 湖南城市学院学报（自然科学版），2022，31 (04): 69-73.
[276] 裴润全. 多种微生物絮凝剂的去除水中铅锌离子的效能与机制 [D]. 桂林理工大学，2021.
[277] 李振臣，范继珩，骆枫，等. 膜技术处理含重金属废水研究进展 [J]. 四川环境，2022，41 (02): 249-255.
[278] 王小攀，林璟，张发明，等. 重金属工业废水处理技术的研究进展 [J]. 山东化工，2020，49 (09): 69-71，76.
[279] 丁凝，刘建明，孙峰. 膜分离技术在稀土废水处理中的应用 [J]. 能源研究与管理，2014 (02): 11-13，22.
[280] 耿慧，许颖，戴晓虎，等. 离子交换树脂在污泥处理中的应用及展望 [J]. 中国环境科学，2022，42 (11): 5220-5228.
[281] 吴鹦骏. 离子交换树脂-电动法联合处理土壤中重金属铬的研究 [D]. 吉林大学，2022.
[282] 程冰冰，余畅，莫伟，等. 类水滑石/膨润土对水中重金属离子的吸附研究进展 [J]. 矿产保护与利用，2021，41 (06): 88-95.
[283] 田文钢，姚佳斌，蒋尚，等. 生物修复技术处理重金属污染土壤的研究进展 [J]. 环境与发展，2020，32 (12): 34-35.
[284] 胡睿. 重金属污染土壤的生物修复——菌根技术的应用 [J]. 环境与可持续发展，2013，38 (06): 50-52.
[285] 方程，王旭彤，杨涛，等. 电化学法脱除污泥中重金属研究进展 [J]. 环境生态学，2022，4 (06): 80-84，90.
[286] 叶静宏，吴庆川，宗志强，等. 电化学方法去除重金属的研究进展 [J]. 分析化学，2022，50 (06): 830-838.
[287] 杨凯. 新型螯聚物的制备及其捕集重金属的性能研究 [D]. 兰州交通大学，2019.
[288] 米钺. 微生物燃料电池处理铜、铬重金属废水研究 [D]. 西安理工大学，2021.